심리전을 위한

설득의 심리학

송지희 · 김윤주 · 김소희 · 심진섭 공저

학지사

/ 머리말 /

'설득'이라는 단어는 우리의 일상에서 널리 사용되고 있는 용어이지만 진정한 의미를 정확히 알고 있는 사람은 거의 없다고 해도 과언은 아닐 것이다. 어떤 대상과의 관계에서 자신의 순간적인 만족을 위해 사용하는 말로 흔히 쓰기 때문이다. 설득을 얘기할 때 작게는 대인관계의 마음 활동으로부터 크게는 국가 대 국가의 전쟁 상황에서 물리적 승리를 위한 도구나 방법으로 이용하며, 이러한 일련의 과정을 설득 또는 심리전이라고 생각하기 쉽다.

연륜의 골이 차츰 깊어지면서 설득 또는 심리전이 '소리 없는 싸움'이라는 인식에서 '심리전은 일상'이라는 느낌을 알기까지 적지 않은 시간이 흘렀다. 그런데 지금은 설득 또는 심리전이란 문화와 상담의 의미를 포함하고 있어 소통을 기본으로 하는 인본주의의 꽃과 같은 상생의 심오함을 실천하는 첩경(捷徑)이라는 것을 실감하게 되었다.

이 책은 크게 2부로 구성되어 있다.

'제1부 심리학 이론과 설득'에서는 설득의 개념 및 정의, 설득의 기본 원리와 요소, 설득의 분류와 기능, 역할과 설득 심리학의 용어를 정의하였고, 정서 · 동기 이론과 설득, 갈등이론과 설득, 설득의 유형, 행동주의 이론과 설득, 설득에 관련된 귀인이론, 균형이론, 상담이론을 소개하였다.

'제2부 설득의 실제'에서는 군중의 의식 · 행동과 설득, 선전 · 선동과 설득, 유언비어와 설득, 설득이론의 응용과 설득, 매체 활용 설득, 사이버 설득, 설득에 대한 분석 등을 다루었다.

설득의 특성으로 인하여 각 장의 분량 차이가 있다. 특히, 정서 · 동기 이론 부분과 선전 · 선동 부분은 설득에서 역할이 중요하므로 많은 부분을 할애하여 소개하였다. 그러므로 설득과 심리전 분야의 연구에 지표가 될 것이다.

이 책이 나오기까지 함께 숙고하여 단어 하나하나까지 문화적인 요소의 적절성과 소통의 의미를 진정성을 잃지 않게 하려고 애쓰시던 네 분 선생님의 정성에 고마움을 보내며, 이야기 하나하나를 엮어 소중한 책으로 만들게 해 주신 학지사 김진환 사장님과 거친 문장과 메마른 단어에 윤활의 손길로 다듬어 주신 편집부 여러분께 감사의 마음을 드린다.

저자 일동

/ 차례 /

제2부 설득의 실제

제11장 매체 활용 설득 ___ 297

제12장 사이버 설득 ___ 333

제13장 설득 분석 ___ 355

제1부 **심리학 이론과 설득**

제1장

설득이란

1. 설득의 개념 및 정의

> 전쟁이 없는 이 평화의 순간에도 총격전 못지않은 무서운 전쟁이 진행되고 있는데, 이것이 무엇인가? 바로 설득(심리전)이다.
>
> – 폴 라인바거(Paul Linebarger) –

'설득'이라는 말은 우리의 일상에서 널리 사용되는 용어이지만 진정한 의미를 정확히 알고 있는 사람은 거의 없다고 해도 과언이 아니다. 왜냐하면 어떤 대상과의 관계에서 자신의 순간적 만족을 위해 사용되는 말로 흔하게 쓰기 때문이다.

설득을 얘기할 때 작게는 대인관계에서의 마음 활동으로부터 크게는 전쟁 상황에서의 물리적 승리를 위한 도구 또는 방법으로 활용되며, 이러한 일련의 과정을 설득이라고 생각하기 쉽다. 이러한 것들을 고전적 의미에서 설득이라고 할 수는 있지만 진정한 의미의 설득이라고 할 수는 없다.

대인관계에서 순간적인 자신의 만족보다는 대상의 상호 간 만족이 전체를 위하여 더 효과적이며, 전쟁에서 물리적 힘에 의한 승리보다 인본주의적 승리가 진정한 승리이기 때문이다.

설득의 중요성을 몇 가지로 요약하면 다음과 같다.

첫째, 국익에 필요한 여론 조성으로부터 작은 집단의 이익을 선도하는 과학적이고 적합한 의식마케팅 활용과 동시에 수많은 변수에 대한 신축적인 방법도 함께 모색하는 다각적인 대응이 필요한 분야이다.

둘째, 여론 주도자로 대중 또는 상대의 감성과 의식을 장기적으로 우리에게 동조할 수 있는 동조자로까지 만드는 방법을 찾기 위한 전문적 노력이 필요한 분야이다.

셋째, 대결의 경제적 측면에서 최소비용과 노력으로 성공의 결정적 역할에 기여할 수 있도록 종사자들의 설득 견해 계발과 여건의 확충이 요구되는 분야이다.

넷째, 첨단 무인 항공기, 인터넷과 휴대전화 등과 같은 상용 정보통신기기의 발달 등 설득 환경에 부합되는 전술, 전략 교리의 보완과 개발이 어느 때보다도 절실하게 요구되는 분야이다.

이처럼 설득은 인간의 마음과 연계되어 있어 변수가 무궁무진하다고 해도 과언이 아니다. 또한 인간 또는 집단의 사회화 과정, 현재 처해 있는 환경 등과 같은 문화적인 요인을 이해하지 않고는 설득을 성공적으로 이끌기 어렵다. 왜냐하면 인간의 모든 행동은 가정이라는 작은 사회로부터 점차 상급학교, 직장, 어떤 조직의 일원, 국민의 한 사람 등 그 사회의 규범과 윤리에 적응하도록 맞추어지고 대부분 범주를 이루어 성격과 맥락을 같이하기 때문이다.

1) 설득의 개념

설득의 개념은 정략이나 전략적 측면에서 광의로 보느냐 또는 협의로 보느냐의 관점에 따라 차이가 있고 또한 영어가 내포하고 있는 의미가 유사하고 사용범위가 달라서 일반적으로 설득과 설득 전략, 설득 작전 등으로 혼용하고 있다.

설득(persuade)을 심리전(psychological warfare)으로 달리 표현하면 전쟁이란 개념으로 표현되는 상위개념이고, 심리전 전략(psychological strategy)은 정책적 또는 전략적 개념으로 정치 · 경제 · 사회 · 문화 · 군사 등 제 분야에서 널리 사용되는 중위개념이며, 심리작전(psychological operation: PSYOP)은 세 가지 용어 중 하위개념으로 전술적 또는 운용 측면의 의미가 있다(심진섭, 2012).

설득의 원래 개념은 전쟁에서 사상자를 최소한으로 줄이고자 하는 인본주의적 의도가 있었으며, 이러한 인본주의를 대전제로 작전의 효율성을 증대시키고 전승의 환경을 조성하는 수단으로 활용되었다. 설득의 중요성을 인식하고 이것을 시행하고자 하는 움직임이 고대 전쟁에서도 많이 활용되었지만, 현대적 의미로 활용되기 시작한 것은 제1차 세계대전에서 심리전으로 활용되었고, 효과적으로 사용된 것은 제2차 세계대전부터라고 할 수 있다. 특히 제1차 세계대전에서 패배한 독일의 사회학자와 육군 심리학자의 연구를 기반으로 한 나치스의 근대적 설득의 개발을 시점으로 보는 것이 합당할 것이다(심진섭, 2012).

예로부터 설득은 지도자나 정책결정권자의 유용한 목적 달성 수단이었다. 이른바 평화공존 또는 탈냉전 시대라고 할 수 있는 오늘날에 있어서 소규모의 전쟁을 비롯하여 국가 간 회담, 핵 군축에서까지도 이해와 신뢰라는 미명으로 그 이름을 바꾸었을 뿐 온갖 선전이나 협상의 설득이 수행되고 있는 실정이다(이재윤, 1998).

이러한 의미에서 '심리전'이라고 하는 용어는 전쟁이라는 전(戰)의 의미 때문에 사용을 피하고 혐오하는 경향이 나타나게 되었다. 따라서 최근에는 '설득'이라는 용어 대신 설득 활동의 수단이 되는 '선전'이나 '적극적 방책'이라는 용어를 사용하기도 한다(Bloom, 1991). 또한 평시에 'war' 'warfare'라고 하는 용어를 피하려고 하는 경향이 있다. 예를 들면, 미국 육군의 교범도 1957년 무렵부터 psychological warfare 대신 psychological operation으로 변경하여 사용하고 있으며, 최근에는 '설득(persuade)'이라는 용어를 선호하고 있다.

'설득'이란 용어에 대하여 정의를 내리기가 매우 어렵다. 그것은 설득의 목적·대상·수단·범위가 시대 상황에 따라서 또한 그것을 행하는 국가 혹은 국민에 의해서 달라질 수 있기 때문이다. 넓은 의미에서는 정략(政略), 전략적(戰略的) 입장으로써 볼 수 있으며, 좁은 의미에서는 단지 작은 목적 달성의 보조적 수단으로써 보는 견해, 국제정치에 있어서 설득의 도구로 이용하고자 하는 것, 국내에 있어서 국민 여론의 형성을 의도하는 것, 일시적으로 기만의 수단으로 활용하는 것 등을 설득이라고 하는 견해도 있다. 이와는 달리 상업적 이익과 신뢰 관계를 수립할 목적으로 광고 효과까지 설득으로 보는 등 실로 그 의미가 다양하다.

2) 설득의 정의

설득이란 상대측의 견해, 태도, 행동 등을 자기 측에 유리하도록 유도하는 심리전 수단의 계획적 사용이라는 광의적 의미로부터 특정 대상에 특정 목표를 두고 자기에게 유리한 상황으로 만드는 협의적 의미까지 포함한다.

설득을 수행하는 수단으로써 고전적(古典的) 의미의 설득과 현대적(現代的) 의미의 설득으로 나눌 수 있다.

고전적 의미의 설득은 현재 사회주의 국가에서 사용하는 선전, 선동, 유언비어 등이 포함되며, 전시(戰時)에는 전쟁 지원의 수단으로 사용될 수 있다.

현대적 의미의 설득은 홍보, 계몽, 객관적 비판, 고차원적인 심리적 행위 등으로 현대사회에서의 광고 유형이 포함된다. 또한 한반도와 같은 분단국가의 평시 심리전 수단으로 활용될 수 있고, 장차 전의 양상을 고려할 때 물리적 힘의 대결에서 심리적 역량까지 포함된 총력전이라는 확대 개념까지 포함되어 주체 측의 우월성 측면을 상대측에게 과시하여 심리적 마비를 달성시키는 의미까지 포함된다.

인간의 행동은 환경과의 함수 관계, 즉 환경에 많은 영향을 받으며 어떤 정보를 접했을 때 인지 단계 → 태도 형성 단계 → 행동화 단계로 나타나는 것이 일반적이다. 하지만 형성된 태도를 자기에게 유리하도록 반대로 투사(projection)시키는 경향이 있고 중립적으로 집단에 동조(alignment)하는 경향과 방어기제 사용의 개인차 등이 있어 설득의 효과를 분석하기는 방법의 어려움이 많다.

몇 가지 중요한 설득의 정의를 심리전의 정의로 하여 살펴보기로 한다.

먼저 미국에서 설득의 대가인 라인바거(Linebarger, 1954)는 "광의의 개념으로 정치적, 군사적인 모든 조치와 전쟁 수행을 위한 노력을 촉진하기 위하여 심리학이라는 과학을 이용하는 것이며, 협의의 개념으로는 대적 선전과 선전의 보완을 필요로 하는 군사적, 경제적, 정치적, 기타 제반 조치"라고 설득(심리전)을 정의하고 있다.

대만의 왕승(1967)은 적을 정신적으로 패배시킴으로써 전투 의지와 조직을 와해시키는 방법으로 사상에 기초를 두고 진행되며, 적국 개개인의 심리적 변화는 물론 집단과 지도층의 심리적 변화까지도 의도하는 방향으로 변화되도록 조직 및 선전과 같은 방법을 사용하는 것으로 설득을 정의하고 있다.

일본의 방위연구소 교관을 역임한 이와시마하사오(岩島久夫, 1969)는 포괄적인 차원에서 어떤 목적을 효과적으로 달성하기 위해서 상대방 혹은 다른 제3자를 수성하는 원자가 자기 측의 목적에 반하는 태도 · 행동을 취하지 않도록 적극적으로 활동하는 치밀한 계획적인 노력으로 설득을 정의하고 있다.

군사적 입장에서 설득이란 대상의 여론 · 감정 · 태도 및 행동에 영향을 미치기 위해서 선전 기타 행위의 계획적인 사용, 국가 목적 및 정책 또는 군사상의 목적 달성에 일조하는 것으로서 설득을 정의하고 있지만, 정치 · 경제 · 문화 · 과학 · 군사력의 모든 요소를 배경으로 하며 보이지 않는 전쟁까지도 포함할 수 있다.

한편, 미국 육군 FM33-1 심리작전(한미연합사, 1990)에서는 "설득이란 정치 및 군사에 있어서 국가목표를 달성하기 위해 효과적으로 지원할 수 있는 방향으로 적, 중립국, 우방국 및 우호 단체의 견해, 감정, 태도, 행동에 영향을 주는 선전 및 기타 모든 활동의 계획적 사용이다."라고 하였다.

현대사회에서 설득의 사용 주체가 국가나 군대에서뿐만 아니라 일반 기업체나 스포츠, 인간 개개인의 관계까지 널리 활용되고 있다. 그러므로 설득의 목적, 대상, 수단, 범위가 그 시대와 더불어 그것을 수행하는 수행자에 따라 다르다. 굳이 군대나 전쟁이라는 범위로 한정하지 않고 현대사회에서 사용되는 국가 총체적 전략으로서 대적, 대내 및 대외의 인간 생활의 전 영역에서 사용되어야 할 것이다. 따라서 설득이란 고전적 의미로는 선전, 선동, 유언비어 등과 현대적 의미로 홍보, 계몽, 객관적 비판, 고차원적인 심리적 행위 등을 들 수 있다.

이러한 방법을 활용하여 상대의 내분을 유도하고 사기 저하를 유발하며, 대내적으로 매스컴을 활용한 홍보와 설득, 군중심리의 활용 등을 통하여 국민의 단결을 유도하는 방법이 있다. 대외적인 면으로는 협상과 경쟁적 갈등, 객관적 비판, 고차원적인 심리적 행위 등을 통한 환경을 조성하여 정치적 · 경제적 이익을 만드는 방법이라고 볼 수 있다.

3) 설득의 역할

설득은 전략적인 측면에서의 국가 및 군사정책 실현으로부터 전술적 측면에서의 적의 전의 상실 및 사기 저하, 아군의 적개심 고취 및 사기 앙양 등 국가 및 군사 활동 전 분야에 대한 지원이 가능하며, 그 역할은 다음과 같다(심진섭, 2001, pp. 7-9)

• 국가정책 실현	• 국제관계 개선
• 이데올로기 제공	• 사기 앙양
• 국민정신 통합	• 여론 형성
• 저항 의지 박탈	• 정신전력 강화
• 지휘통솔의 효율성 제고	• 혼란 및 갈등 조장
• 이미지 개선	• 적개심 고취
• 민 · 관 · 군 관계 증진	• 사기 저하

2. 설득의 기본 원리와 요소

1) 설득의 기본 원리

설득의 기본 원리는 자극(stimulus)에 대한 반응(response)의 원리로서 설득의 대상(organization)이 되는 인간의 관능에 주의력을 제공하여 기대치의 심리적 반응을 유도하는 것이다(심진섭, 2001, p. 5). 따라서 목표대상에 대한 정확한 정보와 설득의 기본 원리를 적용하여 설득 효과를 극대화해야 한다.

이 설득의 기본 원리는 행동주의 심리학에서 제시된 자극과 반응의 원리(S-O-R)에 기초한다고 말할 수 있다.

설득의 대상은 국가, 집단, 개인 등으로 구분되는데 구체적으로 이들의 정체성이 목표가 된다. 국가나 집단을 구성하고 있는 개인의 정체성에 어떤 심리적인 자극을 주어야 전달자가 요구하는 의도대로의 효과적인 반응을 유도할 수 있느냐의 문제가 바로 설득 원리의 핵심이다.

자극(S)이란 메시지를 포함해서 전달자의 특성, 매체의 특성 및 당시의 상황과 같은 대상에서 영향을 주게 되는 모든 외적 자극요소를 말한다. 목표대상에게 전달되는 자극들은 항상 동일 반응(R)을 나타내는 것이 아니고 그 대상이 가진 경험, 욕구, 동기 등과 같은 내적 요인들(O)에 따라 수준이 달라질 수 있다.

대상의 반응은 지속적인 피드백을 통해 다음 자극을 선별하고 결정하는 데 영향을 미치게 된다. 따라서 효과적으로 설득을 수행하기 위하여 먼저 목표대상과 주변 환경에 대한 철저한 분석과 연구가 이루어진다. 이를 토대로 효과적인 자극들을 결

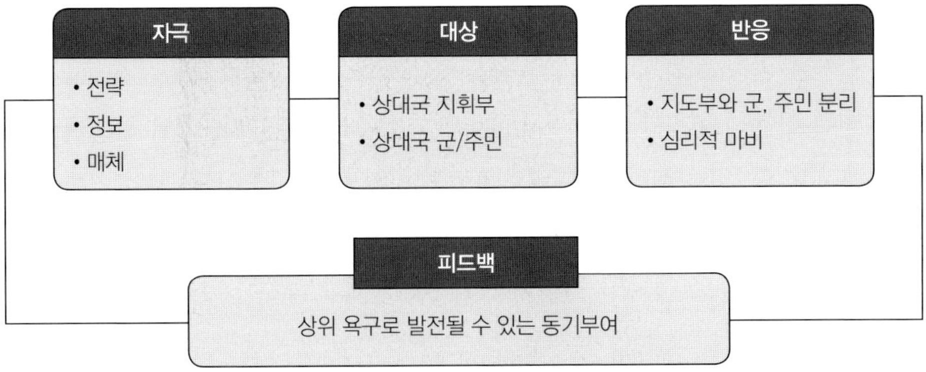

[그림 1-1] 설득 순환

정하여 제시한 다음 최종적으로 대상들의 반응을 측정하여 설득 효과를 분석하고 평가하여 전달자의 의도에 도달할 때까지 지속하여 그 결과를 상향 조정하여 환류시켜야 할 것이다.

따라서 설득의 기본 원리란 목표대상에게 내·외적인 자극을 제시하여 그들이 가지고 있는 정체성 요소인 인지와 태도를 변화시켜 전달자가 의도하는 방향으로 반응을 유발하는 것으로 요약할 수 있다.

이러한 설득의 기본 원리에 기초하여 설득 수행에 활용된 몇 가지 원칙과 요건은 다음과 같다.

(1) 설득의 기본 요건

설득은 인간의 마음을 대상으로 하므로 설득을 계획하고 실시한 후 효과를 분석하여 차후 작전에 적용하는 일련의 과정이 매우 어렵게 진행된다. 따라서 설득의 기본 요건은 진실성, 반복성, 인내성이다.

진실성이란 객관적 사실을 상대에게 제공하는 정보와 같은 개념으로 단기, 중기, 장기 계획과 추진이 신뢰성 축적의 기본이 된다. 즉각적이고 짧은 기간 내에 목적 달성을 위하여 진실을 왜곡하거나 거짓으로 판단을 흐리게 하는 혼란 등을 사용한다면 이는 설득이 될 수 없고 기만으로 전락하게 될 것이다.

반복성이란 계획한 주제, 정보의 전달을 시간과 공간을 함께 묶으며 무관심으로 놓쳐 버린 정보 수신자의 주위 집중과 기억을 장기화하는 배려이다. 인간의 기억에는 감각기억, 단기기억, 장기기억이 있다. 인간은 어떤 정보를 접할 때 그 정보가 자신에게 유용하다면 주의를 집중하여 장기기억을 하고 자신에게 별로 유용하지 않으면 집중하지 않아 감각기억이나 단기기억이 되어 망각하는 경향이 있다. 특히 장기기억이 된 것도 6시간 정도 지나면 20% 정도 기억하지 못하므로(Ebbinghaus, 망각곡선) 반복 학습이 필요하다. 그렇지만 인간은 같은 정보를 계속 접하게 되면 집중력이 떨어지는 경향도 있다. 설득 메시지의 내용을 오래 기억하도록 하는 것이 설득 성공의 요건이라 할 수 있다. 따라서 장기기억의 파지 기간을 연장하기 위해 주제는 일관성이 있어야 하고 소재는 다양하여 집중의 효과를 높이는 것이 설득의 효과를 높일 수 있다.

인내성이란 인간은 어떤 정보를 접했을 때 인지 단계 → 태도 형성 단계 → 행동화 단계로 나타나는 것이 일반적이지만 형성된 태도를 자기에게 유리하도록 반대로 투사시키는 경향이 있고 중립적으로 집단에 동조하는 경향과 방어기제 사용의 개인차 등이 있으므로 즉각적인 효과를 확인하기 어렵고, 목표가 달성되었는지 확인하기도 어렵다. 따라서 진실성에 기초하여 지속적인 반복이 이루어질 수 있는 작전 환경과 효과를 기다릴 수 있는 인내력이 필요하다.

(2) 설득의 모델 체계

일반적으로 설득 수행의 과정은 **계획 수립** → **작전 수행** → **효과 분석**의 순서로 진행되는데 효과 분석 결과에 따라 계획 수립의 보완, 작전방법 등을 향상하여 반복적으로 적용하는 체계(system)를 말한다.

계획 수립 이전에 우선 설득 환경을 분석해야 하는데 전략적으로는 국제적 환경으로부터 연합전력과 국제여론, 상대국의 환경, 국내환경을 분석해야 하며, 전술적으로는 상대의 상황, 나의 상황이 포함되어야 하고 환경 지원 체계, 주민들의 환경 지원 의지 등도 포함되어야 한다.

대상에 적합한 방법과 주제, 소재 등의 적용이 필수적이다. 즉, 분석된 설득 환경을 기초로 하여 적을 자극할 수 있는 주제를 선정하되 대상을 세분화시키는 것이 효과적이다. 예를 들면, 상대국의 지도자와 지휘부, 상대국의 주민을 대상으로 한 주제와 소재를 차별화하는 것이 효과를 더욱 높일 수 있다.

분석된 효과를 중심으로 단계를 발전시키거나 보완하여 계획을 수립하고 작전을 다시 수행한다. 이처럼 일련의 과정을 반복 시행하면 성공을 이끌 수 있다.

(3) 심리학의 원리(설득 원칙)

인간은 사회적 동물이기 때문에 자신이 성장한 환경에 사회화 과정을 거쳐 사고, 신념, 태도가 형성되어 행동화로 나타나게 된다. 한번 형성된 신념과 태도는 쉽게 변화시키기 어렵다.

특히 사상과 이념체계가 다른 환경에서는 어떠한 주장이나 정보에 대하여 자신의 사회화 과정에서 습득된 것을 기초로 생각하기 때문에 주제의 선정과 논조의 편성은 설득의 성패를 좌우하는 중요한 역할을 하게 된다.

설득에서는 다음에 제시된 심리학 원리를 활용하는 것이 효과를 극대화할 수 있다.

- 인간의 욕구 자극
- 면역화된 신념 붕괴
- 집단의 리더(계층)와 하부 성원 간의 응집력 와해
- 상황에 부합된 인간의 정보수신체계와 정보 전달 및 주위집중 방법 활용
- 일관성 있는 정보 제공으로 자극

① 인간의 욕구 자극

인간은 환경이나 현실에 타협하고 적응하는 특성이 있다. 이러한 특성의 핵심은 욕구이며, 욕구는 동기라는 방향성에 의해 안정된 상태에서 외부세계의 정보에 의해 불안정한 상태의 욕구가 되고 불안정한 조건이 해결되면 다시 안정 상태가 되었다가 또다시 상향으로 발전된 불안정 상태로 되어 상위욕구체계로 발전된다. 따라서 현실에 대한 자기성찰을 유도하거나 불만 요소와 부적응 요소 등을 자극하는 것이 인간의 기본욕구를 자극하는 것이 된다. 예를 들면, 전쟁 상황과 같은 악조건에서의 가장 강력한 욕구는 살고자 하는 욕구이며 부차적으로 기갈의 욕구, 적군에 대한 공포 등이 작용하게 될 것이다. 이러한 인간의 기본욕구에 부합된 주제와 소재, 방법을 활용할 때 설득의 효과는 크게 나타나게 될 것이다.

② 면역화된 신념 붕괴

인간은 사회적 동물이기 때문에 그 사회의 문화, 환경 등에서 사고, 신념, 태도, 가치관 등이 학습된다. 이러한 과정을 사회화라 한다. 사회화된 사고, 신념, 태도, 가치관 등은 쉽게 바뀌지 않는다. 특히 남과 북이 이념을 달리하고 반세기 이상을

교류 없이 분단 상태로 있었기 때문에 그들의 신념은 면역화되었다고 볼 수 있다.

이렇게 학습된 태도, 사고, 신념은 그 집단의 교육, 환경 등에 조건화되었기 때문에 매우 조심스러운 접근이 요구된다. 즉, 조건화된 신념 등을 바꾸기 위해서는 조건화된 상태를 소거해야 하는데 이를 위하여 조건화된 상태를 스스로 평가하여 모순점을 찾는 것이 중요하다. 그러므로 평가할 수 있는 외부세계의 많은 정보와 정보 전달 방법, 논조 등에 의하여 면역성이 강화될 수도 있고 약화될 수도 있다.

설득에서 면역화된 상대의 신념을 완화시키기 위하여 자기 측의 주장을 강요하거나 상대의 모순점 등을 지적하는 것과 같이 강력한 메시지로 적을 공격한다면 면역력을 강하게 만들게 된다. 따라서 문화적 공동 관심사와 같은 거부감이 적은 부드러운 메시지로 전달하는 것이 설득 효과를 달성할 수 있다.

사회주의 국가는 주민들과 군을 통제하는 원리가 심리학의 행동주의 이론이라는 것을 전제로 할 때 가장 적합한 방법은 조건형성 이론의 조형 학습 이론을 적용한다면 최적의 방법일 것이다.

③ 집단의 리더(계층)와 하부 성원 간의 응집력 와해

인간의 욕구에는 안전의 욕구, 소속감의 욕구가 있다. 이러한 욕구를 충족시키기 위하여 집단을 형성하여 안정을 찾으려 하고 리더를 중심으로 응집력(凝集力)을 형성하게 된다. 응집력이 없는 집단은 핵이 없어진 죽은 세포와 같다.

인간은 집단과 조직에 대하여 항상 만족할 수 없다. 따라서 이러한 설득 환경이 성숙했을 때 상황에 부합된 조건들을 찾아서 그 부분을 집중적으로 전달함으로써 욕구불만의 원인을 지도자나 지도부에게 돌리도록 하는 것이 집단의 리더(계층)와 하부 성원 간의 응집력을 와해시키는 지름길이 될 것이다.

④ 상황에 부합된 인간의 정보수신체계와 정보 전달 및 주위집중 방법 활용

■ 심리적 소구 활용

인간이 어떤 정보에 노출되어 인지-태도 형성-행동화 단계에 이르는 길은 정서적 소구와 이성적 소구에 기초하여 반응하게 된다.

정서적(감성적) 소구는 체계적인 정보가 아닌 인간 본능에 가까운 정보를 쉽게 받아들여 반응하는 정보수신체계이며, 지적 발달 수준이 낮고 폐쇄적인 사회에서 생활한 집단의 대표적인 정보 수신 및 반응 체계이다. 따라서 계절적 변화와 밤, 병중, 극한상황, 악천후 등 환경에 많은 영향을 받게 된다.

이성적 소구는 인간의 본능 부분이 아닌 이성적 사고체계로 자신에게 필요한 부분을 받아들이는 정보수신체계이다. 따라서 지적 발달 수준이 높고 개방적인 사회에서 생활한 집단의 대표적인 정보 수신 및 반응 체계이다. 그러므로 정확한 근거, 논리적 타당성에 영향을 받게 된다.

■ 정보 전달 및 주위집중 방법 활용

정보를 전달하는 방법은 인간의 집중력에 맞추어 실행하는 설득 방법으로 고몰입 방법과 저몰입 방법이 있다.

고몰입 방법(high involvement method)은 어떤 주제를 체계적이고 논리적으로 설명하는 방법으로 현대인의 무관심으로 효과를 얻기 힘들 수도 있지만, 전달자의 의도를 자세히 설명하는 데에 효과적이다.

저몰입 방법(low involvement method)은 현대인의 무관심이나 지적 수준이 낮은 집단의 효과적인 설득을 위해 어떤 수신자의 무관심을 호기심으로 유도하여 반복 사용함으로써 효과를 높일 수 있다.

■ 심리적 호소 유형과 정보 전달 및 주위집중 방법의 조합

고몰입-감성적 소구 방법의 예를 들면, 상대의 지도부와 구성원을 분리하는 방법에 적용하는 것이다. 즉, 상대 지도부의 잘못된 점을 하나하나 증명하여 설명하되 구성원의 가족이 당하는 고통, 불이익 등을 지도부의 탓으로 돌리는 방법이다.

저몰입-이성적 소구 방법의 예를 들면, 적군 또는 정보 수신자가 민감하게 반응하거나 적개심을 불러일으킬 수 있는 주제를 상징화 또는 풍자하여 활용하거나 쉬운 주제, 간접적 주제를 여러 번 반복하는 방법이다. 따라서 설득 환경과 상황 조건 등을 분석하여 적재적소에 활용할 때 설득 효과를 증가시킬 수 있다.

〈표 1-1〉 심리적 호소 유형과 정보 전달 및 주의집중 방법의 조합

구분	이성적 소구	정서적 소구
저몰입	○	
고몰입		○

⑤ 일관성 있는 정보 제공으로 자극

설득의 기본 전제는 상대방에게 전달자의 의지를 강요하는 것이다. 인간은 어떤 정보를 받아들여 마음에 부담을 느끼면 부담을 감소시키려고 태도와 행동을 바꿀 수 있으며, 주위환경 때문에 자신의 마음을 반대로 표현할 수 있으나 상황에 부합되면 불안하고 부담된 마음을 태도 변화와 행동화로 해소하려 한다.

설득에서는 부담이 적은 주제로부터 점차 강도를 높여 전달자의 일관된 의지와 정보를 전달함으로써 효과를 높일 수 있다. 정보를 제공할 때는 왜곡되었거나 상대를 비방하는 부정적인 주제보다는 사실과 진실에 근거한 명확한 주제가 다양한 소재와 함께 일관성 있게 제공될 때 높은 효과를 기대할 수 있다.

(4) 설득 원칙의 3대 전제

설득 원칙의 3대 기본 전제는 다음과 같다(岩島久夫, 1969).

첫째, 설득이 상대방의 태도 및 행동에 영향을 주는 것이 가능은 하겠지만, 결코 상대방의 마음과 태도를 변경시킬 수 있다는 전제로부터 출발하는 것은 아니다. 오히려 상대방의 마음과 태도는 '변하지 않는다'라는 전제로부터 시작해야 한다.

둘째, 설득에 어떤 정해진 정형은 없다. 설득이라고 하면 무엇인가 사람을 설득한다든지 이쪽으로 협력하도록 영향력을 주는 기술이라는 것이 보통 사람들의 생각이지만 절대로 그런 것은 아니다. 왜냐하면 상대방이 끊임없이 변하고 있는 시간과 공간 속에서 활동하고 있는 것에 맞추어 설득도 역동적으로 변해야 한다.

셋째, 설득에 특별한 소질이 있는 사람만의 독점물은 아니다. 즉, 설득에 있어서 재능을 가진 인물이 지도자 중에 많이 있었지만, 개인의 힘보다는 공조와 협조를 갖춘 팀워크에 의한 것이 적시성과 적합성이라는 효과를 높일 수 있었다.

(5) 설득 활동의 원칙

설득 활동의 원칙은 목표를 명확히 하여 가능한 행동과 수단을 검토하고, 상황의 역동성을 고려하여 활동하는 공간의 특성을 치밀하게 평가하여 완전한 이유, 근거, 주의를 기초로 시행하고 그 결과를 예측함과 동시에 평가가 이루어져야 한다.

설득을 효과적으로 실시하기 위해서 ① 우선 진실한 것이어야 할 것, ② 이념의 힘을 중시할 것, ③ 여론의 후원을 명심할 것, ④ 말만이 아니라 행동의 실천이 있을 것, ⑤ 선도적이고 강렬한 창조적 지도력이 있을 것, ⑥ 효율적인 통일된 조직이 있을 것, ⑦ 국가정책에 일관성이 있을 것, ⑧ 국가정책 목표와 설득 목표가 일치할 것, ⑨ 우수한 설득 전문가를 육성할 것, ⑩ 관계기관이 화합할 것, ⑪ 설득기구와 정책결정자와는 직결되어 있을 것, ⑫ 전략적 설득과 전술적 설득의 관련성을 가질 것, ⑬ 설득 기관과 활동가의 지위를 향상할 것, ⑭ 정확, 신속, 풍부한 정보를 입수할 것, ⑮ 면밀한 목표의 분석과 효과의 평가가 있을 것을 고려하되 이러한 원칙이 시대 배경과 환경에 따라서 적절히 해석하고 적용되어야 한다.

(6) 설득 전문가의 조건

제2차 세계대전 기간에 대일(對日) 설득을 담당했던 라인바거(Linebarger, 1954)는 설득 전문가의 재능을 다음과 같이 언급하였다.

- 정부의 정책을 올바르게 이해하는 능력
- 선전과 군사(軍事)를 적절하게 통합할 수 있는 능력
- 대중매체를 전문적으로 활용할 수 있는 능력
- 목표, 지역의 특징을 정확히 파악하고 분석할 수 있는 능력
- 심리학, 인류학, 역사학, 정치학, 경제학 등 관련 분야에 관한 과학적 · 전문적 지식 보유자

또한 제2차 세계대전 중에 대독(對獨) 설득을 지휘한 바 있는 러너(Lerner, 1949)는 설득 수행자의 자격요건을 다음과 같이 언급하였다.

- 수신자의 사회적 배경과 기반에 대한 정확하고 올바른 이해
- 수신자 측에서 진행되고 있는 동향의 정확한 파악 능력
- 의사소통 과정에 관한 체계적 인식
- 의사결정 및 생성의 심리적 문화에 대한 체계적 인식
- 정치적 판단력과 감각
- 표현에 대한 정열과 설득 업무에 대한 열의

오늘날과 같이 발달한 문화에서는 컴퓨터 운용 능력과 함께 세계 각국의 문화와 사이버 세계에 대한 이해와 풍부한 지식을 갖추어야 할 것으로 본다.

2) 설득의 기본 구성 요소

설득이 성립되기 위해서 기본적으로 다음과 같은 요소들이 갖추어져 운용되어야 성공할 수 있다.

(1) 수행 주체

설득 수행 주체는 설득을 기획, 집행, 지원 및 협조하는 조직체를 의미한다. 여기에 종사하는 요원은 관리, 시행, 연구 및 분석, 기술적 지원 등을 담당한다.

(2) 목표대상

설득의 목표대상은 전달자를 제외한 모든 개인, 조직, 집단 및 국가가 될 수 있다. 설득의 목표가 대상의 신념, 감정, 행동을 변화시키는 것이므로 효과적인 설득 수행을 위해서 먼저 이들 대상에 대한 사회적 · 심리적 · 종교적 및 기타 인구통계학적 배경에 대한 분석과 검토가 충분히 이루어져야 한다.

(3) 설득 매체

설득 매체는 설득 주체가 전달하고자 하는 주제와 내용을 목표대상에 효과적으로 전달하는 연결체이다. 설득에 주로 이용되는 매체로는 전파 매체(라디오, 확성기, TV, 컴퓨터 등), 인쇄 매체(신문, 전단, 간행물, 비밀 인쇄물 등), 문화예술 매체(문학작품, 연극, 영화, 음악, 사진, 그림, 조형물 등), 대인 대화 매체(서신, 협상, 개인접촉 대화, 집회, 의식화 또는 교화 등) 등이 있다.

매체의 선택은 전달자의 의도와 선전내용 및 소요 시간, 작전환경, 대상 집단의 조건을 포함한 심리적 판단 등을 기초로 하여 결정한다.

(4) 설득 주제

설득의 목표 및 방향에 따라 목표대상에게 전달하고자 하는 설득 내용으로 주제, 제목, 설득 노선을 포함한다. 주제는 현재의 정보를 활용하여 선정함으로써 더욱 신뢰성을 높일 수 있다. 주제체계는 대주제와 소주제로 구분하며, 대주제는 전략적인 성격을 띤 상위개념의 제목이고 소주제는 전술적이며 하위개념의 내용으로 구성된다. 주제 내용은 시기와 상황에 부합하는 적시성, 목표대상이 진실로 생각하고 믿음을 갖도록 하는 신뢰성, 작전에 사용되는 타 주제와 모순되지 않는 일치성을 갖도록 구성되어야 한다. 또한 주제는 목표대상이 보아서 명쾌하고 쉽게 이해할 수 있어야 할 것이다.

(5) 반응 및 효과 분석

설득 효과란 목표대상이 전달자로부터 받은 설득 내용에 대한 반응도이며, 자극에 대한 감수성을 말한다. 이 반응에는 신념과 감정, 행동상의 변화가 포함된다.

전달자는 설득 효과를 측정할 때 이러한 요소를 고려하여야 하며, 그 결과를 분석 평가함으로써 차후의 설득 계획 수립에 그 차이점을 상향 조정하여 반영하여야 한다.

(6) 판단 및 조정

판단은 이미 실시한 설득에 대한 반응 및 효과 측정을 분석 평가한 결과를 수집된 정보와 연계하여 필요한 새로운 설득 요소를 찾는 과정이며, 조정은 이러한 판단을 통해서 설득의 방향, 주제, 내용 등을 수정 보완하여 다음에 실시할 새로운 설득 방향과 방법을 결정하는 과정을 일컫는다.

3. 설득의 분류, 기능, 역할

설득은 작전지역의 공간과 적용 수준, 상황에 따라 한 개 또는 수 개의 설득 활동을 병행하여 실시하며, 운용목적과 대상, 출처 및 매체에 따라 다음과 같이 분류할 수 있다.

<표 1-2> 설득 분류

운용목적	전략 설득: 장기목표(정책부서 제대, 정부 기관)
	작전 설득: 중기목표(야전 군급)
	전술 설득: 단기목표(군단급 이하 제대)
대상	대적 설득: 전의 상실(응집력 와해, 심리적 마비)
	대내 설득: 국민통합, 신뢰 유지(응집력 강화)
	대외 설득: 협력 유지 및 강화

출처	백색 설득: 출처 제시
	흑색 설득: 출처 모방 또는 도용
	회색 설득: 출처 불분명
매체	전파 설득: 라디오/TV, 인터넷, 전화, 확성기 등
	시각 설득: 전단, 화보, 전광판, 시각매개물 등
	대면 설득: 면접 작전, 접촉 시도 등[1]
	매개물 설득: 식량, 의류, 의약품, 기타 생필품

1) 출처에 따른 분류

설득은 출처에 의한 분류에 따라 백색 설득, 회색 설득, 흑색 설득 등이다.

(1) 백색 설득

설득을 수행하는 전달자 스스로 출처를 명확하게 밝히고 시행하기 때문에 주로 진실한 내용으로 실시하는 설득이다. 예를 들면, 공보, 홍보, 객관적 비판, 광고 등이다.

(2) 회색 설득

설득을 수행하는 전달자가 출처를 밝히지 않고 실시하며, 전달자의 설득이라는 것을 은폐함으로써 목표대상으로부터 저항감을 불러일으키지 않으면서 설득 효과를 높이는 것이다. 예를 들면, 유언비어 등으로 상대측의 신뢰성에 대한 흠집을 내고자 할 때 사용된다.

(3) 흑색 설득

설득을 수행하는 전달자가 출처를 모방하거나 도용하여 실시하는 것으로, 상대측의 혼란과 분열을 유도할 목적으로 시행한다. 예를 들면, 과거 북한의 대남 심리전 전단의 출처 은닉, 현재 사이버상에서 출처를 한국 내의 단체명 또는 외국의 주소를 도용하여 갈등을 조장하는 사이버 설득 등이 있다.

---

1) 면접 작전은 대면 설득의 주체에 따른 분류 중 하나로써 전달자에서 상대에 대하여 행하는 대면 설득이며, 상대가 전달자에 대하여 대면 설득을 시도할 때를 접촉 시도라고 한다(교참 101-20-1 군사용어사전).

2) 운용목적에 따른 분류

(1) 전략 설득

국가의 전략적 목표를 달성하기 위하여 광범위하고 장기적으로 대상국의 전 영토와 국민을 대상으로 시행하며, 정치 · 경제 · 사회 · 문화 · 군사 등의 제 분야가 협조하여 정책부서 이상의 정부 기관에서 수행하는 설득이다(심진섭, 2012).

전략 설득은 전쟁의 3수준(전략, 작전, 전술) 모두를 지원하며, 전쟁, 단기간의 교전(交戰), 평화적인 국면에서 모두 중요하다. 전략적인 수준에서 설득은 장기적인 목표 달성을 위해 정부와 군대 그리고 시민에게 영향을 미칠 수 있는 기회상의 이점을 가지고 있다. 합동참모본부(JCS)를 통해 국가통수기구(NCA)가 전략적 설득을 지휘한다. 전쟁지역의 총사령관은 미국과 동맹국의 국가적 목적에 유리한 전략적 요점을 지원하는 외국군 지휘관들을 고무함으로써 전략적 설득을 지원해야 한다(USAWC[2], 1993).

(2) 작전 설득

작전 수준의 목표 달성을 위해 군사작전에 기초를 두고 전략 설득과 전술 설득을 연계시키기 위해 수행하는 설득이다(심진섭, 2012).

적 전쟁포로(EPW), 방첩(CI) 그리고 선무활동을 포함하는 작전 설득은 적과 적의 지원 세력이 승리할 수 없다는 것을 믿게 하거나 분쟁지역으로부터의 철수를 조장할 목적으로 수립된 기간의 목표를 지원하는 설득을 말한다(USAWC, 1993).

(3) 전술 설득

전술작전을 지원하기 위해 작전 책임 지역의 적과 주민을 대상으로 사단급 이하 전술 제대에서 단기적 목표하에 즉각적인 효과를 기대하고 수행하는 설득을 말한다(심진섭, 2012). 전술 설득은 즉각적이고 단기적인 목표를 달성하기 위해 계획되고 시행된다. 전술 설득은 시각, 청각, 시청각적인 기술 등을 사용한다. 이 수준의 설득은 리더의 관심 지역 내에서 적대적인 주민과 적 군사 요원에게 영향을 미칠 수 있도록 계획된다(USAWC, 1993).

2) U.S. Army War College(미국 육군 대학).

3) 목표대상에 따른 분류

(1) 대내 설득

자국 내에서 아군 장병과 주민을 대상으로 국민정신을 통합시키고 총력전 의미를 위한 상호 신뢰를 유지하기 위한 공보와 홍보 및 정훈 활동 등이 여기에 해당한다. 최근 들어 대내 설득이라는 용어보다는 홍보 활동으로 대치하여 사용하고 있다(심진섭, 2000).

(2) 대외 설득

우방국이나 중립국 또는 적대 관계에 있는 국가나 집단에 대하여 수행하는 설득으로 유대강화 및 우호적 관계 유지나 개선을 위한 활동이다.

(3) 대적 설득

적국 또는 적 집단을 대상으로 내부 교란 및 사기 저하를 통하여 적의 마음을 정복하고 정신과 의지력을 와해하여 군사작전에서 승리할 수 있도록 수행하는 설득이다.

4) 설득의 기능과 역할

오늘날 설득은 비폭력 수단에 의한 조직적 설득의 방법으로 수행되는 것으로서, 자국을 보호하며 상대를 내부로부터 이해시킬 수 있는 중요한 무기로 활용되고 있다. 이러한 설득은 전 · 평시를 막론하고 언제나 실시할 수 있을 뿐 아니라 장소의 제한 없이 수시로 지속할 수 있는 것이 특징이다. 즉, 시기와 장소의 조건이 성숙해야 발휘되는 무력전(武力戰)과는 비교할 수 없을 만큼 넓은 범위에서 목표대상 집단을 다각적으로 공격할 수 있다. 또한 오늘날 설득은 국가정책의 효과적 정당성을 보완함을 목적으로 하므로 그 활용범위는 실로 광범위하다.

정치전 · 사상전 · 외교전 · 경제전 · 군사작전 · 특수전 · 냉전 등 정치력이 미치고 모든 범위와 인간이 관여하고 있는 전 영역에서 설득은 존재하며 그 위력을 발휘하는 것이다.

설득의 주요 기능 및 역할로는 국가목표를 달성할 수 있는 정책실현, 국제관계 개선 및 자국의 이익획득, 이데올로기 제공, 군사작전 지원, 사기 앙양, 국민정신 함양을 통한 총력전 수행, 여론 형성, 정신전력 강화, 지휘통솔의 효율성 제고, 의식전환, 정보제공, 혼란 및 갈등 조장, 기만, 군중 동원, 이미지 개선, 적개심 고취, 민군관계 증진 등 매우 다양하다.

5) 군 설득(심리전)의 역할

현대전의 특징과 군사전략의 변화는 전쟁의 주체인 인간의 마음을 다스리는 전쟁, 즉 설득의 기능이 중시되고 있으며 그 설득을 구현하는 억제전략, 심리적 마비, 또는 적의 중심파괴 등과 같은 전법이 빛을 발하게 되었으며 그 전례가 바로 걸프 전쟁이다. 이 전쟁에서 미국은 후세인의 성전(聖戰) 참전 호소를 차단하고 정의의 전쟁에 다국적군이 참여하도록 유도하였고, 스텔스기 등 첨단무기와 각종 매스미디어를 심리전으로 운용하여 이라크 전쟁지도부의 전쟁 의지를 조기에 말살시킴으로써 최소의 피해로 전쟁을 끝낼 수 있었다.[3] 또한 최근에 이루어졌던 코소보 전쟁, 이라크 전쟁 등에서 효과를 발휘하였다. 이처럼 군의 심리전도 국가정책과 목표에 근거를 두어야 한다. 따라서 군 지휘관은 국가정책과 군사작전과의 조화와 일관성을 유지하는 설득을 수행해야 할 것이다. 앞으로도 군 심리전은 전면전, 국지전, 제한전, 정규전, 비정규전 등 모든 전쟁 형태에서 하나의 무기체제로 역할을 하게 될 것이다. 우리는 군 설득의 적절한 활용으로 국가 설득의 목표인 평화적 민주화 통일을 달성할 수 있도록 최선을 다해야 한다.

3) 걸프 전쟁 기간 중 미국은 국방성 내에 특별기술작전센터(STOC)를 설치, 주요 군사작전과 조사 활동을 총괄하였다. 해군특전대, 스텔스기 및 특별 첩보 위성 운용, 제반 군사 차원의 설득도 이 기구가 조정 · 통제한 것으로 알려졌다. 미국은 걸프 전쟁 이후 육군의 25%를 감축하였으나, 미국 제4심리전단 3대대를 1995년 5월 창설하고 설득 부대의 시설과 장비를 강화하는 등 지속적 설득을 대외정책의 주요 수행수단으로 활용하고 있다.

4. 설득 심리학의 용어 정의

1) 심리전과 심리작전

'심리전'이라는 용어는 영국의 군사 평론가이며 역사가인 풀러(J. F. C. Fuller)가 「영국과 독일의 전차전」이라는 논문을 통해 제1차 세계대전의 교훈을 학문적으로 분석하면서 1920년에 이 용어를 처음으로 사용하였다.

군사 관련 연구자들도 평시에는 대적 설득 활동에 전쟁(war 또는 warfare)이라는 용어의 사용을 가능한 자제하여 왔다. 왜냐하면 심리전이 전형적인 전쟁의 형태가 아니며, 그 대상이 적에게만 한정적으로 지향되는 것이 아니고 전시가 아닌 평시에도 계속하여 운용되기 때문이다.

1957년 미국의 육군에서도 심리전을 psychological warfare에서 psychological operation으로 변경하여 사용하게 되었다. 이처럼 심리전보다는 심리 전략 또는 심리 활동, 심리작전 등 용어의 사용을 선호하거나 혼용하고 있다.

공산권에서는 심리전이 선전 · 선동(propaganda and agitation)으로 통용되는 등 시대 · 국가 · 활용하는 사람에 따라 '설득'이라는 용어는 상이하게 사용되고 있으며, 정의와 개념도 다양하게 사용된다.

심리전에 대한 정의와 개념은 미국의 심리학자인 라인바거에 의하면 "광의에 있어서 정치적 · 경제적 또는 군사적인 모든 조치를 촉진하기 위하여 심리학이라는 과학을 이용한 것이며, 협의로는 대적 선전이나 기타 선전을 보완하는 군사적 · 외교적 · 정치적 제반 조치의 이용"이라고 정의하였다.

러너는 현대 설득(심리전)은 "적국의 지배자만 겨냥하지 않고 표적 대상은 적 후방의 주민과 적의 산업 생산력까지 포함하였다. 그러므로 설득은 단순히 지도층의 의견 통합이나 전선에서의 대적 수단 역할뿐만 아니라 전 국민의 의지와 신념 그리고 충성심을 제고시키기 위한 전쟁의 성격"도 띠게 된다고 주장하였다.

따라서 심리전은 큰 개념으로 사용하고, 심리작전은 전술적 운용 차원의 의미로 표현하며, 심리 전략은 정책적 · 전략적 개념으로 사용한다.

설득에 관련된 몇 가지 용어를 사용하는데 의미를 축소 또는 확대하여 사용하거나 혼용하여 사용하는 경우가 흔하게 발생하므로 심리전, 심리작전, 심리공작 등에 대하여 살펴볼 것이다.

심리전(心理戰, psychological warfare)이란 표준국어대사전에서 "명백한 군사적 적대 행위 없이 적군이나 상대국 국민에게 심리적인 자극과 압력을 주어 자기 나라의 정치 · 외교 · 군사 면에 유리하도록 이끄는 전쟁"이라고 정의하고 있다.

군사용어사전에서는 "지휘관이 부여된 임무를 성공적으로 수행하기 위하여 전달자 외 모든 국가의 견해, 감정, 태도, 행동 등을 자기에게 유리하도록 유도하는 제반 행동의 조직적이고 계획적인 사용"으로 정의하고 있다.

따라서 이 책에서는 설득을 상대의 견해, 태도, 행동 등을 자기 측에 유리하도록 유도하는 설득 수단의 계획적 사용이라는 광의적 의미로부터 특정 대상에 특정 목표를 두고 자기에게 유리한 상황으로 만드는 협의적 의미까지 포함하였다.

심리작전(心理作戰, psychological operations: PSYOP, psychological tactics)이란 표준국어대사전에서 "심리전을 하기 위하여 행하는 모든 작전으로 상대국에 대하여 자기 나라의 정책이나 목표를 이루는 데 유리한 감정, 태도, 행위 따위를 조성하기 위하여 행하는 것"이라고 정의하고 있다. 그러므로 사전적 의미가 충분하므로 이 책에서는 그대로 사용하기로 한다.

공작(工作, constructioning, maneuvering, engineering work)이란 표준국어대사전에서 "어떤 목적을 위하여 미리 일을 꾸밈"으로 정의하고 있으며 작전의 다른 표현이다. 그러므로 이 책에서는 **심리공작**(心理工作)이란 심리작전과 같이 설득을 수행하기 위하여 행하는 모든 작전이나 상대국에 대하여 자기 나라의 정책이나 목표를 이루는 데 유리한 감정, 태도, 행위 따위를 조성하기 위하여 행하는 일련의 행위라고 정의하기로 한다.

따라서 심리작전과 심리공작은 대등한 범위의 의미이므로 여건에 맞춰 달리 사용하기로 하고, 설득의 하위개념이다.

2) 설득의 기본 논조

설득에서 가장 중요한 것은 설득력이다. 설득력에 결정적으로 영향을 미치는 것이 주제 전달 방법이다. 주제 전달 방법인 기본 논조는 다음과 같다.

(1) 홍보

홍보(弘報, publicity)란 뜻을 널리 알리는 보도로 국가기관이나 집단의 활동 가운데 뉴스의 가치가 있다고 생각되는 부분을 각종 매체를 통하여 대중에게 알리는 것이다. 홍보에는 공보(公報)가 포함되므로 넓은 개념이다.

(2) 선전

선전(宣傳, propaganda)이란 말과 글, 그림 등 상징적 수단을 계획적이고 조직적으로 활용하여 사람들이 가지고 있는 태도, 신념, 가치 등에 이성적(理性的)인 통제를 가함으로써 기대했던 방향으로 대중의 태도와 행동을 이끌어 가는 전파기술이다.

(3) 역선전

역선전(逆宣傳, reverse propaganda)이란 적 또는 외국의 선전 활동을 방해하거나 상대방의 선전을 이용하여 역효과나 불리하도록 선전하고 적 또는 외국의 선전 효과를 최소화하는 것이다.

(4) 비판

비판(批判, criticism)이란 태도, 행동, 견해, 정서, 옳고 그름을 판단하여 정당성 내지는 타당성 여부를 밝혀 전달자의 의도대로 사물을 분석하고 그 각각의 의미와 가치를 인정하여 전체의 뜻과 관계를 밝히는 것이다.

(5) 비난

비난(非難, blame)이란 남의 잘못이나 흠 따위를 책잡아 나쁘게 말하는 것이다.

(6) 비방

비방(誹謗, slander)이란 남을 나쁘게 말하거나 남을 헐뜯고 욕하는 것이다.

(7) 선동

선동(煽動, agitation, instigation)이란 사회, 정치, 경제 문제에 대하여 비조직적인 대중의 정서적(감성적) 반응에 호소하여 그들의 생각을 행동으로 유도하는 행위이다.

(8) 유언비어

유언비어(流言蜚語, groundless rumor, wild rumor)란 입에서 입으로 전달되는 불확실한 이야기나 일화로서 설득에서는 전달자가 어떤 목표를 달성하기 위하여 인위적으로 만들어 퍼뜨리는 소문이다.

(9) 독필

독필(毒筆, spiteful pen)이란 특정한 목표대상이나 인물을 모략, 협박, 중상하는 불온 편지 또는 투서 등으로 인간의 감정, 불안, 공포를 유발하여 목표를 달성하려는 것이다. 최근에는 악의적으로 하는 댓글도 포함된다.

(10) 모략

모략(謀略, strategy, stratagem, artifice)이란 특정한 개인 또는 단체에 누명을 씌워 몰락시키거나 매장하는 것이다. 허위사실을 날조하여 선전하는 것이고 진실성이 부족하며 방법은 날조, 기만, 중상, 유언비어, 독필 등이 포함된다.

① 날조

날조(捏造, fabrication)는 설득에서 전달자가 어떤 사건이나 사실을 그럴듯하게 조작하여 특정 개인이나 집단을 모함하는 것으로 공산주의자들의 상투적인 수단이다.

② 기만

기만(欺瞞, deception)은 설득에서 전달자의 내면적 의도나 목적, 능력을 오인 또는 오판시키거나 사실을 은폐하기 위하여 사용되는 것이다.

③ 중상

중상(中傷, defamation)은 터무니없는 말로 상대를 헐뜯어 명예나 지위를 손상하는 것이다.

제2장

정서 · 동기 이론과 설득

설득의 목적은 대상 집단 개개인의 마음을 어떻게 전달자에 유리한 방향으로 변화시키느냐에 달려 있다.

인간의 마음을 변화시키려면 무엇보다도 정서에 호소하는 것이 가장 효과적이다. 따라서 설득을 위한 문안을 작성할 때나 혹은 설득방송을 할 때 대상자들에게 감명을 주어야 할 것이다.

설득에서는 정서를 통하여 대상 주민 또는 개개인에게는 공포감, 분노, 불안, 고독감, 좌절감, 회의감을 주고 우리 주민 또는 개개인에게는 희망, 용기, 투쟁 의식 등을 유도해야 하므로 인간의 기본 정서에 대한 이해는 설득에서 매우 중요한 분야이다.

인간의 기본욕구나 동기도 설득에서 매우 중요한 요소이다. 인간의 행동을 유발하고 유지시키는 기본욕구는 그것이 위협받거나 좌절될 경우 그 욕구의 해소에 대한 강한 집착을 만든다. 설득의 효과는 대상 집단의 기본욕구인 배고픔, 목마름, 성욕, 생명에 대한 애착, 사회적 · 물리적 위험으로부터의 안전, 애정, 소속감, 자존감 등이 위협받거나 좌절되었을 때 더욱 크게 나타날 수 있다.

인간의 정서와 동기는 모두 행동을 활성화하고 행동의 방향을 제공한다. 이들 두 가지는 밀접하게 관련되어 있으며, 자각 없이도 우리를 활성화할 수 있다. 또한 인간의 정서는 일반적으로 동기화된 행동을 자주 나타낸다. 분노를 느끼거나 화가 나면 공격적인 행동을 유발하고, 고독감이나 소외감은 일상적인 생활로부터의 일탈 행동을 수반할 가능성을 높이게 된다. 따라서 정서는 동기화된 행동의 원인으로 작용하며, 동기와 아주 미묘하고 복잡한 양식으로 연결되어 있다.

근본적으로 인간은 쾌(快)를 추구하고 고통을 회피하는 속성이 있으므로 부정적 정서 상태를 피하고 기분 좋은 정서 상태를 유지하려 한다. 그러므로 정서는 그 자체가 주요한 목표가 될 수 있다. 예를 들어, 우울한 기분 전환을 위해 자기가 좋아하는 인물을 찾거나 자기를 불편하게 만드는 상황을 피하기 위한 행동을 하게 된다. 또한 정서는 동기화된 행동이 방해받거나 좌절되었을 때도 발생하기도 한다. 예를 들면, 환경적 또는 사회적인 장애나 장벽으로 인하여 인생의 중요한 목표를 달성하기 어려울 때 사람들은 불안, 우울, 분노, 좌절감과 같은 부정적인 정서를 경험하게 되는 것이다.

1. 인간의 정서

정서란 감정적 느낌으로 유기체가 경험하고 있는 모든 심리적 상태와 이에 따른 신체적 변화를 말한다.

초기의 학자들은 감정과 정서를 구분하여 신체적 변화를 수반하지 않은 가벼운 느낌을 감정(feeling)이라 하고, 이 감정이 과격해져서 신체적인 흥분을 수반하는 상태를 정서(emotion)라고 하였지만, 실제로 유기체가 느끼는 쾌와 불쾌의 감정 속에는 정도의 차이는 있을지라도 신체적인 변화를 수반하는 것이 보통이므로 느낌에 대한 표현의 차이로서 감정과 정서를 구별하기는 곤란하다고 보았다.

최근 들어 정서는 쾌와 불쾌를 포함한 느낌과 이에 따른 행동적 표현을 포함하여 이해되고 있다. 따라서 정서적 행동은 그 자극의 요소가 다양하고 반응도 복합적이어서 정서 자체가 복합된 형태로 나타나게 되며, 정서는 모든 기본적 인간 행동의 역동적 요인의 복합체라 할 수 있다. 이러한 정서는 여러 가지의 선천적인 자극의 형태 또는 학습된 자극 및 사회적 상황에 의하여 유발된다. 사람의 행동과 사고가 지적(知的)인 과정으로만 이루어지는 것이 아니므로 설득에서 인간의 정서에 호소하거나 정서유발 자극을 제시하는 문제는 매우 중요한 과제가 된다. 따라서 설득에서 유용한 정서의 분류와 유발 요인, 정서의 발달 등을 소개하고 효과적 설득 수행을 위한 몇 가지 기본적인 내용을 논의할 것이다.

1) 정서의 분류

'정서'라는 말에 우리가 포함하는 감정이나 반응은 매우 많다. 예를 들면, 공포, 분노, 격노, 전율, 증오, 고뇌, 불안, 질투, 수치, 당혹, 혐오, 비애, 권태, 낙담 등과 같은 부정적인 정서와 애정, 기쁨, 즐거움, 행복감과 같은 긍정적인 정서가 있을 수 있다. 정서 상태를 기초적이며 목표 지향적인 것으로 구분하여 다음과 같은 몇 가지 주요한 정서 형태로 나누어 볼 수 있다.

- 기초적 정서(예: 공포, 분노, 불안, 기쁨)
- 감각자극에 따른 정서(예: 고통, 환희, 전율, 구역질)
- 자기평가에 따른 정서(예: 수치, 고뇌, 비애, 피해의식)
- 타인에 대한 정서(예: 애정, 증오, 연민, 질투)
- 군중 현상으로서의 정서(예: 공황, 운동장 홍분)

(1) 공포

전장에서 경험하는 심리나 정서 상태는 살고 죽는 것에 관련된 것으로 평시에 흔히 경험할 수 있는 것이 아니다. 전장에서의 정서 상태는 평시보다 매우 격렬하며, 주로 극한상황에서 경험하는 것이기 때문에 과도한 긴장과 홍분을 수반하게 되고 다양한 부적응 행동과 정서장애를 유발하여 전투 임무 수행의 저해요소로 작용할 수 있다. 전장에서 장시간 생명의 위협을 겪게 되면 누구나 태연할 수는 없으며, 평소 대담한 사람이라도 언제 공포 상태에 빠질지 모른다. 또 일부는 전투 중에는 공포 자극에 잘 반응하다가 오히려 전투가 끝난 후에 공포감을 느끼는 사례도 있다. 전장에서 나타나는 가장 일반적이고 정상적인 반응인 공포는 위험에 대한 본능과 경험적 감정의 종합적 결과이다. 일정한 위험에 대한 반응으로서의 공포는 유사한 형태를 보이지만, 동일 인물이라도 조건이 달라지면 그에 대한 반응도 달라질 수 있다. 이러한 결과는 학습된 공포라고 할 수 있다. 따라서 평소 용감한 병사도 공포에 익숙하지 않다면 대부분 공포감을 느끼게 된다. 어느 정도의 공포심은 오히려 전장에서 병사들을 강하게 만든다고 주장하는 학자도 있다.

① 공포의 본질

인간은 자신의 안전에 위협을 느낄 때 공포를 느끼고, 이를 통하여 외부환경에 적응하며 살아갈 수 있게 되는 것이 공포의 기능이며, 위험에 대한 정상적인 반응이다.

인간이 불안과 공포심에 사로잡히는 초기 단계에서는 흔히 피로감이 수반되는 것에 반해, 급작스럽게 일어나는 위험 상황에서는 불안 상태에서 일어나는 반응 이상의 것이 수반된다. 즉, 이러한 상태에서는 피로를 느낄 사이도 없으며 꼼짝할 수도, 도망가거나 싸울 수도 없는 것이 보통이므로 긴급한 위기는 사람을 움직이지 못하게 하는 공황(panic) 상태를 만들기도 한다. 공포를 경험할 때는 불쾌감, 피로, 무력감, 도망치고 싶은 욕구를 갖기도 한다.

공포심이라는 정서는 불안(anxiety)과 매우 유사한 면이 많아 우울해하고 불쾌해하며 피로하거나 지나친 걱정을 하는 등의 좌절 상태를 보인다. 공포심은 모든 사람에게 나타날 수 있는 정상적인 반응이지만 대상이 명백하게 존재한다는 점에서 불안과 구분할 수 있다.

공포는 원천적으로 좌절감을 바탕으로 발생하는 정서인데 위험이 임박하였거나 특히 그 위험에 대처할 수 없을 때 좌절감이 연장될 수 있다. 반대로 어떤 행동을 하는 것은 공포심을 감소시켜 좌절을 극복할 수 있게 해 주기도 한다. 그러므로 공포의 심리학적 본질과 특성을 잘 활용하는 것이 전쟁에서 승리하는 지름길이 될 수 있다.

② 공포 정서의 발달

공포심은 생후 6~7개월까지 분화 발달하는 선천적 요인(Bridges, 1932)과 학습으로 발생하는 후천적 요인에 의해서도 형성된다(Watson, 1924).

공포의 원인은 매우 다양하지만 대략 다음 세 가지로 나누어 볼 수 있다(Hurlock, 1953).

첫째, 실제 물체에 대한 두려움(fears of material objects)으로 폭풍, 이상한 소리, 불, 물, 의사, 개, 어두움 등이 있다.

둘째, 사회관계에 대한 무서움(fears of social relationship)으로 사람들과 만나는 것, 똑똑하고 위대하고 엉큼하고 무정한 사람들과 함께 있는 것, 군중 속에 있는 것, 대중 앞에서 글을 읽거나 연설하는 것 등이 있다.

셋째, 자아에 관계되는 무서움(fears of relating self)으로 가난, 죽음, 자신 또는 가족의 병, 학교에서의 낙제, 시험, 성적, 결혼 등과 같은 것이다. 인간은 나이가 어릴수록 실제 물체에 대한 공포가 많다가 나이가 들고 성장하면 물체에 대한 두려움보다 그다음에 오는 사회관계나 자아에 관계되는 추상적 무서움이 많아진다고 한다. 이러한 공포 정서를 발달시키는 원인은 자극이나 사태를 판단하는 지각 능력의 발달, 공포를 느낄 때 신속히 회피할 수 있는 운동 능력의 발달, 자율신경계의 성장, 조건형성에 의한 공포대상이 일반화되고 분화되는 것 등이다.

공포는 여러 가지의 선천적인 자극 형태, 학습된 자극 및 사회적 사태에 의해서 분화되고 발달된다. 일반적으로 사회화 단계가 높아질수록 학습과 사회적 영향은 증가된다.

■ 선천적인 공포심의 발달

어떤 돌발적이고 격렬한 자극은 유기체의 공포감을 일으킬 수 있다. 실험실의 연구에서는 전기 자극으로 생긴 고통이 공포 유발에 종종 사용되기도 한다. 왓슨(Watson)은 아이는 출생 직후 갑자기 큰 소리를 근처에서 울리거나, 모포를 확 잡아젖히거나, 약간의 높이에서 갑자기 물체를 떨어뜨려도 공포를 일으킨다고 하였다. 즉, 공포를 일으키게 하는 것은 그 강도와 함께 그 자극의 예기치 못한 성질인 것이다. 진화 단계가 높아질수록 공포를 유발하는 자극의 수나 복잡성이 증가한다. 예를 들면, 쥐를 고통이나 돌발적인 상황, 낯선 환경 등으로 공포에 빠뜨릴 수 있다. 개도 이와 비슷한 상황으로 공포를 느끼게 할 수 있으며 그 밖에도 바람을 넣은 풍선, 옷을 바꾸어 입은 주인이나 낯선 사람에 의해서도 놀라게 할 수 있다. 원숭이와 유인원은 모양이 이상한 당근, 벌레가 들어 있는 과자, 인형 등에 의해 공포감에 빠지게 할 수 있다. 어른 침팬지는 진흙으로 만든 실물 크기의 침팬지 머리 모형으로 공포를 일으키고 일부는 비명을 지르며 그것이 눈에 보이지 않는 데까지 도망을 쳤다(Hebb, 1961). 아마도 낯선 것이 결정적 요인이 되었던 것 같다.

헵(Hebb)은 이런 공포가 일반적인 의미로 학습된 것이 아니라 하더라도 배경이나 환경에서도 학습할 수 있다는 점을 지적하고 있다. 예컨대, 유아는 생후 6~8개월경에 같은 현상을 보여 준다는 것이다.

■ **학습에 의한 공포심의 발달**

지금까지의 관찰 결과에 의하면 유아는 처음에는 비교적 소수의 자극으로 공포를 느끼나 성장해 감에 따라 더욱 사물을 두려워하게 된다. 성인의 공포는 다양하며 개인차가 있다. 어느 정도까지는 이러한 변화가 성숙에 기인되지만 새로운 공포의 형성과 이전 것의 제거는 학습에 의존된다. 가장 단순한 형태의 학습은 조건화 과정이다. 기본 원리는 어떤 중성자극이 선천적으로 어떤 반응을 유발하는 자극과 같이 제시될 때에 그것이 조건화되어 반응 자체를 유발하게 된다는 것이다. 예를 들면, 어떤 소리는 실험실의 동물에게는 일반적으로 공포를 유발하지 않는다. 그러나 그 소리를 들려준 다음 공포를 유발하는 전기충격이 가해지는 조건자극이 주어지면 그 동물은 그 소리만 들리면 공포를 나타내게 될 것이다.

왓슨과 레이너(Watson & Rayner, 1920)는 조건반사의 원리로 공포 반응을 형성시키는 데 성공한 최초의 심리학자들이다. 이들은 건강하며 정서적으로 안정된 9개월 된 앨버트(Albert)를 피험자로 하였다. 앨버트 앞에 흰쥐, 토끼, 개, 원숭이 및 다른 자극을 제시하였을 때 아이는 아무런 두려움 없이 그것을 붙잡으려고 하였다. 그와 동시에 큰 소리에 대해서는 공포 반응을 보이며, 마침내는 울기 시작하였다. 본격적인 실험으로 앨버트가 11개월 되었을 때였다. 실험자는 앨버트가 좋아하던 흰쥐와 큰 소리 때문에 생기는 공포를 연합시켰다. 먼저 앨버트에게 흰쥐를 보여 주고 아이의 손이 흰쥐에 닿으려는 순간에 뒤에서 큰 소리를 내게 하였다. 큰 소리와 흰쥐를 17회 결합하고 나자 아이는 흰쥐만 보고도 강한 공포 반응을 일으켰다. 앨버트의 공포는 일반화의 과정에 의해 다른 유사한 자극에까지 확대되어 갔다. 관찰 결과에 의하면 장난감 나무토막과 같은 대상에 대해서는 공포 반응을 보이지 않았고 흰 토끼, 개 그리고 털옷 등과 같은 유사한 대상에까지 공포를 느꼈다. 또 습득된 공포는 시간이 지난 후에도 여전히 남아 있다는 사실도 밝혀졌다. 앨버트의 경우 1개월이 지난 후에도 흰쥐나 다른 관련이 있는 자극에 대해서 공포가 일어나고 그 정도가 다소 약화되기는 했으나 여전히 계속된다는 사실을 알게 되었다.

공포는 소거 과정에 의해 제거될 수도 있다. 이것은 이전에는 중성적인 자극을 소리나 충격 없이 반복 제시하는 것으로 구성되었다. 결국 공포는 그러한 자극에 의해서 더는 생기지 않았다. 존스(Jones, 1924)는 아이의 공포를 소거하기 위해서 아이가 식사 중에 방의 반대쪽에다 토끼를 보여 주었다. 식사가 공포와 양립할 수 없다면 공포에 대치될 수가 있다. 이러한 방식으로 그는 공포를 유발하지 않고 토끼를 아이

가까이 가지고 오게 할 수 있었다.

아이들의 공포는 복잡한 양식으로 학습이 되었다고 볼 수 있다. 예를 들면, 직접적인 경험이 없는 사물들을 두려워하는 것도 부모가 느끼는 공포를 학습한 것이라고 볼 수도 있다.

③ 공포의 생리적 특성

공포는 생리적 변화를 유발한다. 공포를 일으키는 자극에 대한 신체 반응은 자율신경계의 운동과 아드레날린 호르몬의 분비에 의한 것으로 실제로 일어나는 신체적 변화이다. 예를 들면, 공포 상황에서는 우선 호흡이 가빠지고 숨이 차며 심장박동수와 혈압이 상승한다. 혈액은 내장기관으로 보내지지 않고 근육으로 몰리며, 동시에 많은 에너지 공급을 위하여 혈당을 더 방출시킨다. 또한 입안의 침이 마르고 호흡기의 점액질이 감소한다. 그리고 동공이 확대되어 더 잘 볼 수 있게 되며, 땀이 난다. 공포는 강력하고 뚜렷한 신체 반응으로 시작되며, 심리적 현상이 나타난다.

제2차 세계대전 당시 미국 육군 병사들 대부분이 느꼈던 공포 상황에서의 나타나는 증세는 다음과 같다. 공통으로 겪는 것은 심장이 몹시 두근거리거나 가슴이 철렁 내려앉는 느낌을 받았다. 그리고 속 쓰림, 팔다리가 떨림, 식은땀이 나고 가슴이 답답함, 온몸의 힘이 쭉 빠지는 무력감을 느끼고 구토를 한다거나 대소변의 통제 능력 상실 등과 같은 자율신경계의 극단적인 흥분을 경험하였다.

④ 공포심의 활용

불안과 달리 공포는 두려움의 대상과 두려워하는 이유가 명백하다. 전장에서의 병사가 공포를 느끼게 되면 적과 싸우고 싶은 충동을 느끼기도 하고 반대로 그 상황에서 도망치고 싶은 욕구를 느끼기도 한다. 이러한 심리적 기제 때문에 전장에서는 병사들이 공포심과 그러한 어려움을 겪으면서도 전투를 계속하는 것이다.

용감성과 공포심이 병행될 수 있는 것은 몸을 움직이는 것이 공포심을 쫓아버리기 때문이다. 인간이 두려움을 느끼면 자율신경계가 활성화되어 행동으로 나타나게 되고, 신체적으로 움직일 수 있으므로 인간은 무언가를 행할 수 있으며 그것은 전투행위가 될 수도 있고 도피가 될 수도 있다. 이때 군사훈련, 자존심, 상사에 대한 신뢰감, 전우애, 전쟁의 목적에 대한 신념 등의 제 요소가 병사들을 용감하게 혹은 비겁하게 만들게 된다. 결국 공포심은 신체적 에너지를 제공한 것이고, 이 에너지가 어떠한 방향으로 활성화될 것인가는 이상의 상황 요인들에 의해 결정되는 것이다. 따라서 앞에서 열거한 요인들을 적절히 활용하면 공포심은 병사들을 용감하게 만드는 원동력으로도 이용될 수 있다.

세부적으로 공포심을 이용하는 전략으로 우선 공포는 사람을 조심스럽게 만든다는 점에서 유용하지만 사람을 지나치게 조심스럽게 만들어 전투의 효율성을 감소시킬 수도 있다. 또한 공포심이 너무 커서 공황 상태에 빠지게 되면 전투에서 효율성을 감소시킨다. 공황 상태에 빠진 군인들은 순간적으로 정신을 잃고 잠시 자신의 통제력을 상실하여 그 상황으로부터 도피하게 되며, 대부분이 분별없이 날뛰게 된다.

이러한 공포의 유용성을 군사훈련에도 적응시켜 볼 수 있다. 훈련에서 공포심을 유발하여 실제 전투에서 위험을 감소시킬 수 있는 습관을 가르쳐 주는 것이 바람직하다. 적당한 동기화는 학습 과정에서 중요한 것이며 적절하게만 활용하면 공포심은 강력한 동기 요인의 역할을 할 수 있다.

⑤ 공포의 대상

전장에서 병사들이 갖는 공포의 대상을 구체적으로 찾기 위하여 스페인 내란에 참전했던 미군 병사들을 대상으로 그들이 전투 중 느꼈던 공포의 실체와 대상이 무엇이었는지를 확인하였다(Dollard & Horton, 1977).

■ 부상에 대한 공포

병사들이 전투에서 느꼈던 가장 큰 공포는 사망이나 부상에 관한 것이었는데, 부상의 종류도 신체 부위에 따라 달랐다. 병사들이 부상을 두려워한 신체 부위는 복부, 눈, 뇌, 성기 순으로 나타났다.

■ 무기에 대한 공포

전투에 동원되는 각각의 무기 종류 중 어떤 것을 가장 두려워하는가를 질문한 결과, 가장 큰 두려움의 대상으로 언급된 것은 폭탄의 파편이었다. 그다음으로는 박격포, 포탄, 총과 칼 그리고 난사되는 총알 등을 들 수 있다. 비교적 공포를 적게 하는 무기 종류는 수류탄, 기관총, 전차 및 급강하 폭격기 등을 들었다.

어떤 무기가 커다란 공포의 대상이 되는 이유는 두 가지가 있을 수 있는데, 포탄처럼 그 무기가 흔히 사용되고 또 실제로 위험하기 때문이거나 혹은 공중 폭격처럼 그 무기가 비합리적으로 공포심을 만들기 때문이다. 사실 기관총 같은 것은 매우 위험하므로 공포의 주 대상이 되어야 하지만 실제로 그렇지 않은 이유는 군인들이 기관총에 익숙하기 때문이며, 또 적군의 기관총 사격에 어떻게 대처해야 하는지 알기 때문이다.

■ **폭격에 대한 공포**

가장 두려운 무기로 언급된 것이 폭탄이므로 폭탄의 투하 현상에 관한 공포의 실상을 보다 자세하게 분석될 필요가 있다. 실제 상황에서 폭탄이 투하되는 소리와 폭탄이 폭발하는 소리 자체에 심한 공포심을 나타낸다. 폭격기의 모습이나 폭탄의 투하 장면 혹은 폭격의 손상 결과를 보는 것은 공포심을 덜 유발하는 편이다. 나아가서 폭탄 투하의 소리가 오랫동안 들릴수록 공포심이 더욱 커지고 또한 전선에서보다 도시에서의 폭격이 더욱 공포심을 유발했으며, 대낮의 폭격과 야간 폭격은 비슷한 수준의 공포를 자아낸다. 폭탄 투하에 대항하는 방법이 특별히 없을 때는 비행기를 향해 사격하는 것이 공포심을 줄이는 효과가 있었다고 병사들은 말한다. 이것은 총을 쏜다는 자체가 비행기에 대한 주의를 분산시켜 공포심을 감소시켜 주기 때문이다.

⑥ 공포의 통제와 극복

공포의 극복은 먼저 공포라는 정서의 이해에서 시작해야 하지만 공포를 이해한다는 사실이 공포심을 줄여 줄 수는 없다. 따라서 공포심을 통제하고 극복하는 방법의 개발이 요구된다(Dollard & Horton, 1977).

■ **공포에 대한 지식 교육**

공포에 대하여 준비하면 공포심은 줄어든다. 경험이 없는 군인들은 두려움에 대한 두려움을 갖게 된다. 공포 그 자체는 전혀 미지의 것이며 바로 이 사실이 사람을 두렵게 만든다. 이들은 자기들이 그 공포를 어떻게 극복해야 하는지 모르고 있다. 신병들은 잠재적으로 강한 사람들이어서 그들을 책임감 있고 용감한 군인으로 만들 수도 있다. 그러기 위해서는 공포가 어떤 것인지, 왜 정상적인 사람도 공포에 떨게 되는지 그리고 공포심이라는 것이 지식과 경험을 통해서 극복될 수 있으며, 어떤 행동을 하면 공포심이 사라지고 나아가서는 용감성으로 연결될 수도 있다는 사실

등을 가르쳐 줄 필요가 있다. 또한 공포에 떨고 있다는 사실을 털어놓으면 도움을 받을 수도 있으며, 적도 역시 아군 병사들처럼 두려워하고 있다는 사실도 알려 주어야 한다. 공포는 전쟁에서 누구에게나 일어날 수 있는 자연스럽고도 불가피한 현상임을 이해하는 것이 중요하다.

■ **공개 집단토론**

다른 사람들도 두려워하고 있다는 사실이나 공포의 신체적 증상 등을 수동적으로 알고 있는 것만으로는 충분하지 않으며 공포심은 공개적으로 토론되어야 한다. 토론을 통하여 자기만이 공포심이 있는 것이 아니라는 사실을 깨닫게 되며 또한 공포심에 수반되는 수치심과 죄책감이 없어진다. 나아가서 자신의 공포심을 타인 앞에서 인정하고 이를 동료들이 우호적으로 받아들일 때 소속 집단에 대한 응집력과 애착심이 더욱 커지게 된다. 결국 공개적인 토론을 통하여 모두가 공포심이 있다는 사실뿐만 아니라 공포심에 대한 대처 방법을 배우게 되는 것이다.

공개 집단토론은 이 밖에도 토론이라는 행위 자체가 공포심을 줄여 주는 부가적인 장점이 있다. 전투 직전 긴장감이 고조되었을 때 아무것도 하지 않고 전투 개시만을 기다리고 있으면 공포심은 가장 극대화될 것이다. 따라서 무엇인가 행동하는 것이 공포를 감소시키므로 공포를 느낄 시간조차 없게 만들어 주는 것이 효과적이라고 할 수 있다.

■ **공포 표현의 억제**

전투 중에는 아무리 두렵더라도 그것이 밖으로 표출되어서는 안 된다. 한 사람이 공포를 행동으로 표현하면 다른 사람들에게도 표현되기 때문이며, 또한 공포에 떠는 다른 사람의 모습은 사람의 주의를 분산시켜 전투에 집중할 수 없게 한다. 공포와 마찬가지로 침착성도 전염성이 있어서 다른 사람들이 위험 상황에서 침착하게 행동하는 모습은 다른 사람도 그렇게 만든다. 자신이 속한 부대의 사기가 충전해 있다는 사실을 알게 되면 각 전투원의 사기는 더욱 높아진다. 따라서 전투 시 모든 전투원은 자신의 공포심을 표출하지 말아야 할 의무가 있으며, 나아가서 침착하려고 노력하는 것도 공포심 감소에 도움이 되고 공포 상황에서 의연한 자신이 스스로 대견스럽고 자랑스러워져서 공포심은 감소된다.

■ **주의 분산**

공포심은 훈련을 받을 때는 병사들을 부지런하게 그리고 전장에서는 조심스럽게 만든다. 부지런함과 조심스러움이 습득되면 공포심으로부터 주의를 분산시킬 수 있으며 더욱 효과적으로 전투에 임할 수 있다. 예를 들어, 전투 시 어떤 병사가 용감한 군인으로서 모범을 보이는 것에 모든 주의가 집중되어 있다면 공포를 느낄 사이도 없을 것이며, 결과적으로 그는 용감한 병사가 될 것이다. 때로는 극한상황에서의 한마디 농담이 큰 효력을 발휘하기도 한다. 팽팽한 긴장 속에서 한마디의 우스갯소리는 긴장감을 완화시키고 위험한 상황으로부터 주의를 분산시키는 역할을 하게 된다. 이처럼 주의 분산 기법은 의식적인 공포뿐만이 아니라 무의식적 공포의 제거에도 효과가 있다.

■ **상대에 대한 정보 교육**

병사들은 흔히 적군은 아군보다 강하고 잘 싸우며 겁이 없다고 생각하는 경향이 있으므로 적들도 우리를 두려워하고 있다는 사실을 정확히 인지하면 공포심을 훨씬 줄일 수 있다. 따라서 적군도 아군과 똑같은 인간이며 두려움에 떨고 있다는 사실을 전투원에게 알려 줄 필요가 있다.

상황 파악은 공포를 감소시킨다. 인간은 익숙한 것보다는 낯선 것에 대해 공포와 불안을 느끼게 된다. 앞으로 닥칠 위험에 대한 내용이 확실하지 않으면 그에 대한 대처 계획을 세울 수가 없다. 따라서 적들이 얼마나 강한지, 어떤 무기를 쓸 것인지, 또 어디에서 출몰하며 어떠한 전술을 쓸지 등에 관한 상세한 정보를 전투원에게 알려 줘야 한다. 전투와 전투 사이의 대기기간 동안 상사로부터 전투 예상 지역에 지형에 대해서 배우거나 가능하면 그 지역을 미리 한번 둘러볼 수도 있을 것이며 최소한 그 지역의 사진이나 지도를 보아 두는 것이 좋다. 그래서 일반적으로 신병보다 기존의 병사들이 공포를 덜 느끼게 되는 것이다. 기존의 병사들은 전투지역과 적에 대해 비교적 상세히 알고 있으며, 어떻게 하면 부상하지 않고 살아남을 수 있는가를 비교적 잘 알고 있기 때문이다.

새로운 것은 익숙한 것보다는 사람에게 더 공포를 느끼게 한다. 따라서 적군이 새로운 무기로 무장했다는 소식은 전투원에게 공포를 일으키며 사기를 떨어뜨릴 수 있다. 그러므로 전투원은 나쁜 내용을 담고 있는 소식이라 할지라도 현재 전쟁이 어떻게 진행되고 있는지에 대한 정확한 정보를 알고 있을 필요가 있다. 상급부대에서 전달되는 정확한 정보를 알고 있으면 헛소문이나 유언비어에 시달리지 않게 된다. 비록 나쁜 소식을 접할지라도 이에 대처해 나갈 마음의 준비를 할 수 있게 된다. 반대로 정보를 알 수 없으면 최악의 상태를 마음대로 상상하여 공황 상태에 빠지게 되거나 아니면 최상의 상태를 상상하여 경계 태세를 게으르게 할 수도 있다.

■ 행운에 대한 믿음과 신앙심

행운의 여신을 믿거나 자신은 좋은 운명을 타고났다고 믿는 사람들의 경우에는 이러한 믿음이 공포심의 감소에 도움이 된다. 신의 가호와 영혼 불멸을 믿는 병사들은 이러한 죽음과 부상의 고통에 대한 공포심을 비교적 잘 참아낸다. 신이 지금까지 그랬던 것처럼 이번에도 기도를 들어주고 보호해 주리라고 생각하기 때문이다.

■ 적절한 훈련

일반적으로 몸에 익숙한 습관은 공포심을 감소시킨다. 공포심은 사람을 중요한 것에 대한 주의력을 악화시키고 부적절한 이유에도 무모한 행동을 취하게 하는 등의 힘을 지니고 있다. 이것이 바로 공황 상태의 시작인데 평소의 훈련은 이러한 상황을 막아 주는 적절한 행동을 하게 함으로써 어느 정도 공포심을 사라지게 한다. 결국 군인을 위기에서 구해 주는 것은 평소 훈련의 산물이다. 예를 들어, 군인들은 포화 속의 전선에서보다 휴가 중 도시에서 폭력을 당할 때가 더 두렵다고 하는데, 이것은 그들이 전장에서의 행동에 대한 훈련을 받았고 또 전장에서는 무엇을 해야 할지를 알기 때문이다.

■ 충성심과 동료애

비록 신앙심이 없다고 하더라도 자신의 전우에 대한 전우애와 소속부대 및 상관에 대한 충성심과 책임감이 투철하면 공포심을 극복할 수 있다. 특히 전우애는 공포심을 감소시키는 중요한 요인으로 알려져 있는데, 전투 시에 서로 보고 들을 수 있는 거리 안에서 머무는 것이 공포심을 줄이고 용기를 줄 수 있다. 공포 상태에 놓이게 되면 사람은 다른 사람과 함께 있고 싶은 충동을 느낀다는 것이 심리학 실험에서도 증명되었다. 샥터(Schachter, 1959)는 피험자들에게 전기충격을 예고하여 공포 정서를 유발한 후 그들의 행동을 관찰하였는데, 상당수가 다른 피험자들과 같이 있고 싶어 하는 경향이 있음을 밝혀냈다.

이러한 증거는 이미 고대의 전투지휘관들은 이 원리를 전투대형 편성에 이용한 기록이 있다. 알렉산더(Alexander) 대왕의 마케도니아 방진은 개인 간 거리가 3피트였고, 카이사르(Caesar)의 로마군단은 개인 간 거리가 4.5피트로서 대단히 밀집된 전투대형을 취했는데, 이는 병사들의 공포심을 감소시켜 전투 이탈을 방지하기 위한 것이었다. 또한 실제 전투 경험이 있는 지휘관들은 포탄이 떨어지면 병사들이 지휘관 주위로 몰려드는 경향이 있다고 증언하고 있다. 이러한 심리 상태를 극복하는 길은 실제 사람들이 함께 있도록 하거나 함께 있다고 느끼게 만들어 주는 것이다.

점호를 취하거나 점호 신호를 보내는 것도 도움이 된다. 이를 통하여 혼자가 아니라는 사실과 자신은 밀접히 결속된 조직의 일원이며 그 조직에서 중요한 임무를 맡고 있다는 사실을 다짐하게 된다. 포병부대에서 임무를 크게 외치는 것은 포연 속에서 서로를 확인하여 동료가 건재하며 자신의 임무를 수행하고 있고 서로를 생각하고 있다는 사실을 깨닫게 하는 목적이 있다.

■ 통계자료에 대한 정보 제공

통계자료에 대한 정보는 공포 제거에 도움이 된다. 전장에서의 위험은 매우 크지만 실제로 사망하는 사람은 적으며 부상의 확률도 낮다.

실제로 제1차 세계대전 당시 4년간의 전쟁 동안 연합국 측 전체에서 전투 중에 즉사하거나 부상 후 사망한 비율은 아홉 명 중 한 명이었다. 제2차 세계대전에서 4년 동안 전선에 배치되어 근무한 장병들의 피해율은 8명에 1명이었고, 비행기에서 낙하하는 것이 위험해 보이지만 사실은 자동차를 타고 고속도로를 달리는 것보다 안전하다는 통계도 있다.

이러한 통계적 사실을 전투원들이 정확히 알아서 기억하고 있으면 안심이 된다. 사망률과 같은 통계 숫자를 확실히 알고 있으면 적의 공격에 대한 공포심은 많이 사라지게 된다. 병사들은 죽음보다 오히려 부상을 더 두려워한다. 특히 복부, 눈, 머리 및 성기의 부상을 두려워한다. 이렇게 병사들이 가장 두려워하는 종류의 부상은 실제로 그렇게 흔하지 않다는 사실을 알려 준다면 공포 감소에 도움이 될 것이다.

■ 건강과 유머

신체적으로 건강하면 공포심은 줄어든다. 피곤하고 배고프며 졸린 사람은 건강한 사람보다 더 공포심에 사로잡히기 쉽다. 피곤한 상태에서는 올바른 사고를 할 수 없으며, 뚜렷한 근거도 없이 공포에 떨고 헛소문을 내기 쉽다. 신체적으로 건강한 사람이 공포에 대하여 무엇인가를 행하지만 피곤하거나 병든 사람은 공포에 대항할 힘조차 갖고 있지 않다.

공포에는 유머가 효과적이다. 긴장이 고조된 순간에는 웃음이 묘약이 될 수 있다. 전투가 최고조에 달해 팽팽한 긴장감이 들거나 모두 공포에 질려 있을 때의 농담은 순식간에 흐트러진 대열을 원상 복구시키는 힘이 있다.

■ **문제 사병의 처리**

전장에서 비정상적인 병사의 처리는 후방으로 이송하여 전쟁의 목적과 명분에 대해서 재훈련시켜서 공포심을 줄여 주거나, 심각한 경우에는 정신과적 진단과 치료를 받게 하는 것이 바람직한 처리 방법이 될 것이다.

(2) 분노

일반적으로 욕구가 저지되거나 소유물에 대한 부당한 간섭을 받거나 남에게 부당한 모욕을 당했을 때 일어나는 정신적 긴장을 분노라 한다.

분노는 성장에 따라 그 정도나 표현방식이 변화된다. 유아기에는 신체나 자유를 구속하여 행동이 제한을 받거나 원하는 것이 이루어지지 않고 있거나 자기의 소유물에 침해를 받았을 때 주로 분노의 정서를 보인다. 아동기가 되면 부모나 남의 간섭으로 자기의 의지가 제지당하거나 남에게 열등의식을 느낄 때 또는 자기의 주장을 무시당하였을 때 주로 분노가 나타난다.

청년기가 되면 자기의 주장이 무시당하거나 모욕적 대우, 습관적 행동을 방해받았을 때, 자기의 권리를 무시당하거나 남으로부터 뜻하지 않은 배신을 당하였을 때 또는 사회적 불합리나 부정을 경험할 때 가장 분노를 느끼게 된다. 이와 아울러 분노는 그것을 표현하는 방식도 나이가 들어감에 따라 점점 복잡해진다. 성장함에 따라 사회적, 정신적 세계의 것이 점차 많아져서 청년기가 되면 소극적 반항의 형태로 나타나기도 하고 빈정대며 비꼬거나 음모로 발전되기도 한다. 이러한 분노의 표현은 그것이 정당하고 적절한 경우 필요하기도 하지만 지나친 분노의 표현은 삼갈 수 있도록 지도되어야 한다. 예를 들어, 타인의 자존심을 손상하는 행위를 삼간다든가, 정당한 자기주장의 기회를 부여한다든가 하여 분노를 일으키는 여러 조건을 제거하도록 하는 것이다.

이러한 분노는 선천적인 바탕이 있어서 어떤 종류의 사태에 의해 발생하는 또 하나의 정서이다. 일반적으로 분노의 감정은 공격과 연합되는 일이 대단히 많다. 짜증, 싸움, 언어적 공격 등은 그 예이다. 그러나 양자는 같은 것이 아니고 독립적으로 생길 수 있다. 1939년 예일대학교의 심리학자들은 분노를 수반하는 공격에 특히 관련이 있는 것으로 생각되는 욕구불만(좌절)-공격 가설을 주장하였다. 이 가설에 의하면 욕구불만은 흔히 분노를 수반한 공격을 유발하고, 거꾸로 분노를 수반한 정서적 종류의 공격을 흔히 욕구불만으로 추적해 갈 수 있다는 것이다. 공격적인 반응은 분노를 감소시키기 위한 욕구불만으로 유도된 추동을 감소시키기 위한 적절한 반응으로 흔히 학습한다는 것이 증명되었다. 그러나 이제 우리는 욕구불만에 대한 이외의 반응, 즉 유치한 행동으로 퇴행, 무감정한 후퇴 또는 조용한 효과적인 문제해결 등의 행동도 있을 수 있음을 알고 있다. 사람은 욕구불만에 빠지고 분노를 느끼며 공격적인 성향이 있을지 모르지만 그래도 금지 때문에 공격을 표시하지 않을 수도 있다. 금지 처벌이나 사회적 불인정에 대한 공포 때문일 것이다. 그러나 금지된 공격은 단순히 없어지지 않고 돌파구를 찾는다. 말하자면 금지는 욕구불만을 증가시키는 작용을 하므로 폭발할 가능성이 있다는 것이다. 따라서 공격 행동이 금지되면 뒤로 욕구불만 제공자를 욕하거나 전이 등의 방어기제를 통해 그 욕구불만의 원인과는 무관한 사람에게 피해를 줄 수도 있다. 예일대학교의 욕구불만-공격 가설 주창자들도 사람이 욕구불만 상태에 빠져 있고 가능한 모든 돌파구가 봉쇄되면 그 공격은 자기혐오, 자기비판, 자살 등의 형태로 자기 자신을 향하게 된다는 것을 시사해 주고 있다.

(3) 불안

공포는 직접 자기 존재를 위협하는 개인적 · 사회적 사태에 대하여 느끼는 반응이다. 그러나 불안은 장래에 있을 사태에 대해 미리 느끼는 반응인 근심이 너무 심해서 쓸데없이 오래 계속해서 습관화하여 대상도 없이 걱정하는 것을 말한다.

불안은 공포보다 정도는 약하며, 대상이 없이 막연하게 비합리적이어서 생활에 적응을 교란하고 활동에 장애를 가져오게 되며, 심하면 신경증으로 발전하게 된다. 프로이트(Freud, 1959)는 심적 내부로부터 오는 위험신호를 불안이라 하고, 외계로부터 어떤 위험을 지각하는 것에서 생기는 현실 불안과 좌절된 본능적 욕구의 충동에서 오는 위험을 지각하는 신경증적 불안 그리고 도덕적 가치판단으로부터 오는 위험을 지각하는 도덕적 불안의 세 가지로 나누어 설명하고 있다.

호나이(Horney, 1945)는 불안은 개인이 처하여 있는 사회나 문화의 갈등에 따라 일어난다고 하였다. 즉, 서로 사랑과 우정을 원하면서도 한편으로 경쟁하지 않고는 살 수 없는 사회적 또는 문화적 갈등이 개인에게 불안 속에 빠지게 한다는 것이다. 현대인은 많은 갈등과 고독과 욕구불만 속에서 생활하고 있으며, 항상 생존을 위한 위협을 받고 있어 불안을 경험하지 않을 수 없는 상태로 되어 가고 있다.

불안은 그것이 극심하지 않다면 성숙하고 적응적인 반응을 생성할 수도 있다. 중간시험 성적이 낮은 학생은 열심히 공부하여 기말시험에 대비하는 것이 좋은 예이다.

(4) 고독

고독(loneliness)은 인간의 사회적 관계가 어떤 중요한 측면이 부족할 때 사람이 느끼는 주관적 정서를 말한다. 고독은 사람의 내부에서 진행되면 어떤 사람을 그저 바라봄으로써 탐지될 수는 없다. 고독은 잠깐 스치는 불쾌의 고통으로부터 지속적이고 강한 비참한 느낌을 주는 것까지 다양한 범위를 가지고 있는 정서이다.

상황적 고독은 한 사람이 자기의 인생에서 어떤 특수한 변화가 일어날 때까지는 만족한 사회적 관계를 유지하고 있을 때 일어난다. 고독을 일으키는 상황은 새로운 지역으로의 이사, 입대, 공부를 위해 멀리 가는 것, 새로운 직장에 나가는 것, 여행이나 병원에 있는 동안에 친구들이나 부모 그리고 사랑하는 이들과 떨어져 있는 것, 또는 사망, 이혼, 교제 중단을 통해서 어떤 중요한 관계가 끝나는 것 등의 요인이 있다.

상황과 개인차에 의해 차이가 있긴 하지만 약간의 적응 기간이 끝나면 사람들은 대개 상황적 고독으로부터 회복하고 만족한 생활을 재확립하게 된다. 어떤 사람들은 수년 동안 고통을 겪는 만성적 고독에 시달리고 있다.

고독의 유형에는 정서적 고독과 사회적 고독이 있다. **정서적 고독**(emotional loneliness)은 부모에 의해서 자녀에게 제공될 수 있거나 배우자나 친한 친구에 의해서 제공될 수 있는 것과 같이 어떤 친밀한 애착 인물이 없는 것으로부터 생긴다. 반면, **사회적 고독**(social loneliness)은 어떤 사람이 친구들이나 동료들의 연결망에 의해서 제공될 수 있는 사회적 일체감이나 공동체감이 부족할 때 발생한다(Weiss, 1973). 결혼 직후 높은 보수를 위하여 별거하는 신혼부부의 경우 정서적 고독은 느끼지 않을지 모르지만, 새 근무지에서 친구를 사귀고 그들이 새로운 지역사회의 일부분으로 느끼기 시작할 때까지는 사회적 고독을 경험하게 된다. 군에 입대한 신병들은 이 두 유형의 고독을 경험하기 쉽다.

고독이 없는 사회는 없지만, 어떤 사람은 다른 사람들보다 더 심한 고독에 노출될 위험이 크다. 특히 아동기에 고독을 경험한 사람은 성인기에 고독한 성향을 나타낼 수 있다. 부모의 사망이나 이혼 때문에 한쪽 부모와의 애착 관계를 상실한 아이들은 성인기에 고독에 더 취약해질 수 있다(Rubenstein & Shaver, 1982).

기혼자들은 비기혼자들보다 고독을 느끼는 경향이 적고, 부유층보다 빈곤층에서 더 보편적이다. 어떤 연구에 따르면 고독이 10대들과 젊은 성인들에게서 가장 높고 노인들에게서 가장 낮다는 것을 보여 준다. 미국에서 실시한 대규모 조사연구에서 18세 이하 사람들의 79%, 45세부터 54세 사람들의 53%와 55세 이상의 사람들의 37% 정도가 자기가 때때로, 흔히 고독하였다고 응답하고 있다(Parlee, 1979). 이러한 이유를 분명히 설명할 수 있는 변인이 아직 밝혀지지 않았다.

일부 젊은이들이 자기 부모보다도 자기감정에 관해 더 이야기하려고 하고 고독을 더 시인하는 등 세대 차가 있을 수도 있다. 그러나 젊은이들은 집을 떠나는 것, 혼자 사는 것, 대학에 가는 것, 입대, 처음에 직장을 얻는 것과 같은 아주 많은 대인관계상의 변화에 직면할 수도 있으며, 이것들 모두가 고독을 일으킬 수 있다. 사람들이 나이가 들어감에 따라 대인관계는 더 안정될 것이며, 경험은 대인관계에 대한 더 현실적인 기대를 만들어 줄 수 있는 것이다.

고독한 사람들은 더 내향적이고 부끄러워하며 더 자기 의식적이고 덜 자기주장이 강하지 않다. 고독한 사람들은 흔히 더 낮은 자존심을 갖고 있으며, 대인관계에서도 활발하지 않다. 고독은 또한 불안 및 우울과 연관되어 있다(Peplau & Perlman, 1982). 몇 가지의 이러한 성격 요인들이 고독의 한 원인이며 결과일 수 있다. 예를 들면, 낮은 자존심을 가진 사람들은 사회적으로 모험을 하는 경향이 적으므로 교우관계를 맺는 것이 어려워서 고독의 기회를 증가시킬 수 있다. 또한 장기간의 고독을 경험한 사람은 자기 자신을 대인관계의 실패자로 보며 자존심을 떨어뜨리게 만들 수도 있다.

2. 인간의 동기

인간의 기본욕구나 동기는 설득에 있어 중요한 요소들이다. 사람이란 다양한 동기가 적절히 충족되어 상호 균형을 이루며 생활환경과 사회집단의 요구나 규범에 어느 정도 일치될 때 바른 적응 행동을 하게 되는 것이다. 따라서 인간의 행동을 유발하고 유지하는 기본욕구는 그것이 위협을 받거나 좌절될 경우 불안을 느끼며 그 욕구의 해소를 위한 목표 지향적 행동을 좌절시키는 대상에 적개심을 갖게 된다. 그러므로 설득에서 이러한 동기 과정에 대한 이해는 대상 집단의 사람들에게 불안 심리를 조장하고 전달자에게 바람직한 행동 유발에 필요한 요소이다.

동기(motive)란 용어는 라틴어의 Movere에서 유래한 것으로 '움직이다'라는 의미이다. 이러한 의미로 볼 때 동기란 인간이 일정한 행동을 유발하게 하는 근원임을 알 수 있다. 최근에는 이를 더 구체화하여 동기를 '유기체가 목표추구 행동을 유발하게 하는 개체의 내 · 외적 조건들'이라고 일반적으로 정의하고 있다.

인간의 동기는 크게 1차 동기(primary motive)와 2차 동기(secondary motive)로 분류된다. **1차 동기**는 전 인류의 공통적 현상이며 학습되는 것이 아니므로 관여하는 생리 과정과 해부학적 위치가 다소 분명해 생리적(生理的) 동기로 불리기도 한다. 1차 동기에는 기(飢, hunger), 갈(渴, thirst), 성(性, sex), 수면(sleeping), 모성애(maternal care) 등이 있다.

2차 동기는 개인이 사회생활을 하면서 학습하고, 문화적 · 환경적 요인에 따라 개인차가 심하며, 그 생리적 근원이 분명하지 않아 학습되지 않으므로 사회적(社會的) 동기로 불리기도 한다. 2차 동기에는 공격, 소속, 성취, 독립, 자존심, 권력, 명예, 사회적 인정, 자아실현 등이 있다.

1) 생리적 동기(1차 동기)

(1) 기(飢)

전쟁에서 포로가 되었을 때 적의 심문에 저항하는 훈련의 초기 이론 중 하나는, 웨스트(West, 1958) 박사가 미국 공군을 대상으로 시행한 '전쟁 포로의 명예로운 생존을 위한 훈련의 정신의학적 입장'이라는 제목이 붙여진 연구였다. 웨스트 박사는 인간의 '인내의 한계점' 개념에 대한 의문으로부터 연구를 시작하였다.

초기 단계에서 저항 훈련은 포로들이 전장에서 격리되거나 혼자 남겨질 상황으로부터 시작된다. 이런 경우 성인 남자는 음식 없이 10일 정도 견딜 수 있으며, 적절한 걸음 속도로 150마일을 걸을 수 있다. 배고픔으로 인한 통증은 대략 72시간이 지나면 사라지고 일상적인 식사의 반만으로도 6개월을 생존할 수 있다. 만일 부족한 식량으로 장시간 견디는 훈련을 받는다면 그 가능성은 두 배 이상으로 높아질 수 있다(West, 1958).

배고픔의 생리적 기제에 대한 현상은 생리학과 해부학의 발달로 밝혀졌다. 그러나 배고픔이란 생리적 결핍에서만 생기는 것은 아니다. 잘 구워진 빵의 모양과 냄새와 같은 외적 단서들이 배고픔의 추동을 느끼게 할 수 있다. 때로는 무심히 시계를 보다가 저녁 시간임을 알게 되면 갑자기 배고프다는 생각이 들 때가 있다. 배고픔에 대한 반응은 식사하는 사람의 경험에 따라서도 크게 달라진다. 예를 들면, 사람들은 규칙적인 시간을 두고 하루 세 번 식사하는 것을 학습하며, 무엇을 먹으려고 선택하느냐 하는 것도 학습으로 만들어진다. 한국인은 된장찌개나 마늘이 든 김치 등을 좋아하지만, 외국인은 싫어할 수도 있다. 인간의 정서도 배고픔에 영향을 미칠 수 있다. 배가 고파서 무엇을 먹으려고 거리에 나섰다가 교통사고 현장의 참담함을 목격하고 먹을 기분이 사라지는 경험을 한 적이 있을 것이다.

(2) 갈(渴)

수분은 포유류 신체의 약 70%를 구성한다. 이 물의 약 60% 이상은 신체의 세포 내에 있고 약 25%는 세포외액에 있으며 나머지는 혈장 속에 있다. 인간은 평균 매일 2.5리터의 수분을 배출한다. 수분 손실의 약 60%는 소변으로, 약 20%는 땀으로, 나머지는 대변이나 호흡 시에 이루어진다.

수분의 90% 이상은 음식과 음료를 통해서 섭취된다. 수분 조절의 생리적 기제도 어느 정도 규명되었다. 수분 속에 있는 화학물질의 농도가 신체 내의 모든 화학반응의 정도를 결정하기 때문에 인간은 물이 없으면 며칠 내로 죽을 것이다. 물을 마시려는 동기는 매우 강해서 사람은 다른 것은 별로 생각할 수 없게 된다. 기(飢, 배고픔)에 대한 추동은 며칠이 지나면 점점 느끼지 못하지만, 목마름에 대한 추동은 이보다 훨씬 더 강렬하다. 학습된 개인적이고 문화적인 요인들도 여기에 영향을 미친다. 무더운 여름날 시원한 수박 화채를 보면 우리는 갈증을 느낄 것이다. 그리고 우리가 어떤 것을 마시느냐 하는 것도 학습과 경험에 영향을 받는다. 어떤 사람들은 자랄 때부터 몸에 해롭다고 커피를 회피하는가 하면 또 어떤 사람들은 커피를 물 마시듯 한다. 따라서 우리가 무엇을 선택하여 마시느냐 하는 것도 학습과 연관될 수 있다.

(3) 성(性)

기아나 갈증과 마찬가지로 성욕도 일차적 추동으로 분류된다. 성적 추동이 다른 욕구들과 차이가 있다면 기아와 갈증은 개인의 생존에 절대적으로 필요하지만, 성욕은 자신의 유전자 보존에 절대적으로 필요하다는 것이다. 인간은 삶의 다양성, 긴장해소를 통한 쾌락 추구를 위해 성(性)을 즐기기도 한다.

다른 추동들과 마찬가지로 성 추동도 신체 내의 생물학적 조건과 환경적 단서에 따라서 나타나거나 사라질 수 있다. 환상, 그림, 단어, 색정적인 공상, 애인의 모습, 포르노그래피(춘화, 호색 문학, 외설 책, 에로 책 등), 화장품 냄새, 향수나 면도 로션의 냄새, 체취 등이 성적 흥분을 일으킬 수 있다. 사실상 인간의 성욕을 활성화하고 조성할 수 있는 자극의 수는 무한정하다고 보아야 한다. 그러나 사람에 따라 이러한 자극에 대한 반응의 정도는 달라진다. 어떤 사람은 포르노 영화를 보고도 조금도 동요되지 않지만, 낭만적인 연애소설을 읽고서도 성 충동을 느낄 수 있다. 이와 정반대의 반응을 보이는 경우도 있다.

성애(性愛) 재료를 포함한 성적 자극에 대한 몇몇 체계적인 연구가 남녀 간의 차이를 알아보기 위해 이루어져 왔다. 일반적으로 남녀 간에 성 추동에 대한 차이가 난다는 것이 학자들의 견해이다. 여자들은 감성적이고 상상이 가능한 장면을 선호하며 분위기와 과정을 중요하게 생각하는 반면, 남자들은 즉각적으로 반응할 수 있는 장면이나 상황을 즐긴다. 그래서 영화를 볼 때도 여자들은 가장 멋진 장면을 꼽으라고 하면 비 오는 날 유리벽에 기대어 키스하는 장면을 꼽는다. 남자들은 성적인 행동과 같은 장면을 꼽는다고 한다. 또한 여자들은 키스하거나 손을 잡고 있을 때 그 자체를 즐기고 만족하지만, 남자들은 그다음 단계를 상상하느라 그 순간을 즐기지 못한다는 것이다.

결론적으로 다른 추동들과 마찬가지로 성 차이나 한 개인의 경험은 성적 추동에 대한 반응을 조형하게 된다. 인간의 성욕은 심리적 요인에 따라서도 강력하게 영향을 받기 때문에 인간은 다른 동물과는 다른 독특한 성적 기제를 가질 수 있다. 실패에 대한 공포, 선정적 감각의 차단, 동반자들 사이에 무엇이 유쾌할 수 있는지에 대한 커뮤니케이션 결여, 상대방에 대한 적개심 또는 성적 접촉이 가져올 부작용에 대한 공포 등은 모두 성욕을 감소시킬 수 있다(Hyde, 1982).

(4) 수면

보통의 인간은 하루의 1/3을 잠으로 보낸다. 밤을 새워 본 사람은 누구나 수면에 대한 욕망이 얼마나 지속적인지 알 것이다. 우리는 직관적으로 쉬기 위해서 잠을 잔다고 말한다(수면의 보수 및 회복 이론). 어떤 이론은 수면이 하루의 일부 중 활동하는 것이 상대적으로 비효율적일 경우 강제로 에너지를 보존하도록 진화되었다고 주장한다(수면의 진화이론).

이 두 이론은 부분적으로 옳으며 서로 반대되는 것은 아니라는 것이 학자들의 일반적 견해이다. 인간의 수면 중에도 뉴런들은 쉬지 않고 활동하고 있는 것으로 보아 잠은 미각성 상태라기보다는 하나의 생리적인 과정이다.

① 수면의 박탈

인간이 잠을 자지 않고 얼마나 견딜 수 있는가의 문제는 군사 심리학자들의 깊은 관심 사항이었다. 개인차가 있기는 하지만, 성인 남자는 3일에서 4일을 수면 없이 견딜 수 있으며, 이때 주의집중이 어려워지고 잠에 빠지지 않기 위해 더 많은 활동을 하게 된다.

심리학자들은 잠을 자지 않으면 어떤 현상이 발생하는지 알아보기 위하여 한 피험자를 자극하거나 격려하면서 4일간 수면을 박탈하여 성공하기도 했으며, 각성제 투여 실험으로 7박 8일을 깨어 있게 할 수 있었다.

데먼트(Dement, 1974)는 1965년 17세의 가드너(Gardner)라는 젊은이를 관찰한 경험을 인용하였다. 그것은 연속 11일 동안 잠을 자지 않아 기네스북의 세계기록에 도전하고자 하는 것이었다. 실험이 계속됨에 따라 졸림 현상은 증가하였지만, 정신병적 행동, 편집증 혹은 성격 변화 등은 나타나지 않았다. 가드너가 마침내 잠들었을 때 그는 단지 14시간 40분 동안 자고 상쾌한 기분을 느낄 수 있었고 두 번째 수면은 정상적인 8시간이었다. 장시간의 수면박탈 후 그렇게 짧은 시간에 모든 것이 원상으로 복귀될 수 있다는 것은 매우 놀라운 사실이었다.

웨브와 카트라이트(Webb & Cartwright, 1978)는 연속으로 2박 3일간 수면박탈을 한 결과 피험자들은 매우 졸림과 동시에 신경질적이고, 무감각하며, 손에 미약한 종기가 나고, 눈을 집중시키기 어렵고, 눈꺼풀이 내려가고, 고통에 대한 민감성이 증가함을 관찰하였다. 그들은 평상시에 수면하던 시간에 특히 졸림을 느꼈다. 3일의 수면박탈 후 피험자들은 과제를 수행할 수 있었지만 혼란을 보였다.

장기적인 수면 상실 후 단지 아주 소수의 피험자만이 극도의 비정상적인 행동을 보였는데, 이 실험에서 한 피험자는 고릴라에 대한 환각을 보였으며 심리검사 중에 마루에 넘어져 공포에 질린 소리를 하였다. 그러나 이러한 사례는 매우 드물어 실험에 참여한 학자들은 수면박탈의 주요 효과는 졸림뿐이라고 결론을 내렸다.

그렇지만 많은 수의 심리학자는 수면박탈이 효과가 없다는 결론에 동의하지 않는다. 특히 REM 수면의 박탈은 비록 약하지만, 기억에 중요한 정도의 영향을 미치는 것으로 나타났다.

한 연구에서 피험자들은 EEG 기록용 전극을 착용하고 수면에 들기 전에 유령 이야기를 기억하도록 했다. 일부 피험자는 그들의 EEG가 4단계를 나타낼 때마다 수면에서 깨게 하여 수면의 4단계를 박탈시켰다. 결과적으로 REM 수면이 박탈된 피험자는 아침에 유령 이야기를 잘 회상하지 못하였다(Tilley & Empson, 1978). 이와 같은 연구는 REM 수면이 기억에 저장, 특히 낮에 일어난 정서적 현상의 기억과 관련이 있음을 시사하고 있다.

② 수면의 욕구

사기(士氣)가 충만한 조직원은 상대적으로 덜 잠을 자도 잘해 낼 수 있지만, 수면 부족은 장기적으로 사기를 떨어뜨릴 수 있다.

수면 리듬도 주간 능률형과 야간 능률형으로 나눌 수 있는데 그들의 리듬을 조직의 일상 업무에 맞추어 편성하여 적용한다면 보다 큰 효과를 올릴 수 있다. 따라서 조직의 리더는 조직원들의 수면 리듬을 잘 파악하여 주간, 야간의 업무에 분산 배치하는 등의 신축성 있는 조직 관리도 효과적일 것이다.

2) 사회적 동기(2차 동기)

(1) 공격동기

동기도 학습된다는 것을 전제로 했을 때 설득에 대단히 중요한 동기 중의 하나가 공격이다. 공격 행동을 학습된 동기로 볼 것인가 아니면 인간의 본능 행동으로 볼 것인가에는 다소의 논란이 있지만 여기서는 공격동기를 학습된 동기로 분류하였다. 공격성을 명확히 정의하기는 상당히 어렵다. 왜냐하면 이 개념은 일상생활에서 여러 가지 다른 의미로 사용되기 때문이다.

질만(Zillmann, 1978)은 공격을 남에게 신체적 혹은 물리적 손상을 주려는 시도로 정의하였지만 심리적 피해는 제외될 수 있다. 버코위츠(Berkowitz, 1969)와 페시바흐(Feshbach, 1970)는 공격이 단순히 해를 입히는 것보다는 해를 입히려는 의도까지 포함해야 한다고 주장하였다.

반대로 부스(Buss, 1961)는 의도와는 무관하게 남에게 해를 주는 행동까지 공격으로 보았다. 궁극적으로 어떤 정의가 적합한지는 그것이 주어진 환경에서 행동을 얼마나 잘 이해할 수 있게 해 주는가에 의해 결정될 수 있을 것이다.

인간의 공격성에 대한 전형적인 정의는 바론(Baron, 1977)에 의하여 이루어졌다. 즉, 공격이란 다른 생명체를 해치거나 다치게 하려는 목적을 가진 모든 행동 형태이다. 그러므로 공격행위는 의도적으로 타인에게 상처나 고통을 주는 것을 목적으로 한 행위로 정의할 수 있다. 물론 이 정의에 따르면 행동의 결과는 볼 수 있으므로 타인에게 해를 입혔는지 아닌지를 쉽게 구분할 수 있으나 그 행위가 의도적인지는 본인 이외의 남이 뚜렷이 구분할 수 없다는 애매한 점이 있다. 이러한 애매함을 완전히 탈피할 수는 없으나 공격의 범주에 들어갈 수 있는 행위들을 몇 가지로 나누어 보면 다음과 같다.

① 공격성의 본질

공격성이 선천적, 즉 본능적인 현상인지 혹은 학습된 것인지에 대하여 심리학자뿐만 아니라 생리학자, 동물학자 그리고 철학자들은 오랫동안 논란을 계속해 왔으며, 아직도 그것은 계속되고 있다. 예를 들면, 루소(Rousseau)와 같은 철학자는 인간은 원래 선한 본성을 타고났으나 사회의 억압이 인간을 야비하고 공격적인 존재로 만든다고 주장하였다. 반대로 다른 학자들은 인간의 본성은 원래 악하므로 이 사회의 법과 질서를 엄격히 통제해야만 이러한 공격본능을 통제하거나 승화시킬 수 있다고 주장한다.

인간의 본성이 원래 악하다고 입장을 지지하는 대표적인 학자는 프로이트다. 그의 정신분석학 이론에 의하면 인간은 삶의 본능인 에로스(Eros)와 죽음 또는 파괴본능인 타나토스(Thanatos)를 원래부터 타고나며, 이 죽음의 본능이 외부로 향하게 되면 적개심, 파괴행위 그리고 살인 등의 공격행위로 나타나게 되는 것이다. 이러한 공격성이 분출되지 못하면 어떤 형태로든지 폭발하게 되어 있으므로 이 본능을 통제하고 승화시키는 데 사회가 결정적인 역할을 하여야 한다고 주장하였다.

인간의 행동이 본능적인가 아닌가 하는 명확한 증거는 없다. 공격에 대한 본능설의 대부분은 프로이트를 제외한 경우 동물 행동의 관찰 및 실험결과에 기인한 것이지만 실제로 이와 반대되는 결과를 얻은 동물실험 사례도 다수 있다.

인간의 공격성에 관한 권위자인 사회심리학자 버코위츠(1969)는 공격 행동에 있어서 학습이 중요한 역할을 한다는 점에서 인간이 동물과 근본적으로 다르다고 주장한다. 즉, 인간에게 있어 공격성이란 선천적, 본능적인 요소가 있다 하더라도 상황적인 요인에 따라 바뀐다는 것이다. 공격성의 본질에 대한 많은 학자의 주장은 다소 차이가 있으므로 이들을 종합하여 살펴본다.

■ 공격의 생물학적 · 유전적 결정요인

프로이트는 선천적인 공격 충동이 언제나 표현되려 하고 있으며 인간 본성의 한 근본적인 부분이라고 주장하였다. 그는 인간의 반응들로부터 전쟁에 이르기까지 많은 행동이 남들과 자기 자신을 해치려는 이 기본적 충동을 반영한다고 보았다. 따라서 인간의 미래에 대한 그의 견해는 비관적이며, 인류가 존재하는 한 폭력이나 전쟁과 같은 공격적 행위들을 불가피한 것으로 생각하였다.

세계평화의 증진을 위해 국제연맹의 노력에 관여한 아인슈타인(Einstein)은 프로이트에게 사람들이 왜 전쟁을 하는가에 대한 의견을 질문하면서 인간에게 증오와 파괴 본능이 있는지를 물었다. 이에 대해 프로이트는 다음과 같은 답장을 보냈다.

> 당신은 사람들이 전쟁에 열광적으로 만들기가 매우 쉽다는 사실에 무척 놀라움을 표시했고, 전쟁광들의 노력에 야합하고 있는 사람들에게 작용하고 있는 어떤 것, 즉 증오와 파괴의 본능이 있을 수 있다는 의견을 보내 주었습니다.
>
> 나는 다만 그것에 전적으로 동의할 뿐입니다. 우리는 그런 종류의 본능이 있다고 생각하며, 실제로 지난 수년간 그것의 표출을 연구하는 데에 힘을 쏟아 왔습니다. 죽음의 본능은 파괴적인 본능으로 전환됩니다. 그것은 외부적인 대상들에 지향됩니다. 말하자면 살아 있는 외부의 생물을 파괴함으로써 그 자신의 생명을 보존합니다.

공격성의 본능적 기원에 대해 이를 지지한 유명한 학자는 로렌츠(Lorenz, 1974)이다. 그는 동물과 인간 모두에서 동족의 성원에게 향해지는 투쟁본능이 있다고 믿었다. 이 공격적 에너지가 여러 가지 행동 형태를 통해 규칙적으로 발산되지 않는다면 그것이 누적되어 적절한 환경적 자극이 없을 때도 표현될 수 있을 것이다. 로렌츠의 주장이 내포하는 중요한 의미는 개인이 종종 작은 적대행위나 공격행위들을 할 수 있도록 조성해 줌으로써 치명적인 공격 행동을 예방할 수 있다는 것이다.

로렌츠는 또 인간의 또 다른 독특한 성질이 공격성을 증진시킨다고 말한다. 인간은 계속하여 투쟁본능을 억제하려고 애쓰지만, 동물 세계는 그렇지 않다는 것이다. 앞에서 말했듯이 이런 방식의 억제는 공격 에너지의 누적을 가져오며 그것은 잔혹한 방식으로 표현될 수 있다. 겉으로 보기에 착하고 온순하며 자제심이 강한 사람이 어느 날 갑자기 경고도 이유도 없이 가족 전체를 살해하는 이유가 이런 것이다.

실험적인 입장에서 공격성에 있어 유전의 역할을 연구한 학자는 플로민과 포슈(Plomin & Foch, 1981)이다. 인형을 사용한 쌍생아 아동들(5~11세)의 공격성 연구에서 아동들의 반응을 유전적으로 분석하였으나 공격에 유전이 영향을 미친다는 증거를 발견할 수 없었다.

공격성에 있어 유전의 역할에 관한 특수한 가설이 클라인펠터(Klinefelter)증후군이라 불리는 23번째의 성 결정 염색체가 XYY인 염색체 이상의 연구에서 발표되었다. 여분의 Y염색체를 가진 XYY형 남자들은 보통 사람들보다 더 크고 특이하게 공격적이라는 연구가 보고된 바 있다. 초기 연구들은 교도소에 있는 폭행죄 수감자 가운데서 XYY형 남자들의 비율이 통계적으로 유의미하게 높다는 결과를 내놓았다(Jarvik, Klodin, & Matsuyama, 1973). 신문 기사들은 이러한 발견을 과장해서 XYY형 남자들을 마치 유전적으로 공격과 폭력의 경향성이 있는 것처럼 보도하였다. 몇 명의 XYY형 남자들은 그들이 유전의 무력한 피해자들이고, 따라서 자신들이 한 행위에 책임을 질 수 없다는 근거로 형사적 책임을 면제받기도 하였다. 최신 연구들은 제2의 Y염색체의 존재와 공격성 사이에 어떤 연관이 있는지에 대해서 의문을 제기하였다.

이 XYY염색체 발생의 빈도는 1,000회 출생 중 1회 정도로 매우 드물며, 대부분의 XYY형 남성들이 아주 정상적인 삶을 영위할 뿐 아니라 정상적인 남자들보다 더 공격적이지 않다는 것을 발견하였다(Kessler, 1975).

그러나 조사 자료는 이 유전적 구조를 가진 남자들이 정상적인 남자들보다 교도소나 정신병원의 수용자가 될 가능성이 더 크다는 것을 알려 주었다. 현재로서는 XYY염색체형이 성격과 행동에 미치는 영향에 관해서 알려진 것이 거의 없으므로 XYY가설이 별로 믿을 만한 것이 못 되지만, 왜 이런 결과가 나오는지에 대하여 연구가 진행되고 있다. 기타 뇌의 시상하부의 내측 부분이나, 변연계의 중격(septum),

편도체(amygdala) 등이 동물실험 결과 분노 행동 및 공격성과 관계가 있는 것으로 밝혀져 연구자들의 관심을 끌고 있다.

■ **좌절–공격 가설**

대인관계의 아주 사소한 분야로부터 국가 간의 커다란 충돌에 이르기까지 좌절은 공격의 강력한 매개요인이다. 좌절과 공격 간의 관계에 대한 체계적인 심리학적 이론은 달라드 등(Dollard et al., 1939)에 의해 처음으로 기술되었다.

좌절은 언제나 공격을 낳고, 공격은 언제나 좌절의 결과라고 주장한 이 이론은 비교적 극단적인 일면을 보여 주었다. 이들에 의하면 좌절이란 한 개인이 설정한 목표나 목적에 도달할 수 없는 장애물이 나타났을 때 느끼는 위협감에서 비롯되는 것으로 공격성을 유발하는 원인이 된다. 공격은 위장되거나 지체 혹은 다른 사람이나 물건들로 옮겨질 수 있지만, 결코 분해되는 일은 없다. 상급자 대신 개나 고양이를 걷어차거나 몇 년을 기다려 복수를 하거나 혹은 반응을 교묘하게 위장할 수는 있겠지만 그 공격은 언제 어디선가 어떻게든 표현되기 마련이다.

이 가설의 검증으로서 가장 널리 인용되는 연구가 베이커와 뎀보, 레빈(Barker, Dembo, & Lewin, 1941)이 한 실험이다. 그들은 아동들을 재미난 장난감이 많이 있는 방에다 두고 장난감을 보는 것은 괜찮지만 절대로 만지지 말라고 하였다. 나중에 장난감을 가지고 놀 수 있도록 허용되었을 때, 이 아동들은 다른 비교집단의 아동들보다 매우 적대적으로 그리고 파괴적으로 장난감을 가지고 놀았다는 것이 발견되었다. 그러나 이 단순한 좌절–공격 가설의 결함들이 나타나기 시작하였다. 좌절을 당할 때 누구나 공격을 나타내지는 않으며 또한 동일인이 좌절에 대해 언제나 공격으로 반응하지 않는다는 것이 지적되었다. 좌절에는 때때로 우울과 위축이 뒤따른다. 더구나 공격은 때때로 좌절이 없어도 발생한다는 것이 증명되었다. 모델링 학습 연구에서 아동들 자신이 좌절되지 않았다 할지라도 모델을 모방하여 장난감 인형에 대해 폭력적으로 된다는 것을 보여 주었다.

훈련소의 부사관들은 단지 신병들을 강인하게 만들기 위해서 공격적으로 행동한다고 알려져 왔다. 어떻든 모든 공격 사례를 좌절의 틀 속으로 맞추어 넣는 것은 합당하지 못한 것 같다. 밀러(Miller, 1941)는 이것을 깨닫고 변형된 좌절–공격 가설을 제안하였다. 그는 좌절이 많은 반응을 산출할 수가 있는데, 공격은 그중의 하나일 뿐이라고 제안하였다. 많은 다른 조건들이 좌절과 공격 간의 연결에 영향을 미칠 수 있는데, 그 개인이 사회화 과정에서 학습한 것이 좋은 예이다. 이제 과제는 이 다양한 조건을 확인하고, 위장 형태의 공격성을 탐지해 내는 방식들을 개발해 내는 것이 되었다.

좌절–공격 가설이 내포하는 가능성을 인정하면서도 그것을 실험적으로 연구하는 데 어려움이 많아서 오랫동안 연구가 이루어지지 못했다. 1960년대 버코위츠(1969)에 의하여 연구 프로그램이 시작되었다. 그는 공격을 좌절에 대한 몇 가지 가능한 반응 중 한 가지에 지나지 않는 것으로 보았다. 그의 주장은 좌절은 처음에 공격이 아니라 분노를 유발한다는 것이었다. 그 상황에서 적절한 단서들이 있다면 공격이 나타날 것이다. 만일 그러한 단서들이 없다면 상황의 성격이 정확하게 어떠하냐에 따라 그 사람은 좌절을 극복하려고 참을성 있게 노력하거나 우울해지거나 혹은 위축될 것이다(Seligman, 1975). 여러 실험적 연구는 원래의 좌절–공격 가설을 지지하기보다는 좌절이 있을 때 공격이 불가피한 것이 아니라는 버코위츠의 주장을 강화해 주는 것같이 보인다. 그러나 체험된 좌절이 타인에 의한 개인적이고 임의적인 것처럼 보일 때(Zillmann & Cantor, 1976), 개인이 행동의 자유를 빼앗아 갈 때(Worchel, 1974)는 좌절과 공격이 직접 연결될 수가 있다는 증거들이 나타났다. 이러한 결과들은 개인적 통제의 개념과 공격성 간의 관계가 있음을 시사해 준다.

■ 사회학습과 공격

인간의 공격성을 설명하는데 본능이론, 좌절–공격 가설 등은 적합하지 않다는 견해가 많이 있다. 분노를 느낀다고 해서 모든 사람이 공격 행동을 하는 것은 아니며 또한 화가 나지 않는 상태에서도 공격 행동이 가능하다는 사실은 분노와 공격 행동이 직접적인 상관관계를 갖는 것이 아니므로 공격 행동의 통제가 가능하다는 것이다. 즉, 인간의 공격 행동은 과거의 경험이 누적된 사회적 학습을 통하여 형성된 습관에 의해 큰 영향을 받는다는 것이다.

사회학습 이론가들은 우리가 공격적인 모델을 관찰함으로써 혹은 우리 자신이 한 공격적 행동에 강화를 받음으로써 공격적으로 변한다는 것이다(Bandura, 1976).

밴듀라(Bandura)는 강화의 중요성을 인정하지만 강화가 행동들이 습득되는 유일한 방식은 아니라고 생각한다. 사람들은 단지 남들을 관찰하기만 해도 학습할 수 있으며, 그러고 나서 그들이 본 것을 반복할 수 있는 것이다. 고전적 및 조작적 조건화가 의존하는 통상적 강화들이 언제나 필요한 것은 아니다. 자동차 중심권의 문화에서 성장한 아이들은 후에 운전을 배울 때 그들이 필요한 기술이나 지식을 단순한 관찰학습을 통하여 이미 습득해 두었기 때문에 쉽게 운전에 익숙하게 된다. 어떤 행동이 일단 학습되면 그 행동의 발생 여부는 강화가 중요하다고 보는 것이다.

공격의 영역에서 모델링 학습의 효과를 증명하는 폭력적 모델 관찰에 관한 고전적 연구가 학자들에 의해 이루어지고 난 다음, 밴듀라가 보여 준 몇 가지 중요한 사실에 따르면 공격적인 것으로 해서 처벌받는 모델을 아동이 관찰할 때는, 공격으로 인하여 보상받는 모델보다 아동이 그 모델을 훨씬 덜 모방한다는 것과 비공격적인 모델에 잠깐만 노출시켜도 공격의 표현을 억제할 수 있다는 것이었다.

시어스와 맥코비, 레빈(Sears, Maccoby, & Levin, 1957)은 자녀 양육과 공격 간의 관계를 알아보기 위하여 수백 명의 어머니를 면담하였다. 어머니 대부분이 아동의 공격 통제가 매우 중요하다는 관념은 받아들였지만, 그들이 이 목표를 이루기 위해 시도한 방법은 각양각색이었다. 이 연구에 나타난 흥미로운 결과는 양친이 아동과의 관계에서 매우 허용적일 때 공격 수준이 높아진다는 것을 시사하고 있다는 점이다. 이는 밴듀라가 주장한 것처럼 그러한 양친은 아동의 공격성을 강화하는 것 같다. 그러나 또한 공격행위를 심하게 체벌하는 양친의 자녀 또한 공격적으로 변하게 된다는 것도 발견되었다. 그러한 처벌에서 오는 좌절과 분노가 아동의 공격성을 증가시키는 작용을 하는 것이 틀림없다. 양친의 처벌은 또한 아동에게 모델링 학습을 제공해 주었을 가능성이 있다. 아동이 공격적으로 변하게 될 확률이 가장 높은 것은 양친이 자녀 양육에 대한 강한 불안, 낮은 자기존중, 어머니가 아버지를 존중하지 않음, 현재 가정생활에 대한 불만, 어머니의 역할을 깔보는 경향, 아동 양육 방법에 대한 의견대립 등과 같은 특징을 나타낼 때이다. 공격적 양친에게서 공격적 자녀가 나오는 경향이 있다는 시어스 등의 연구 결과는 현대사회의 한 어두운 측면인 아동학대에서 증명된다. 아동학대의 심각성에 대한 전문가들의 관심도 높아져서 많은 사례가 보고되고 있다. 아동학대는 어느 한 특별한 사회경제집단에 국한된 것이 아니라 모든 사회계층에서 발생한다(Fontana, 1971; Gil, 1973). 종종 아동학대는 양친의 한쪽 혹은 양쪽이 아동을 길들이다가 또는 자식을 그냥 미워해서 거부하는 것이 학대로 나타나 버린다. 이런 성향의 부모들은 결과적으로 아동의 사소한 잘못까지도 학대 반응을 일으킬 수 있다. 학대당한 아동들은 성장하여 학대하는 양친이 되는 수가 많다는 사실도 간과하지 말아야 한다.

② 공격과 정화

프로이트의 공격 본능이론과 달라드 등(1939)의 좌절-공격 가설에서는 안전한 방식으로 공격적 충동을 해소하면 후에 공격성이 표출될 가능성이 줄어들게 될 것이라고 시사하였다. 그러나 프로이트는 페시바흐와 싱어(Feshbach & Singer, 1971) 등의 연구를 포함한 몇몇 연구들이 정화(淨化, catharsis) 입장을 지지하고 있기는 하지만 그러한 정화가 실제로 얼마나 효과적일지에 대하여는 다소 회의적이었다. 그러나 공격을 표출한 후 기분이 좋아진다고 해서 장차 공격이 줄어들라는 법은 없으며, 사실상 기분이 좋아지는 것이 강화로 작용하여 오히려 후에 공격이 커질 수도 있다. 가구를 발로 차거나 접시를 깨뜨리는 것조차 충동을 감소한다기보다는 장차 그러한 폭발을 더 강화한다는 연구도 있다.

바론(1977)의 주장처럼 특정한 정화 활동에 참여하는 것이 때로는 후에 공격성을 성공적으로 감소시켜 줄지는 모르지만, 그러한 절차들의 잠재적 효과가 과거에도 많이 강조되었다. 혹자는 공격적, 경쟁적 스포츠에 참여하는 것이 선수와 관객 둘 다에서 사회적으로 용납할 수 있는 방식으로 공격성을 배출시켜 준다고 주장하였다. 공격적 스포츠를 소리 높여 옹호하는 사람들은 그러한 스포츠에는 정화 효과가 있으므로 다른 결점을 보충할 만한 사회적 가치가 있다고 볼 수 있다(Zillmann, Bryant, & Sapolsky, 1978).

유머, 비꼼 등도 용납될 수 있는 배출구로 시사되지만, 그러한 유머가 현실적으로는 처벌적이고 얕보는 것일 수 있으므로 공격을 증진시킬 뿐이라고 주장하는 사람도 있다(Zillmann, 1978).

TV와 영화의 폭력에 관한 연구에서 얻을 수 있는 중요한 교훈은 폭력이 관찰을 통하여 모델링 학습이 될 수 있으므로 언제나 누군가 어디에선가 그렇게 할 수 있다는 것이다. TV 등에서 관찰된 공격이 다른 공격의 촉매작용을 하는지 아니면 다른 식으로는 용납할 수 없는 인간의 공격적 충동을 위한 정화의 역할을 하는지에 대한 논란은 아직도 많지만, 사회과학자들이 연구한 대부분 내용은 폭력 관찰과 추후 공격 간에는 상관이 있다고 보는 견해가 많다.

③ 공격의 상황적 요인

공격의 상황적 요인들이 다음에 제기되는 특수한 상황에서 어떻게 작용하는지 제시하였다.

■ 더위

심한 무더위로 인한 짜증은 순간적으로 폭력을 행사하게 되는 원인이 된다. 미국 폭동위원회조차 1960년대와 1970년대에 도시들을 휩쓴 폭동들이 여름의 더위에 의해 더 활발하게 진행되었다는 것을 시사하고 있다. 그리프트와 비치(Griffitt & Veitch, 1971)의 실험연구도 더위가 사람을 흥분하기 쉽게 만들고, 남들에게 부정적 반응을 유발하며, 공격을 가져온다는 생각을 입증하였다. 바론(1977), 칼스미스와 앤더슨(Carlsmith & Anderson, 1979) 등은 폭동의 확률이 기온 증가와 더불어 직접 증가한다는 결론을 내리고 있다.

■ 약물

일반적으로 술이 약간 취한 사람은 우호적이고 행복하며 공격적이기보다는 다정하다. 반대로 취한 정도가 심해지면, 특히 좌절과 흥분이 있을 때는 호전적인 태도와 심지어는 공격까지도 나온다. 그러나 마리화나는 이완시키는 속성이 있으므로 실제로 공격을 억제한다고 알려져 있다.

테일러 등(Taylor et al., 1976)은 피험자 집단에게 알코올이 들었거나 들지 않은 혹은 THC(마리화나의 주 화학성분)가 든 칵테일을 주었다. 경쟁하는 장면에서 경쟁자에게 전기충격을 주는 공격 방법을 사용할 때 소량의 알코올은 공격을 억제하는 반면, 다량의 알코올은 공격을 촉진한다는 사실이 발견되었다. 그러나 다량의 알코올이 공격을 촉진한 것은 음주한 사람을 특정한 방식으로 화나게 했거나 혹은 좌절시켰을 때만 나타났다.

마리화나의 경우 소량은 공격에 거의 영향을 미치지 않지만, 다량은 공격을 실제로 억제하는 것같이 보였다. 그러나 인지적 변인들의 역할을 간과할 수는 없다. 예를 들면, 사람들이 자신이 약물을 먹었다고 인식할 때 도발에 대하여 공격적으로 반응하고 나서 자신의 행동을 약물의 효과로 돌린다는 것을 지지하는 연구도 있다(Ferguson, Rule, & Lindsay, 1982). 즉, 화학물질의 효과보다 자신의 결정이 더 강력한 동인(動因)일 수가 있다는 것이다.

■ 책임감의 분산

집단 속에서 사람들은 때로 혼자서는 하지 못할 행동을 하게 된다. 아마도 남들이 있다는 것이 자신의 행동에 대한 개인적 책임감을 감소시키는 것이다. 공격적 행동에 있어서도 같은 것으로 보인다.

이 현상을 증명하기 위하여 메스와 칸(Matthes & Kahn, 1975)은 피험자들을 혼자 혹은 셋이 같이 모욕당하게 하였다. 통제집단은 전혀 모욕을 당하지 않았다. 결과를 보면, 보복을 원하면서 3인 집단 속에 있는 피험자들이 혼자 있거나 아니면 집단 속에 있지만 모욕을 받지 않아 보복할 이유가 없는 피험자들보다 더 공격적으로 반응하였다. 피험자들이 집단 속에 있을 때는 자신의 공격성에 대해 혼자 있을 때보다 책임감을 덜 느꼈다.

사회학자 르봉(Le Bon, 1895/1960)은 군중 속에 있는 사람들은 흔히 야만적이고 파괴적인 본능을 자유롭게 충족시키고 싶은 속성을 가지고 있음을 관찰하였다. 그는 그 이유를 군중 속의 사람들이 갖는 억제 불가능성과 익명성이라는 두 가지 특징에 있다고 생각하고, 어떤 군중의 일부는 자신을 본능에 굴복하도록 하는 억제 불가능한 힘의 느낌을 가지면 더욱이 군중이 익명성이 있고 결과적으로 무책임하여 사람들을 항상 통제하고 있는 책임감은 완전히 사라진다고 하였다.

이 현상을 짐바르도(Zimbardo, 1969)는 몰(沒)개성화라고 기술하였다. 즉, 자기인식, 자기관찰, 자기평가가 상실되며, 동시에 사회적 규범들에 대한 구속력이 사라지는 것이다. 이러한 몰개성화는 군중 속에 있다는 익명성, 책임감 분산, 군중의 규모, 활동, 새로운 비구조화된 상황, 소음에 기인된 흥분과 피로 등에 의해서 발생할 수 있다.

몰개성화와 공격성 간의 좋은 예는 원시인들이 수행한 전쟁에서 극단적 형태의 공격에 연관된 요인들을 연구한 왓슨(Watson, 1973)의 연구이다. 가장 극단적 폭력은 가면, 얼굴과 신체의 페인트 및 특수한 복장과 같이 인간을 몰개성화시키는 장비들을 사용한 사람들에 의해서 저질러졌다. 또 다른 예들은 도시화에 따른 폭력의 증가이다. 도시화는 사람들의 얼굴이 없어지는 일종의 익명성을 초래하였고 이에 따른 몰개성화 현상이 도시 속에서 군중의 폭력 및 공격의 가능성을 증가시켰다는 주장이다.

■ 피해자의 비(非)인간화

공격성을 표출할 때 나타나는 인간의 한 가지 보편적인 버릇은 공격대상자들을 욕하고 짐승 같다고 묘사하는 등 그들이 실제로 비인간화된다는 것이다. 그들에게 그런 딱지를 붙임으로써 공격성을 더 정당화할 수가 있다. 제2차 세계대전에 관련된 미국 영화를 보면 대부분 독일군과 일본군들은 언제나 여자들을 못살게 굴고 포로들을 고문하고 학대하는 광분한 짐승으로 묘사하고 있다. 현실과 아주 다른 것은 아니지만 과장된 것 자체가 아마도 미국인의 흥분과 애국심 수준을 높여 주었을 것이다.

밴듀라와 언더우드, 프롬손(Bandura, Underwood, & Fromson, 1975)은 똑같은 현상을 실험실에서 실시하였다. 잠재적 대상자를 민감하고 이해심 많은 사람으로 혹은 짐승 같고 더러운 사람으로 기술함으로써 피험자들이 잠재적 대상자들에게 주는 처벌의 양에 성공적으로 영향을 미칠 수 있었다.

■ 권위에 대한 복종

수천 명의 독일인이 유대인들을 가스실로 보내라는 명령에 복종하였을 때 그들은 단지 사람들이 정상적으로 하는 식으로 행동하였는가? 그렇지 않으면 그 행동은 그들 자신의 개인적 성격에서나 독일인 전반에서의 어떤 병리적인 현상이었는가? 나치 정권의 유대인 대학살은 멀쩡한 사람들을 야만적 공격자로 바꾸어 버리는 상황의 힘을 증명해 준 것이다.

밀그램(Milgram, 1963)은 그들의 행동은 합법적 권위의 명령들이 설사 무고한 사람을 해치는 것일 때에라도 그 명령들에 복종하려는 정상적인 인간의 경향성을 반영하였다고 생각하고 이것을 증명하기 위한 실험을 수행하였다.

피험자들에게 실험은 처벌이 학습에 미치는 영향을 연구하는 것이라고 알려 주었다. 한번에 2명의 피험자(한 명은 실험 협조자)가 참여하여 실제의 피험자에게는 그가 '선생'이 될 것이고, 다른 피험자(실험 협조자)가 '학생'이 될 것이라고 지시를 주었다. 선생의 역할은 학생이 기억해야 할 단어들의 쌍을 큰 소리로 읽어 주는 것이었다. 이제 학생이 착오를 저지를 때마다 선생 피험자는 그에게 전기쇼크를 주는 처벌을 수행하게 하였다. 전기쇼크의 범위는 15V에서 450V이며 이 범위를 30개의 분명하게 표시된 쇼크 수준이 있는 쇼크 발전기가 사용되었다. '위험: 심한 쇼크임'이라는 수준은 375V에 표시되었다. 실험이 진행됨에 따라 점점 높은 수준의 전기쇼크가 주어지도록 요구되었다. 피해자에게 충격을 주려는 마음이 흔들릴 때마다 실험자는 피험자에게 계속하라고 명령하였다. 피험자가 마침내 더 이상의 쇼크를 주는 것을 거절하였을 때 실험은 끝났다.

밀그램(1963)의 이 실험에서 모든 피험자는 최소한 300V를 실시하였다. 그리고

65%(40명의 피험자 중에서 26명)가 최대로 가능한 쇼크인 450V를 주었다. 피험자들이 쇼크를 멈추어 달라고 소리 지르고 벽을 쳐도 대부분의 '선생 피험자'들은 실험자에게 복종하는 자세를 버리지 않았다.

밀그램의 실험은 명령에 따르는 개인의 자발성에 영향을 미치는 요인들을 밝혔다. 그것은 명령을 한 사람이 행사할 수 있는 세력의 양, 감시의 정도, 상황의 직접적인 경험 정도 등이었다. 선생 피험자가 학생 피험자와 같은 방에 있을 때 복종은 급격히 떨어졌다(65% → 40%). 만일에 학습 피험자의 손이 쇼크 판에 매어져 있다는 것을 개인적으로 확실히 알도록 해 주면 복종은 30%로 감소하게 된다. 또 쇼크를 주는 것을 거부하는 다른 선생 피험자가 있을 때도 복종은 역시 줄어들었다. 그러나 그 사람이 그 일을 한 많은 사람 중 단지 한 사람에 지나지 않아서 행위의 책임감이 분담되었을 때 복종은 훨씬 더 컸다는 것을 알았다.

물론 많은 복잡한 요인이 이 복종을 산출해 내는 데 관련되었겠지만, 한 권위 있는 인물이 다른 면에서는 책임감 있는 사람을 매우 공격성이 강하게 되도록 유도할 수 있다는 사실은 우리에게 많은 교훈을 준다. 그렇다면 권위 있는 인물의 어떤 요인들이 사람들을 자발적으로 복종하게 만드는가를 밀그램(1974)이 연구하였다.

밀그램(1974)은 사람들이 세력을 가진 사람에게 의무감을 느낀다고 생각하였다. 그래서 권위 있는 인물의 자격을 존중하며, 권위 있는 인물이 하는 일을 알고 있다고 생각하고, 흔히 권위 있는 인물이 요구한 것은 무엇이나 하겠다고 동의함으로써 신뢰를 받으려 하고 있다. 일단 이런 일이 일어나면 피험자들은 그들이 하는 일에 갈등을 느끼지만, 합리화를 통해서 그것을 망각할 수 있으며 갈등을 최소화할 수 있다.

■ 성적(性的) 흥분

공격과 성욕 간의 관계는 오랫동안 학자들의 관심 사항으로 다루어져 왔다. 프로이트 학파의 학자들도 성적 및 공격적 행동들이 밀접한 관계가 있으며 서로를 항진시키는 작용을 하는 것으로 보는 경향이 있다.

질만과 칸토어(Zillmann & Cantor, 1976)는 남성 피험자들에게 선정적(성교 전희를 하는 남녀), 공격적(격렬한 권투 시합), 중립적(중국 여행) 영화를 보여 주었다. 다음 이들을 선생-학생 쇼크 패러다임 속에서 그들의 공격성을 발휘하게 하였다.

선정적 영화는 공격적 영화보다 더 많은 공격 표현을 가져왔다는 것이 발견되었다. 그러나 바론(1974)의 연구는 정반대의 결과를 가져왔다. 그는 남성 피험자들을 화나게 한 후 선정적 자극(여자 나체 사진), 중립적 자극(옷을 완전히 입은 여자의 사진), 중립적 자극(풍경 등)을 보여 주었다. 나중에 공격성을 발휘하는 실험에 참여하게 했을 때 앞서 나체나 옷을 입은 여자의 사진을 보았던 피험자들은 중립적 자극을 보았던 피험자들보다 덜 공격적으로 나타났다.

결과들의 이러한 모순을 해결하기 위해 도너스테인과 도너스테인, 에반스(Donnerstein, Donnerstein, & Evans, 1975)는 약간 선정적인 자극(나체 여자)은 유쾌하고 마음을 산란하게 하여 피험자들의 마음을 앞의 공격이나 좌절에서 멀어지게 한다고 제안하였다. 반면, 명백하게 색정적인 자극들(성교 중인 남녀)은 흥분을 유의미하게 고조시키기 때문에 앞의 체험된 분노를 억제하지 않는다고 보았다.

■ **욕구불만**

개인적인 위협은 어떤 목표를 향하여 노력하는 개인이나 집단의 욕구불만의 형태를 취하며, 따라서 분노와 공격을 일으키게 한다. 사회생활에서 분노에 의한 범죄, 혁명, 인종적 폭력과 같은 공격의 많은 부분은 경제적, 사회적 그리고 개인적 욕구불만과 관련이 있었다.

욕구불만은 전쟁으로 유도되는 요인의 하나가 될 수도 있다. 히틀러(Hitler)의 등장과 그 후의 유혈사태는 1920년대와 1930년대 독일의 물가 상승과 불황에서 생긴 잠재적인 욕구불만과 함께 제1차 세계대전 후의 굴욕적인 평화조약과도 관련이 있었다. 전쟁 같은 복잡한 현상의 연구는 어려우므로 이런 설명은 대부분이 이론적인 수준에 머물고 있지만, 소규모 집단 간의 적개심은 실험적으로 연구되었다.

세리프와 세리프(Sherif & Sherif, 1953)는 12세 소년들의 실험적 캠프에서 집단갈등을 연구하였다. 소년들을 각각 12명씩으로 된 집단으로 나누어서 별도로 수용을 하였다. 얼마 후에 각각의 집단이 응집성과 유도성을 발전시켜 그들 사이에 우호적인 경쟁심을 생기게 했다. 이 두 집단을 함께 모아서 한쪽 집단이 질 수 있는 운동경기를 시켰다. 그 외에도 계획된 욕구불만을 실험에 도입하였다. 그 결과 이 두 집단 사이에 격렬한 적개심이 생겨서 식당에서는 거의 대소동을 일으킬 정도가 되기도 하고, 서로의 캠프를 습격하기도 하며, 전쟁에 관한 이야기가 많아졌다. 상대방을 존중하는 분위기를 상실하게 하는 욕구불만이 결정적인 요인으로 작용하였다고 볼 수 있다. 세리프와 세리프(1953)는 집단 간의 적개심을 감소시키려는 노력도 하였다.

오늘날의 심리학자들은 국제적인 긴장의 완화, 핵전쟁의 예방에 깊은 관심이 있다. 그들의 제안에는 다른 나라도 그렇게 하도록 호소하면서 서서히 군비를 감축하며, 후진국에서 주민을 공격상황으로 기울게 하는 경제, 사회적 욕구불만을 감소시켜 국제적인 이해와 협력을 증진시킨다는 것 등이 포함되고 있다.

④ 공격성과 성격 변인

일반화된 성격 특성들이 어떤 식으로 공격에 영향을 미치는지의 연구는 많지 않지만, 설득에 도움이 될 것이다.

벡(Beck, 1974)은 경범죄나 중간 정도의 공격 행동과 관련된 범죄자를 대상으로 한 연구에서 분노와 적대감을 내놓고 인정하는 사람들보다 스스로 자제심이 높다고 보는 사람들이 공격 행동의 빈도가 낮음을 발견하였다.

여기서 자제심이란 MMPI 문항 중 "때로 나는 욕하고 싶다." 혹은 "이따금 나는 내가 왜 그렇게 괴팍하게 굴었는지 이해할 수 없다."와 같은 문항에 '그렇다'라고 인정하기 싫어하는 경향성을 뜻한다. 그러나 살인같이 극단적인 공격 행동을 하는 가능성은 두 집단 간에 차이가 자제심이 높은 집단에서 오히려 크게 나타나는 예도 있었다. 자제가 지나친 사람들은 약간 도발적인 상황에서는 자신의 분노, 즉 공격을 통제하는 것 같이 보이지만 도발이 강해지면 자제심을 잃어버리는 것 같았다.

내외(內外) 통제(locus of control)의 성격 변인을 가진 피험자들의 연구도 흥미로운 결과를 보여 주고 있다. 피험자들을 상대방이 피험자에게 사용하는 충격강도 수준을 점점 높이거나 낮추거나 혹은 일정하게 유지하도록 하는 경쟁적 반응시간 실험에 참여시킨 결과, 내적 통제자들(자신과 관련 있는 사건들이 자신의 통제로 인하여 일어난다고 믿는 사람들)은 상대방의 충격 수준에 맞추어 같은 방식으로 반응하는 경향이 있다. 외적 통제자들(자신과 관련 있는 사건들이 자신의 통제가 못 미치는 외적 영향의 탓이라고 믿는 사람들)은 상대방의 충격 수준 선택에 대한 반응에서 비교적 변화를 덜 나타낸다는 것이 발견되었다. 그러므로 자신의 행동이 상대방에게 효과를 준다고 생각하는 내적 통제자들은 공격 행동을 상대방의 경향에 따라 변화시킬 가능성이 더 클 것이다.

(2) 성취동기

성취동기는 장애를 극복하고 어려운 일을 달성함으로써 높은 목표에 도달하고자 하는 탁월해지려는 욕구를 말한다. 사람들에게 성취동기는 그 사람의 생활을 지배하게 된다. 많은 돈을 버는 것, 운동에서의 신기록, 우수한 대학성적, 월등한 매출실적, 장군이 되는 것, 정계 진출 등 명예나 부 또는 권력이 목표가 될 수 있을 것이다. 어떤 목적이든 자신이 설정한 목표에 도달함으로써 얻는 만족감 때문에 사람들이 맡은 일에서 힘을 다하고 있다.

모든 학습된 동기와 마찬가지로 성취동기도 사람마다 다르다. 같은 지능점수를 가진 학생이더라도 성취동기가 높은 학생이 성적이 더 좋다. 맥클레랜드(McClelland, 1958)는 주제통각(主題統覺, TAT)검사에서 반응을 토대로 성취동기를 측정하는 방법을 개발하였다. 이 결과를 활용하여 사람들이 왜 높은 성취동기를 가지는지의 이유는 다음과 같다.

첫째, 높은 성취동기를 가진 사람들은 어렸을 때부터 자기의 행위나 노력이 자기 주변의 세계를 더 나은 쪽으로 변화시킬 수 있음을 보아 왔다.

둘째, 이러한 행위의 성공은 성인의 탁월성 기준에 따라서 측정되고 강화되었다. 따라서 이들은 성취에 대하여 칭찬받았고 다시 탁월해지려는 욕망을 갖게 했다는 것이다.

검사 결과는 개인의 과거를 검토해 본 다음, 심리학자들은 성취동기가 높은 사람들이 가지고 있는 몇 가지의 일반적인 특징을 추출할 수 있었다. 우선 그들은 경쟁적인 장면에서 최선을 다하며 신속하고 재빠른 학습자들이다. 이들은 명성이나 재산에 대한 욕망보다는 자기 자신이 부과한 높은 수행 수준에 따라서 정력적 · 혁신적으로 생활하는 측면이 있다. 이들은 과업 지향적이고 모험적이며, 가능성에 대해 자신감을 가지고, 스스로 책임을 지며, 외부의 사회적 압력에 대하여 비교적 저항적이었다. 또한 이들은 정열적이며 자기의 목표가 방해받는 것을 허용하지 않고, 과업 수행 결과에 대해 관심이 많으며, 항상 미래 지향적이었다. 그러나 이들은 늘 긴장 속에 살아 심인성 질환에 걸리는 경향이 많았다.

높은 성취동기를 가진 사람들의 83% 정도가 기업가형 직업을 택한다는 사실도 밝혀졌다. 이러한 직업 형태는 판매, 사업체를 소유 및 운영, 관리 자문 등을 포함하는데 이들은 앞에서 말한 성취동기가 높은 사람들의 특징, 즉 높은 정도의 모험과 도전, 결정에 대한 책임 인식 그리고 직무수행에 대한 객관적 환류 체계에 대해 높은 관심 등을 소유하고 있었다. 또한 기업가적 직업이 아닌 다른 직업을 선택한 사람들의 70%가 낮은 성취동기를 가지고 있음을 발견하였다(McClelland, 1956).

(3) 권력동기

권력에 대한 동기는 인정을 받고 다른 사람이나 집단에 영향을 미치거나 통제하려는 욕구이다. 성취동기와 마찬가지로 권력동기는 주제통각검사에 있는 그림에 대한 반응으로서 서술해 낸 이야기를 분석하여 점수화한다. 권력동기를 가진 사람의 행동 특징은 다른 사람에게 크게 영향을 미치거나 통제하려는 생각으로 시간을 보내며, 논쟁에서 이기려 하고, 다른 사람의 행동을 변화시키려 하며, 권위와 지위를 얻기 위해서 자신의 영향력을 행사할 방도를 찾거나, 명성과 지위 등을 생각하며 시간을 보낸다. 일반적으로 권력 욕구가 강한 사람들은 집단 활동에서 지도력 있는 위치를 차지하려고 하며, 대체로 언어 유창성이 뛰어나고 다변적인 경우가 흔하며, 때로는 논쟁을 잘 벌인다. 권력동기의 점수가 높은 대학생들은 학생회의 간부직, 중요한 위원회의 회원과 같은 권력적 지위를 좋아하고, 경쟁자들 사이의 직접적 접촉이 이루어지는 스포츠 참가에 적극적이며, 교직, 심리학 그리고 사업 등의 직업에 관심을 가지는 경향이 있다(Beck, 1978).

권력동기는 이처럼 여러 행동으로 표현되지만, 표현하는 방법에 있어서 개인마다 차이가 있다는 것이 일반적 의견이다. 그런데 개인에게서 권력동기가 행동으로 표현되는 방식은 권력 욕구의 발달단계에 따른다고 한다. 따라서 권력 욕구의 발달과정에서 단계마다 권력을 유도하거나 활용하는 방법에 차이가 있다는 것이다. 서로 다른 성질을 지닌 권력 욕구의 발달단계는 다음과 같은 4단계로 구분된다는 것이다(McClelland, 1975).

- 제1단계: 타인으로부터 힘을 유도해 내려는 단계로서, 이 단계에 머물러 있는 사람들은 권력을 가진 강한 사람에게 접근함으로써 그 사람들과의 관계를 통해서 권력감을 맛보고 얻는다.
- 제2단계: 힘의 출처가 타인에게서 이 단계에 들어서면 자기 자신에게 옮아오게 된다. 따라서 자기 자신을 통해서 힘을 얻게 됨으로써 권력감을 획득하게 된다. 이 단계에서의 권력 욕구의 만족은 자기 자신에게 한정되기 때문에 다른 사람에게 영향을 미치는 것은 전혀 포함되지 않는다.
- 제3단계: 이 단계에서는 다른 사람을 지배하며 또한 경쟁적인 활동을 통해서 다른 사람을 능가하는 것이 포함되는데, 그 핵심은 자신이 다른 사람에게 강력한 영향을 미치려고 하는 것이다. 이 단계에서는 도움을 받아야 할 약한 처지

에 있는 사람을 돕는다.

• 제4단계: 제1단계에서 제3단계까지의 권력 욕구에서는 자기 자신에게 관심이 중시되었다. 하지만 이 단계에서는 이러한 자기중심적인 경향이 배경으로 밀려나기 때문에 자기 자신만을 위해 권력을 사용하는 것이 아니라, 타인과의 협력을 통해서 얻을 수 있는 성공과 같이 공공의 목표를 위해서 타인에게 영향을 미침으로써 권력감을 얻는다.

맥클레랜드는 이 권력동기의 4단계 발달과정을 그 질적 차이에 따라서 두 가지로 묶을 수 있다고 하였다. 그 하나는 개인화된 권력이고, 다른 하나는 사회화된 권력이다.

개인화된 권력에서는 지배나 복종, 이해득실 등이 관심의 초점이 된다. 따라서 개인화된 권력의 충족이란 다른 사람을 정복함으로써 얻는다. 그러나 사회화된 권력에는 권력의 욕구와 금지가 교묘하게 혼합되어 있어 집단 목표뿐만 아니라 인간들을 움직일 수 있는 목표를 발견하는 일, 이러한 목표를 집단의 공식 목표로 설정하기 위해서 집단을 도와주는 일, 이런 목표의 성취 수단을 마련하는 데 선도적 역할을 하는 일, 이러한 목표를 향해서 노력하도록 집단 구성원에게 효능감을 주는 일 등에 많은 관심을 기울이고 있다.

권력동기가 강한 사람들은 다른 사람이 보기에 강압적이고 완고하며 때로는 가혹한 사람으로 비치기도 한다. 이러한 사람들이 지도자가 되느냐 아니면 단지 지배적인 인물로 취급되느냐 하는 것은 그의 권력 욕구 이외의 능력이나 사회성과 같은 요인들에 달려 있다. 만일 권력 욕구가 강한 사람이 인간적이고 친화적인 관계에 거의 관심이 없고 권위주의적인 것에 가치를 둔다면 전제적이고 독재적인 행동 경향을 보일 것이다. 이와는 달리 같은 수준으로 강한 권력 욕구가 있다 하더라도, 타인의 감정에 민감하고 타인에게 봉사할 의욕을 가진 사람은 전자의 경우와는 다른 행동 경향을 보일 것이다.

(4) 친화동기

친화 욕구를 지닌 사람은 따뜻하고 친밀한 동료 관계를 갖는데 많은 관심을 보인다. 또한 타인과의 사이에 단절되었던 긴밀한 관계를 회복하고, 타인을 위로하고 도우며, 친근한 동료애를 나타내는 활동에 참여하려는 경향을 보인다. 친화 욕구가 강한 사람은 다른 사람들 역시 자신을 좋아하기를 바라기 때문에 타인의 감정에 대하여 주의를 기울이는 경향이 있다. 또한 직업을 선택하는데 구성원들 간에 친밀한 상호교류의 기회가 있는 직무를 추구하려고 한다. 업무 면에서도 객관적인 의사결정 등이 우선되는 일보다는 좋은 인간관계 유지가 중요시되는 일을 맡으려 한다. 인간은 사람들과 친밀하고 다정하게 지내는 것이 경력상의 성공보다 더 중요하다는 것을 경험을 통해 배운다. 친구들도 있고 우애롭게 지내게 되면 실망하거나 곤경에 처했을 때 지원과 격려를 받을 수 있다.

만족이란 집단 내에서 타인의 사랑을 받고 또 받아들여지는 데서 생기는 것이며, 논쟁과 갈등은 좌절을 일으키며 불행한 경험을 초래한다고 하였다(Moment & Zaleznik, 1963). 따라서 사람들은 다른 사람들과 같이 있으려는 욕구가 있으며, 장기간 사회적 접촉에서 고립되거나 격리되면 사람들은 불안해지고 부적응적인 행동을 보이게 된다. 왜 사람들이 서로를 찾고 고립된 사람들이 집단을 이루는가에 대한 설명 이유 중의 하나가 사람이 위협을 받으면 친화동기가 각성 유발된다는 것이다. 따라서 전투를 하러 가는 군대의 성원들끼리는 더욱 친밀해지고 밀착 관계가 유지되며 또 스포츠의 코치가 경기 시작 전에 격려의 말을 하는 것도 팀에게 중요한데, 이들은 모두 자기들의 공동목적을 위하여 또는 공동의 상대에 대항하여 행동하고 있다고 느끼기 때문에 친화 욕구를 만족시키려는 동기가 강하기 때문이다.

친화 행동은 완전히 다른 동기에서 비롯될 수도 있다. 예를 들어, 성취한 것에 대한 칭찬을 받고 싶어서 또는 취직을 축하하기 위하여 파티를 열 수도 있다. 공포와 불안은 친화동기와 밀접하게 연관되어 있다는 주장도 있다. 쥐, 원숭이 또는 인간을 불안이나 공포 조성의 장면에 놓일 때 불안해하지 않거나 공포가 없는 같은 종(種)의 성원이 존재하면 불안과 공포가 감소된다고 한다. 전투 상황에서 불안이나 공포를 보이지 않는 경험 많은 부사관이나 리더를 따르려는 것도 이러한 이유 때문일 것이다. 인간에게 있어 친화동기가 발달하는 과정에 대해서 명확하게 내려진 결론은 없지만, 남들과 같이 있으려는 욕구는 최초의 소속 집단인 가족으로부터 시작된다고 보고 있다. 장남이나 외동은 출산 순위가 나중인 사람들보다 친화동기가 더 강하다는 것을 발견하였는데, 그것은 이들이 어렸을 때 부모의 관심을 많이 받아왔기 때문으로 보인다. 의존적으로 성장하였거나 긴밀한 가족관계 속에서 자라난 사람들은 가족이 일찍부터 독립심을 가지도록 격려해 온 가정의 사람보다 친화동기가 더 강할 수 있다는 것이 일반적 견해이다(Sarnoff & Zimbardo, 1961).

(5) 욕구에 대한 위계적 이론

인간의 삶은 그것이 지닌 가장 고상한 포부(aspiration)를 고려하지 않고는 결코 이해할 수 없다. 성장, 자아실현, 건강에 대한 열망, 정체와 자율의 추구, 우월성을 향한 노력, 향상을 향한 노력은 이제 보편적이고 일반적인 경향으로 인정해야 한다(Maslow, 1970). 인본주의 심리학자들은 1960년대까지 연구된 심리학의 오류에 대하여 다음과 같이 지적하였다.

첫째, 인간을 볼 때 통합된 전체로서의 개인으로 봐야 한다. 즉, 인간의 행동을 분리된 사건으로 보는 미세한 분석 차원을 넘어 인간의 전인성(全人性)과 본성을 봐야 한다. 동기부여는 단순히 부분이 아닌 전체로서의 개인에 영향을 준다. 따라서 성격의 주된 특질은 성격의 단일성과 전체성이다.

둘째, 동물을 대상으로 연구하여 인간에게 적용하려는 부적절성을 들 수 있다. 즉, 인간이란 동물 이상의 것이다. 이상, 가치관, 수치, 용기, 사랑, 유머, 질투, 음악, 시, 과학 등 인간의 고유성을 무시할 수 없다.

셋째, 근본적으로 인간 본성은 선하며 악한 것은 환경 탓이다.

넷째, 인간은 출생 시부터 창조성을 잠재하고 태어난다. 또한 창조성은 인간의 기본이며 여러 형태의 자아를 표현한다.

다섯째, 심리적 건강에 대한 강조이다. 즉, 기존의 이론들은 인간 본성의 부정적인 면에 중점을 두고, 강함과 장점을 간과하였다. 또한 건강한 인간의 기능, 삶의 양태, 삶의 부패를 정당화시켜 주지 못했다. 따라서 정신적 건강을 이해해야 비로소 아픔을 이해할 수 있다.

인본주의 심리학의 기본 원리는 다음과 같다.

첫째, 단일의 조직적인 이론이나 시스템이 아니라 일종의 운동으로 특징지어져야 한다.

둘째, 서구의 실존주의 철학에 근거하여 인간은 실존의 사실로부터 본질을 창조해 간다. 즉, 인간의 행동에는 인과적 관계가 없으므로 완전히 자유로운 선택을 하며 만들어 나가는 것이다. 그러므로 선택하는 책임 있는 인간을 기본 모델로 삼는다.

셋째, 형성(becoming)의 개념으로 인간은 결코 정적이 아니며 항상 무엇인가 다른 존재가 되려고 한다.

넷째, 본래 진실한 실존에 대한 추구는 생물학적 욕구와 성적 욕구, 본능충족 이상의 것을 요구하고 있다.

다섯째, 선택과 운명을 스스로 결정할 책임을 모두 인정해야 하며 현상학적 또는 이 순간(here-and-now), 즉 인간의 의식, 주관적 느낌, 분위기를 강조한다.

여섯째, 이론적 설명과 표출된 행동은 경험 자체보다 하위개념이다. 즉, 지식의 영역으로 볼 때 근본적 가치는 직접적이고 친근하며 경험적인 지식에 있는 것이다.

① 매슬로(Maslow)의 욕구에 대한 위계적 이론

매슬로(1908~1970)는 자아실현을 강조하였으며, 인본주의 심리학의 정신적 지주로 여겨진다. 그는 인간을 개인적인 욕구를 추구하려는 경향 속에서 부족을 느끼는 동물이기 때문에 거의 언제나 무엇인가를 갈망한다고 보고 인간의 욕구를 생리적 욕구로부터 자아실현의 욕구까지 단계적 가설로 설명하였다. 단계가 올라갈수록 더 많은 개성, 인성, 심리적 건강을 나타낸다. 왜 모든 사람이 자아실현을 달성할 수 없는가? 인간은 자신의 잠재력을 모르고 있으며, 자아 증진(self-enhancement)이 가져다주는 보상을 이해하지 못하고 있다. 즉, 두려워하는 경향이 자아실현의 기회를 소멸시킨다. 또한 사회적 환경이 자아실현을 억눌러 버릴 수도 있고, 안전 욕구가 가져다주는 강한 부정적 영향이 작용하고 있기 때문이라고 지적하였다. 인간의 동기에는 결핍동기와 성장동기가 있는데 결핍동기(deficiency motive)는 유기체의 긴장, 특히 생리적, 안전 욕구로부터 발생하는 요구를 제거하는 것을 목표로 하는 기본욕구이다. 성장동기(growth motive)는 자신의 잠재력을 실현하고자 하는 선천적 충동과 관련된 높은 수준의 요구(meta need)이며, 기본욕구의 충족 후에 출현, 생존의 기쁨 증가 등 결핍동기가 충족된 후에야 성장동기로 발달하게 되는 것이다.

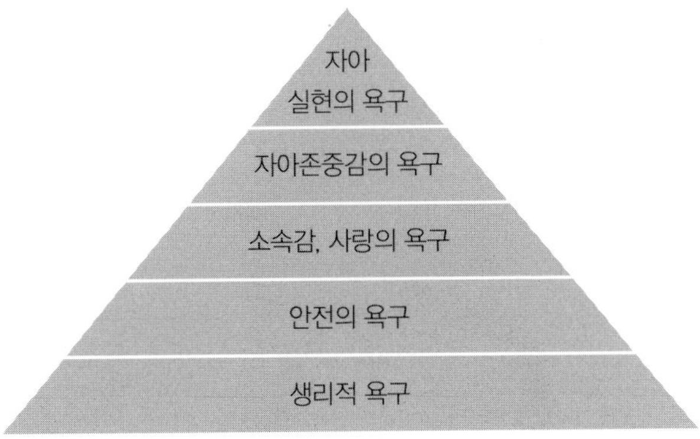

[그림 2-1] 욕구-위계이론의 도식

② 욕구의 위계

■ **생리적 욕구**

사람의 욕구 중에서 기본적이고 강하고 분명한 것이 생리적 생존의 욕구이다. 생리적 욕구를 충족시키지 못한 사람은 다른 어떤 욕구보다도 생리적 욕구가 동인(動因)이 된다. 그러므로 생존의 절대적인 요건이 되는 생리적 욕구를 해결할 수 있는 행동들을 주로 하게 된다. 여기에 포함되는 것은 굶주림, 갈증, 성, 수면, 추위나 더위로부터의 보호, 감각적 자극에 대한 욕구 등이다. 이러한 생리적 충동은 유기체의 생물학적 유대와 직접 관련이 있고, 이것은 개인이 더 높은 단계의 욕구로 동기부여가 되기 전에 어느 정도 만족되어야 한다. 즉, 이런 기본적인 욕구 수준을 만족하지 못한 사람은 더 높은 단계의 욕구로 발달할 수가 없다. 예를 들면, 안전, 애정 등의 고차적인 욕구가 있다고 해도 굶주린 상태에서는 먹으려는 욕구가 그 어떤 욕구보다도 기본적이고 강한 동기가 된다. 만약 굶주림의 욕구가 충족되지 않는다면 인간은 생리적 욕구에 지배되고 다른 욕구들은 동기화되지 않으므로 존재하지 않는다.

생리적 욕구는 인간의 행동을 이해하는 데 매우 중요하다. 굶주림이라는 생리적 욕구에 지배되는 경우에 인간의 모든 기능은 생리적 욕구를 충족시킴으로써 만족을 얻는 데 활용된다. 즉, 모든 기능이 먹으려는 목적에 따라 조직화되므로 모든 감각기관이나 운동기관, 지능, 기억, 습관 등은 단지 배고픔을 만족시켜 주는 도구에 불과하게 된다. 음식물 등의 결핍으로 인한 행동의 처참한 결과는 여러 예에서 볼 수 있다. 예를 들면, 제2차 세계대전 중 나치의 포로수용소에서는 굶주림과 고문에 시달린 죄수들이 빵을 서로 훔치고, 그들이 정상적인 상태에서 지녔던 가치를 자주 저버리는 행동을 하였다. 그런데 생리적 욕구가 충족되면 인간은 이보다 상위 욕구의 지배를 받게 된다. 만족은 인간을 생리적 욕구에서 벗어나게 함으로써 이보다 더 상위의 욕구가 동기가 된다. 일단 만족한 생리적 욕구는 충족이 저지될 때에 다시 나타나서 인간을 지배하게 되며, 그렇지 않을 때는 잠재적인 형태로 존재하게 된다. 즉, 인간은 충족되지 못한 욕구에 의해서만 지배되고 행동하게 된다.

일정한 욕구가 항상 충족되었던 사람은 장차 그 욕구가 충족되지 않은 사태에 당면하더라도 융통성 있게 대처할 수 있다. 반면에, 과거에 욕구 충족을 경험하지 못한 사람은 현재 이러한 욕구의 만족을 경험하더라도 전에 욕구 충족을 경험했던 사람들과는 매우 다르게 반응하게 된다.

■ 안전의 욕구

생리적 욕구가 어느 정도 만족이 되면 사람은 새로운 욕구, 즉 **안전의 욕구**로 올라간다. 이 욕구는 일반적으로 안전을 추구하는 도구로 기능을 하기 위해서 행동을 조직화하는 역할을 한다. 왜냐하면 개인은 환경 내에서 확실성, 정돈 그리고 예측성을 알맞은 정도로 보장받기 원하기 때문이다. 안정된 사회에서는 인간이 맹수, 극단적인 온도 변화, 범죄, 폭행, 살해 등의 위협으로부터 안전함을 느끼도록 법적·제도적 장치를 마련하고 있고, 군사력과 경찰력 등의 행정적인 장치를 활용하고 있다. 그러므로 모든 사회에서는 경제적·사회적 적응이 어려운 사람들에게서 이 욕구가 중요한 동기로 작용하고 있다. 또한 전쟁, 질병이나 자연재해 등에서도 안전 욕구에 큰 영향을 미친다. 그러므로 평상시에는 안전의 욕구가 해결되어 이보다 더 상위의 욕구를 충족시키기 위한 행동을 하던 사람들도 이 안전의 욕구가 위협을 받는 상황을 당하게 되면, 상위 욕구의 충족을 포기하고 안전의 욕구를 충족시키는 행동을 한다.

안전의 욕구가 충족되지 않은 사람들은 자신을 상대적으로 무력하게 느끼고 다른 강력한 힘을 가진 대상에게 지나치게 의존하는 경향을 보인다. 또 이들은 의존할 수 있고 부서지지 않는 대상을 뚜렷하게 선호하는 경향을 보인다. 이 욕구가 지나쳐서 신경증을 앓고 있는 사람은 마치 큰 재앙이 임박한 것처럼 행동하며 미친 듯이 자기 환경을 정돈하고 규제해서 새로운 변화가 일어나지 않게 하려고 한다. 따라서 이들은 종교나 철학에 광적으로 집착하기도 한다.

■ 소속감과 사랑의 욕구

생리적 욕구와 안전의 욕구가 어느 정도 만족이 되면 소속, 애정 및 사랑의 욕구가 나타난다. 이 단계의 사람은 일반적으로 다른 사람과의 애정적인 관계, 자기 가족 내에서의 위치, 준거집단 등을 원한다. 이 단계에 이르는 길은 희생과 봉사 정신이 기본이다. 이 단계에서는 용기와 진정한 의미의 자유를 알며, 상위 욕구로 발달하는 필요충분조건이다.

■ 자아존중감의 욕구

사람들은 소속감과 사랑의 욕구가 충족되면, 사회생활을 통해서 자신을 높이 평가하고 자신을 존중하고 자존심을 지니며 다른 사람으로부터 존경받기 바라는 자존심과 존경의 욕구가 나타난다. 자존심은 실제적인 역량이나 성취를 나타내기도

하며 다른 사람으로부터의 존경을 의미한다. **자아존중감**의 욕구에는 능력, 신뢰감, 개인의 힘, 적합성, 성취, 독립, 자유 등을 포함한다. 사람은 자신이 가치 있다고 생각하는 것, 즉 업무를 해결하고 삶에 도전할 수 있음을 알 필요가 있다. 다른 사람으로부터의 존경은 명성, 인정, 수용, 지위, 평판 등을 포함한다. 자아존중감이 충족되면 자신감, 가치, 강자라는 느낌, 효능감 그리고 사회에서 유능하고 필요한 존재라고 생각하는데, 자아존중감의 기본은 자신 이외의 것에 대한 배려이다.

■ 자아실현의 욕구

생리적 욕구로부터 자아존중감의 욕구가 충족되었다면, 마지막으로 **자아실현의 욕구**에 도달하게 되는데 자아실현은 한마디로 자기가 성취할 수 있는 모든 것을 성취하려는 욕구라고 할 수 있다. 이와 같은 단계에 도달한 사람은 자신의 재능, 능력, 잠재력을 충분히 발휘하기 위해 노력한다. 자아실현은 자신이 잠재적으로 지닌 것을 실현하려는 욕망이다. 자기의 잠재력을 실현한다는 것은 자기가 원하는 종류의 사람이 되는 것이다. 자아실현을 하기 위해 반드시 창조적이고 예술적인 활동을 해야 하는 것은 아니다. 부모, 학생, 근로자 모두는 각자가 최선을 다함으로써 자신의 잠재력을 발휘할 수가 있다. 자아실현의 특별한 형태는 사람마다 다르지만 개인차가 가장 강하게 나타나는 단계이며, 인류의 1% 정도만 이 단계까지 이른다.

③ 욕구위계이론을 활용한 북한 주민들의 심리 상태 분석

■ 북한의 현 실정

북한 주민들의 사회 · 경제적 실태를 욕구 위계에 의해 분석해 보자. 심진섭(1996)은 북한 서민층의 욕구 단계를 생리적이고 일차적인 동기의 수준에 머물고 있다고 주장하였다. 북한총람(1994)에서도 복잡 계층의 주민들의 심리적 특성은 이판사판식의 자포자기 의식이 만연되어 있으며, 생존에 급급하다고 보고하고 있다. 또 기본 계층에서도 신분의 상승이 불가능하므로 체념적 복종 경향을 보이고, 패배주의와 소외감이 만연되어 있다고 보고하고 있다.

최근 국내외의 보도에 따르면 북한은 현재 극심한 식량난에 허덕이고 있고 사회적 통제마저 무너져 내리고 있다고 전하고 있다. 이러한 사실은 최근에 북한을 이탈하여 국내로 들어온 북한 이탈 주민의 증언에서도 확인되고 있다. 이들에 의하면 북한의 서민층은 자신의 발전에 대해서는 거의 포기하고 있고, 어떻게 하면 북한 체제에서 정치적으로 북한의 법을 위배하지 않고(과오를 범하지 않고) 살아남을 수 있을까, 어떻게 하면 굶지 않을까에 대해서만 생각하고 있다는 것이다. 또한 북한의 서민층은 집단주의 정신으로부터 개인주의적(이기주의) 사상으로 많이 바뀌어 가고 있다는 것이다. 따라서 사회 공동의 노동에는 욕을 먹지 않을 정도로 적당히 참가하며 시간이나 때워 쌀이나 공급받고 생활비를 받으면서 살 수 있도록 재능과 수단을 다 동원하여 개인의 이익을 채우려 하고 있다. 농민들은 협동농장의 쌀을 훔치기도 하고 종자나 비료 등을 훔쳐 자신의 텃밭 농사를 잘 지으려고 신경을 쓰고 있다는 것이다. 심지어 학교를 졸업하고 공장에 처음 배치된 사람들도 처음으로 배우는 것은 생산 제품을 어떻게 도둑질하는지에 대한 것이라고 하니 상황을 짐작할 수 있다.

■ 북한 주민들의 심리 상태

여러 자료에 근거하여 분석해 보면, 대부분의 북한 주민들은 극심한 식량난으로 생계를 위협받고 있고 생계를 유지하기 위해서 불법과 탈법을 저지르고 있으며 생명의 위협을 무릅쓰고 있는 것으로 보인다. 이들의 심리적 상태는 매슬로의 욕구위계 이론에 의하면 '생리적 욕구'와 '안전의 욕구'의 단계에 속해 있다고 가정할 수 있다.

생리적 욕구는 사람의 욕구 중에서 가장 기본적이고 강한 것이다. 생리적 욕구는 유기체의 생존에 직접 관련이 있고, 개인이 더 높은 단계의 욕구로 동기화되기 전에 어느 정도 충족되어야만 한다. 만약에 이 기본적 욕구가 충족되기 전에는 안전이나 소속과 사랑의 욕구 등이 활성화되지 않기 때문에 모든 고차적인 인간적인 가치나 도덕, 윤리 등은 행동을 동기화시키지 못하고, 오직 생명을 유지하기 위해서는 언제든지 포기할 수 있게 된다. 그리고 개인의 모든 기능은 생리적 욕구를 충족시키는 데 활용된다. 이렇게 되면 모든 감각기관이나 운동기관, 지능, 기억 등의 심리적 활동은 단지 삶을 생물학적으로 유지하는 데에만 초점을 맞추게 되므로 가장 원시적이고 일차적인 삶을 살아가게 되는 것이다.

생리적 욕구에 지배받는 주민들은 다음과 같은 특징이 있다. 생리적 욕구가 어느 정도 해결이 되지 않으면 안전의 욕구가 나타나지 않는다. 즉, 먹고 잘 수 있는 생리적 욕구를 만족시킬 수만 있다면 얼마든지 안전을 포기할 수도 있다는 점이다. 최근 북한 이탈 주민의 증언에 의하면 북한 주민들 사이에서 '이래저래 죽을 바에야 차라리 전쟁이라도 일어났으면 좋겠다.'라고 생각하는 사람들이 늘어나고 있다는 것은 생리적 욕구에 있다는 증거이다. 생리적 욕구가 어느 정도 해결이 되어야 그 상태를 안전하게 유지하려고 하는 안전 욕구가 나타날 수 있다.

안전 욕구의 단계에 있는 사람은 능력이 있는 다른 사람이나 사상에 지나치게 의존하는 경향을 띠고 새로운 변화를 두려워하는 심리적인 특징을 가지고 있다.

북한 사회에서 일어나고 있는 김일성 · 김정일 · 김정은으로 이어지는 우상화 작업과 주체사상에 대한 맹종은 이 단계에 있는 사람들의 특징을 이용하고 있는 것이며, 동시에 이 경향을 조장하는 것이다. 이런 경향을 계속 유지하기 위하여 안전에 대한 위협을 더욱 강조하여 상위 욕구로의 발달을 막아야 한다. 이러한 방법은 계속해서 한국에서 전쟁을 도발하려고 한다는 거짓 선전과 전 세계의 자유 · 민주 국가를 적으로 만들어 끊임없이 전쟁의 위협을 느끼게 함으로써 자신들과 체제에 더욱 강하게 의존하도록 만드는 것이다. 북한이 핵무기로 세계를 위협하는 것도 이러한 맥락이다. 북한의 주민 통제를 표로 제시하면 〈표 2-1〉과 같다.

<표 2-1> 욕구위계이론을 활용한 북한의 주민 통제 방법

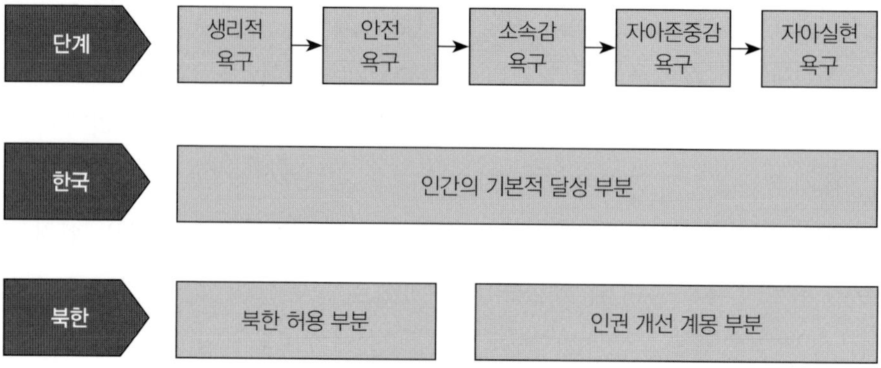

• 욕구발달: 동기과정의 상향적 반복(안정–불안정–안정)

3) 동기이론

인간의 동기는 보편적으로 **쾌락과 고통의 원리**(pleasure-pain principle)에서 시작한다고 보아야 할 것이다. 동기에 관한 최근 이론들이 비록 정도의 차이는 있지만, 쾌락주의(hedonism)의 원리를 배경으로 들고 있다(Lawler, 1973).

쾌락주의 원리를 간단히 설명하면 인간은 쾌락을 추구하고 고통을 회피하려는 경향이 있다는 것이다. 쾌락주의에서는 인간이 미래와 관련해서 어느 정도는 의식적으로 의도적인 결정이나 선택을 할 수 있다고 가정한다. 따라서 인간은 장차 쾌락을 얻을 수 있는 성과들을 추구하고 고통을 일으킬 성과들을 회피하는 행동을 하게 된다. 이때 인간은 자신이 이성적으로 선택 가능한 행동들을 선별함으로써 긍정적인 결과를 극대화하고 부정적인 결과를 극소화하도록 행동한다.

쾌락주의의 기원은 초기 희랍 철학자들에게까지 거슬러 올라간다. 그 후 18세기와 19세기에 이르러 특히 영국의 공리주의자들에 의해서 인간 행동을 설명하는 원리로 다시 등장하였다. 이러한 개념은 특히 그 당시의 철학자인 로크(Locke), 벤담(Bentham), 밀(Mill) 등에서 볼 수 있다. 벤담은 1989년 행동을 이루는 여러 활동의 긍정적인 측면과 부정적인 측면을 계산하는 과정을 설명하기 위하여 '쾌락 계산법(hedonic calculus)'이라는 용어를 만들어 내기도 하였다.

사람들이 고통을 당하는 것보다 쾌락을 더 좋아한다는 이 단순한 원리는 19세기 말경 동기이론이 철학의 영역에서 점차 경험과학인 심리학의 영역으로 넘어감에 따라 많은 비판에 부딪히게 된다. 말하자면 쾌락주의의 가정에는 경험적 내용이 부족하여 검증될 수 없다는 것이다. 즉, 어떤 형태의 행동이든 그 행동이 일어난 뒤에 쾌락이나 고통을 경험하게 되면 장차 어떤 형태의 행동이 일어날 것인지 예측할 수 없다는 것이다(Vroom, 1964). 사실 쾌락과 고통의 동기이론으로는 제2차 세계대전 말기 일본의 가미가제 특공대들이 예정된 죽음과 부상이라는 고통을 스스로 받아들이며 왜 자살을 감행했는지, 왜 그렇게 많은 월맹의 군사들이 막강하게 기계화된 적군을 공격하기 위해 더위와 해충이 들끓는 밀림을 통과해서 수백 마일을 행군했는지를 설명하기 어렵다. 그러나 쾌락주의가 행동의 원인을 다루기보다는 사후 설명적이고 쾌락과 행동을 설명할 때 순환적인 측면을 지니고 있음에도 불구하고, 이 학설은 초기 심리학의 동기이론에 큰 영향을 미치게 된다.

브룸(Vroom)의 해석에 따르면, 쾌락주의 이후 심리학자들에 의해 다루어진 동기 연구의 대부분이 쾌락주의에서 설명하지 못한 쾌락 유발 요인의 내용을 밝히려는 것이었다. 따라서 쾌락주의 학설의 결점을 보완하려는 노력으로 심리학 영역에서 몇몇 동기이론이 나타났는데, 이 이론들은 행동의 예언에 사용될 수 있는 변인들 상호 간의 관계를 경험적으로 증명할 수 있도록 공식화하려 하고 있다. 대표적 동기이론으로는 본능이론, 추동감소이론, 유인이론, 최적각성수준이론, 기대이론 등이 있다.

제3장

갈등이론과 설득

인간은 언제나 이성에 의한 합리적 사고와 행동만을 하는 것은 아니다. 사람에 따라서 복지와 자기 보존과 관련한 감정에 따라 비합리적 행동을 하는 경우도 많으므로 어느 집단 내에도 갈등은 존재하기 마련이다. 따라서 사회적 갈등은 사회생활의 한 단면을 반영한 것이다. 개인 간의 갈등이나 집단 간의 갈등은 인간관계에서도 유발된다. 갈등은 사람들이 그것을 어떻게 다루느냐에 따라 파괴적일 수도 건설적일 수도 있다. 사람들은 전통적으로 갈등을 부정적인 것으로 인식하였다. 갈등은 사회의 안정과 질서를 파괴하며, 갈등 관계에 있는 개인이나 집단, 국가 간에 오해와 불신으로 인하여 나타나는 싸움이나 전쟁과 같은 폭력성은 우리가 자주 목격하는 장면이다.

최근 들어 심리학자나 사회학자들은 갈등이 역기능만 있는 것이 아니라 순기능도 있음을 밝혀 주고 있다. 갈등 자체가 개인이나 집단이 정체된 상태를 벗어나 변화를 추구하는 원동력이 될 수 있다는 주장이다. 말하자면 개인이나 집단의 성장을 위해 갈등은 필요악의 요소인 것이다.

일반적으로 갈등을 인간 개인의 비합리성에서 기인하는 것으로 보는 경향이 있으므로 인간의 갈등 문제는 심리학에서 중요한 연구 대상이 되어 왔다.

1. 갈등의 개념과 유형

1) 갈등의 개념

갈등(conflict)이란 라틴어 conflictus에서 유래한 것으로서 '힘으로 서로 싸우다'라는 뜻을 지니고 있으며, 한 집단의 구성원들 사이의 의견 불일치, 불화 및 알력을 암시하거나 말이나 정서 행위가 서로 충돌하여 파괴적인 효과를 산출하는 상호작용을 의미한다.

2) 갈등의 유형

갈등은 개인과 개인, 집단과 개인, 집단과 조직, 조직들 사이 또는 집단이나 조직을 구성하는 요소 간에 발생할 수 있다. 따라서 갈등은 내적인 것과 외적인 것으로 구분할 수 있다.

(1) 내적 갈등

내적 갈등(inner conflict)은 행위자가 양립될 수 없는 가치들 가운데에서 어느 하나를 선택하거나 결정해야 하는 경우의 상황이다. 개인이건 집단이건 행위자가 어떤 특정의 가치를 선택하기 위한 결정을 내린다는 것은 쉬운 일이 아니며, 이러한 상황은 한 행위자가 동일 시간에 다른 여러 장소에 있기를 원하거나 동시에 서로 배타적인 기능을 수행할 수 있기를 원하는 것과 비슷하다.

내적 갈등을 개인의 성격을 구성하는 내적 요인 간의 상충이라고 보는 견해도 있다. 즉, 한 개인의 마음이 일반적인 상식과 사회윤리와의 갈등이 그것이다. 다시 말하면, 어떤 행위를 하고 싶지만 행위자가 지닌 상식이나 사회의 규범이 그 행위를 제지하거나 방해할 때 내적 갈등이 야기되는 것이다.

이처럼 내적 갈등은 양립할 수 없는 두 가지 이상의 요구가 동시에 발생할 때 생긴다. 이는 어느 쪽을 선택하건 다른 쪽의 욕구가 해결될 수 없으므로 부분적인 좌절감이 생기게 되므로 내적 갈등의 유형은 다음 세 가지로 구분할 수 있다.

① 접근–접근 갈등

접근–접근 갈등(approach-approach conflict)은 힘이 비슷한 두 개의 정적 유인이 동시에 나타나서 어떻게 행동하여야 좋을지 모르는 상태에서 나타나는 갈등이다. 예를 들면, 장래 유명한 축구선수도 되고 싶고 훌륭한 교수도 되고 싶은 경우이다.

② 접근–회피 갈등

접근–회피 갈등(approach-avoidance conflict)은 정적 유인과 부적 유인이 동시에 한 대상에 존재하는 경우에 생기는 갈등이다. 예를 들면, 어떤 전쟁 포로가 수용 중에 적 간수로부터 동료들의 비행을 밀고하면 특혜를 주겠다는 제안을 받았을 때, 이 포로는 동료들을 밀고하는 것은 마음이 내키지 않지만 특혜를 준다는 것이 마음에 들어 고민하는 경우이다.

③ 회피–회피 갈등

회피–회피 갈등(avoidance-avoidance conflict)은 부정적 유인을 가지는 두 개의 대상 중 어느 쪽을 선택하여야만 하는 경우의 갈등이다. 예를 들면, 학생이 학교도 가기 싫고 공부도 하기 싫은 경우에 둘 중 하나를 선택하여야 할 때 이런 갈등을 느끼게 되는 것이다.

(2) 외적 갈등

외적 갈등(outer conflict)은 사회적 갈등이라 지칭할 수 있으며, 복수의 행위자 간의 갈등을 뜻한다. 사회적 갈등은 일반적으로 자원경쟁과 의견대립의 두 가지가 있다.

자원경쟁은 사람들이 제한된 자원이나 권력을 서로 갖기를 원할 때 야기되며, 의견대립은 의견이나 신념이 서로 상치될 때 발생한다. 종교적, 인종적, 당파적, 경제적, 정치적 갈등 등이 이 범주에 있다.

가장 높은 차원의 외적 갈등은 국가 간의 갈등 상황이다. 주권국가의 속성은 이기적이고 경쟁적이다. 국가의 안보에 대한 개념은 상대적이므로 보전, 신장하려는 노력에 잘 반영되고 있다. 한 국가가 주체적인 선택, 결정의 자유를 주장할 때 다른 국가도 이처럼 자유와 독립을 주장한다. 따라서 상대적인 힘의 증강을 고려하게 하며, 이로써 힘의 균형이 유지가 되고 따라서 불안감이 일시적으로 해소될 수 있는 것이다. 그러나 이러한 불안정한 균형은 또 새로운 불안감을 조성하고 국가 간의 갈등을 유발하는 원동력이 되기도 한다.

3) 심리학의 갈등이론

심리학에서의 갈등이론은 주로 개인 중심의 갈등을 다룬다. 심리학자들은 개인의 심성과 행동을 연구하는 데서 얻어진 결론들을 집단의 행태를 분석하는 데 활용하는 경향이 있다. 심리학적 갈등이론은 갈등 문제를 개인의 비합리성이라는 관점에서 파악하거나 비합리적이라고 보는 경향이 있다. 이와 같은 개념은 성격 중심 모델 또는 사회 중심 모델로 지칭되기도 한다. 즉, 이들 접근방법은 개인의 태도, 견해, 성격, 행위 양식을 통하여 갈등을 이해하는 것이다.

일반적으로 개인의 심성에 쌓이는 좌절감이나 분노와 같은 긴장은 그것이 어떤 원리에서 연유하거나 간에 폭발적이거나 공격적인 성향을 지닌 행태로 나타나기 쉽다. 이러한 긴장이 낳는 결과란 편견, 증오, 적대감, 책임 전가, 언쟁, 투쟁, 폭력 등의 문제이다. 갈등 과정에서 개인은 언쟁, 싸움, 폭력 등을 유발함으로써 긴장의 수준을 낮추거나 해소하는 방향을 모색하게 되는 것이다. 그러므로 갈등에 상대되는 개념은 도덕, 조화, 합의, 협동 및 이타적 감정 등이라 할 수 있다.

이와 같은 일반적인 심리학적 사고에 기반을 두면서도 다소 독특한 이론을 정립한 학자가 프로이트(1959)이다. 프로이트는 인간의 신경질적 행위의 원인을 억압된 기억이나 해소되지 못한 정서적 긴장의 표출로 보았다. 그는 자신의 임상연구에서 환자들이 의식적 또는 무의식적으로 격렬한 애정과 심각한 증오의 충동을 노출하는 것을 발견하고, 이러한 현상을 인간의 본능적이고 선천적인 것으로 규정하였다. 즉, 그는 공격성 또는 파괴성을 좌절감의 충격에서 발생하는 것으로 보고, 인간은 본능적으로 공격적 성향이 있다고 이해하였다.

프로이트는 이러한 결론을 에로스라는 삶의 본능과 타나토스라는 죽음의 본능이 인간의 심성에 동시에 공존한다고 보았다. 그에 의하면 집단의 결속력은 에로스와 직접적인 관계가 있으며, 이것이야말로 삼라만상을 결합하는 접착제와 같은 것이라고 이해하였다. 여기에서 에로스의 힘이 타나토스의 위협을 항상 저지할 수 있는 방패가 되지 못한다는 것이 인간 사회의 문제이다. 그는 인간의 성향을 다음과 같이 기술하고 있다.

인간은 공격을 받게 될 때 자신만을 방어하고 애정을 구하는 온순하고 친절한 동물이 아니다. 공격에 대한 욕망의 강력한 수단은 그들의 본능적 성향의 일부분으로 고려되어야 한다. 그 결과 이웃이란 그들 자신의 공격성을 만족시키고, 보상 없이 그 능력을 착취할 수 있으며, 동의 없이 성적으로 이용하고, 고통을 가할 수 있으며, 고문을 할 수 있고 또 죽일 수 있는 유혹이며, 문명사회는 인간 상호 간 이러한 원초적 적대감 때문에 항상 붕괴의 위협을 받는다는 것이다.

그러나 심리학적 차원에서 본 인간의 갈등 양상에 관한 또 다른 견해들은 프로이트의 인간 본성에 대한 반론을 제기하고 있다. 심리학자들이 인간을 다른 동물과는 달리 그의 행태가 본능에 의해 좌우되거나 조종되는 부분이 매우 적은 것으로 보고 있다. 예를 들어, 메이(May, 1950)는 "인간의 본성이 선한 것도 아니고 악한 것도 아니며, 공격적이거나 유순하지도 않고, 호전적이거나 평화적인 것도 아니며, 이러한 모든 측면에서 중립적이다."라고 주장한다. 따라서 인간의 행위는 사회화되는 과정에서 결정지어지는 것이지 유전에 의한 선천적 본능에 의하지 않는다고 기술하고 있다. 사회과학에서 도입한 인간 행태에 대한 일반적인 개념은 오히려 이러한 견해와 유사한 것이다. 즉, 인간의 심성, 태도, 행위, 양식 등은 그가 처해 있는 환경과 문화에서 습득하는 것이며, 인간의 행태를 형성시키는 사회환경이 갈등 지향적이라는 견해가 우세하다.

인간의 행위에서 타인과 갈등 관계에 처하게 되는 이유를 종합하여 압캐리안과 팔머(Abcarian & Palmer, 1974)는 다음과 같이 정리하고 있다.

첫째, 인간은 각자의 생물적인 본능 속의 공격적인 성격이 다른 사람과 갈등 관계에 있게 된다. 정신분석학자들에 의하면 인간은 이러한 본능 때문에 파괴, 반목, 싸움, 대항, 투쟁 등의 공격적인 성향을 보인다.

둘째, 갈등에 참여하는 사람들의 개인적인 성격은 그가 느끼는 성적 충동과 같은 무의식적인 충동을 억제할 수 있는 능력과는 정반대되는 현상으로 나타난다.

셋째, 사람들은 일찍부터 그들의 행동에 대하여 다른 사람으로부터 제약을 받아왔기 때문에 갈등이 생긴다.

넷째, 사람들은 자신을 둘러싸고 있는 외부환경을 잘못 인식할 때 갈등 현상에 빠진다.

다섯째, 사람들은 유전적으로 또는 학습을 통해 이외에도 잘못된 인식 등의 여러 요소가 상호작용함으로써 결국 다른 사람과의 갈등에 빠진다.

2. 갈등의 원인

갈등의 원인으로는 의사소통의 어려움, 조직 구조의 문제, 기타 사회 심리적 요인 등이 강조되며, 이들 요인이 단독적으로 발생할 수 있고 상호작용으로 발생할 수도 있다. 많은 이유 중 의견 불일치가 갈등으로 변모될 수 있는 부족한 자원에 대한 경쟁, 위협적이고 분쟁의 영향 책략들의 사용, 관련된 사람들의 개인적 특징이라는 세 가지 요인이 중요하게 제기되고 있다.

1) 부족한 자원에 대한 경쟁

개인 간이나 집단 간 갈등에서 적대감이 발생하는 것은 제한된 자원을 놓고 서로 많이 차지하려고 경쟁을 하는 데에서 비롯된다. 캠벨(Campbell, 1965)의 현실적 갈등이론은 갈등이 돈, 물질, 명예, 권력 등과 같은 희소 자원을 놓고 서로 더 많이 가지려고 경쟁할 때 야기된다고 보았다.

경쟁의 목표는 자기편이 원하는 몫을 차지하는 것이며, 다른 한편으로는 그들이 원하는 몫을 상대편이 차지하지 못하도록 막는 것이다. 다른 편이 못 가져가도록 막는 행위는 바로 경쟁으로 이어지게 한다. 경쟁이 상대편에 대한 적대감을 유발한다는 것은 워첼과 안드레올리, 폴거(Worchel, Andreoli, & Folger, 1977)의 연구에서 입증된 바 있다. 이 연구는 경쟁이 상대편에 대한 적대적 감정을 유발할 뿐만 아니라, 경쟁에 있어서 패자가 갖는 욕구좌절도 상대편에 대한 나쁜 감정을 유발하고 있음을 밝혀 주었다.

경쟁의 효과가 이긴 집단에서보다는 패한 집단에서 상대편을 좋아하지 않은 것으로 나타났다는 것은 욕구좌절이 상대편에 대한 부적 감정을 갖게 한다는 것을 보여 준다. 대인관계의 아주 사소한 분야로부터 국가 간의 커다란 충돌에 이르기까지 좌절은 공격의 강력한 매개 요인이다. 좌절과 공격 간의 관계에 대한 체계적인 심리학적 이론은 달라드 등(1939)에 의해 처음으로 기술되었다. 좌절은 언제나 공격적인 면을 보여 주었다. 학자들에 의하면, 좌절이란 한 개인이 설정한 목표나 목적에 도달할 수 없는 장애물이 나타났을 때 느끼는 위기감에서 비롯되는 것으로 공격성을 유발하는 원인이 된다. 공격은 위장되거나 지체되거나 혹은 다른 사람이나 물건들로 옮겨질 수 있지만, 결코 없어지는 일은 없다고 하였다. 그러나 버코위츠(Berkowitz, 1978)는 공격을 좌절에 대한 몇 가지 가능한 반응 중 하나에 지나지 않는 것으로 보았다. 그의 주장은 좌절은 처음에 공격이 아니라 분노를 유발한다는 것이다. 그 상황에서 적절한 단서들이 있다면 공격이 나타날 것이고, 만일 좌절을 극복하려고 참을성 있게 노력하거나 우울해지거나 혹은 위축될 것이다. 만약 이런 욕구좌절은 이를 공격적으로 해소할 수 있는 돌파구가 있으면 공격적 행동으로 나타난다는 것이다.

갈등 상황에서는 욕구좌절이 공격적 행동으로 나타날 수 있는 모든 조건을 갖추고 있다. 인간이 자신의 욕구가 좌절될 때 좌절의 원인에 대하여 분노나 증오 또는 공격 충동을 느끼게 된다는 것은 당연하다. 그리고 갈등 관계에서 어느 한쪽의 이 같은 공격 행동은 다른 편의 공격 행동을 유발할 수도 있고 더욱 증폭시킬 수 있다. 그러나 좌절을 당할 때 누구나 공격을 나타내지는 않으며 또한 동일인이 좌절에 대해 언제나 공격으로 반응하지 않는다는 것이 지적되었다. 좌절에는 때때로 우울과 위축이 뒤따른다. 더구나 공격은 때때로 좌절이 없어도 발생한다는 것이 입증되었다.

2) 위협, 분쟁 등의 영향력 사용

갈등 조성의 두 번째 기제는 집단 내에서 서로가 분쟁을 통한 영향 책략을 사용하는 것이다. 사람들은 수많은 방법으로 다른 사람들에게 영향을 줄 수 있다. 사람들은 약속하고 보상을 주고 위협하고 처벌하고 괴롭히고 지시하고 조직하고 압력을 가하고 조종하고 아부 등을 할 수 있다. 이처럼 많은 책략 중 어떤 것은 다른 것보다 더 분쟁을 일으킬 수 있다. 예를 들어, 위협, 처벌, 괴롭힘은 다른 방법들보다 더 직접적이고 비이성적이며 일방적이므로 이러한 대인 방법들을 사용할 때 집단 내 갈등은 더 커지게 마련이다.

도이치와 크라우스(Deutsch & Krauss, 1960)의 연구는 타인들을 위협하는 능력이 갈등 상황을 조성하고, 실제로 위협을 사용하는 것이 갈등을 심화시키는 역할을 한다고 결론지었다. 위협을 사용해서 타인들에게 영향을 미치는 것은 서로가 상대의 위협에 역 위협 및 역 요구를 사용하여 상승적인 방식으로 반응하게 함으로써 상황을 '역동적 경쟁 상황'으로 만들 수 있다는 것이다. 만일 집단 성원들이 위협과 요구를 상호교환하고 있다면 의사소통은 갈등을 감소시키기보다는 증가시킬 것이지만,

도이치와 크라우스의 연구처럼 의사소통을 적절히 사용하도록 훈련되었거나 위협이 허용되지 않는다면 의사소통이 갈등을 효과적으로 막아 준다는 것이다.

3) 관련자들의 개인적 특징

지금까지의 연구들에서 다른 어떤 특징들보다 일관되게 강조되어 온 변인은 상호작용하는 집단 성원들의 대인 양식이다. 연구자들은 대인 양식을 여러 가지 방식으로 개념화하고 조직화하였으나, 이를 경쟁 양식과 협동 양식으로 구분하고 있다(Swap & Rubin, 1983).

협동 양식의 인간은 순응적이고 인간관계에 민감하며 집단에 있는 모든 사람이 이득을 얻는 것에 관심을 보인다.

경쟁 양식의 인간은 갈등에 대항하고 희생을 치르더라도 그것을 압도하려고 한다. 그러한 사람은 의견 불일치를 승패 상황으로 보고 자신의 생각을 남들에게 강요하는 데서 만족을 찾는다. 이들에게 양보와 타협은 단지 패배자의 것일 뿐이다. 경쟁자는 각자는 자신이 얻을 수 있는 최대의 것을 얻어야 한다고 믿으며, 심지어 어린아이와 게임을 할 때조차도 이기기 위해 게임을 한다.

대인 양식이 다른 사람들이 한 집단에서 만나면 갈등이 발생한다. 흔히 경쟁자의 행동 양식은 신랄하므로 협동적인 구성원들은 그것을 비판하고 보다 공정한 대우를 요구하게 된다. 그러나 경쟁자들은 이러한 불편한 상황에도 불구하고 그들의 행동을 좀처럼 수정하지 않는다. 이유는 그들은 비교적 부드러운 대인관계를 유지하는 데 무관심하기 때문이다. 그러므로 경쟁자들은 흔히 협동적 스타일의 사람을 압도하며, 때로 협동적 사람들도 이에 대한 반응으로 스스로 경쟁자가 되기도 한다. 또한 두 경쟁자가 만나면 보다 강한 갈등이 발생하며, 갈등의 상호작용이 끝나면 패배자는 그 집단을 떠나는 것이다.

3. 갈등의 단계

갈등 상황은 연속적인 단계적 과정으로 볼 수 있을 것이다. 갈등의 단계적 설명에 의하면 인간, 집단, 사회, 국가 간의 저변에 있는 갈등요인, 즉 갈등의 조건들이 잠재적 갈등으로 받아들여진다. 이러한 상황은 객관적 갈등이라고 규정되며 갈등의 1단계이다. 2단계는 갈등의 의식화 단계로서 이것은 갈등의 표출 과정으로 갈등은 객관적 상황으로 존재한다. 3단계는 목표 추구 단계로서 갈등 관계에 있는 행위자들은 설득, 보상, 강제 등의 모든 수단을 구사하여 치열한 경쟁을 보인다. 4단계는 갈등 형태의 확대와 축소의 단계로 갈등 관계가 증가 또는 감소하는 것을 결정하는 요인으로서는 갈등의 양식, 쟁점 및 갈등 상황에 있는 행위자들의 특성 등이 나타난다. 5단계는 갈등 상황이 확대와 축소의 과정을 넘어서면서 갈등을 규제하는 규칙 및 제도가 등장함으로써 갈등이 종결되는 종식 과정을 말한다. 마지막으로 6단계는 갈등의 종료 과정에서 이어지는 산출의 단계로서 갈등의 최종 단계이다.

갈등의 종료로부터 결과로 산출되는 다양한 형태로 나타날 수 있는데 이것은 주로 후퇴, 부담, 타협, 전환 또는 복합으로 나타난다. 비록 산출의 단계는 갈등의 최종 단계이기는 하지만, 반드시 갈등의 안정된 종식이나 해소의 상태를 뜻하는 것은 아니다. 즉, 갈등의 객관적 상황은 다소간 변화되었다 하더라도 이것은 계속하여 갈등의 표출을 유도할 수 있는 상황이 될 수 있다.

갈등의 종식을 가져오기 위한 전략은 많다. 서로 양립될 수 없는 가치를 추구함으로써 갈등적 관계에 놓이게 된 행위자들은 다음과 같은 다섯 가지 대안으로써 갈등의 종식 상태를 가져올 수 있다는 견해가 지배적이다.

- 한 행위자가 갈등체계로부터 후퇴하거나 추방될 때
- 한 행위자가 그의 가치체계를 다른 행위자에게 강제할 때
- 행위자들이 각기 양보할 수 있는 가치를 서로 주고받는 타협으로써 균형을 가져왔을 때
- 행위자들이 추구하는 가치가 상호 간에 수정되거나 조정되어서 합일이 이루어졌을 때
- 한 행위자가 다른 행위자를 동화하거나 흡수할 때

정치학의 관점에서 본 갈등 상태의 제한, 해소, 방향 전환 등의 연구는 주로 힘을 바탕으로 한 전략으로서 갈등에 임하는 정책결정자들의 전략적 사고의 틀에서 대체로 벗어나지 않고 있으며, 이러한 방향의 접근 방법은 타 분야에서 보완되고 있다고 볼 수 있다.

4. 갈등의 해결방안 및 문제점

사회적 갈등을 해결하는 방법에 대하여 최근 브렛과 골드버그, 우리(Brett, Goldberg, & Ury, 1990)는 사람들이 자주 사용하는 갈등 해결 방법을 세 가지로 정리하였다. 첫째, 힘의 대결이다. 그 대표적인 예가 전쟁이라고 볼 수 있다. 둘째, 누가 옳은가를 따지는 것이다. 재판은 그 한 예가 될 수 있다. 셋째, 협상 테이블에 앉는 것이다. 협상은 서로 간에 공개적 싸움을 원하지 않을 때, 갈등 해결에 명확한 규칙이나 기준이 없을 때 이루어진다. 여기서 누가 힘센가를 겨루는 방법이나 누가 옳은가를 따지는 방법은 항상 승자와 패자로 나뉘게 된다. 즉, 승패 게임이 되어 서로 경쟁적인 관계에 놓이게 된다. 반면에, 협상은 양편 모두가 결과에 승복하는 것으로 승패 게임이 아니다. 협상은 양편이 서로 협조적 관계를 맺을 때 가능한 방법이다. 협상은 갈등 해결 방법 중에도 가장 바람직한 방법이다.

심리학자인 토마스(Thomas, 1976)는 욕구좌절을 일으켜 결과적으로 공격 가능성을 높여 주는 갈등의 대처 양식을 협동, 회피, 경쟁, 순응 및 타협의 다섯 가지로 구분하였다. 협동은 갈등 당사자들이 서로 협조하여 함께 문제를 해결하는 것, 회피는 갈등을 직면하고 관리하는 것 자체를 피하는 것, 경쟁은 각자가 서로의 이익에 부합하도록 갈등을 해결하는 것, 순응은 갈등 상대가 생각하는 대로 좇아가는 것, 타협은 서로가 이득과 손해를 적게 하여 합의에 이르는 것이다.

월튼과 메커시(Walton & Mckersie, 1965)는 갈등의 해결양식을 분배적 해결양식과 통합적 해결양식으로 구분하였다. 분배적 해결은 갈등 당사자들이 분배되는 전체 자원을 한정되었다고 보는 것이다. 즉, 고정된 것으로 인상하여 주어진 자원 중에서 자기에게 돌아오는 이익을 최대화하고 손실은 최소화하려 할 때 사용하는 양식이다. 따라서 갈등 당사자들 간에 경쟁적 관계가 형성된다. 상대편의 이득이 곧 자신의 손실로 나타나는 제로섬 게임이 되기 때문이다. 이때 갈등을 해결하기 위해서 흔히 사용하는 방법은 누가 힘이 센가의 힘의 대결이나 누가 옳은가의 시시비비를 가리는 것이다.

통합적 해결은 갈등 당사자들이 분배되는 전체 자원을 가변적인 것으로 인식하여 양쪽에 돌아가는 전체 자원을 보다 크게 만들려고 할 때 사용하는 갈등 해결양식이다. 따라서 서로 정보를 교환하고 공동으로 문제를 해결함으로써 갈등 당사자 간에 협조적 관계가 형성된다. 이 양식은 서로가 이득을 보기 때문에 상생(win-win) 게임으로 볼 수 있다. 사람들이 두 가지 갈등 해결 중에 어떠한 양식으로 직면한 갈등에 대처하는가는 그들이 분배되는 전체 자원을 고정된 것으로 지각하는가 혹은 가변적인 것으로 지각하는가에 달려 있다. 여기서 사람들은 전체 자원이 가변적임에도 불구하고 고정된 것으로 잘못 지각하는 고정총계 오류(fixed-sum error)를 자주 범한다는 사실이 최근에 와서 밝혀졌다(Thompson & Hastie, 1990). 따라서 주어진 갈등의 본질이 원래는 논제로섬 게임(non zero-sum game)인데도 제로섬 게임으로 잘못 판단하여 상대편의 이득을 곧 자기의 손실로 지각함으로써 힘의 대결이나 시비 가림의 승패 게임에 돌입하게 된다는 것이다. 이렇게 갈등을 해결하기 위해서 어떻게 대처하는가는 그들이 주어진 갈등을 어떻게 인식하고 있는가와 직결되어 있다. 따라서 갈등의 역기능이 최대화되는 것은 대결이나 시비의 가림으로 대표되는 분배적 양식으로 갈등을 해결하는 것이다. 분배적 갈등 해결인 경쟁적 관계는 사회 발전을 저해하고 사회 모순구조를 창출하는 방식으로 작용하게 될 수도 있다.

이러한 게임 이론이 갈등 상황의 실제를 얼마나 정확하게 묘사하고 있는가에 대하여는 여러 가지 견해가 있다. 그것이 가지는 분석적, 연역적 가치에도 불구하고, 게임 이론은 어떠한 형태이든지 실제의 갈등과 이때의 인간 행태에 직접 적용될 수 있는 모델이 되지는 못한다.

일반적으로 사회과학의 이론도 자연과학의 이론과 마찬가지로 어떤 특정한 가설을 전제로 할 때 가능하며 또 이러한 이론의 정립이 추구되고 있다. 즉, 심리학에서는 인간이 특정한 충동으로 인하여 그의 행동을 특정의 목표로 향하도록 움직이게 한다고 설명되고 있다. 사회학에서는 인간의 행태를 사회구조 및 제도의 산물로 보며, 이를 분석할 때 인간 심리의 내면까지 추적한다. 경제학에서는 인간의 행태를 결정하는 가설을 그가 추구하는 최대 효용의 맥락에서 접근하고 있다.

정치학에서도 타 분야와 마찬가지로 이와 같은 가설을 기반으로 하고 있는데, 예를 들어 견해 차이는 있겠지만 주로 힘(power)이라는 개념을 분석 단위로 하는 경향이 많다. 물론 이 밖에도 집단, 의지, 행위, 기능, 의사결정, 체계 및 기타의 단위를 중심으로 한 접근 방법도 있다. 정치학이 주로 타 분야에서 도입, 발전시킨 게임 이론은 철저한 인간의 합리성을 전제로 한 분석에 토대를 두고 있다. 합리성을 배제한다면 예측 가능한 이론이란 성립되기가 불가능하며, 따라서 게임 이론은 광의에서 과학적인 면을 갖고 있다고 볼 수 있다. 그러나 게임 이론과 그 모델은 분명히 연역적이며 논리상 완벽에 가까운 것이지만 귀납적 명제로부터 유도되는 경험적 설명을 제시할 수 없다. 또한 게임 이론가들은 실제로 존재하는 복잡한 세계를 보다 단순하게 파악하거나 또는 간단한 사실을 복잡하게 보고 있다고 비판하고 있다.

현실은 그들이 보는 것보다는 훨씬 복잡한 것이다. 따라서 갈등 연구에서도 호의, 애정, 감정, 연대 의식 등의 심리적 요인이 검토되어야 할 것이다.

5. 갈등 연구의 성과 및 경향

1) 갈등 해소의 연구

갈등 상황에서 정책결정자와 갈등 연구자들이 갖는 최대의 관심은 갈등을 해결하는 양식을 발견하는 일이다. 특히 예측되는 해결양식의 발생 가능성은 정책결정자의 갈등 전략의 수립이나 연구자의 분석 및 이론 정립에 큰 도움이 될 것이다.

갈등 연구자들의 주된 관심사는 어떠한 상황에서 또 어떠한 조건이나 징후가 갈등이 확대 및 심화되어 폭력적 해결책이 발생할 것을 예측하게 하는가의 문제이다. 즉, 갈등체계의 어떠한 변수들이 성숙할 때 갈등은 폭력화되고 극한상황에 이르게 되는가 하는 것이다. 어떤 경우에는 상황 예측을 가능하게 해 주는 조건이나 징후는 특이한 것일 수도 있다. 넓은 의미에서 폭력에 의한 갈등의 해결양식은 다음과 같은 조건이 갖추어질 때 나타날 수 있다.

행위자가 다수일 때, 힘 또는 정치 권력이 쟁점인 경우, 힘이 분산되어 있고 불안정한 관계를 이루고 있을 때, 갈등이 상대적으로 비제도화된 상태에 있을 때, 갈등 양상이 직접적이고 긴박할 때, 갈등체계의 내적 또는 외적 제약이 없을 때 등이다. 이와 같은 폭력적 사태가 발생하리라는 징후는 정확하지 않지만, 지금까지의 연구에서 도출된 갈등의 폭력화 과정을 예측하게 해 주는 틀을 제시한 예로 이해될 수 있다. 이것을 보완하는 또 다른 연구는 갈등의 극한상황과 이에 이르는 가속화 시발점에 관한 것이다. 갈등이 확대되어 극한상황에 이르렀을 때 갈등체계 안에서의 행위자들의 상호 의존도가 증가하는데, 그 이유는 각 행위자가 상호작용을 조정하는 능력을 점차 상실하기 때문이라는 것이다. 또 갈등이 극한상황에 이르게 되면 행위자들의 지각과 심상이라는 문제가 더욱 중요한 변수로 등장하며, 갈등의 확대는 상호작용에 있어서 지각적 부조화라는 원인에 의하여 유도될 수 있다. 이러한 갈등 양상은 주로 행위자의 내적인 요인에서 비롯되지만, 어느 단계에 가서는 행위자 간의 경쟁적 과정과 같은 외적 요인이 지배적인 것으로 나타났다.

갈등의 해결양식을 이론적으로 개발한 게임 이론가들은 갈등 해소에서 경험적 연구를 수행할 수 있는 기반을 제공하였다. 특히 강조되어야 할 것은 게임 이론은 갈등의 협상이 요구의 교차로 전환되어 갈등 상대자들에게 각기 승리를 제공하는 해결양식을 개발하였으며, 이로써 갈등 연구의 새로운 활력을 제공하였다.

게임 이론의 갈등 해결양식은 게임의 참가자에게 부분적 승리감을 안겨 주며, 누구도 패자가 되지 않는 모델이다. 또 반대로 말하면, 이것은 승리자 없이 행위자 모두가 최소의 패배를 감수해야 하는 해결양식이기도 하다. 이와 같은 해결책은 일상적인 용어로 표현할 때 승자 없는 패배 또는 패자 없는 승리가 될 것이다. 이와 같은 해결양식은 특정한 가정에서만 나타날 수 있다는 또 다른 문제점이 지적되고 있다.

심리학자들은 게임 이론의 약점은 효용이라는 단일가치에 의한 행위자의 결정을 가정한다는 것이다. 이러한 유형의 가치 갈등은 이질적인 가치의 갈등으로서 또 다른 협상과 해결전략이 필요하게 된다. 이념적 갈등은 바로 이러한 유형에 속할 것이다. 제로섬 게임 형태로 분류될 수 있는 가치에 대한 갈등의 연구 결과는 가치의 통합이라는 차원에서 협상과 해결책이 모색되어야 한다는 것을 주장하였다. 이러한 문제점을 고려할 때 라파포트(Rapaport, 1970)가 미시간대학교에서 행한 죄수의 딜레마 게임의 실험 결과는 갈등 해결의 전략을 연구하는 데 큰 관심을 끌게 하였다. 그의 갈등 해결전략은 죄수의 딜레마 게임을 단번 시행으로 보는 고정적인 틀에서 벗어나 반복적 시행으로 변형시켜 봄으로써 획기적인 새로운 결론을 얻었다. 그의 결론은 1,000,000번 범죄자의 딜레마 게임의 실험에 근거를 두고 있다. 그의 연구에 의하면, 2인의 게임자가 서로 대항하여 연속적으로 죄인의 딜레마 게임을 행하는 과정에서 다음과 같은 갈등 및 협동 패턴이 나타났다는 것이다. 첫째, 약 50회가 넘는 게임의 초기 단계에서 양자 협동으로 공동 보상을 얻었다. 둘째, 한쪽이 배신하여 큰 보상을 얻게 되면, 상대방도 이에 보복함으로써 양자 배신이라는 단일 시행에서의 결과와 같은 부정적 공동 보상을 얻게 될 수 있다. 실제로 초기 단계가 지나면 서로의 관계가 험악하게 되어 상호협동이 약 27% 정도로 낮아지며, 극히 경쟁적인 양상으로 변한다. 셋째, 그 이후의 약 100회의 시행에서 행위자들은 서로 간의 치열한 경쟁이 상호배신이라는 고통스러운 결과를 가져오는 것을 자각하고, 경쟁의 성과에 회의를 가지며, 협동이 효과적이라는 것을 느끼게 된다. 즉, 최후의 50회 시행에서는 약 73%에 해당하는 시행에서 상호협동의 공동 보상을 누리는 성과를 거두게 되는 것이다. 이처럼 적대적인 두 행위자 사이의 상호작용 형태에서 분명히 나타나는 것은 협동단계에서 배신단계를 거쳐 다시 협동단계로 돌아온다는 것이다. 여기에서 초기에 협동을 조정 및 유지하는 데에는 실패할 가능성을 암시하고 있다. 즉, 협동적인 행위자는 배신적인 상대방에게 심한 피해를 받을 것이다. 이러한 배신적 움직임은 곧 연속적인 상호 보복행위로 전환 조성하는 것보다 훨씬 힘든 것이다. 이와 같은 변절과 배신의 단계에서 협동과 노력이 필요할 것임을 알게 되는 것이다.

라파포트가 얻은 결론은 갈등의 예측과 관리를 연구하는 데 중요한 것이며, 그것은 게임의 진전에 따라 그것이 협동이든 변절이든 이후의 결과에 대하여 강한 제어 효과를 가진다는 것이다. 다시 말하면, 협동의 환경과 방향이 조정되고 협동의 움직임이 계속된다면 제어 효과에 의하여 각자는 모두 유익한 결과를 얻을 것이며 이것은 오래 이어지기도 한다. 배신의 움직임도 역시 이러한 제어 효과가 있는 것으로 풀이된다. 이 결론에 의하면 개인의 성격은 게임의 지속과 아무런 관계가 없다는 것이다. 따라서 개인이나 국가의 갈등 상황에서 적대적인 행위자들의 행태가 반작용 과정의 틀에서 파악되어야 한다는 것이 중요하다. 라파포트가 죄수의 딜레마 게임을 실험에 있어서 전제로 한 것은 갈등이 한번만에 끝나는 것이 아니라 계속된다는 가정이며, 따라서 갈등 게임은 생존 게임으로 인식하게 된다.

2) 갈등 관리의 연구

갈등 연구에 있어서 최근의 경향은 모델의 수립과 갈등의 관리에 관심이 집중되고 있다. 모델 연구는 어떤 특정한 모델이 갈등 상황의 전반을 조정, 관리하는 데 얼마나 유효한가 하는 문제에 주로 관심이 있다. 또 갈등의 관리는 한 모델이 특정한 갈등을 관리하는 데 있어서의 적용성 여부를 주로 관심의 대상으로 하고 있다. 갈등을 사전에 예측한다든가 갈등을 기획할 수 있다는 가정은 최근의 연구에서 강조되고 있다. 일반적으로 대다수의 갈등이론 전문가들은 사실 갈등 양상이 제각기 독특하다는 관점을 취했고, 따라서 갈등을 기획한다는 것을 불가능한 것으로 보아 왔다. 즉, 그들은 갈등 양상이 그 동기, 조건, 환경 및 상대방에 따라 무한정하게 다른 특징이 나타날 수 있으며, 따라서 이들을 분류 정리하여 어느 정도의 기획이 가능하더라도 막대한 자원과 노력이 이루어져야 한다고 주장하고 있다.

탄터(Tanter, 1971) 교수는 이에 비하여 갈등을 기획하고 관리하는 것이 가능하며 또 이러한 방향으로 연구가 전개되어야 한다고 주장하고 있다. 그는 예측이 어려운 여러 분야에서도 우발적 사건에 대한 기획이 이루어지고 있다고 본다. 지진의 예를 보더라도 현재의 상태에서 누구도 어느 곳에서 지진이 발생할 것이라고 정확하게 예측할 수는 없지만, 지질학자들은 지층의 구조를 연구하고 분석함으로써 잠재적 발생 요인을 갖는 지진의 위치를 탐지할 수 있다. 지진이 빈번히 발생하는 지역에서는 항상 대비하여 부상자 치료, 피신처, 교통 및 통신에 관한 긴급 표준시행 절차가 마련되어 있는 것이다. 다른 분야의 과학도 이와 유사한 과정을 밟게 될 것이다. 물리학자들은 보통 개별적인 사항을 예측하기보다는 예측과정과 일반적 분류사항의 절차 및 방법을 설명하는 것이다. 사회과학에서도 사건을 어느 정도 예측, 기획하는 것이 가능하다고 보게 되었다. 갈등을 과학적이고 체계적으로 연구하고자 하는 새로운 시도의 한 예로, 컴퓨터 프로그래밍의 도입을 들 수 있다.

블룸필드(Bloomfield) 교수가 주도하여 고안한 국지적 갈등 정보 취급을 위한 컴퓨터 보조체계(Computer-Aided System for Handing Information on Local Conflicts: CASCON)는 군소국 간의 또는 약소국과 강대국 간의 갈등 상황 연구에 활용되고 있다. 이 모델은 갈등 관리자가 A라는 갈등에 관한 자료를 컴퓨터에 기억시키고 필요할 때 이 자료를 회상하여 과거의 정보에 기초하여 B라는 새로운 갈등 양상과 비교함으로써 어떠한 정책 및 사고가 유효하였던 것인가를 발견하는 것이다. 이 모델은 이미 52개의 갈등 사례에 관한 자료를 비축하고 있으며, 이로써 갈등 관리자가 잠재적인 갈등 징후를 예측 및 기획에 도움을 줄 수 있다.

CASCON 모델은 갈등체계의 모델을 개발하고 관리 문제를 연구하는 데 새로운 돌파구를 모색하는 노력의 기반이 되고 있다. 이러한 시도는 탄터에 의한 컴퓨터 보조에 의한 갈등 정보체계(Computer-Aided Conflict Information System: CACIS)에 의하여 진행되었다. CACIS는 CASCON에 비해 복잡한 관계에 있는 행위자를 취급할 수 있다는 장점을 갖고 있다. 예를 들면, CASCON이 군소국들 사이의 또는 약소국과 강대국 간의 국지적 갈등도 처리할 수 있다. 또한 개발된 이러한 체계는 컴퓨터 모의실험을 할 수 있는 능력을 갖추고 있다. 따라서 갈등 관리의 연구에서 최근의 갈등 상황 및 진행경로를 분석하는데 과거의 갈등 사태에서 이와 유사한 실례를 회상함으로써 그 특성과 경로를 판단 및 예측할 수 있게 해 준다.

CACIS는 갈등 관리 이론 및 실제에 있어서 상당한 공헌을 할 수 있을 것이다. 그 중 중요한 작업내용을 보면, 장래의 연구 결과에서 매개변수를 설정하는 데 도움을 줄 것이며, 갈등 관리에 있어서 대안을 제도화함으로써 높은 수준의 갈등 단계에서 표준조작 절차를 재생시키는 것을 가르쳐 줄 것이다. 따라서 CACIS는 갈등 상황에서 행위자 간의 상호작용 전략적 선택도 마련해 줄 수 있다.

결국 대안의 제도화는 갈등 관리 노력의 결과와 이에 수반되는 부작용의 비교분석을 가능하게 한다. 이것은 곧 갈등 관리를 보다 효과적이고 성공적으로 해 주는 것을 뜻할 것이다.

컴퓨터에 의하여 조작될 수 있는 갈등 정보체계의 모델은 다음 네 가지로 구분될 수 있다.

첫째, 역사 모델(history model)은 과거에 발생했던 갈등 상황에 관한 정보를 축적, 분류, 보관함으로써 현재에 진행되고 있는 갈등 상황에서 행위자의 행동 유형을 역사적 사례에 의하여 모의 실험할 수 있다.

둘째, 조직과정 모델(organization process model)은 조직의 행동지표에 관한 자료에 근거하여 행위자의 행동과정과 결과를 모의 실험할 수 있다.

셋째, 주관적 기대효용 모델(subjective expected utility model)은 갈등 상황에서 행위자가 주관적으로 기대하고 있는 효용을 최대화하고자 하는 행동 유형을 예측할 수 있다.

넷째, 선례탐색 모델(precedent search model)은 현재 진행되고 있거나 가정한 갈등 양상과 가장 유사한 과거의 갈등 유형을 예상 추출함으로써 연구자가 갈등의 선례와 경험으로써 새로운 자료와 통찰력을 얻을 수 있다.

이들 네 가지 모델은 갈등 관리자가 필요로 하는 세 가지의 중요한 기본적 틀을 제시하고 있다.

첫째, 다양한 환경 및 상황에서 갈등 과정의 진전을 예측하는 것이다.

둘째, 이전의 갈등 사례로부터 종합한 자료에서 일반화할 수 있는 근거를 얻으려는 노력이다.

셋째, 이러한 비교분석으로부터 얻어진 추리를 증가, 확대되는 갈등 상황에 적용하려는 노력 등이다. 이와 같은 노력은 명백히 갈등 관리를 보다 체계화하고 성공적으로 유도하는 분야에 많은 도움을 주었다고 보아야 한다.

제4장

설득 유형과 설득

우리나라에서 설득이 심리전으로 활발하게 실시되었던 시기는 한국 전쟁부터라고 해도 과언은 아니다. 한국 전쟁 기간 초기에는 기능과 역할이 미약하였으나 유엔군의 개입 시기부터 활발히 진행되었다. 당시 운용했던 설득 주제는 주로 적의 사기 저하에 두었으며, 활용되었던 설득 매체는 전단과 확성기를 이용한 이동방송이 전부였다.

정전 이후부터 1970년대와 1980년대 전반까지 전단을 제외하고는 휴전선상에서 확성기와 심리전 활동 등이 고작이었는데 그것도 북한이 주도권을 쥐고 있었다.

북한과 대등한 위치에서 설득이 이루어진 것은 1980년대 후반부터 확성기 장비의 개발로부터 시작되었다. 1990년대에 들어서면서 대북 우위의 설득이 시작되었으나 서로를 중상, 모략, 비방하는 방법으로 일관하는 남과 북의 설득은 소강상태를 유지하게 되었다.

대북 절대 우위의 설득이 이루어진 것은 1995년 후반기부터이다. 어떤 이유에서 설득에서 절대 우위를 유지할 수 있었는가? 제2부 '설득의 실제'에서 자세히 제시하겠지만 기본요인은 설득력 확보로 신뢰성을 유지했다는 점이었다.

대인관계에서 가장 중요하게 다루어지는 것이 설득력이다. 설득력은 상대에게 영향을 줄 수 있으며, 복종(응종)을 만들어 낸다. 설득은 큰 의미의 대인관계이므로 설득 종사자는 설득력을 반드시 염두에 두어야 한다(심진섭, 1995).

사회적 관계와 상호작용은 기본적으로 사람들 사이의 영향으로 이루어진다. 가정생활에서 부부를 비롯한 가족들은 서로 영향을 주고받는다. 예컨대, 술을 마시고 늦게 귀가하는 남편에 대해 아내는 술을 마시지 않고 일찍 귀가해 달라고 요구한다. 또한 남편은 아내에게 친구들의 모임에서 일찍 귀가하라고 요구한다. 부모는 자녀에게 규칙적인 생활을 하고 열심히 공부하며 컴퓨터 게임을 많이 하지 말라고 부탁한다. 자녀는 부모에게 자신이 원하는 용돈을 주고 입고 싶은 옷이나 신발을 사달라고 요구한다. 이와 같은 사회적 영향 과정은 조직 수준에서도 마찬가지로 일어난다. 조직의 모든 수준에서 구성원들은 서로 영향을 주고받는다. 사장이나 관리자들은 부하직원들이 자신이 요구하는 일을 완수하도록 설득하거나 명령한다. 동료직원들 사이에서도 어떤 의사결정을 행하기 위해 서로 주장하고 논쟁한다. 부하직원들은 맡은 직무의 수행과 아울러 임금 인상의 협상에 있어서 상사에 대해 자신의 의사를 표현하고 요구한다.

특히 오늘날의 조직에서 팀제 운영방식이 활용되고 있으며, 팀 구성원 간의 빈번한 상호작용을 하고 있다. 팀제 운영방식은 상사가 일방적으로 의사결정을 행하는 일은 드물다. 팀의 직무는 자기 관리팀의 구성원에 의해 분배되고 감독하는 경향이 더 많아지고 있다. 이러한 조직풍토에서 설득과 같은 사회적 영향은 하나의 필수적 직무 수행 방법이 되고 있다. 사회적 영향 과정에는 몇 가지 형태가 있다.

설득은 설득자의 의사전달을 통해 피설득자가 어떤 행동, 신념 또는 태도를 택하도록 영향을 주는 과정이다. 이것은 설득자가 자신의 주장과 지지적 증거들을 적절하게 제시하는 것을 포함하며 압력, 명령 또는 조작적 술수 등에 지배받지 않는다. 이것은 대개 피설득자의 신념과 행동을 변화시키기 위해 사용될 수 있다.

동조(conformity)는 사람이 타인이나 집단이 행하는 행동을 따라 하는 것을 말한다. 우리는 남들과 같이 학교에 다니고 단체에 가입하며 직장에 다니고 놀러 갈 수 있다. 남들이 하는 대로 따라 하는 것이 하나의 편리한 사회적 적응 수단이 될 수 있으므로 사람들은 타인의 행동, 의견, 신념 및 태도를 그대로 따르거나 자기 것으로 만든다.

응종(compliance)은 타인의 요구에 따르거나 응하는 하나의 사회적 영향 과정이다. 우리는 부모의 요구, 가족의 요구, 상사의 요구나 명령, 부하의 요구, 심지어 거리에서 구걸하는 사람의 요구에 따른다. 이러한 현상은 타인의 요구에 그대로 따르다는 것을 '복종(obedience)'이라고 일컫는다.

이 장에서 우리는 설득, 동조, 응종 및 복종의 네 가지 사회적 영향 과정을 설명할 것이다.

1. 설득

1) 설득 과정

설득 과정에는 다음과 같은 요소들이 포함되어 있다. 그것들은 설득자(또는 의사 전달자, 전달자), 설득 메시지(또는 커뮤니케이션), 피설득자의 특성과 피설득자의 심리 과정, 상황 및 시간(또는 변화의 기간)이다.

이 요소들은 다시 많은 하위요소로 구성되어 있다. 설득자의 요소만 고려하더라고 설득자의 전문성, 신뢰성, 호감성 및 같은 집단소속(또는 준거집단) 여부 등의 많은 하위요인이 관련되어 있다. 이처럼 설득 과정에 많은 요인이 포함되어 있고 그 과정이 매우 복잡할 수 있다. 이러한 과정은 다음과 같다.

외부요인들, 피설득자의 심리 과정 및 설득의 최종 효과이다. 외부요인들은 피설득자에게 영향을 주는 외적 요인들을 일컫는다. 이것들은 설득자 메시지 내용 및 상황의 하위요인들을 포함하고 있다. 피설득자 요인들은 피설득자의 개인적 특징들을 일컫는데 주제나 특정의 태도에 대한 몰입이나 경험, 상반된 입장을 접했거나 면역된 정도 성격(지능, 자기존중) 등의 하위요인들이 포함된다.

심리 과정은 설득 상황에서 피설득자의 마음속에서 무엇이 진행되는지를 일컫는다. 설득 상황에서 중요한 피설득자의 심리 과정은 이론들에 따라 강조되는 측면에서 차이가 있는데, 다음의 다섯 가지 이론이 이 분야에서 설명력이 있다.

(1) 메시지의 학습

설득 과정에서 메시지 내용의 학습이나 기억이 설득 효과에 대해 중요하다는 관점이다.

(2) 학습 감정의 전이

메시지의 학습 과정에서 일어나는 감정의 전이 현상을 중시하는 관점이다. 예를 들면, 새로운 어떤 제품을 광고할 때에 인기가 많은 연예인이 이 제품을 칭찬한다면 이 연예인에 연관된 긍정적인 감정이 이 제품에 전이되어서 마침내 이 제품에 대해서도 마찬가지로 긍정적 감정이나 태도를 형성하게 된다는 내용이다.

(3) 인지적 일관성

개인이 갖고 있는 생각이나 사고는 서로 일관성 있게 유지되려는 경향이 있으면 이것이 설득에 영향을 준다는 관점이다. 이 관점에 의하면 인지적 비일관성은 심리적으로 불쾌하며 개인은 자신의 인지 중에서 일관적이지 않거나 모순되는 인지 요소를 변화시키고 이어서 의견이나 태도 변화가 일어나기 쉽다. 예를 들면, 당신이 20년 동안 담배를 피워 왔고 이것이 좋다고 생각해 왔는데 어떤 의사가 흡연이 폐암을 일으키는 주범이라고 주장하는 것을 들었다고 하자. 이러한 상황에서 당신은 인지부조화를 경험하게 되는데 20년 동안 담배를 피워 온 것이 좋다는 생각과 흡연이 몸에 해로운 폐암을 일으킨다는 생각이 서로 조화되거나 일치되지 않는다. 만일 당신이 이러한 상황에 있다면, 당신은 20년 동안 흡연해 왔고 흡연이 좋다는 생각을 계속 지지하고 그 의사의 주장을 받아들이지 않을 수 있다. 이와 달리 당신은 의사의 주장을 받아들이고 당신의 흡연에 대한 긍정적 생각을 부정적 생각으로 변화할 수 있다. 이러한 관점은 인지적 일관성이 설득이나 태도 변화에서 결정적 역할을 할 수 있다는 것이다.

(4) 반대 주장의 발생 여부

설득 상황에서 메시지에 대해 반대되는 주장이나 생각이 일어나는 여부가 설득의 효과에 큰 영향을 준다는 관점이다. 예를 들면, 당신이 회사의 경영 사정이 어려워서 직원들의 임금을 인상하지 못하겠다는 회사 측의 주장을 들었다고 하자. 이러한 주장에 대해 물가 인상이 매우 높아져서 직원들의 생활이 곤란하고, 자녀들의 학비도 인상되었고, 다른 회사들은 임금을 올리는 실정이라는 회사 측의 주장에 대해 반대되는 생각이 즉각 떠올랐다면 당신은 그러한 주장을 받아들이지 않을 것이다. 이와 달리 만일 당신이 회사의 경영 사정이 어려워서 임금 인상이 곤란하다는 주장에 전적으로 찬성한다면 당신은 임금 인상의 동결을 받아들이고 따라서 회사 측의 입장 쪽으로 자신의 태도가 변화될 것이다.

(5) 체계적 처리와 말초적 처리

이 관점은 피설득자가 메시지를 받을 때 제시되는 메시지의 내용에 주의를 기울여서 반응하는 경우와 메시지의 내용 이외의 피상적인 말초적 단서들에 주의를 기울여 반응한다는 것을 가정한다. 예를 들면, 피설득자가 전문성이 매우 많다고 생각되는 전문가의 주장을 들을 때 그 사람은 메시지의 실제 내용보다도 설득자의 전문성에 의해 더 많이 영향을 받을 것이다. 이와 달리 전문성은 높지 않지만 다른 관련자들이 같은 주장을 제시한다면 피설득자는 메시지의 내용을 면밀하게 검토하여 자신의 생각을 결정할 것이다. 이처럼 이 관점은 피설득자가 메시지 내용에 주의를 기울여서 정보를 처리하는 경우와 메시지 내용 이외의 말초적 요인들에 주의를 기울여서 정보를 처리할 수도 있고 이러한 정보처리의 차이에 대해 많은 다른 요인이 관련되어 있다고 주장을 펴기도 한다.

설득모형에서 마지막 단계는 설득이 피설득자에 미치는 궁극적 효과이다. 설득은 의도된 대로 피설득자의 사고, 감정 및 행동을 변화시켜서 성공적 결과를 낳을 수 있다. 이와 반대로 설득은 의도된 효과를 거두지 못할 수도 있다. 그것들은 설득자의 신빙성을 깎아내리는 것, 메시지의 내용을 자신의 입장을 지지하는 쪽으로 왜곡하거나 다르게 지각하는 것과 심지어 아무런 논리적 근거나 이유 없이 메시지의 내용을 거부하거나 부인하는 것을 포함하는데 이는 설득의 실패를 의미하는 것이다.

2) 설득자

설득 과정에 포함된 두 주체자는 설득자와 피설득자이다. 따라서 설득자와 피설득자의 특성이 설득 효과에 영향을 줄 것으로 먼저 가정할 수 있다. 설득자의 특성으로는 설득자의 전문성, 신뢰성, 침착성, 확신, 카리스마, 매력, 동일 집단소속 여부 등 많은 요인이 설득에 연계되어 있다는 것을 보여 왔다. 또한 이들 요인이 메시지의 내용에 따라 다른 영향을 주는 것으로 나타났다. 메시지의 내용이 사실에 관한 것일 때와 의견이나 가치에 관한 것일 때 설득자의 개인적 특성이 설득력에 미치는 효과가 다르다. 메시지의 내용이 사실에 관한 것일 때에 설득자의 전문성, 신뢰성 및 확신이 중요하지만, 반면에 의견이나 가치에 관한 것일 때에는 설득자의 매력, 유사성, 카리스마 및 확신이 중요하다. 설득자의 전문성, 신뢰성, 침착성, 매력, 동일 집단소속 여부 등에 대하여 세부적으로 알아보자.

(1) 전문성

설득자의 특성으로서 처음에 관심을 받은 것은 설득자의 권위(prestige)였다. 그러나 권위라는 개념이 모호하다는 비평에 따라 설득자의 신빙성(credibility)이 관심을 받았다. 그런데 신빙성은 전문성과 신뢰성으로 구성되어 있다는 것이다. 일반적으로 연구는 주제에 관해서 전문성을 갖고 있거나 갖고 있다고 지각되는 설득자가 그렇지 못한 설득자보다 더 설득력 있다는 것을 발견해 왔다.

군사 문제에 대해서는 군사 전문가나 고위직 군인의 의견이 영향을 주고, 경제 문제에 대해서는 대기업의 경영주나 경제 전문연구원의 발언이 설득력을 얻는다. 그리고 고도의 기술 분야에서는 해당 분야에 대한 전문적 지식을 가진 사람의 의견이 설득력이 있는 것과 같다(홍대식, 2011).

(2) 신뢰성

설득자가 높은 전문성을 갖고 있다고 하더라도 그 사람은 자신의 이해관계에 따라 편파적으로 주장할 수 있다. 예를 들면, 부품들의 장단점을 잘 알고 있는 기계부품에 대한 전문가라도 거액의 돈을 받고서 부품의 품질에 대한 평가를 편파적으로 할 수도 있다. 신뢰성은 객관적 진실을 제시하고 따라서 믿을 수 있다는 것을 말한다. 한 지역에서 평생 장사를 해 온 사람은 신용을 중시하고, 따라서 지역주민들은 그 사람을 '신용 있는 사람'이라고 믿고 그 사람이 제시한 물건을 의심 없이 사게 된다. 이와 반대로 뜨내기 장사꾼은 물건의 품질을 속이는 일이 많고, 따라서 구매자는 그 사람을 불신하고 의심을 하며 그 사람이 하는 주장을 믿지 않는다. 또한 고위 공직자, 군수나 시장과 같은 지방 자치 단체장, 대기업체 사장 등도 거액의 뇌물을 주고받은 것으로 차후에 밝혀졌는데도 초기의 신문과 방송에서는 그러한 범죄행위의 혐의를 거의 모두 부인한다. 따라서 일반 시민들은 그들의 주장을 거의 받아들이지 않는다.

신뢰성이란 타인이 설득자를 신뢰할 수 있고 양심적이고 확신이 있다고 지각하게 되는 개인적 관계와 직업적 관계를 통해 장기적으로 획득되는 것이다. 그리고 이것은 피설득자에 대한 설득자의 공감, 겸손, 훌륭한 성품, 공동이익의 추구 및 최대의 이익을 제공해 주려는 마음 자세의 표출을 통해 획득하는 것이다.

(3) 침착성

설득자의 신빙성, 즉 전문성과 신뢰성에 큰 영향을 줄 수 있는 것은 설득자가 메시지를 전달하는 동안에 보이는 침착성이다. **침착성**은 메시지의 전달에 대한 주의 깊은 계획, 메시지 내용에 대한 이해 및 메시지 전달에 대한 효과적 연습에 의해 획득되며 궁극적으로 설득자의 자신감과 확신감에 의해 나타난다. 메시지 전달이나 발표 시에 긴장하고 당황해서 말을 더듬거나 땀을 흘리는 모습을 보이는 것은 설득자의 침착성을 크게 훼손시키고 설득력을 잃게 된다.

(4) 매력

매력적이거나 호감이 가는 사람들이 그렇지 못한 사람들보다 더 설득력이 있다. TV 광고에서 인기 있는 연예인들이나 운동선수들을 내세우는 것도 이런 현상을 고려한 것이다. 심지어 대통령 후보자들, 국회의원 입후보자들은 매력을 높이기 위해 성형수술을 하거나 분장을 한다. 매력은 외모(복장, 몸치장), 몸동작(악수, 인사), 행동(매너, 예의), 여러 가지 자격증(평판, 직함) 보유 등을 통해 초기에 형성된다. 장기적으로 매력이나 호감은 타인과의 상호작용 과정에서 형성된다. 상호작용 과정에서 제시되는 생각과 아이디어의 적합성과 일치성, 타인에 대해 많은 관심을 보여 주는 것과 상호작용 과정에 대해 열성적으로 몰입하는 것이 매력을 증가시킨다.

매력에 영향을 주는 주요 요인들로서 외모나 신체매력뿐만 아니라 설득자와 피설득자 간의 유사성도 포함된다. 사람들은 같은 주장에 대해 유사한 생각, 태도 및 행동을 보이는 사람들에 의해 더 많은 영향을 받는다. 예를 들면, 특정 정당을 지지하는 사람들은 같은 정당 소속 국회의원의 주장을 받아들이고 반대 측 국회의원의 주장을 받아들이지 않는다.

(5) 집단소속

설득자와 피설득자의 집단소속이 설득에 영향을 준다. 만일 피설득자가 설득하는 사람이 자기와 같은 집단에 속해 있다고 지각한다면 피설득자는 설득자와 자기 자신이 유사하다고 보며, 설득자에 대해 동일시하고 그에 따라 설득자의 주장을 자기의 것으로 받아들일 것이다. 개인이 특정 집단에 자신이 소속해 있다고 지각하게 되면 개인은 집단의 기준들이나 규범들을 따르게 되고 이것들은 개인의 사고와 행동의 표준이나 준거로서 작용한다. 그러한 집단을 '준거집단'이라고 말한다. 준거집단은 일반적으로 개인이 호감을 가지는 유사성을 지각하는 집단이며, 그로 인해 개인은 준거집단에 의해 크게 영향을 받으며, 그중 하나가 설득이다. 사람들은 대개 여러 집단에 소속해 있으며, 그러한 집단이 준거집단으로 개인이 그러한 집단에 대해 동일시하는 정도가 설득에 차이 있는 영향을 준다. 사람들에게 크게 영향을 주는 대표적 준거집단은 주로 학연, 지연 및 혈연의 연고 관계로 구성된 집단이다. 그러므로 정치인이나 기업가는 당선이나 사업 목표를 성취하기 위해 자기의 동창, 동향인 및 친척을 찾고 활용하게 된다. 예를 들면, 우리나라의 지방 국회의원은 지역에서 알아주는 고등학교 출신이어야만 국회의원에 뽑히기가 쉽다는 것이 같은 집단 소속에 대해 더 큰 설득력이 있음을 증명하는 것이다.

3) 메시지

설득 효과에 영향을 줄 수 있는 요인은 메시지의 신뢰성, 상위, 동기유발, 일방적 주장과 양방적 주장, 주장의 강력성, 결론의 제시 및 제시의 반복 등이다.

(1) 메시지의 신뢰성

제시되는 주장의 내용이 피설득자가 얼마나 받아들일 수 있는가가 설득에 대해 결정적 영향을 준다. 주장은 피설득자가 수용할 수 있는 정도에 있어서 큰 차이가 있다. 어떤 주장은 피설득자가 받아들이기 곤란하다. 예를 들면, 기독교를 믿는 사람들은 일반적으로 토속적 신앙이나 제사를 지내는 것과 같은 의례를 받아들이지 않는다. 주장이나 메시지의 내용을 받아들일 가능성에 큰 영향을 주는 주요 변인은 메시지의 신뢰성 또는 믿을 수 있는 정도이다.

ACE 이론에 따르면 설득자의 주장을 수용하는 데에 있어서 사람들은 메시지의 신뢰성이나 믿음을 중시하고 이것은 세 가지의 기준이나 준거로 평가한다. 즉, 적합성(appropriateness), 일관성(consistency), 효과성(effectiveness)이다. 이러한 기준을 가장 잘 충족시키는 주장이 가장 성공적으로 설득 효과를 높이게 될 것이다.

적합성 또는 적절성은 일반적으로 인정받는 기준이나 규범 또는 법이나 도덕의 규칙에 부합된 주장으로서 사람들이 올바르다고 판단하는 행위를 일컫는다. 적합성이 있는 주장은 피설득자의 신념체계와 관심과 합치되는 것이다.

일관성은 메시지의 내용이 피설득자의 과거 행동, 피설득자가 채택하고 있는 기존의 신념 또는 피설득자와 유사한 사람들의 행위나 신념과 일치되는 정도이다. 따라서 설득자가 피설득자의 과거 행동, 피설득자의 신념 또는 피설득자와 유사한 사람들의 행위나 신념과 일치되거나 조화되는 주장을 할 때 이것은 피설득자의 입장과 일치되거나 일관성을 유지하는 것이다.

효과성이란 메시지에서 주장된 생각이나 행위가 바람직스러운 상태나 결과를 만드는 정도이다. 어떤 주장이 피설득자가 원하고 필요로 하는 것들을 충족시킬 수 있다는 것을 증명할 때 피설득자는 그 주장을 믿고 수용하게 될 것이다.

ACE 이론을 적용하기 위해 직장에서 자신의 임금 인상을 주장하는 직원을 예로 들어 보자. 이 직원은 세 가지 준거를 활용하여 주장하기로 생각하고 임금 인상을 협상하는 간부 임원에 대해 다음과 같이 주장하고 있다.

적합성 준거의 면에서 이 직원은 노동법과 회사의 업무 규정에 따라 자신이 임금 인상을 받을 자격이 있음을 주장한다. 이에 덧붙여 회사가 열심히 일하는 직원에게 적절한 보상을 주어야 하는 사회규범이나 통념을 제시한다.

일관성 준거의 면에서 이 직원은 간부 임원이 자신을 채용할 때에 일정한 근무 기간이 지나면 임금을 인상한다고 약속한 일을 상기시키고, 과거부터 지금까지 다른 직원들에 대해 일정한 근무 기간이 경과했을 때 임금을 인상했던 일을 상기시키며, 비슷한 다른 회사에서 근무하는 친구들의 임금이 인상된 사실을 제시한다.

효과성 준거의 면에서 이 직원은 자신에 대한 임금 인상이 업무와 아울러 회사에 대한 자신의 개인적 만족과 사기를 높이고 결과적으로 자신의 열성적 근무로 인하여 회사가 이익을 볼 수 있다는 것을 주장한다.

ACE 이론에서 제시된 메시지 내용의 세 가지 준거는 메시지의 논리성과 합리성의 지각을 증가시켜 줌으로써 설득력을 향상할 것이다.

(2) 상위(입장의 차이)

기본적으로 설득은 피설득자의 입장과 차이 있는 주장으로 구성되어 있다. 피설득자의 초기 입장과 비슷한 입장을 주장하는 메시지는 아무런 설득 효과를 얻지 못할 것이다. 그러면 메시지에서 제시하는 내용과 피설득자의 입장이 얼마나 다른가가 문제가 된다. 연구에 의하면 작은 상위는 작은 설득 효과를 가지며 큰 상위는 피설득자의 거부를 초래하고 중간의 상위가 가장 큰 효과를 낸다는 것이다. 예를 들면, 당신이 회사 직원으로서 임금 협상을 하려 한다고 가정하자.

당신은 월간 100만 원의 임금 인상을 원하며, 회사 측도 이 정도의 인상을 허락할 것으로 예상한다. 이 경우에서 당신은 100만 원의 임금 인상을 위하여 어떻게 요구하는 것이 좋은 전략인가? 다음 세 가지 전략을 생각하고 있다. 첫째, 진정으로 원하는 100만 원을 요구하는 것이다. 둘째, 월간 200만 원의 인상을 요구하고 나서 100만 원으로 낙착하는 것이다. 셋째, 월간 130만 원을 요구하고 100만 원으로 낙착하는 것이다.

이 세 가지 전략 중에서 당신이 100만 원의 인상을 얻어 낼 가능성이 가장 큰 것은 어느 것인가? 첫째 전략은 직원의 입장과 회사 측의 입장 사이에 상위가 매우 작으며, 둘째 전략은 상위가 매우 크고, 마지막 전략은 상위가 중간 정도이다. 연구 결과는 중간 정도의 입장이 차이나는 주장은 설득자 주장의 신빙성을 감소시키고, 너무 작은 상위 주장은 협상에서 얻어지는 성과가 적을 수 있다.

(3) 동기유발

피설득자의 동기 상태가 주장을 받아들이는 것에 영향을 준다. 높은 동기 상태는 그러한 동기를 충족시키려는 높은 압력을 갖는다. 예를 들면, 매우 분노한 사람은 분노를 해소하려는 높은 욕구가 있고, 큰 두려움을 느끼는 사람은 두려움을 감소시키려는 높은 욕구가 있다. 따라서 만일 설득하는 주장이 분노한 사람의 공격 욕구를 충족시켜 준다면 피설득자는 그러한 설득하는 주장을 받아들일 것이다. 만일 설득하는 주장이 두려움을 느끼는 사람의 두려움에서 회피하려는 욕구를 충족시켜 준다면 피설득자는 그러한 설득하는 주장을 받아들일 것이다.

또한 위협에 의한 공포의 유발이 설득에 미치는 영향에 대하여 몇몇 학자들의 연구가 있었다. 일반적으로 위협에 의한 공포의 유발이 클수록 공포에 회피하는 방법에 관한 주장의 수용이 더 컸다. 예를 들면, 질병의 위험성에 대한 메시지에서 질병의 위험성이 심각하고 때로는 생명이 위협당하고 병에 걸리기 쉽다고 강조된 높은 공포집단이 덜 강조된 낮은 공포집단보다 병에 대한 예방주사를 맞으려는 의도와 아울러 실제로 보건소에서 예방주사를 맞은 것에 더 높은 설득 효과를 보였다. 위협에 의한 공포유발의 효과는 치아를 닦자는 구강위생, 자동차 안전운전, 원자폭탄 실험과 같은 다른 주제에서도 비슷하게 나타났다.

(4) 일방적 주장과 양방적 주장

만일 당신이 어떠한 입장을 찬성하는 주장을 하는데 당신의 입장에 반대되는 주장을 하는 사람들도 있다고 하자. 당신은 자신의 주장에 있어서 자신의 찬성 의견만을 제시할 것인가 아니면 자신의 찬성 의견을 제시하면서 동시에 반대 의견을 반박할 것인가? 이러한 주제는 일방적 주장과 양방적 주장의 명칭으로서 다루어져 왔다.

이 주제에 관한 연구들은 일방적 주장과 양방적 주장의 효과가 피설득자의 초기 견해에 의해 좌우된다는 것을 증명하였다. 일반적으로 피설득자가 메시지에 찬성하는 주장에 대해 긍정적 태도를 보인다면, 반대하는 주장이 없이 찬성하는 주장만을 제시하는 것이 효과적이다. 만일 피설득자가 반대하는 의견을 갖고 있다면, 반대하는 의견을 지적하고 그것을 반박한 후에 찬성하는 주장을 하는 것이 더 좋다. 이것은 당신의 견해를 반대하는 피설득자가 당신의 찬성하는 주장만을 듣게 되면 당신이 편향되어 있다고 판단하기 쉽고, 더 나아가서 편향된 주장에 대해 심리적 반발을 느껴서 당신의 입장을 거부하기 쉽기 때문이다. 따라서 일방적 주장은 양방적 주장과 비교할 때 설득력이 낮다(심진섭, 2012).

(5) 주장의 강력성

메시지 안에 있는 주장은 그것의 질이나 양에 의해 강력하거나 약하다고 지각된다. 이와 같은 지각이 설득에 영향을 줄 수 있다. 즉, 주장의 질이나 양의 면에서 강한 주장이 약한 주장보다 더 큰 설득력이 있다는 것이다. 메시지의 질과 관련해서 메시지의 앞부분에서 주장에 관련된 질문이나 결론을 제시하는 것이 강한 주장의 조건에서 더 큰 설득력이 있다. 메시지의 양과 관련해서 주장을 지지하는 증거의 양과 주장의 숫자가 클수록 더 큰 설득력이 있다.

(6) 결론의 제시

메시지의 제시에 있어서 결론을 명백하게 진술하는 것이 더 좋은가 아니면 피설득자가 당신의 주장을 근거로 해서 스스로 결론을 내리도록 하는 것이 좋은가?

연구들은 설득자에 의해 결론을 명백하게 제시할 때 더 큰 설득력이 있다는 것을 밝혀냈다. 그러나 결론 제시의 효과는 주장의 명백성에 의해 좌우될 수 있다. 따라서 주장의 명백성이 높을 때 결론을 제시하는 것은 메시지의 이해에 도움이 적을 수 있다. 또한 결론 중심의 과잉 일반화된 메시지는 주장의 신뢰성을 잃게 만들 수 있다.

(7) 제시의 반복

TV에서 라면과 같은 식품에서부터 의약품, 건강보조식품, 운동화, 접착제, 자동차, TV, 냉장고 등에 이르기까지 비슷한 내용의 광고가 매일 여러 번 반복된다.

일반적으로 메시지의 반복은 메시지에 대한 정보처리나 기억력을 증가하여 설득력을 증가시킬 것이다. 그러나 과도한 반복은 메시지에 대한 지루함을 증가시켜서 설득력을 감소시키고 부정적 반응을 발전시킬 수 있다. 따라서 메시지의 반복은 설득 효과와 포물선 관계, 즉 초기에서 중간까지의 증가와 과다에서의 감소를 나타낸다. 메시지의 과잉 반복에서 오는 부작용이나 지루함은 메시지 내용의 변화로 극복할 수 있다.

제시하는 주제는 같지만, 제시되는 소재가 다양할 때 과잉 반복에서 오는 지루함, 부작용 등을 줄여 줄 수 있다(심진섭, 2012).

(8) 효과적 설득의 비결

설득은 간단한 일상적 대화와는 다르다. 이것은 설득자 자신, 피설득자나 청중, 취급되는 주제나 대상 및 상황의 요소에 대하여 고려해야 하는 복잡한 의사소통 과정이다. 타인을 설득할 때에 고려할 사항을 제시하면 다음과 같다.

첫째, 자기 자신을 확신하라. 설득 가능성에 대한 확신과 이것으로부터 나타나는 자신감 있는 외모와 태도가 설득에 도움이 된다. 자신을 확신할 때 성공을 거둘 수 있지만, 반면에 자신을 확신하지 못할 때 성공을 거둘 수 없다. 사람들은 설득자의 확신을 민감하게 감지하며, 주저하거나 망설이는 사람보다 더 신뢰하게 되는 것이다.

둘째, 청중을 알라. 주제에 관한 청중의 시각이나 관점을 먼저 조사하고 검토한다. 청중은 그들 자신의 지각에 기초하여 동기를 가지며, 당신은 청중의 지배적 지각이나 신념을 파악하고 활용함으로써 매우 설득력을 얻게 될 것이다. 당신이 청중이 믿고 원하는 것이 무엇인지를 이해할 때 그들은 더 잘 동기화될 수 있다.

셋째, 청중의 수준에 맞는 메시지를 작성하라. 청중의 수준에 맞추어 이야기해야 하며, 청중의 수준 이상이나 이하로 이야기하지 말아야 한다. 청중에 맞추어 당신의 스타일도 조정하고, 청중에게 관련성 있고 흥미롭게 메시지를 작성하며, 청중이 쉽게 이해할 수 있는 실제의 예나 사례를 활용해야 효과적이다.

넷째, 청중에게 최대의 이익이 되는 이유를 제시하라. 당신이 제시하는 아이디어가 청중에게 이익이 되는 근거들을 설명한다. 당신의 목표와 청중의 목표가 합치되게 만드는 아이디어를 청중과 함께 협력해서 고안하는 방식을 사용해야 효과적이다.

다섯째, 제시되는 아이디어들에 대한 당신의 몰입과 열정을 보이라. 논의되는 주제에 관해 청중이 어떻게 생각하는지를 파악한다. 만일 당신이 이것을 파악할 수 없다면 청중에게 물어본다. 당신이 청중의 관점을 이해하고 청중의 문제해결을 돕기 위해 계속 노력할 것이라는 점을 보여 준다면 효과는 배가 될 것이다.

여섯째, 사실, 자료 및 논리를 사용하라. 청중에게 제시하기 이전에 당신의 논리와 명제에 대해 스스로 의문을 제기한다. 만일 이것들에 허점이 있다면 수정하고 보완한다. 자료의 제시에 있어서 당신의 신빙성을 훼손시킬 수 있는 실수를 저지르지 않아야 효과적이다.

일곱째, 제시한 내용을 인간적 용어들로 제시하라. 청중은 복잡한 기술적 용어들을 싫어한다. 만일 당신이 복잡한 기구나 기계를 판매하려고 한다면 그것들에 관련된 재미있는 일과 그것들이 제공하는 편안함과 편리함을 강조하는 것이 효과가 있다.

여덟째, 정서적 설득 논리와 신빙성을 유지하라. 주장의 정연한 논리성과 높은 신빙성뿐만 아니라 정서적 호소를 사용한다. 정서적 호소는 청중의 불안, 걱정, 불만족과 같은 부정적 정서와 즐거움, 기쁨, 만족과 같은 긍정적 정서를 어루만져 주어야 효과적이다.

아홉째, 주장을 뒷받침해 주는 자료를 사용하고 대충대충 넘기려고 하지 말라. 차트(chart)나 그래프와 같은 자료와 물건이나 제품의 표본을 준비해 두고 필요할 때에 활용할 수 있도록 한다. 청중이 자료와 표본에 주의를 집중할 때에는 이야기를 잠시 멈추고 여유 있게 이야기를 계속하는 것이 바람직하다.

열째, 주장하는 의사전달기법을 사용하라. 당신의 주장, 요구를 명확하게 전달하는 다음과 같은 의사전달기법을 활용하면 효과적이다.

- 눈 맞춤 유지
- 솔직한 표정 유지
- 명료하고 특수한 주장
- 불확실한 어구들의 회피
- 주장에 적절한 해석을 사용
- 말씨나 어조를 차분하고 고르게 유지
- 자신의 감정을 표현하는 동안에 청중의 감정을 인식

열하나째, 적절한 비언어적 의사전달기법을 사용하라. 타인과 적극적 의사소통에 필요한 비언어적 의사전달기법들을 사용한다. 몸을 상대방 쪽으로 기울이고, 미소 짓고, 개방적이고, 편안한 자세를 취하고, 열심히 듣는다. 당신의 생각에 대한 확신과 상대방의 생각에 대한 개방성이나 열린 마음을 보이는 것이 효과가 높다.

열두째, 침착성을 유지하라. 문제들이 논란의 여지가 있을 경우라도 그 문제를 적극적으로 토의하려는 자세를 보인다. 논리성 있게 보이고 부정적 정서의 표출에 대한 자제력을 갖는다. 고함, 모욕, 무시, 신경질, 의자와 같은 물건 던지기 등의 행동들은 침착성이 부족한 것으로 공들여 쌓아 놓은 탑을 허무는 일이다.

열셋째, 경청해 준 것에 대해 감사를 표하고 철저하게 끝마치라. 설득 과정이 끝난 후에 청중에게 감사와 칭찬을 제공하고 참가와 경청에 대한 청중의 논리적 정당화를 위해서 긍정적 강화나 보수를 제공하는 것이 효과를 높일 수 있다.

(9) 효과적 발표와 기법

설득자로서 우리는 피설득자를 1:1로, 소집단으로 또는 대집단으로 상대할 수 있다. 대집단에 대한 설득은 대개 개인적 대화보다 공식적 발표나 연설의 형태를 취하게 된다. 대집단을 상대로 공식적 발표를 하는 것은 효과적으로 실행될 경우 단 한 번의 발표에서 많은 수의 사람에게 영향을 줄 수 있으므로 최소 노력으로 최대 성과를 얻는 좋은 기회이다. 당신의 아이디어를 설득력 있게 제시하는 방법을 아는 것은 당신에게 여러 가지 이점을 제공해 줄 수 있다. 먼저 당신은 성공적 발표에 의해 자신의 직무에 대한 자신감과 만족을 증가시킬 수 있다. 더 나아가서 당신은 당신에 대한 타인들의 평판을 높이고 판매를 증가시키고 경력을 발전시키며 새로운 직업적 기회를 만들 수 있다.

설득력 있는 발표의 내용을 결정할 때에 주제나 아이디어의 필요성과 목적을 제시하고, 이것을 뒷받침해 주는 정보나 자료를 선정하고 이러한 내용을 청중의 수준에 맞는 메시지로서 작성해야만 된다. 메시지의 작성에 있어서 특히 중요한 것은 청중의 관심사와 동기를 이해하고 이것들을 충족시키는 방법이나 아이디어를 명확하게 제시하는 것이다.

① 발표 전에 할 일

첫째, 청중 연구이다. 청중의 관심사는 무엇인가? 청중의 신념이나 믿음은 무엇인가? 그들이 익숙해져 있는 제시양식, 즉 발표의 길이 방식 및 상용되어 온 기술은 무엇인가? 청중은 재료를 사전에 보기를 원하는가? 발표될 보고서의 인쇄물이나 사본이 필요한가?

둘째, 복장 결정이다. 평상복, 제복 또는 정장이 기대되는가?

셋째, 발언 사항의 준비이다. 발언할 사항에 대한 철저한 사전준비가 필요한가? 아니면 이미 준비된 것으로서 특별한 준비가 없이도 충분한가? 많은 경우에 철두철미한 준비가 필요하다.

넷째, 연습이다. 발표 문안을 준비하고 순서에 따라 발표 연습을 한다. 발표 문안은 두 가지 유형으로 작성될 수 있다. 하나는 전체의 발표 문안을 완전하게 작성해 주는 것이고, 다른 하나는 발표하고자 하는 요점들의 목록을 작성하고 각 요점에서 제시할 하위 요점들을 개발하는 것이다. 어느 쪽 문안이 사용되든 자연스러운 대화의 형태를 사용해서 요점들을 이야기하는 것을 연습하는 것이 바람직하다.

다섯째, 이완과 집중으로 발표 전에 자신의 발표에 주의를 집중하고 발표 이외의 일은 가능한 차후에 처리하도록 한다. 마음을 차분히 가라앉히고 발표에만 전념해야 효과적이다.

② 발표 중에 할 일

첫째, 청중의 주의를 획득해야 한다. 당신의 발표에 대해 청중의 주의를 집중시키는 것이 발표의 목적 달성을 위해 필요하다. 당신이 제시하는 주제나 청중에게 관련 있는 주제로부터 시작한다. 주제에 관련된 흥미로운 일화나 인용을 사용해서 시작한다. 농담이나 유머는 청중의 일부로부터 반감이나 부정적 인상을 일으킬 수 있으므로 신중하게 고려하는 것이 유리하다.

둘째, 전체의 발표내용을 조직화시키는 틀의 제공이다. 발표에서 취급될 전체의 요점이나 핵심개념을 제시하면서 시작한다. 발표한 요점을 특별하게 두드러지게 만들어 주는 인쇄물 차트나 다양한 시각 자료를 제시하면 효과적이다.

셋째, 주장의 핵심을 제시하는 것이다. 시작 무렵에 당신이 주장하고자 하는 바를 지적하고 나서 주장의 구체적 내용을 이야기한다. 이것은 주제에 대한 당신의 열의를 보여 주고 청중에게 당신의 열의에 몰입하도록 만들어 준다. 당신 주장의 주제와 핵심내용을 제시한 후에 이것을 지지하는 자료나 사실을 제시하는 것은 당신 주장의 논거를 구축해 주는 것이다.

넷째, 청중과의 상호작용이다. 발표의 궁극적 목적은 청중이 당신의 주장에 경청하고 몰입하며 주장을 수용하는 것이다. 청중과의 상호작용이 없이 일방적으로 발표하는 것은 청중을 수동적으로 만들어 당신의 발표에 관심을 흩트리게 하거나 몰입되지 않게 만든다. 전체적인 발표 시간에 질문을 받고 그에 대해 응답한다. 만일 청중과 상호작용할 시간이 없다면 기대되거나 예상되는 청중의 질문을 당신이 자진해서 질문하고 그 질문에 대해 응답하는 식으로 진행하면 효과적이다.

다섯째, 발표를 위한 도구와 장비의 사용이다. 발표를 위한 도구와 장비를 적절하게 사용하되, 과도하게 사용하지 말아야 한다. 이것들의 사용은 청중과의 개인적이거나 인간적 연결을 방해하거나 내용보다 형식에 치우친다는 부정적 인상을 주기 쉽다.

여섯째, 발표에 대한 재미이다. 청중이 발표에 대해 몰입하는 것이 매우 중요하다. 청중을 웃기는 것이 몰입을 증가시킬 수도 있지만 반드시 그렇지는 않다. 따라서 발표가 반드시 재미있어야 할 필요는 없으며, 청중이 발표내용에 대해 생각하게 만드는 것이 더욱 중요하다.

일곱째, 결론의 명확성이다. 청중이 당신 발표의 핵심사항이나 교훈에 주의를 집중하는 것이 중요하다. 이를 위해 강력한 결론과 인상에 남을 만한 인용문을 사용해서 발표를 끝맺는 것도 좋은 방법이다.

③ 발표 후에 할 일

첫째, 발표에 대한 평가이다. 당신의 발표가 소기의 목적을 달성했는지를 평가하는 것이 당신 자신과 청중을 위해 필요하다. 평가는 발표의 성과에 대한 인상과 기억이 선명할 때인 발표 직후에 갖는 것이 좋다. 당신 자신과 아울러 참가한 청중에게 발표에서 잘된 점과 장차 고치거나 개선할 점을 질문한다. 질문의 결과는 당신의 차후 발표를 위한 기준을 설정하는 것을 돕는다. 발표의 개시, 주요 개념, 지지하는 핵심자료, 결론 및 끝맺음으로 구성된 발표의 흐름이 확정되고 필요 시에 내용의 변화가 있을 수 있다.

둘째, 사후활동으로 발표 때 청중에게 약속했던 재료나 자료를 준비해서 보내 준다. 또한 발표 행사의 주관자에게 공식적 사의를 전달하는 것은 미래를 약속하는 것이다.

④ 발표에 대한 두려움 극복하기

많은 사람은 다수의 청중 앞에서 이야기하거나 노래하는 것을 싫어한다. 특히 어떤 주제에 대해 공식적 발표를 하는 것은 사람들에 대해 경험이 매우 부족한 것이며 따라서 사람들은 발표에 대해 최대의 두려움을 갖는다. 청중 앞에서 발표하는 것이 곤란하고 무대 공포증이 있다면 다음의 지침이 도움이 될 것이다.

첫째, 철저하게 준비한다. 발표가 결정되자마자 준비를 시작하라. 매일 10~15분간의 시간을 내어서 자연스럽게 느껴질 정도로 취급될 재료를 검토한다. 발표 시작 무렵에 가장 불안하므로 개시하는 말들이나 이야기를 미리 결정하고 연습한다.

둘째, 발표 장소를 미리 방문한다. 발표 장소를 미리 방문하여 당신에 대해 발표 상황을 친숙하게 만들고, 일반적으로 불안한 발표 상황이나 청중의 규모에 대한 당황이나 놀람을 감소시키거나 예방한다. 참석할 청중의 배경을 파악하는 것도 도움이 된다.

셋째, 발표의 성공을 시각화한다. 발표 장소에서 청중 앞에 서 있는 자신을 상상한다. 당신의 상상 속에 당신 자신이 완전히 자신감 있고, 상황을 잘 통제하며, 청중이 당신의 발표에 대해 즐거워하는 장면을 그린다. 이와 같은 방법은 자신감을 손상할 수 있는 생각을 감소시키고 자신에 대한 부정적 이미지를 긍정적 이미지로 만들어 준다.

넷째, 현실적 기대를 유지한다. 당신이 할 일은 최선을 다하는 것이다. 당신은 청중보다 더 많이 주제에 관해 알고 있다. 자신이 느끼는 것 이상으로 당신이 훨씬 더 자신감 있게 보인다는 것을 기억하라. 청중은 당신에게 정보를 얻거나 배우기 위해 그곳에 와 있다는 것을 기억하라.

다섯째, 발표 연습을 한다. 청중에 대한 연설이나 이야기를 더 많이 연습할수록 발표에 대해 자신감이 생길 수 있다. 친구들이나 동료들 앞에서 발표 연습을 하고 그들로부터 잘했던 점과 개선할 점에 관한 피드백을 얻는다. 철저한 연습과 준비가 연설자의 공포를 75% 정도 줄일 수 있다.

여섯째, 자신이 흥미 있는 것을 이야기한다. 당신이 흥미 있는 친숙한 것에 관한 이야기는 당신 자신을 더욱 긍정적으로 느끼게 만든다.

일곱째, 이완 습관을 발전시킨다. 마음과 신체는 서로 영향을 주기 때문에 긍정적 정신자세가 신체적 긴장을 감소시키고 역으로 신체적 이완이 정신적 긴장이나 불안을 감소시킨다. 따라서 신체의 긴장을 이완시키는 것이 필요하다. 발표 전과 중에 심호흡을 갖는다. 발표 전의 심호흡은 신체를 이완시키고 긴장을 누그러뜨린다. 발표 중에 문장들 사이에서 호흡을 갖는 것은 일을 빨리 끝내려는 성급함을 감소시키고 청중과 같은 대화 속도로 머무르는 것을 돕는다. 심호흡이 무대 공포의 15% 정도를 감소시킨다는 연구 결과도 있다. 뻣뻣한 자세는 신체적 불편을 일으키고 자연스러운 호흡을 방해한다. 당신의 두 어깨를 다소 낮게 그리고 이완되게 유지하고 두 무릎을 약간 굽힌다. 발표 전에 거울 앞에서 당신의 이완된 자세가 어떻게 보이는가에 대한 시각적 및 신체적 이미지를 얻는다. 발표 중에 긴장이 느껴진다면 이 이미지를 회상하면 효과적이다.

여덟째, 시각 보조물을 활용한다. 이것은 청중의 주의를 당신으로부터 돌려주고 당신 자신이 주의의 초점이 되는 것 같은 느낌을 줄여 주어서 당신을 더욱 이완되게 만들어 준다. 최고의 불안을 느끼기 쉬운 발표 시작 무렵에 이것을 사용하는 것이 좋다.

아홉째, 몸동작을 사용한다. 발표 중에 자연적 대화에서 사용하는 것과 같은 몸동작을 사용한다. 이러한 신체적 움직임은 신체를 자연스럽게 만들고 신체 근육을 이완시켜 줄 것이다. 또한 미소나 기타의 표정은 자신감을 전달하고 청중의 마음을 끌 것이다.

2. 동조

사람들이 타인들에 의해 영향을 받게 되는 방식 중의 하나가 동조이다. 타인들의 판단이나 행동에 따라 자신의 판단이나 행동을 하는 것이며, 이러한 현상은 '동조'

라고 한다. 예를 들면, 사람들의 복장을 고려해 보자. 성별에 따라 남자들은 남성 복장을 하고 여자들은 여성 복장을 한다.

오늘날 복장의 착용에 있어서 동성화의 추세가 많지만 만일 어떤 남자 직원이 치마를 입고 있다면 사람들이 이상한 눈초리로 바라보게 되고 심지어 조롱거리가 될 것이다. 나이에 따라 복장의 차이도 있다. 10대는 같은 10대들이 입는 옷을 착용하고, 20대 이상의 성인들은 자기 연령대에 맞는 옷을 착용하며, 노인들도 또한 노인들이 입는 옷을 착용한다. 만일 70대의 노인이 10대의 복장을 한다면 주위에서 이상하게 보고 그 노인의 가족은 노인의 복장에 대하여 나무라거나 변화시키려고 들 것이다. 사람들 중에는 매우 주관이 뚜렷하고 독립적이라고 생각하는 사람들이 있으며 이들을 비동조주의자들이라고 말할 수 있다.

사람들은 자신을 남들의 의견이나 행동과 독립적으로 판단하고 행동한다고 생각할 수 있으며, 실제로 독립적으로 행동할지라도 대부분 사람은 어떤 식으로든 타인에게 동조한다는 것이다. 사람들은 심지어 자신의 판단이 거의 100%로 옳다는 것을 알면서도 타인의 잘못된 판단에 따르기도 한다. 이러한 현상이 연구에서 증명되었다. 예로 들면, 사람들에게 10cm의 직선 그림을 보여 주고 이 직선이 제시된 3개 직선 중에서 어느 것과 가장 비슷한 길이인지를 판단하게 했다. 세 개의 직선은, 예컨대 9cm, 10cm 및 11cm로 제시하였다. 이러한 판단은 초등학생이라도 거의 틀리지 않고서 정확하게 판단할 수 있는 것이다. 그런데 대학생 집단에서 4명의 학생이 틀린 대답을 하는 것을 총 12회 목격하였을 때, 75%의 대학생이 최소한 12회 중 1회에서 틀린 대답을 했다. 그리고 전체 대학생 중의 35%가 12회 모두에서 틀린 대답을 했다. 따라서 사람들이 자신이 거의 확실히 옳다고 생각할지라도 타인의 판단과 행동에 따르는 강력한 경향이 있다는 것을 볼 수 있다.

1) 동조의 이유

설득에 있어서 사람들이 신뢰성이 있고 호감이 가는 사람에 의해 가장 큰 영향을 받는 것과 마찬가지로 동조에 있어서 사람들은 신뢰성이 있고 호감이 가는 타인에게 많은 영향을 받는다. 따라서 사람들이 동조하는 주요 동기나 이유는 올바른 사람이 되려는 욕망과 타인으로부터 따돌림을 당하지 않고 호감을 받으려는 욕망이 있기 때문이다.

전자의 욕망에 기초한 동조를 정보의 영향이나 정보에 대한 동조라고 하고, 후자의 욕망에 기초한 동조를 규범적 영향이나 규범적 동조라고 한다. **정보에 대한 동조**에서 사람들은 자신이 처한 상황에서 어떻게 행동해야 하는지를 알지 못하기 때문에 자신감이 없이 혼란에 빠진다. 이러한 상황에서 사람들은 타인이 올바르거나 유용한 정보를 갖고 있다고 생각된다면 그들의 행동에 따르는 것이 현명하다는 것을 경험을 통해 잘 알고 있다. 예를 들면, 당신이 등산길에서 길을 잃었다고 가정하자. 그런데 주위에서 전문 등산가로 보이는 사람들이 자신 있게 길을 따라 걸어가고 있다. 당신은 그들을 따라가게 되기 쉬울 것이다.

사람들은 애매하거나 곤란한 판단과제에서 타인에게 더 많이 동조하는 경향이 있고 자신이 그러한 과제에서 더 유능하거나 자신감 있다고 생각할 때에 타인에게 더 적게 동조한다는 것이 발견되었다.

규범적 동조에서 사람들은 타인의 호감을 받고 불인정이나 처벌을 피하기 위해 동조한다. 타인의 판단이나 행동에 따르지 않을 때 사람들에게 이단자로 낙인을 찍히게 되고 그에 따른 큰 부정적 대가를 치르게 된다. 예를 들면, 만일 당신이 친지의 장례식장에 맞지 않는 복장을 하고 참석했다면 어떻게 되겠는가? 남들의 주의를 끌게 되고 곤란한 상황에 놓이게 될 것이다. 친목 단체, 사교 단체, 군대, 회사 등의 다양한 집단에서 집단의 규칙을 어기는 사람들은 타인으로부터 따돌림을 당하게 될 것이다. 그러한 대우는 설득의 대상이 되고, 따돌림을 당하며, 여러 가지 불리한 대우를 받고, 심지어 처벌이나 폭행을 당하기도 하며 감옥이나 수용소에 감금될 수도 있다.

2) 동조에 영향 주는 요인

(1) 과업의 모호성

앞에서 제시된 바와 같이 사람들은 직선의 길이를 판단하는 것과 같은 정답이 매우 분명한 상황에서도 타인의 틀린 판단에 따라 판단을 제시하는 강력한 경향이 있다. 그러면 판단과제의 정답이 모호할 때 어떠할 것인가? 많은 연구에서 정답이 애매한 상황에서 훨씬 더 많은 사람이 타인의 판단에 따른다는 것을 보였다.

(2) 집단 규모

같은 판단이나 행동을 수행하는 타인의 숫자나 집단 규모가 클수록 동조 경향은 증가한다. 직선의 길이를 판단하는 것과 같은 단순한 과제에서 동조 경향은 3~4명에게서 높게 나타나고 그 이상의 인원 증가는 동조 경향이 증가하지 않았다. 그렇지만 버스를 타기 위해 줄을 서는 타인의 숫자가 그다음에 오는 사람이 줄을 서는 데에 미치는 영향에 관한 연구는 2~4인 집단에서 거의 동조가 없었지만 6인 이상의 집단에서는 집단 규모가 클수록 동조 경향이 더 높았다. 길에 서서 맞은편의 높은 빌딩 위쪽을 쳐다보는 연구에서는 쳐다보고 있는 집단의 규모가 클수록 동조 경향이 더 높다는 것이 발견되었다.

(3) 만장일치

집단에 대한 동조에 영향을 주는 하나의 결정적 요인은 집단의 의견이 통일되거나 만장일치의 경우이다. 집단의 의견에 불일치되는 사람이 단 한 명이라도 있을 때 집단의 동조 경향은 1/4 정도로 떨어진다. 집단의 의견에 비동조하는 사람이 전문가 또는 비전문가일지라도 심지어 비동조자가 틀린 대답을 하더라도 동조 경향은 떨어진다. 즉, 단순히 집단 속에 비동조자가 있다는 사실만으로도 동조 경향은 낮아진다. 이러한 현상은 공산주의를 채택하고 있는 국가나 특정 종교를 신봉하는 단체에서 이탈자나 반대자를 가혹하게 처벌하는 현상을 설명해 줄 것이다.

(4) 소수파의 영향

동조에 관한 초기의 연구들은 통일된 다수의 사람이 개인이나 소수에게 주는 영향에 초점을 두었다. 그러나 만장일치가 깨어진 집단 내에서 부동의하는 개인이나 소수파가 동조의 감소에 있어서 중요한 역할을 한다는 사실이 밝혀짐에 따라 역으로 소수파가 다수파에 대해 미치는 영향에 관심을 두게 되었다. 단일 개인이나 소수에게 영향을 주는 일상적 예로서 많은 사람이 길을 건너기 위해 기다리고 있는데 한 사람이 적색 신호등인데도 불구하고 길을 건너면 나머지 사람들이 우르르 길을 건너는 경우를 들 수 있다. 또한 사람들이 많이 모이는 깨끗하게 청소된 광장이나 대기실에서 한 사람이 쓰레기를 버린다면 많은 사람이 거기에 쓰레기를 버리는 것을 볼 수 있다. 소수파가 다수파에 영향을 주는 상황은 이처럼 부정적 상황에만 국한되지는 않는다. 여권운동, 새로운 발명품의 보급(한글 반포), 시민운동, 환경 보호 운동, 정치 운동 등의 긍정적 상황에서 소신 있고 희생적인 소수의 인물로부터 다수의 사람이 영향을 받아서 사회의 변화나 개혁이 가능해졌다. 영향력의 면에서 소수파가 다수파에 미치는 영향은 다수파가 소수파에 미치는 영향보다 숫자의 면에서 불리하지만, 소수파가 다수파에 영향을 주기 위해서 소수파의 행동 스타일이 매우 중요하다. 첫째, 소수파는 주장과 행동에 있어서 일관성 있고 조리성이 있어야 하며 확신이 있어야 한다는 것이다. 소수파의 일관성 있고 조리 있는 언동은 다수에 대해 유능성과 신뢰성의 인상을 증가시켜 줄 수 있다. 둘째, 소수파는 자신의 주장을 완고하지 않고 융통성 있게 제시해야 효과적이다. 완고한 주장이 큰 저항에 부딪힐 수도 있고 융통성 있는 주장이 다수의 수용 준비성을 증가시키는 데에 영향을 주게 될 것이다. 셋째, 소수파는 다수와 여러 측면에서 유사하고 특수한 측면에서만 차이가 있어야 효과가 있다. 만일 소수파가 많은 측면에서 다수와 다르거나 차이가 있다면 그들은 다수로부터 비호감이나 싫어함을 받기가 쉽다.

3. 응종

타인들에게 영향을 주는 양식 중의 하나는 그들에게 직접 요구하거나 요청하는 것이다. 관리자는 직원에게 초과시간을 근무하도록 요구하고, 선생님은 학생에게 숙제해 오도록 요구하고, 부모는 자식에게 제때에 식사하도록 요구하고, 남편은 아내에게 더 많은 용돈을 요구하고, 애인은 상대에게 자기에게 집중하기만을 요구한다. 이처럼 사람들이 타인의 요구에 대해 따르는 것을 '응종'이라 한다.

우리는 때로 타인의 요구에 따르기도 하지만 때로는 요구에 따르지 않기도 한다. 우리는 흔히 타인의 사소한 요구에 승낙하기도 하며, 상점에서 사람들이 급하지 않아도 어떤 사람이 "제가 급한 일이 있어 먼저 계산해도 될까요?"라고 말하고 계산대의 맨 앞에 서겠다고 요구하면 우리는 별생각 없이 그 사람에게 먼저 계산하도록 해 준다. 이처럼 우리는 타인의 사소한 요구와 그럴듯한 설명이 있다면 자연스럽게 타인의 요구에 응해 주는 경향이 있다. 이러한 현상은 사람들이 타인의 요구에 자주 당면하고 대개 습관적으로 응해 온 것에 기인되었다고 볼 수 있다. 그러나 사소한 요구에 대한 습관적 응종은 모든 응종 현상을 설명하기 곤란하다. 중요하거나 부담이 큰 요구에 대해 사람들은 순순하게 응해 주지 않는다. 이와 같은 상황에서 요구에 따르는 것을 결정짓는 요인들은 무엇인가? 연구자들은 요구에 따르게 만들거나 영향을 주는 데에 결정적 역할을 하는 것이 요구자의 자원이나 권력이라고 생각한다. 예를 들면, 사장이 직원들에게 초과시간 근무를 지시할 때에 사원들이 지시에 따르는 것을 결정짓는 것은 초과시간 근무에 대한 금전적 보수나 지시를 따르지 않을 시에 당하게 되는 처벌일 수 있다. 기본적으로 영향을 주기 위해 사용되는 자원이나 권력이 클수록 요구에 대한 응종은 더 커진다.

1) 응종 결정요인

타인에게 영향을 주는 힘이나 권력은 다음 여섯 가지 종류의 요인으로 분류할 수 있으며, 이것들을 많이 갖고 있을수록 영향력이 더 크다.

(1) 보수

타인이 원하는 긍정적 결과를 제공하거나 약속하는 것이다. 부모는 아이가 말을 잘 들을 때에 아이가 갖고 싶어 하는 장난감을 사 주거나 사 주겠다고 약속한다. 남편은 아내의 고마움에 대해 아내가 좋아하는 선물을 해 준다. 연인은 만나 준 것에 대한 표시로 미소나 포옹으로 보답해 준다.

보수는 일반적으로 물질적인 것과 심리적인 것으로 구분될 수 있다. 물질적인 것은 금전, 선물, 상품 등과 같이 유형의 것이고, 심리적인 것은 미소, 칭찬, 애정적 표현과 같이 개인적이다. 보수는 요구된 행동에 대해 직접 제공될 수도 있고, 약속으로 요구된 행동을 했을 때 제공을 보장할 수도 있다.

일반적으로 사람들은 은혜를 갚으려는 경향이나 규범을 갖고 있다. 이것은 '상호성 규범'이라고 말하는데 상대방으로부터 받은 은혜를 갚는 것에 관한 하나의 사회적 규칙이며, 제공되는 보수가 클수록 요구에 대한 응종의 동기는 더욱 커질 수 있다.

(2) 강제

보수와는 반대로 타인이 싫어하는 것을 제공하는 것이 응종을 일으킬 수 있다. 강제도 또한 보수와 마찬가지로 물질적 형태와 심리적 형태를 가질 수 있다. 물질적 형태의 대표적 예는 요구에 응하지 않는 데 대해 매로 때리거나 벌금을 매기거나 감봉을 하는 것이다. 심리적 형태의 대표적 예는 눈살을 찌푸리는 것, 상대방을 거들

떠보지 않는 것, 욕하는 것, 무시 등이다.

요구된 행동을 하는 데에 있어서 보수와 강제는 응종의 자발성이나 자의성의 측면에서 차이가 있다. 일반적으로 보수는 사람들에게 자발적으로 행동하도록 만드는 반면에, 강제는 사람들에게 비자발적으로 행동하도록 만든다. 예를 들면, 일당 10만 원이라는 다소 후한 보수를 받고서 일하는 노동자는 일을 시키는 사람이 감시하지 않더라도 열심히 일한다. 이와 반대로 아무런 보수 없이 처벌로 위협받은 사람은 자발적으로 요구받은 일을 하지 않고 감시받을 때만 요구받은 일을 한다. 또 지시받은 일을 하지 않을 때 체벌이나 구타를 당하는 사람들은 요구하는 감독자가 감독할 때에는 열심히 일하지만, 감독자가 자리에 없으면 적당하게 넘기고 단순히 일하는 시늉만 한다.

(3) 전문성

전문적 지식과 기술이 영향력이나 권력의 한 근원이다. 사람들은 전문가의 지식과 기술이 자신에게 도움이 될 것이라고 믿기 때문에 전문가의 지시나 요구에 따른다. 사람들은 병의 치료에 도움이 되는 약을 먹는 데에 있어서 의사의 지시에 따르고, 자동차를 고치는 데에 있어서 자동차 수리 기술자의 지시에 따르며, 수영을 배우는 데에 있어서 수영 코치의 지시에 따르고, 영어를 배우는 데에 있어서 영어 교사의 지시에 따른다. 여기에서 영향력의 주된 근원은 전문성을 소유한 사람이다.

(4) 정보

이것은 정보 자체 또는 메시지 내용에 기초한 영향력이나 권력을 일컫는다. 정보 자원은 앞에서 기술된 영향의 한 형태인 설득 과정을 일으키는 주요 근원이다. 즉, 설득에서는 메시지의 내용이 주로 영향력을 갖는다. 예를 들면, 우리는 어느 백화점에서 물건을 싸게 판다는 것을 남들로부터 전해 듣고 물건을 사러 가고, 새로운 볼 만한 영화가 상영된다는 소식을 듣고 영화를 보러 가며, 내일 비가 올 것이라는 일기예보를 듣고 이튿날에 우산을 가지고 출근하기도 한다.

(5) 긍정적 감정

타인의 전문성이나 정보보다도 타인에 대한 긍정적 감정 때문에 타인에게 영향을 받는 것을 말한다. 우리가 어떤 사람을 존경하거나 그 사람과 동일시하거나 그 사람처럼 되기를 원할 때 우리는 그 사람의 행동을 자발적으로 모방하거나 그 사람의 요구에 따른다. 따라서 개인이 높은 긍정적 감정을 가진 사람이나 집단은 개인 행동의 기분이나 준거가 되어 주고 이러한 기준이나 준거의 힘을 보유한 것을 '준거 세력'이라고 한다. 아이들은 자기가 존경하고 좋아하는 선생님이나 형, 심지어 연예인들의 행동을 모방하고 그러한 사람이 되고자 노력한다. 이와 반대로 자기가 몹시 싫어하거나 경멸하는 사람에 대해서 정반대의 영향을 받을 수 있다. 예를 들면, 술주정을 부리는 아버지나 친척을 보고서 자란 사람은 전혀 술을 마시지 않게 되거나 노름이나 춤바람으로 주위의 여러 사람의 속을 썩인 가족이나 친척을 가진 사람들은 노름이나 춤바람을 매우 싫어하는 사람이 될 수 있다. 이들은 타인에 대해 자신의 행동과 반대되는 영향을 주고 따라서 '부적 준거 세력'이라고 한다.

(6) 합법적 권위

타인에게 명령이나 요구할 수 있는 권리나 권위에 기초한 영향력이나 권력이다. 법률이나 도덕에 근거해서 타인에 대해 명령하거나 요구할 권리나 권위를 가진 사람들이 있다. 예를 들면, 군대의 장군이나 장교는 부하 군인들에 대해 명령을 내릴 수 있는 합법적 권위를 갖는다. 부모는 자녀들이 먹고 잠자고 공부하는 행동을 지시할 권리를 가지고 있다고 생각하고 자녀들도 또한 그렇게 생각한다. 다양한 사회적 역할이 요구와 명령에 대한 합법적 권위를 지시한다. 부모-자녀 관계, 교사-학생 관계, 상사-부하 관계와 같은 다양한 관계에서 명령이나 요구하는 자와 따르는 자의 권리와 책임이 규정되어 있다.

2) 특수 응종 기법

어떤 요구에 대한 응종에 대해 결정적 영향을 주는 요인들을 밝혀내려는 연구와는 다르게 사람들이 응종을 얻기 위해 의도적이거나 고의로 사용하는 기법이 있다. 예를 들면, 보험 설계사, 자동차 판매원, 사기꾼, 기타 전문가의 상품 판매 전략에서 나타나는 특수한 방법이나 기법이 그것이다. 이러한 기법은 설득 종사자는 물론이며 선거관계자, 광고와 판매에 관여된 모든 분야에 유익할 것이다.

(1) 문간에 발 들여놓기 기법

문간에 발 들여놓기 기법(The foot in the door technique)은 장사꾼이나 외판원들이 남의 집에 찾아가서 물건을 판매하기 전에 잠시 문간에서 쉬어 가겠다고 말을 한다. 그러는 동안에 그 사람은 자신의 물건의 장점을 이야기하는 과정에서 마침내 물건을 팔게 되는 경우이다.

이 기법은 집주인에게 아주 사소한 부탁을 해서 요구에 수락하도록 하는 것으로부터 시작된다. 일단 작은 요구에 대해 수락이 이루어진 후에 요구자는 자기가 실제로 요구하려는 더 큰 요구를 제시한다. 많은 연구에서 이 기법의 효과를 지지했다. 하나의 대표적 연구에서 주민들에게 교통안전 캠페인을 위한 조심운전이라는 광고판을 그들의 앞마당에 세워 두게 만들고자 했다. 통제조건에서 연구자들은 주민들에게 접근하여 단순하게 그 광고판을 세워 달라고 요구했으며 17%의 주민들의 승낙을 받았다. 문간에 발 들여놓기 조건에서 연구자는 먼저 주민들에게 안전운전을 촉구하는 청원서에 서명하도록 부탁했다. 몇 주일 후에 다른 연구자가 그들의 앞마당에 광고판을 세워 달라고 요구했다. 이 조건에서 55%의 주민들의 승낙을 받았다. 이와 비슷한 다른 연구는 암협회를 위한 기금을 증가시키고자 했다. 연구자들은 사람들에게 접근하여 단순하게 작은 기부를 해 달라고 요구했으며 46%의 동의를 얻었다. 하루 전에 사람들에게 암협회를 지지하는 브로치를 착용하도록 부탁하고 나서 돈을 기부하도록 했을 때 90%의 동의를 얻었다.

이 기법의 높은 효과는 사소한 요구에 수락한 것이 그와 같은 행동에 몰입되고 관여하게 되었다는 것이며, 사소한 요구를 수락한 것이 그 사람의 자기지각이나 자기상을 변화했다는 것이다. 예를 들면, 안전운전을 촉구하는 청원서에 서명했던 사람은 자신이 안전운전에 관심 있는 사람이라고 스스로 생각하는 경향이 증가할 것이고, 이러한 자기상에 합치되도록 더 큰 요구에 대해 수락했다는 것이다.

(2) 면전의 문 기법

사람들에게 찾아가서 값비싼 물건을 사 달라고 요구하면 대개 사람들은 큰 요구에 부담을 느껴서 "안 삽니다."라고 말하면서 면전에서 문을 닫으려고 한다. 그러면 문이 닫히기 전에 판매자는 부담이 더 작은 요구를 하는 기법으로 문간에 발 들여놓기 기법의 반대 과정을 거치는 것이 이 기법이다.

면전의 문 기법(The door in the face technique)의 연구에서 통제집단 대학생들은 하루 동안 10대 비행 청소년들의 한 집단을 동물원에 데리고 가는 일을 해 줄 의향을 질문받을 때 17%가 수락했다. 실험집단인 다른 집단의 대학생들에 대해서 2년 동안 주당 2시간 동안 10대 비행 청소년들을 위해 일해 줄 의향을 질문했을 때 거의 거절당했다. 이 요구가 거절된 다음에 이들은 하루 동안 10대 비행 청소년들을 동물원에 데리고 가는 일을 해 줄 의향을 물어봤을 때 50%가 수락했다. 즉, 실험집단은 통제집단보다 3배나 더 많이 요구에 대해 허락했다. 이러한 방법은 물건을 파는 시장 상인들과 물건을 사는 주부들, 중고차 판매원을 비롯한 여러 판매원, 노사협상을 하는 노조 측이나 경영자 측의 대표들, 심지어 국가 간의 외교교섭에 관계하는 사람들이 잘 알고 있는 기법이다. 이 기법은 초기에는 거절을 전제로 하여 부담이 큰 요구를 하고 그다음에 부담이 작은 것으로 낙착을 보는 것이다.

(3) 한 푼만이라도 효과 기법

한 푼만이라도 효과 기법(The even a penny technique)은 어떤 요구사항의 이유를 말하고 나서 어떤 작은 제공이라도 유용하다는 말로 끝맺는 것이다. 한 연구에서 통제조건의 대학생들은 자선 활동단체의 활동내용을 설명받고 기부를 요청받았을 때 29%의 반응을 얻어 냈다. 실험조건의 대학생들은 같은 설명으로 "한 푼만이라도 좋을 것입니다."라는 말을 들었을 때 50%가 돈을 기부했다.

일상생활에서 사람들은 흔히 이 기법을 사용한다. 어린아이들은 더 놀고 싶을 때 "엄마, 5분만 더 놀게."라고 말하고, 용돈이 더 많이 필요한 중학생들은 부모에게 "한 푼만이라도 더 줘요."라고 말하며, 임금 인상을 요구하는 회사원은 "한 푼만이라도 더 올려 주세요."라고 말하고, 직원에게 초과 근무시간을 일하도록 요구하는 상사는 "10분 만이라도 더 일해 주면 좋겠어요."라고 말한다. 이 기법이 효과를 내는 두 가지 이유가 있다. 첫째, 이 기법은 개인에게 요구에 대해 거절할 기회를 주지 않는다는 것이다. 단돈 10원의 금전이나 몇 분간의 시간 여유가 없는 사람은 거의 없을 것이다. 만일 그럴 만한 여유가 없는 사람은 자신이 불쌍하거나 한심한 사람으로 여겨지게 될 것이기 때문이다. 둘째, 이 기법은 작은 도움이나 기여라도 대의를 위해 정당화될 수 있으므로 효과를 낸다는 것이다. 주머니에 500원밖에 없는 당신에게 불쌍한 사람을 위한 기부를 요청받았을 때 당신은 500원밖에 기부할 수 없는 것에 대해 체면의 손상을 느끼고서 기부를 거절할 것이다. 그러나 "단돈 100원이라도 도움이 될 것입니다."라는 말을 듣게 되면 500원을 기분 좋게 낼 수 있을 것이다.

(4) 낮은 공 기법

야구에서 투수는 타자가 공을 잘 치지 못하게 공을 높고 낮게 의도적으로 변화시킨다. 투수의 공은 때로는 높게 출발했다가 낮게 떨어지고, 때로는 낮게 출발했다가 높게 올라간다. 공이 낮게 떨어지는 방법을 요구 상황에서 사용하는 것을 낮은 공 기법(The low ball technique)이라고 한다. 이 기법에서 요구자는 작은 요구처럼 여겨지는 애매하거나 일반적인 요구를 하고 나서 피요구자가 대수롭지 않은 것으로 생각하고 요구에 수락하게 한 다음에 실제로는 큰 요구를 하는 것이다. 이 기법 연구에서 통제조건의 대학생들은 오전 9시에 등교하는 것이 원칙이지만, 오전 7시에 시행하는 실험을 돕기 위해 참가해 달라는 연구자의 전화 요청을 받았으며, 이들 중 25%만이 실험에 참여하였다. 이에 비해서 실험조건의 대학생들은 연구 참여 시간을 알려 주지 않고 실험 참가에 대한 전화 요청을 받았고 이처럼 애매한 요청에 동의한 후에 실험 참가 시간이 오전 7시라는 말을 들었는데 55%의 대학생들이 실험에 참여하였다. 기본적으로 이 기법은 어떤 매력적 제안이나 요구에 대해 속임으로 동의하게 만들며, 피요구자는 동의한 후에 비로소 요구 조건들이 기대했던 것과 실제로 다르다는 것을 알게 된다. 이 기법은 효과를 낼 수 있을지 모르지만, 이것은 분명히 기만적이거나 사기성이 있는 것이기 때문에 지속적인 효과를 보장하기 힘들다.

(5) 전부가 아니다 기법

전부가 아니다 기법(The that's not all technique)은 사람들에게 요구하거나 제안하는 것을 더 긍정적으로 여겨지게 만들기 위한 것이다. 예컨대, 김치냉장고나 빵을 판매할 때 본래 김치냉장고와 보관 통 5개를 함께 팔거나 케이크와 과자 4개를 함께 팔고자 한다고 하자. 구매에 대한 매력을 증가시키기 위해서 김치냉장고나 케이크의 가격을 제시하고 나서 고객이 그 상품에 대하여 구매 의사를 보인 순간에 "이번 특별 판매 기간에만" 또는 "당신과 같이 능력이 있는 분들에게만" 김치냉장고에 보관 통 5개를 추가시켜 준다거나 케이크에 과자 4개를 추가해 준다고 제안한다. 연구 결과는 통제조건의 40%에 비해 " 전부가 아니다"의 실험조건에서 73%의 구매를 보였다.

(6) 귀인 암시 기법

귀인 암시 기법(The suggest an attribution technique)은 어떤 행동을 하려는 동기나

이유를 암시해 줌으로써 행동에 대한 요구에 동의하게 만드는 것이다. 예를 들면, 가수들의 노래를 듣거나 춤을 추는 사람들에게 사회자는 "당신은 본래 노래를 사랑하는 사람입니다. 모두 함께 큰 목소리로 노래합시다." 또는 "당신은 본래 춤을 좋아하는 사람입니다. 모두 함께 신나게 춤을 춥시다."라고 말하고 참여를 요구한다. 사회자의 말에 따라 청중이나 참가자들은 더욱 신나서 다 함께 큰 목소리로 노래하거나 춤을 추게 된다. 한 실험 연구에서 교사가 아이들에게 자발적으로 쓰레기를 줍도록 하는 실험을 했다. 첫 번째 집단의 학생들은 단순하게 쓰레기를 주우라는 지시를 받았다. 두 번째 집단의 학생들은 자신의 쓰레기를 줍는 것이 중요한 이유에 관한 설득적 주장을 제시받았다. 세 번째 집단의 학생들은 "책임감 있게 쓰레기를 항상 줍는 학생이라는 귀인 암시"를 받았다. 세 번째 집단 학생들의 80%가 자기의 쓰레기를 주운 반면에, 지시를 받은 학생들의 25%와 설득적 주장을 들었던 학생들의 45%가 자신의 쓰레기를 주웠다.

(7) 효과 상상 기법

효과 상상 기법(The imagine the effect technique)은 사람들에게 어떤 요구에 응했을 때 일어나는 긍정적 장면이나 효과를 상상하거나 시각화하도록 요구하는 것이다. TV에 방영된 상품을 보고 구매하는 홈쇼핑 판매자가 사람들에게 디지털 TV를 구매하라고 전화 요청을 했다. 통제조건의 사람들에게는 통상적인 판매 방식으로 시행했고, 실험(효과 상상)조건의 사람들에게는 TV 앞에서 3D 영화를 시청하는 자신의 가정 상황을 상상하도록 요구했다. 통제조건의 약 20%에 비하여 실험(효과 상상)조건의 47%가 디지털 TV를 구매하기로 약속했다.

(8) 죄의식 유발 기법

죄의식 유발 기법(The guilt technique)은 사람들에게 요구에 따르도록 요구 전에 죄의식을 갖게 만드는 것이다. 죄의식을 느끼는 사람은 죄의식을 감소시키려는 동기가 있으며, 만일 어떤 요구받은 일을 수행하는 것이 죄의식의 감소에 도움이 된다면 그 사람은 그 요구에 따르게 될 것이다. 이 기법은 요구에 대한 응종을 얻어 내는 하나의 효과적 방법이지만 사람들이 죄의식을 느끼게 만들어진 것에 대해 분개를 느낌에 따라 부작용을 가질 수 있으므로 활용하는 데 신중을 기해야 한다.

요구에 대한 응종에 있어서 죄의식이 얼마나 중요한지를 증명하기 위해 두 개의 실험을 소개한다.

한 연구에서 실험조건의 참가자들은 실험에서 시행되는 검사에 대한 정답을 다른 사람에게서 전해 들었다. 이들은 연구자로부터 실험에 대하여 들은 바가 있는지를 질문받았으나 들었다고 솔직하게 대답하지 못하고 "아니요"라고 대답했고 그 결과로 이들의 실험 결과는 아무런 쓸모도 없게 되고 연구자에게 피해를 주게 되었다.

통제조건의 사람들은 이러한 거짓말을 하지 않고서 검사를 받았다. 그다음에 연구자는 모든 피험자에게 자신의 답안지를 채점해 달라고 요구했다. 죄의식이 없었던 통제조건의 사람들의 2%에 비해서 죄의식이 유발되었던 실험조건의 사람들의 63%가 요구에 동의했다.

다른 연구에서 쇼핑하는 사람들에게 부부를 가장한 실험자가 접근하여 사진을 찍어 달라고 요청했다. 그런데 요청받은 사람이 사진을 찍으려고 했을 때 카메라가 작동되지 않게 만들어졌다. 죄의식 조건의 사람들에 대해 부부를 가장한 실험자는 "카메라가 종전까지는 잘 작동되었는데 당신이 내 카메라를 고장 냈어요."라고 말함으로써 죄의식을 유발했다. 통제조건의 사람들에 대해 실험자가 "카메라가 고장 난 것 같네요, 괜찮아요."라고 단순하게 말했다. 이어서 다른 실험자가 쇼핑백을 바닥에 떨어뜨린 장면에 당면했을 때 죄의식이 유발되지 않았던 통제조건의 사람들의 15%에 비해서 죄의식 조건의 사람들의 55%가 떨어뜨린 쇼핑백을 주워 주는 것을 도왔다.

4. 복종

합법적 권위를 가진 사람의 요구나 명령에 따르는 것이 흔한 일이고 때로는 인도적, 사회적 문제를 크게 일으키기 때문에 특별한 주목을 받아 왔다. 권위에 대한 복종 현상이 응종의 한 형태라는 것이 이미 지적되었다.

인간의 사회 조직은 다른 동물들의 사회 조직과 마찬가지로 위계적이거나 서열의 특징을 가지며, 이러한 특징은 인간 사회에서 다양한 도덕과 법률로 규정되어 있다. 예를 들면, 정부의 조직이나 기업의 조직은 기본적으로 위계적 서열로 구성되어 있으며, 그 밖의 여러 개인적 관계도 위계적 서열로 구성되어 있다. 일반적으로 위계적 서열 관계에서 상위자는 하위자에 대해 합법적으로 명령하거나 요구할 권리를 갖고, 하위자는 명령에 대해 복종할 의무를 진다. 명령에 대한 복종은 이것이 이성적이고 도덕적이며 합법적일 경우에는 사회 조직에 대하여 순기능적 결과를 갖는다. 이것은 인간의 사회 조직을 강화하고 발전시켜 인간 사회를 이롭게 한다. 그러나 명령에 대한 복종이 인간 사회에서 매우 보편적이고 일상적인 현상이기 때문에 때때로 비이성적이고 비윤리적이며 불법적인 명령과 복종 현상이 끼어들기 쉽다. 그러한 부작용 중의 하나가 권위에 대한 맹목적 복종(blind obedience)이다.

1) 맹목적 복종의 보편성과 강력성

어떤 권위자나 상급자가 당신에게 불법적이고 비윤리적인 행동을 하도록 명령할 때에 당신이 그 명령에 대해 복종할 것인지를 당신에게 질문했다고 하자. 당신은 어떻게 대답할 것인가? 당신은 아마 자신이 불법적이고 비윤리적인 명령에 대해 단호하게 거절할 것이라고 답할 것이다. 그러나 현실은 그렇지 않다는 많은 증거가 있다.

다음과 같은 맹목적 복종의 실제 사례들을 살펴보자.

- 제2차 세계대전 당시 나치 독일의 히틀러 정권은 유럽에 거주하는 600만 명의 유대인을 총으로 몽둥이로 가스로 살해하였다. 그것은 히틀러 정권의 명령과 지시에 복종한 기만 명의 많은 하급 관료에 의한 것이다.
- 월남전 당시 미군은 밀라이 읍에서 노인과 부녀자, 아기들을 비롯한 모든 마을 주민을 총으로 쏘아 사살하였다.
- 많은 공무원이 상사의 명령에 따라 특정인에게 불법적으로 특혜를 주고 공금을 횡령하고 뇌물을 받은 것이 언론에 자주 보도되고 있다.
- 1990년대 말에 유고 연방공화국이 해체될 당시에 세르비아 병사들은 지도자들의 명령에 따라 인종청소 프로그램의 일부로서 이민족의 시민들을 살해하였고, 부녀자들은 강간하였으며, 도시를 파괴하였다.
- 2010년대 초에 아프리카 일부에서 자유 민주주의를 원하는 시민들의 시위행렬에 대하여 정부 지도자들의 명령으로 수없이 많은 사람이 희생되었고 도시는 파괴되었다.
- 2011년 말 북한 김정일이 사망하였다. 대다수의 북한 주민들은 며칠 동안 생업을 전폐하고 김정일 사망에 대한 강제 애도 행각을 벌였다.

우리는 상기와 같은 '복종 범죄'들이 복종하는 사람들의 나쁘거나 잘못된 특성들(윗사람에게 잘 보이고 자기보다 약한 사람에게 못되게 구는) 때문에 일어났다고 생각할 수도 있다. 그러나 심리학자들에 의한 연구들은 맹목적 복종 현상이 일반 사람들에서도 매우 보편적이라는 것을 실험적으로 증명하였다.

하나의 대표적 연구에서 피험자로 자의적으로 참가한 일반 시민들은 연구자의 명령에 따라 다른 사람에게 죽음에 이르게 만들 수도 있는 처벌(전기쇼크)을 주었다. 시험 참가자들이 연구자의 명령에 따라 매우 강한 전기쇼크인 240V를 사용했고, 약 65%의 참가자가 죽음에 이를 수 있는 450V의 전기쇼크를 실시했다(실험 과정에서 실제로 전기가 흐르지는 않았다). 참가자들이 다른 사람에 대해 매우 위험스러운 전기쇼크를 실시하는 것에 대해 땀을 흘리고, 말을 더듬고, 신경증적인 웃음을 보이는 것과 같이 큰 스트레스의 징후들을 보였지만, 연구자의 명령에 대한 큰 복종을 보였다.

2) 복종의 요인

몇 가지 요인이 명령에 대한 복종에 영향을 주는 것으로 나타났다.

첫째, 권위의 유무가 복종에 대해 중요하다. 명령에 대한 복종은 명령자의 지위가 낮은 경우 감소하게 된다. 예를 들면, 나이가 어린 사람이 나이가 든 사람에게 명령하거나 부하가 상사에게 지시할 때에는 복종 효과는 사라진다. 실험 연구에서도 전기쇼크를 실시하라는 명령을 받은 사람들은 저명한 학자인 연구자가 명령을 내렸을 때 65%가 복종을 보였으며, 반면에 저명하지 않은 연구자와 권위가 없는 학생이 명령을 내렸을 때는 각각 48%와 20%로 복종이 감소됨을 보였다. 따라서 복종은 명령자가 높은 존중을 받고 있으면 효과적이다.

둘째, 권위가 영향력을 발휘하기 위하여 명령자는 명령을 받는 사람에게 가까이 있는 것이 좋다. 실험 연구에서 연구자가 대면해서 명령을 내리지 않고 전화로 전기쇼크를 주라는 명령에 대한 복종은 65%에서 25%로 떨어졌다. 군대와 같은 작업집단에서 감독자가 없을 때는 병사들이 일을 열심히 하지 않았다. 교사가 학생들에게 수업시간에 떠들지 말라고 지시하더라도 교사가 교실을 비우면 학생들이 시끄럽게 떠드는 것이 좋은 예이다.

권위를 손상할 수 있는 상황이나 조건이 명령에 대한 복종을 감소시킬 수 있다.

첫째, 권위자의 동기, 전문성 및 판단의 올바름이 의문시될 때에 사람들은 복종하려고 하지 않을 것이다. 권위를 손상하는 데에 있어서 결정적인 역할을 하는 요인은 불복종하는 타인을 목격하는 것이다. 불복종하는 타인은 불복종하는 방법을 가르쳐 주는 하나의 모델이 되며, 권위자의 합법성이나 정당성에 대한 의문을 유발하기 때문이다.

둘째, 명령에 대한 심리적 반발이 복종에 대해 중요하게 영향을 미친다. 사람들은 자신의 선택이나 행동의 자유가 제약당한다고 느끼면 자신의 자유를 확보하려는 동기나 반발심을 갖게 된다. 예를 들면, 일곱 살의 어린아이는 부모가 하라고 지시하면 흔히 "싫어요."라고 반발하고, 고등학교에 다니는 딸은 부모가 말리는 남학생과 고집을 세우고서 데이트하려고 한다. 이와 같은 많은 경우에서 명령이나 지시는 역효과를 내며, 차라리 명령이나 지시를 내리지 않은 것이 명령자의 의도와 더 합치되는 결과를 낼 수도 있다.

제5장

행동주의 이론과 설득

인간을 비롯한 동물들은 환경에 적절하게 적응해야 생존을 유지할 수 있다. 그런데 동물들이 살아가는 주변의 환경조건은 일정한 상태로 머물러 있는 것이 아니라 끊임없이 변한다.

계속하여 변화하는 환경에 적응하는 데에는 두 가지 적응기제가 사용된다. 하나는 조상으로부터 유전적으로 이어받은 행동 양식으로 오랜 진화과정을 거치면서 형성된 것으로서 후천적 경험에 영향을 받지 않는다. 동물들, 특히 하등 동물의 경우 유전되는 것이 많다. 예를 들면, 새가 둥지를 틀고 알을 낳고 먹이를 찾고 자신의 둥지로 되돌아오는 행동 등은 대부분 학습에 의한 것이 아니다. 그러나 사람의 경우에는 이러한 유전된 행동보다 훨씬 다양한 행동을 구사하고 있다. 이는 인간이 적응을 위해 다른 동물들보다 학습을 더 많이 한다는 것을 의미한다.

심리학자는 학습(learning)은 훈련 또는 경험을 통하여 나타나는 행동상의 비교적 영속적인 변화라고 정의한다. 그러나 학습된 것이 항상 행동적으로 수행되는 것은 아니다. 예를 들어, 새로운 수학 공식을 배워서 습득하고 있어도 그것을 사용할 상황이 아닌 다른 조건에서는 학습된 지식이나 경험이 수행(performance)으로 나타나지 않을 것이고, 다른 사람은 당신이 그 수학 공식을 습득하고 있다는 것을 알 수도 없을 것이다. 그래서 어떤 심리학자들은 학습은 과거 경험의 결과로 생긴 행동 또는 정신 과정상의 비교적 영속적인 변화라고 가정한다. 이 장에서는 고전적 조건형성(classical conditioning)과 조작적 조건형성(operant conditioning)을 간단하게 알아보고 설득에서의 활용방법을 살펴보고자 한다.

1. 고전적 조건형성

파블로프(Pavlov)는 반사에는 두 가지 유형, 즉 무조건반사와 조건반사가 있다고 하였다. 무조건반사는 학습이 필요 없는 선천적이고 영구적인 반사이다. 이는 무조건자극(unconditioned stimulus: UCS)과 무조건반응(unconditioned response: UCR)으로 구성되며, 무조건자극은 무조건반응을 무조건 나오게 한다. 다른 유형은 조건반사 또는 학습된 반사인데, 이는 조건자극(conditioned stimulus: CS)과 조건반응(conditioned response: CR)으로 구성된다.

파블로프는 새로운 중성자극과 무조건자극을 짝 지어 제시함으로써 조건반사가 후천적으로 학습될 수 있음을 실험적으로 입증하였다.

1) 조건반응의 습득 절차

먼저 무조건자극은 음식(고기 가루)이며, 이를 개에게 주면 타액 분비의 무조건반응을 한다. 이와는 달리 개에게 종소리를 제시하면 개는 이에 대해 귀를 쫑긋하거나 고개를 돌려 쳐다보는 등의 정향 반응(orienting response)을 보일 뿐 침을 분비하지는 않는다. 종소리는 조건화시키려는 표적 반응인 타액 분비와 무관하다는 점에서 중성자극(neutral stimulus) 또는 중립자극이라고 한다.

파블로프는 개에게 조건자극과 무조건자극을 짝 지어 제시하는 조건화 시행을 반복적으로 실시하였다. 먼저 종소리(CS)를 제시한 후 음식(UCS)을 주는 절차를 반복한 것이다. 반복적인 조건화 시행을 받은 개는 이제 음식(UCS)이 뒤따르지 않고 종소리(CS)만 제시되었을 때도 타액을 분비(CR)하는 새로운 반응을 습득하게 되었다. 즉, 이전에 중립적이었던 조건자극이 무조건자극과 짝 지어 제시하는 조건화 과정을 통하여 조건반응을 유발하는 속성을 획득하게 된 것이다.

조건화 이전 CS(중성자극: 종소리)	→	무반응 또는 정향 반응
UCS(무조건자극: 음식)	→	UCR(무조건반응: 타액 분비)
조건화 동안 CS(중성자극: 종소리) + UCS(무조건자극: 음식)	→	UCR(무조건반응: 타액 분비)
조건화 이후 CS(조건자극: 종소리)	→	CR(조건반응: 타액 분비)

(1) 조건자극과 무조건자극의 짝 짓기(강화 계획)

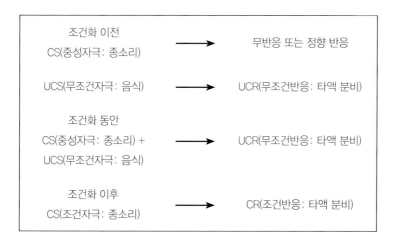

고전적 조건화를 확립하기 위해서는 조건자극과 무조건자극을 짝 지어 제시해야 한다고 하였다. 이때 무조건자극은 조건반응을 강화하는 역할을 한다. 여기서 강화(reinforcement)란 무조건자극이 조건자극과 짝 지어짐으로써 조건자극에 대한 조건반응의 출현 빈도를 늘어나게 하는 것이다. 그리고 강화를 일으키는 자극 또는 조건을 강화자 또는 강화물(reinforcer)이라고 한다. 파블로프 실험에서 무조건자극인 음식은 강화물이다. 조건자극과 무조건자극을 짝 지어 제시하는 데에는 네 가지 방식이 있다. 이것은 두 자극 사이의 시간과 자극의 순서를 변화시키는 것이며, 각각 상이한 고전적 조건화의 유형을 이룬다.

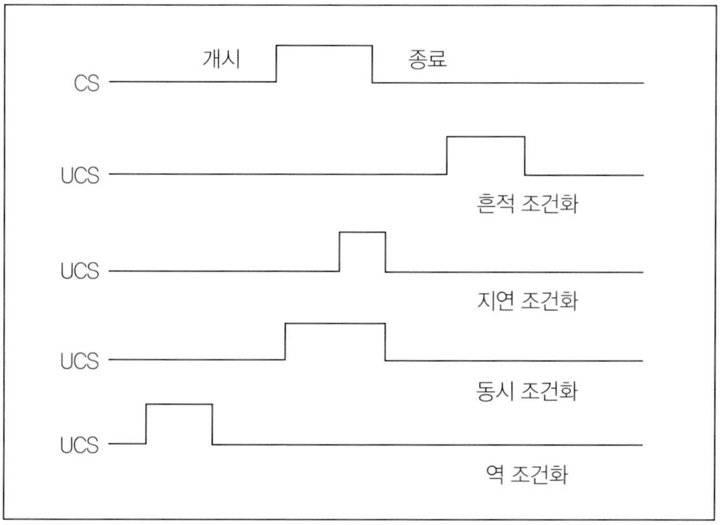

첫째, 흔적 조건화(trace conditioning)에서는 먼저 조건자극이 제시되어 종결된 다음에 무조건자극이 제시된다. 실험실에서 흔적 조건화는 토끼의 눈꺼풀 조건화를 연구할 때 자주 사용된다. 먼저, 소리 자극(CS)을 3초간 제시하고 나서 0.5초 경과 후 1초 동안 공기 바람(UCS)을 눈 주위에 훅 부는 시행을 반복하면, 소리 자극에 대하여 눈을 깜박이는 반응을 학습하게 된다. 일상생활에서의 예를 들어, 번개(CS)가 치고 나서 공포심을 유발하는 천둥소리(UCS)를 듣게 되는 경우 또는 어머니가 아이에게 사랑스럽게 말을 하고 나서 젖을 주는 경우 등이다.

둘째, 지연 조건화(delayed conditioning)는 조건자극의 개시가 무조건자극에 앞선다는 점에서는 흔적 조건화와 같으나 두 자극의 제시기간이 일부 중첩된다는 점에서는 다르다. 즉, 조건자극이 종료되기 전에 무조건자극이 나타난다. 토끼의 눈꺼풀 조건화에서는 소리 자극(CS)이 3초 동안 제시되고 그 자극 개시 2초 후부터 1초 동안 공기 바람(UCS)을 분사하는 경우이다. 또는 어머니가 아이에게 사랑스럽게 말을 하면서 젖을 주는 경우가 그 예이다.

셋째, 동시 조건화(simultaneous conditioning)는 조건자극과 무조건자극의 제시가 동시에 개시되어 동시에 종료되는 조건화 절차이다.

넷째, 역 조건화(backward conditioning)는 무조건자극이 먼저 제시된 다음에 조건자극이 제시되는 절차이다. 예컨대, 토끼의 눈에 공기 바람을 먼저 분사하고서 소리 자극을 제시하는 것이다. 일상생활의 예로서는 가시에 찔리고 나서 가시가 있는 것을 보게 되는 경우이다.

네 가지 조건화 절차 중 지연 조건화가 학습이 일어나는 데 가장 효과적이며, 흔적 조건화도 효과가 높은 편이다. 동시 조건화와 역 조건화의 경우 피험자가 조건자극(CS)과 무조건자극(UCS)을 구분하기 힘들다는 점에서 효과가 낮다.

(2) 소거

무조건자극과 조건자극을 반복 제시하여 확립된 조건반응이 영원한 것은 아니다. 조건화가 확립된 후 조건자극을 무조건자극과 짝 짓지 않고 단독으로 반복해서 제시하면, 조건반응은 점차 약해져서 결국은 유발되지 않게 된다. 이와 같은 현상을 소거(extinction)라 한다. 파블로프의 실험에서 조건반응이 확립된 후 계속해서 음식이 뒤따르지 않고 종소리만을 제시하면, 개의 타액을 분비하는 반응은 점차로 줄어들어 결국 소멸하게 된다.

(3) 자발적 회복

소거 현상도 또한 영구적인 것은 아니다. 확립된 조건반응에 대한 소거가 확립되고, 이어서 조건자극도 무조건자극도 제시되지 않는 휴식 기간이 지난 후 조건자극이 다시 제시되면 유기체는 다시 조건반응을 하게 된다. 이와 같은 현상을 자발적 회복(spontaneous recovery)이라 한다. 그러나 조건자극에 무조건자극이 더이상 짝 지어 제시되지 않으면 조건반응은 처음의 소거 절차보다 훨씬 더 빨리 소거된다. 반면에, 조건자극과 무조건자극을 다시 짝 지어 제시하는 재조건화(reconditioning)를 시도하면 조건반응은 신속하게 처음 조건화 시행의 강도를 회복하게 된다. 자발적 회복이나 조건화에서 보여 주는 현상은 소거가 이미 학습된 것이 지워지는 것이 아니라, 소거 절차로 인해 조건반응을 억제하는 새로운 학습이 일어남을 시사한다. 즉, 소거 후에도 본래의 조건형성 학습이 남아 있음을 시사하는 것이다.

(4) 일반화

어떤 조건자극에 대해서 조건반응이 확립되면 그 조건자극과 유사한 다른 자극에 의해서도 조건반응이 유발된다. 물론 여기서 말하는 새로운 조건자극은 이전에 무조건자극과 짝 지어지지 않은 것들이며, 원래의 조건자극과의 유사성이 클수록 조건반응이 더 잘된다.

이와 같은 현상을 자극 일반화(stimulus generalization)라 한다. 종소리에 대하여 타액 분비 반응을 하도록 조건화된 개는 시계 종소리, 초인종 소리 또는 전화벨 소리에 대해서도 타액을 분비하는 반응을 보이는 현상이다.

(5) 변별

조건자극과 유사한 자극에 대해서도 조건반응이 유발되는 자극 일반화와는 달리, 특정 자극에만 조건반응을 보이고 다른 자극에 조건반응을 하지 않도록 학습시킬 수가 있다. 파블로프의 실험에서 개에게 900Hz, 1,000Hz, 1,100Hz의 세 가지 소리 자극을 번갈아 제시하면서 이 중 1,000Hz의 소리(CS)에만 무조건자극에 짝 지어진 경우, 개는 1,000Hz의 조건자극에만 선택적으로 타액 분비 반응을 보인 반면, 다른 두 자극에는 조건반응을 보이지 않았다. 이와 같은 현상을 자극 변별(stimulus discrimination)이라 한다.

2) 고전적 조건화 응용

실험실에서 일어나는 조건화는 아주 단순한 반응을 대상으로 하는 것이 보통이다. 그러나 고전적 조건화의 원리는 단순한 반응뿐 아니라 인간이나 동물이 습득한 행동들은 대부분 설명이 가능하다. 고전적 조건화는 공포와 불안과 같은 정서 반응에도 중요하게 영향을 미친다.

공포증이 대표적인 예인데, 이것은 객관적으로 위협하지 않는 대상이나 상황에 대해서 강한 공포를 느끼는 것을 말한다. 예를 들면, 덩치가 크고 사납게 생긴 개를 보고 놀란 경험이 있는 아이는 아주 강력하고 일반화된 개 공포증을 학습할 것이고 어떤 개에게도 접근하기 싫어할 것이다. 위험한 실제 상황에서 일어난 고전적 조건화는 장기간 조건 공포를 일으킬 수 있다.

한 연구(Edwards & Acker, 1972)에서는 전쟁이 끝난 지 15년 후까지도 그 전쟁에 참전했던 사람이 전장 상황을 묘사하는 소리 자극에 대해 강한 피부전기반응(galvanic skin response: GSR)을 보였는데, 이 반응은 정서적으로 인지될 때 나타나는 전형적인 생리적 반응이다. 고전적 조건화에서 불안이나 더 심각한 심리적 장애가 가능하다는 것이다. 파블로프는 개에게 원을 보여 준 후에 음식을 제공하여 침을 분비하도록 하고 타원에 대해서는 침을 흘리지 않는 변별훈련을 하였다. 훈련이 진행되면서 변별과제는 더 어려워졌다, 즉, 타원을 점점 원에 가깝게 하였다. 과제가 어느 정도 어려워졌을 때 개는 실수를 하기 시작하였고, 개의 행동이 이상하게 변화되었다. 조용하던 개가 낑낑대며 짖고 계속 서성거리며 주변의 물건을 물어뜯는 등 이전에 하지 않았던 행동을 하였다. 파블로프는 개의 이런 행동을 관찰하고 신경증 환자가 하는 행동과 유사하다고 생각하여 이를 실험적 신경증(experimental neurosis)이라고 불렀다. 이 실험적 신경증은 동물이 갈등 상황에서 나타나는 결과일 것이다. 동물이 장기간 갈등 상황에 노출되면 수명도 짧아진다고 한다(Liddell, 1950). 이러한 상황이 인간에게도 적용될 가능성이 있다.

인간의 경우 과중한 업무나 내적 갈등에 장기간 시달리거나 스스로 통제할 수 없는 스트레스를 많이 받으면 심신의 건강에 해로운 결과가 유발된다는 것은 이미 잘 알려진 사실이다.

공포나 불안과 같은 불쾌한 정서만이 아니라 유쾌한 정서 반응도 고전적 조건화에 의해 형성된다. 예를 들면, 광고물에서 광고업자들은 어떤 상품을 긍정적 정서를 불러일으키는 무조건자극과 교묘하게 짝 짓는다(Gorn, 1982). 널리 사용되는 전략은 상품을 매력적인 인물(인기 있는 연예인, 운동선수, 저명인사 등)이나 즐거움을 주는 배경(아름다운 경치, 아기, 꽃, 음악 등)과 연합시켜 보여 주는 것이다. 광고업자들은 이런 짝 짓기의 영향으로 상품이 좋은 감성을 불러일으키는 조건자극이 되기를 바랄 것이다. 이 외에도 생리적인 반응과 같은 생활 속의 고전적 조건형성의 예는 많다.

치료에서도 고전적 조건화가 많이 응용되고 있다. 공포증의 치료에서 부정적으로 형성된 고전적 정서 반응에 정적인 자극을 계속 제공하여 부정적으로 형성된 공포증을 치료하는 방법이 활용된다. 행동치료에서도 활용되는데, 약한 자극으로부터 차츰 강한 자극으로 단계적으로 제공하여 행동을 수정하는 체계적 둔감법 등도 고전적 조건화를 활용하는 방법이라 하겠다.

2. 조작적 조건형성

1) 조작적 조건화의 원리

조작적 조건화 과정은 우리에게 환경적 자극과 우리 자신의 행동 사이의 관계성을 배울 수 있게 한다. 특정 행동이 좋은 결과를 가져오면 그 행동은 반복되는 경향을 보일 것이며, 반대로 나쁜 결과를 초래하면 그 행동은 반복되지 않을 것이다. 예를 들어, 수업 시간에 학생이 질문하고 발표할 때마다 칭찬이나 상을 받는다면 그러한 행동들은 반복될 것이다. 조작적 조건화는 유기체가 특정 행동을 한 후에 어떤 자극이 주어지거나 제거됨에 따라서 그 행동이 다시 나타날 확률이 달라지는 것이다. 고전적 조건화와 같이 조작적 조건화도 소거, 일반화, 변별, 자발적 회복 등이 일어난다.

(1) 손다이크와 효과의 법칙

파블로프가 고전적 조건화 실험을 하기 전에 하버드대학교의 대학원생이었던 에드워드 손다이크(Edward Thorndike, 1911~1970)는 동물의 지능을 연구하기 위하여 실험을 계획하였다. 그는 고양이, 개, 닭, 원숭이 등의 시행착오학습(trial-and-error learning)을 연구하였다. 손다이크는 동물들이 직접 문을 열 수 있는 상자 안에서 페달을 밟으면 문이 열리도록 고안된 문제상자(puzzle box)를 고안하여 그 안에 고양이를 넣어 두었다. 처음에 고양이는 상자 안에서 밖으로 나오려고 상자의 이곳저곳을 부딪치다가 이것이 실패하자 상자를 할퀴거나 물어뜯거나 울부짖었다. 그러는 과정에서 우연히 상자 안의 페달을 밟게 되어 상자 밖으로 나오게 되었다. 이때 실험자는 고양이에게 자유와 먹이를 주고 다시 안으로 넣었다. 고양이는 많은 시행착오를 통해 밖으로 나오는 방법을 배우게 되었고, 시행착오학습이 이루어진 후에는 상자에 들어가자마자 페달을 눌러 나오게 되었다. 문제상자를 통해 손다이크는 효과의 법칙(law of effect)을 제안하게 되었다. 유기체가 보이는 다양한 반응은 자신에게 유익하고 만족스러운 결과를 낳거나 반대로 불만족스러운 결과를 가져오기도 한다. 어떤 반응 후 만족스러운 상태가 오면 그 반응은 반복되며, 불만족스러운 상태가 오면 그 반응은 사라지는 경향이 있다고 보았다. 즉, 반응이 일어나는 확률은 그 반응이 환경에 미치는 효과 또는 결과에 달려 있다는 것이다. 이러한 원리를 손다이크는 효과의 법칙이라 불렀다. 이 효과의 법칙은 스키너(Skinner)의 조작적 조건화 연구에 대한 중요한 개념적 초점을 제공하였다.

고전적 조건화에서는 학습자의 반응이 결과에 영향을 미치지 않지만, 조작적 조건화에서는 학습자의 반응이 뒤따를 결과를 결정한다는 절차상의 차이가 있다.

(2) 스키너의 조작 행동

스키너 상자에서 쥐는 새로운 환경을 탐색하면서 여러 가지 반응을 나타냈다. 그러다가 우연히 지렛대를 누르게 되고 쥐는 먹이를 얻게 된다. 이런 시행이 반복되면서 쥐는 먹이를 얻는 데에 불필요한 반응을 줄이고 바로 지렛대를 눌러서 먹이를 얻는 방법을 학습하게 된다. 조작적 조건화에서의 반응은 어떤 명백한 자극이 없이 진행되며 수의적 통제하에 있는 조작적 행동(operant behavior)이라 하면서, 학습은 조작적 행동이 환경에서 오는 강화의 영향을 받게 되면 일어난다고 하였다.

스키너는 조작적 행동이 환경에 대하여 조작과 변화를 가하고 영향을 미친다는 의미에서 이러한 유형의 학습을 조작적 조건화(operant conditioning)라고 하였다. 스키너의 조작적 조건화에서 주요한 개념으로 조형(shaping)과 행동 연쇄화, 미신적 행동(superstition behavior) 등이 있다. 동물 행동을 조건화하는데 단번에 시킬 수는 없다. 따라서 단계를 나누어 목표 행동을 하도록 하는 것이 행동 조형(조형 학습)이다. 처음에는 스키너 상자에서 쥐를 일어나도록 강화한다. 몇 차례 강화 후 쥐는 일어나는 행동 반응을 빈번히 하게 될 것이다. 그다음에는 강화규칙을 변경시켜 쥐가 지렛대를 향하여 일어서는 행동만을 강화하고, 다음으로 지렛대 가까이에서 일어나는 행동을 강화하고, 다음 단계에서 앞발로 지렛대를 접촉하였을 때 강화물을 제공하고, 마지막으로 앞발로 지렛대를 누르면 먹이가 자동으로 떨어지게 하는 것이다. 서커스에서 동물이 복잡한 행동을 하도록 하는 행동 연쇄화도 조형 훈련을 단계화한 것이라 할 수 있다. 어떤 특정 행동을 했을 때 우연히 보상을 받았다면 그런 특정 행동을 했을 때 보상이 나오리라는 기대를 하는 것을 미신적 행동이라 한다. 스키너 상자 안에서 비둘기가 우연히 고개를 숙였을 때 강화물이 제공되었다면 비둘기는 보상이 나오리라는 기대로 고개를 숙이는 행동을 하게 될 것이다. 2002년 한일월드컵 경기에서 슈팅한 공이 골대를 맞고 나오면 진다는 징크스가 있었는데 이러한 현상을 미신적 행동이라 하며, 중국인이 좋아하는 숫자는 8이라는 것 등이 좋은 예이다.

2) 조작적 조건화 절차

조작적 조건화는 행동의 효과를 통제함으로써 그 행동을 강하게 즉 다시 발생할 확률을 증가시킬 수도 있고, 반대로 약하게, 즉 다시 발생할 확률을 감소시킬 수도 있다. 어떤 자극이 그에 선행한 반응의 재출현 가능성을 증가할 때 그 자극을 강화 자극(reinforcing stimulus) 또는 강화(reinforcer)라고 하고, 반응의 재출현 가능성이 증대되는 절차 또는 현상 자체를 강화(reinforcement)라고 한다. 이에 비하여 어떤 자극이 그에 선행한 반응의 시행 가능성을 감소시킬 때 그 자극을 처벌 자극(punishing stimulus) 또는 처벌자(punisher)라 하며, 이러한 절차 또는 현상 자체를 처벌(punishment)이라 한다.

조작적 조건화 절차는 행동이 초래하는 효과의 특성, 조작적 반응과 그것이 초래하는 결과 사이의 관계성에 의해서 네 가지로 분류할 수 있다. 행동이 초래하는 효과의 특성은 유쾌한 것인가 아니면 불쾌한 것인가 하는 것인데, 유기체에 유쾌한 사태를 초래하는 강화물을 욕구 강화물(appetitive reinforcer)이라 하고, 불쾌한 사태를 초래하는 강화물을 혐오적 강화물(aversive reinforcer)이라 한다. 반응과 그 결과 사이의 관계에 있어서 어떤 자극이나 사태가 반응 후에 제시되는 경우를 정적 수반성(positive contingency)이라 하고, 반대로 제거되는 경우를 부적 수반성(negative contingency)이라 한다. 강화와 반응과의 관계를 〈표 5-1〉과 같이 제시하였다.

<표 5-1> 강화와 반응과의 관계

유형	도구적 반응의 효과	반응 확률
정적 강화	욕구 강화물의 제시	증가
부적 강화	혐오적 강화물의 제거	증가
정적 처벌	혐오적 처벌자의 제시	감소
부적 처벌	욕구 강화물의 제거	감소

3) 강화 계획

조작적 조건화 가운데 가장 간단한 절차는 바라는 반응이 나타날 때마다 강화하는 것인데 이런 강화 절차를 계속적 강화(continuous reinforcement)라고 한다. 실제 상황에서 모든 반응이 강화되는 경우는 많지 않다. 반응에 대해 가끔 강화물이 주어지는 것이 보통인데, 이런 형태의 강화를 부분 강화(partial reinforcement)라고 한다. 강화물이 제공되는 방식에 따라 우리의 행동 양식은 달라질 것이다. 강화물을 제공하는 규칙을 강화 계획이라고 하는데, 다음 네 가지이다.

첫째, 고정-비율 계획(fixed-ratio schedule)으로 일정 비율의 정향 반응이 나타난 후에 강화하는 절차이다. 한번의 강화물을 얻기 위해 많은 수의 반응을 해야 하는 경우 강화물을 얻은 직후에 반응을 멈추는 기간이 관찰된다. 또한 강화를 얻기 전에 반응 수가 많을수록 휴식 기간이 길다.

둘째, 고정-간격 계획(fixed-interval schedule)으로 반응에 무관하게 일정한 시간이 경과 후 처음 나타나는 반응을 강화하는 절차이다. 강화 사이에 수행되는 반응의 수는 강화물 획득에 아무런 영향을 미치지 않기 때문에 학습자는 강화물을 받은 후에 휴식을 취하고 정해진 시간 간격이 끝날 무렵에 빈번한 반응을 하는 특징을 보인다.

셋째, 가변-비율 계획(variable-ratio schedule)으로 강화물을 받기 위해 요구하는 반응 수가 변화되는 것을 제외하고는 고정-비율 계획과 같으며, 반응률이 안정적이고 휴식 기간이 없어진다.

넷째, 가변-간격 계획(variable-interval schedule)으로 한 번의 강화와 그다음 강화 간의 시간 간격이 시행에 따라 변화된다. 시간이 얼마나 지난 후에 수행하는 반응이 강화될지 전혀 알 수 없다. 그러므로 이 계획에서의 동물들은 안정적인 반응을 하지만 속도는 느리게 나타난다.

4) 조작적 조건형성의 응용

조작적 조건화의 원리는 원래 실험실에서 동물을 대상으로 연구된 것이었으나 다양한 인간 행동 연구에 많은 도움을 준다. 인간 생활에서 조작적 조건화가 가장 많이 적용되는 상황은 부모나 교사 또는 동료에 의해 부과되는 보상이나 처벌일 것이다. 우리는 상호작용하는 다른 사람들의 정적 또는 부적 반응을 통해 사회적으로 어떻게 반응해야 하는가를 배운다. 조작적 조건형성에 관한 체계적인 연구는 특정 행동을 발달시키거나 교정시키기 위한 특수한 행동수정 기법으로 활용되기도 하고 동물을 특별하게 훈련하는데 긴요하다. 또한 심리적 장애의 이해 및 치료와 바이오 피드백 훈련, 미신적 행동의 치료 등에 널리 활용되고 있다.

3. 설득에의 응용

설득이론 중에서 조건형성 이론을 소개한 것은 북한군과 주민들의 욕구 수준이 생리적, 안전 욕구 수준을 벗어나지 못한 상태라는 것을 가정한 것이다. 특히 북한 당국이 북한 주민들을 통제하는 것이 조건형성 이론, 즉 행동주의 이론에 기초하고 있으므로 더욱 설득력이 있을 것이다. 이처럼 북한 주민들의 우물 안의 개구리 식으로 조건화된 심성체계를 보다 상위욕구체계로 이끌기 위해서는 “Little Albert”의 짐승 공포증 치료방법과 같은 방법으로 단계적 적용이 필요하다. 북한 주민들의 욕구 발달을 위하여 조건형성 이론을 광고에 적용하는 것처럼 호감을 느낄 수 있는 주제와 소재 선정이 성패를 좌우할 것이다. 즉, 반응 증가를 위하여 도구적 조건화의 절차를 지역과 환경의 특성에 부합하도록 적용한다면 더욱 좋은 결과를 얻을 수 있을 것이다.

문화적 충격을 해소하고 갈등을 최소화하기 위하여 우리 모두 은근과 끈기가 필요하며, 사람 대 사람의 관계라는 점에서 나와 상대의 모든 조건, 변화할 수 있는 환경, 상호작용의 관계성을 염두에 두어야 하고 항상 돌변할 수 있는 상황을 예견할 수 있어야 한다. 따라서 마음을 경영할 수 있는 여유를 찾아야 할 것이다(심진섭, 1996, 2012).

제6장

기타 주요 이론과 설득

1. 귀인이론

1) 귀인이론의 개념

귀인이란 어떠한 일이 발생하게 된 이유, 어떤 사람이 어떻게 행동하거나 말하게 된 이유 혹은 우리 자신이 특별한 방식으로 행동하거나 말하게 되는 이유에 대하여 설명하는 추론을 말한다(Weiner, 1972). 귀인이론(attribution theory)이란 사람은 자신이 관찰하는 언어적, 외적 행위로부터 피관찰자의 태도나 의도와 같은 행동 이면에 있는 특징들을 설명하고자 하는 이론이다. 귀인이론의 공통된 특징은 어떤 반응의 원인에 대한 추론을 태도 변화의 가장 직접적인 선행요인에 초점을 두고 있다. 예를 들어, 기존의 태도 이론이 태도의 변화로 행동의 변화를 추정하고 설명하였다면, 귀인이론에서는 행동을 보고 태도를 추정하는 방법이다. 귀인의 두 가지 유형이 있는데 행동과 태도의 원인을 외부환경에 두는 것으로 외부 귀인이라 하며, 행동과 태도의 원인을 자신에게 두는 것으로 내부 귀인이라 한다.

2) 주요 이론

(1) 자기지각이론

사람들은 자기 입장으로 타인의 태도를 추론하는 것과 같이 자신이 한 행위의 결과에 따라 자신의 태도를 맞춘다는 것이다. 사람들은 비논리적으로 생각하는 경향이 있다. 즉, "좋아하는 것에 접근하기 때문에 접근하는 것을 좋아한다."라고 잘못된 결론을 내리는 경향이 있다. 우리가 어떤 사물에 접근한다는 것이 우리가 접근하는 사물에 대해 긍정적인 태도를 띠게 된다는 추론은 비논리적이지만, 사람들은 종종 이러한 유형의 비논리적인 추론을 하는 경향이 많으므로 어떤 행위로부터 태도를 추론하는 것이 가능하다.

자기지각이론의 검증 실험

종교에 대한 태도 연구(Salancik & Conway, 1975)에서 실험에 참여한 피험자는 학생들로서 친종교적, 반종교적 상황 하나를 찬성하도록 하는 것으로 학생들의 종교적 활동에 관한 질문에서 '자주(frequently)'라는 단어와 '가끔(occasionally)'이라는 단어를 선택하도록 하여 친종교적, 반종교적 응답을 조사하였다.

A 집단에서는 '가끔' 교회나 집회에 나가며 종교인이 저술한 책을 읽는다 등의 질문에 긍정과 부정으로 답하게 하였다. 대부분 학생이 이러한 일들을 '가끔'은 하므로 그들은 긍정적으로 답하는 경우가 많았다.

B 집단에서는 '가끔'이라는 말 대신에 '자주'라는 말을 사용하여 부정적으로 답하도록 유도하였다. 1차 실험 후 학생들에게 자신이 얼마나 종교적인가를 답하도록 했을 때 친종교적 행위를 하도록 유도되었던 A 집단이 B 집단보다 더 종교적이라고 대답하였다. 즉, 학생들이 스스로 말하는 종교적인 정도는 부분적으로 자신들이 선택한 결과에 태도를 맞춘다는 것이 증명되었다.

자신의 행위에 태도를 맞추게 하는 실험(Kiesler, Nisbett, & Zanna, 1969)에서 먼저 인기 없는 사설을 사람들에게 들려주도록 한 후 "왜 그렇게 열심히 실험에 집중했는가?"라는 질문을 했다.

A 집단에서는 신문의 사설 내용을 지지하여 타인에게 들려주는 것이다. 실험 후 피험자들은 자신이 사설 내용을 강력히 지지하기 때문에 사람들에게 신문의 사설 내용에 대하여 자기가 지지한 입장을 설득했다고 진술하였다. 따라서 자신의 행위

가 원인이 되어 태도가 결정되었다는 것을 증명하였다.

B 집단에서는 사람들에게 쉽게 접근하여 토론할 수 있도록 하였다. 실험 후 자신은 "개방적인 사람이기 때문에 사람과 얘기하기 좋았다."라고 진술하였다.

실험결과 자신의 태도가 실제로 수행한 행동에 원인이 되었다는 단서를 받은 A 집단은 자신의 행위와 일치하는 태도를 보고할 확률이 높은 것으로 나타났다. 그러므로 자신의 태도가 실제로 한 행동이 직접적인 원인이 될 수 있다는 것이다.

(2) 문간에 발 들여놓기 기법 효과

이 기법의 핵심은 사람들이 이전에 사소한 호의적인 행위를 하기로 동의했으면 후에 더 크고 부담이 많은 행위를 할 확률이 높게 나타난다는 것이다. 키슬러와 니스벳, 자나(Kiesler, Nisbett, & Zanna, 1969)에 의하여 행해진 연구이다.

A 집단에서 실험자들은 주부들을 호별로 방문하여 안전운전을 위한 위원회에서 나왔다고 말하고 안전운전을 위한 법안을 상원에 승인받는 청원서에 서명해 달라는 부탁을 하였다. 사소한 요구였으므로 대부분이 동의하였다. 몇 주가 지난 다음 서명한 사람들은 다른 실험자와 접촉하였다. 지난번 요청보다 부담이 큰 요구로 피험자들에게 자신의 뒷마당에 크고 보기 흉한 '안전운전'이라고 쓴 푯말을 설치하도록 요청하였다.

B 집단에서는 이전의 청원서에 서명해 달라는 부탁을 받지 않은 주부들을 대상으로 자신의 뒷마당에 크고 보기 흉한 '안전운전'이라고 쓴 푯말을 설치하도록 요청하였다. 결과는 사소한 호의적 행위에 동의했던 A 집단은 55% 이상이 자신의 뒷마당에 커다란 푯말을 세우는 것을 찬성하였다. 반면에, 청원서에 서명해 달라는 부탁을 받지 않은 B 집단에서는 17%만이 동의하였다. 이러한 결과는 문간에 발 들여놓기 기법의 효과를 증명한 실험으로 자신의 행위에 대해 태도를 결정한다는 것을 암시하는 것이다.

(3) 지나친 정당화

귀인이론에 의하면, 한 사람에게 특별한 방식으로 행동하도록 유도하면 그 사람이 그 행위를 하도록 하는 외적 힘을 인지하지 못하는 만큼 태도 변화를 가져온다는 사실을 암시하고 있다. 이것은 그 사람이 행위를 내적 태도에 귀인하기 때문이다. 지나친 정당화(Over Justification Effect)란 사람들이 자신이 즐기는 일을 행할 때 그들의 즐거움은 그들을 행동하게 한 명백한 외적인 힘의 영향으로 감소된다는 사실을 지지하는 연구이다. 실험 연구(Lepper, Greene, & Nisbett, 1973)에서 어떤 행동에 대해 그럴듯한 외적 원인이 그 행동에 대해 가졌던 이전의 태도가 어떻게 변화하는가를 보여 주는 실험이다. 레퍼와 그린, 니스벳(Lepper, Greene, & Nisbett, 1973)은 세 살에서 다섯 살의 아이들을 관찰하고 그림 도구를 가지고 즐겁게 놀고 있으며, 이렇게 하는 것에 대한 명백한 외적 보상이 없음에도 불구하고 그림을 그린다는 사실을 발견하였다.

A 집단의 아이들에게 그림을 그리면 '좋은 화가 상'을 주기로 약속하고 실행하였다. B 집단의 아이들에게는 아무런 약속도 하지 않았다. 2주 후 아이들에게 그림을 그릴 기회를 주었고 아이들이 그림 도구를 가지고 노는 빈도를 측정하였다.

상을 받을 거라는 사실을 알고 그림을 그린 아이들(A 집단)이 아무 이유 없이 그림을 그린 아이들(B 집단)보다 그림 도구를 가지고 노는 빈도가 낮음을 발견하였다. 따라서 태도와 일치하는 행위에 대해 너무 지나친 외적 정당화를 제공함으로써 호의적 태도를 변하게 할 수 있다. 외적 정당화는 반드시 긍정적 보상이 될 수 없고 감시의 형태를 주거나 처벌의 위협이 될 수도 있다. 반면에, 보상으로서 언어적 칭찬, 특히 어떤 일에 대해 유능하다는 느낌을 증가시키는 형태로 전달될 때 그 일에 대한 태도의 호감도를 증가시킬 수 있다.

3) 설득에의 적용

이상과 같이 귀인이론 측면에서 자기지각이론, 문간에 발 들여놓기 기법 효과, 지나친 정당화 이론 등으로 검증하였다. 인간은 어떤 정보를 접하게 되면 인지 형성 단계-태도 형성 단계-행동화 단계 순으로 발전하게 된다. 즉, 설득을 통하여 우리의 정보를 제공해 줌으로써 적군, 적 지역주민들의 태도 형성에서 행동화 단계까지 유도할 수 있다는 것이다. 그러므로 설득에서 우리의 주장을 강요하려는 태도를 보인다면 적군, 적 지역의 주민들에게 심리적 반발성을 가져오게 할 수 있으며, 우리의 설득에 대한 면역 효과를 강화할 수 있으므로 높은 효과를 기대하기 어렵다. 따라서 우리의 주장 일변도보다 상대가 접근할 수 있는 분위기를 만드는 것이 선행조건이며, 접촉이 이루어지면 많은 대상의 참여가 이루어질 수 있도록 유도하여 참여도를 높이고 호기심을 유발할 수 있는 주제를 선정하여 그들이 과장되고 허황하며 모순에 빠질 수 있도록 대화를 진행하여 관계를 지속할 수 있도록 해야 한다. 이런 과정이 지속될 때 자기 측의 선전을 듣는 이들(적 병사, 적 지역의 주민)에게 그들 주장의 모순성을 '인지 단계'로 발전시키고 자신들의 '지나친 정당화'로 인하여 자기 측 선전의 허구성을 스스로 폭로하도록 하는 것이며 '문간에 발 들여놓기' 기법 효과가 달성되어 설득 효과를 극대화할 수 있는 조건을 만드는 것이다(심진섭, 2012).

2. 균형이론

1) 균형이론의 개념

사회심리학적 차원으로 볼 때 인간의 마음은 환경에 대한 함수 관계라고 한다. 균형이론의 측면에서는 마음의 변화 또는 행동의 변화가 환경, 자신, 자신과 관계된 대상의 3자 관계를 낳고 그 원인을 어디에 두고 있는가에 관심을 두는 것으로 관계 유지의 안정성에 중점을 두는 P-O-X 이론, 환경과 자신 자신과 관계된 대상에서 자신의 인지적 중심 표출을 하는 과정을 탐색한 인지부조화이론 등이 대표적이다.

2) 관점

(1) P-O-X 이론

감정(sentiment)은 대인관계에서 중요한 역할을 한다. 한 사람이 다른 사람에 대해서 갖는 감정은 호감, 사랑, 증오, 감사, 분노, 신뢰 등으로 흔히 그 사람이 타인에 대한 행동에 강한 영향을 준다.

P-O-X 이론의 논리는 감정을 내포하고 있을 수 있는 상황과 사상의 다양성에 어떤 질서를 부여하기 위해서 제안되었다. 하이더(Heider, 1946)에 의해서 처음 제안되었을 때에 이 이론은 한 사람(P)과 타인(O), 그 타인에게 관여된 대상(X)에 대한 감정의 관계를 다루었다. 예컨대, X의 요소는 비인적 대상뿐만 아니라 어떤 식으로 타인에게 관련된 타인이 될 수 있다. 이 이론은 별개의 실체들(예컨대, P, O 및 X)은 그것들이 함께 소속되는 것으로 보이게 할 때 하나의 단위(unit)를 이룬다는 것이다. 그 단위가 모든 측면에서 같은 역학적 성질을 가질 때 긴장된 상태가 없고 변화의

압력도 없다. 여러 요소 간에 갈등이 있어 공존할 수 없을 때는 긴장이 생기게 되고, 균형 상태를 위해서는 인지적 조직을 변화시키려는 압력이 생기게 된다. 이러한 일반적 명제는 단순하지만, 균형 상태나 불균형 상태를 일으키는 요소들의 확인과 기술, 균형을 이루는 방법들에 관한 설명은 어렵다. 감정 관계(sentiment relation)는 사람의 어떤 대상에 대한 평가를 말하는데 호감, 존경, 인정, 오감, 멸시, 숭배, 사모 및 기타 평가적 반응들이 포함된다. 또한 감정 관계는 정적이거나 부적일 수도 있다. 감정 관계를 분류하면 호감, 인정 및 존경은 정적(+)이고, 오감, 불안정 및 거부는 부적(−)이다.

하이더는 균형된 상태로 되려는 경향성에서 생기는 효과에는 세 가지 종류가 있다고 제안하였다. 즉, 균형 상태에 대한 선호, 관계들의 유도(induction), 불균형 상태를 균형 상태로 변화시키는 것이다.

(2) 인지부조화이론

부조화의 정의는 인간의 마음을 일관성과 비일관성이라는 용어가 비논리적인 의미를 내포하고 있으므로 페스팅거(Festinger, 1957)는 조화와 부조화라는 용어로 대치시켰다. 조화와 부조화는 요소들의 쌍 사이에 존재하는 관계를 설명하기 위하여 사용되었다. 요소들은 인지들로 정의되었는데, 여기에서 인지(cognition)라는 용어는 자신이나 자신의 환경에 관한 어떤 지식, 의견, 신념이나 감정 등을 말한다.

부조화는 두 요소 간으로 범위를 제한할 때 어떤 한 요소의 역이 다른 요소로부터 귀결된다면 부조화한 관계에 있다. 예를 들어, 만일에 어떤 사람이 비를 맞고 서 있으면 그 사람은 비를 맞게 될 것으로 귀결된다. 어떤 사람이 비를 맞고 서 있다는 인지와 비를 맞지 않는다는 인지는 부조화한 관계가 될 것이다.

강요된 응종(forced compliance)의 상황에 대한 부조화이론의 적용은 그 당시의 사적 의견이 개입되지 않고 공적 응종에 한정되어 처벌의 위협이나 보수의 약속을 통해서 일어나게 된다. 조화의 원인은 그 사람이 사적 의견과는 불일치되는 식으로 공적으로 행동하였다는 인식이다. 부조화의 크기는 사적 의견의 중요성과 처벌과 보상의 관계 함수이다. 그 의견들이 중요할수록 부조화는 크지만, 처벌이나 보상이 적으면 부조화도 작다. 강요된 응종에서 생기는 부조화는 그 후의 사적 의견의 변화, 보상이나 처벌의 과정에 의해서 감소될 수 있다.

부조화는 정보에 대한 선택적 접촉을 일으킨다. 인간은 조화를 일으키는 정보를 선호하고 부조화를 일으키는 정보는 회피하는 경향이 있다. 인간에게 부조화가 없다면 부조화 정보를 탐색하지도 회피하지도 않을 것이다. 따라서 적정 수준의 부조화는 최대의 정보 탐색과 회피 행동을 유발하게 된다. 부조화가 극에 달하면 선택적 접촉이 감소하게 되며 부조화 발생 정보를 적극적으로 탐색한다.

인지부조화는 타인이 자기 자신과 반대되는 어떤 의견을 지니고 있다는 것을 아는 사람에게서 생겨날 수 있다. 사회적 지지(social support)의 부족에 의해서 생겨난 부조화의 크기는, 첫째, 사람의 의견과 조화되는 객관적이며 비사회적 인지 요소들이 존재하는 정도, 둘째, 비슷한 의견을 지니고 있다고 그 사람에게 알려진 사람들의 수, 셋째, 요소들의 중요성, 넷째, 그 의견에 대해 의견이 일치되는 사람이나 집단의 관련성, 다섯째, 의견이 불일치되는 사람이나 집단의 경력, 여섯째, 의견 불일치 정도의 함수이다. 그러한 부조화는 자기 자신의 의견을 변화시킴으로써, 불일치되는 사람들을 자신과 비교될 수 없게 함으로써 감소된다.

부조화는 심리적으로 불안하며, 본인은 부조화를 감소시키고 조화를 성취하려고 불쾌를 일으킨다. 예를 들어, 어떤 사람이 새로운 차를 구매한 다음에 친구들이 그 차가 '시시한 것'이라고 생각하고 있다는 것을 알았다고 가정하자. 그 사람에게는 부조화가 생기게 될 것이고, 그 사람은 그것을 감소시키려는 동기를 갖게 될 것이다. 따라서 그 차를 팔거나 그 차가 실제로 좋은 차라는 것을 이해시키거나 타인으로부터 그 차의 질에 관한 호의적 의견을 획득함으로써 달성될 수 있다. 부조화가 존재할 때에는 그것을 감소시키려고 노력할 뿐만 아니라, 그것을 증가시킬 것 같은 상황과 정보를 회피할 것이다. 예컨대, 방금 A 상표의 차를 구매한 사람은 아마도 다른 유형의 차에 관한 광고를 읽으려 하지 않을 것이다.

3) 설득에의 적용

설득을 통해 적군, 적 지역의 주민에게 정보를 제공하여 현 상태를 발전된 상태로 만들자는 것이다. 즉, 설득을 통하여 일관성, 진실성이 인정되어 그들의 마음을 불균형 상태로 만들고 결국 발전된 상태의 균형 상태를 만들어 적 체제 전반의 모순성을 스스로 깨닫도록 할 수 있는 적 당국 선전의 자충수 유도가 중요하다.

인지부조화이론 측면에서는 인지적 단계와 태도 형성 단계가 우리가 요구하는 수준으로 발전했더라도 적국, 적군의 환경이 행동 표현 및 발달단계를 허락하지 않기 때문에 발산시킬 수 없다고 본다. 그러나 설득 측면에서 인지 단계 → 태도 형성 단계까지만 발전해도 성공했다고 볼 수 있다. 왜냐하면 일단 태도가 형성되면 적당한 조건이 성숙해지면서 행동화로 발달하여 군중심리로 증폭될 수 있기 때문이다. 따라서 설득에서는 행동화 단계까지 발전할 수 있는 환경의 형성이 중요하다. 즉, 정보를 쉽게 접할 기회를 계속하여 유지, 확산하는 것이 선행조건이라 할 수 있다(심진섭, 1996, 2012).

3. 상담이론

1) 상담과 설득의 공통점

상담(counseling)이란 말뜻 그대로 옮기면 서로 말을 주고받는다는 의미이다. 그러나 단순히 정보를 교환하고 협의하는 상황인 대화나 토론, 설교, 심문의 차원을 넘어선다. 즉, 얼굴을 대하면서 단순히 의견을 교환하는 것이 모두 상담은 아니다.

상담이란 도움이 필요한 사람(client, 내담자)이 경험과 지식과 정보를 갖추고 있는 전문적 훈련을 받은 사람(counselor, 상담자)과의 대인관계(대면 상황)에서 정보와 조언을 통해 도움을 받아 생활 속에서 일어난 문제들을 해결해 나가는 것이며, 더 나아가 사고, 감정, 행동의 세 가지 측면에서 '인간적인 성장'을 하기 위해 노력하는 일련의 학습 과정이다. 이러한 상담의 개념은 어떠한 상담이든(전화 상담을 제외하고), 상담이란 얼굴을 마주 대하는 대면 상황으로 이루어져 있고, 상담의 결과로 과거의 생각, 느낌, 행동 등에서 새로운 변화가 이루어지며, 궁극적인 목표는 문제 해결 및 인간적인 성장에 있다는 것을 의미하고 있으므로 설득의 목적과 같다고 볼 수 있다. 따라서 상담이론을 이해함으로써 설득의 질을 결정적으로 향상할 수 있으며, 통일 이후 북한군 및 주민들에 대한 한국화 교육의 초기 작업이라고 해도 과언이 아니다.

2) 진행 과정

상담을 진행하는 과정은 다음과 같다.

초기 단계로 라포(rapport)를 형성한다. 경청과 주목이 필수적이며, 내담자가 믿고 개방적으로 이야기할 수 있는 분위기 조성이 관건이다. 따라서 신뢰감 조성, 억양, 표정, 몸짓 등을 상세하게 관찰해야 한다.

중기 단계로 감정이입, 문제 확인, 공감적 이해가 관건이다. 내담자의 감정에 일치되게 느끼고 보며, 문제를 확인하고 이해와 수용의 태도를 상대방에게 전달하여 내담자의 반응에 대해 상담자가 느낀 점을 솔직히 언급하는 단계이다.

말기 단계로 행동, 태도, 사고의 변화가 일어난다. 내담자의 태도, 감정, 행동 간의 상호관계에 대한 의미를 해석해 주고 생산적인 방향으로 이를 수정하도록 동기를 유발하는 단계이다.

3) 상담의 원리

상담이 내담자와 상담자 간 태도, 감정의 역동적 상호작용으로서 궁극적으로 내담자가 환경에 대해 효과적이고 현명한 적응을 하게 돕는 것이라면 그의 원리는 내담자의 이해가 전제되어야 한다. 그러나 인간의 이해는 개인차의 폭 때문에 쉬운 일은 아니므로 누구에게나 기본적 감정 및 태도의 형태가 있다는 것을 잊지 말아야 한다(Biestek, 1957). 그리고 상담의 원리를 다음과 같이 제시하였다.

첫째, 사례(case)나 유형 또는 범주보다는 오히려 개인으로 대접받고 싶은 욕구가 있다.

둘째, 부정적, 긍정적 당면의 감정을 표명하고 싶어 하는 욕구가 있다.

셋째, 설사 의존적인 생활을 영위하고 있고 많은 약점과 과오, 실패가 있을지라도 가치 있는 인간으로서, 존엄성을 지닌 인간으로 받아들여지기를 바라는 욕구가 있다.

넷째, 표명된 자기감정에 대해 타인의 동정적인 이해와 반응을 받고 싶은 욕구가 있다.

다섯째, 내담자 자신이 직면하고 있는 문제에 대해 누구의 판단이나 힐책도 받고 싶지 않은 욕구가 있다.

여섯째, 자기 생활은 스스로 선택 · 결정하고 싶으므로 강요당하거나 지배 또는 권고를 원하지 않는다.

일곱째, 자신에 관한 비밀 정보는 오직 자기만의 비밀로 간직하고 싶은 욕구가 있다.

따라서 비에스텍(Biestek)은 이러한 욕구를 충분히 이해하고 반응해야 좋은 문제 해결의 관계수립이 가능하다고 보고, 다음과 같은 일곱 가지로 집약, 표현하였다.

- 개별화(individualization)
- 의도적 감정 표현(purposeful expression of feelings)
- 통제된 정서의 관여(controlled emotional involvement)
- 수용(acceptance)
- 비심판적 태도(nonjudgemental attitude)
- 자기결정(self determination)
- 비밀보장(confidentiality)

(1) 개별화 원리

개별화라는 것은 각 내담자의 독특한 성질을 알고 이해하는 일이며, 적절한 적응을 할 수 있도록 각 개인을 도와줌에 있어서 다른 원리나 방법을 활용하는 것이다. 따라서 개별화란 인간은 개별적이며 불특정한 한 사람으로서가 아니라 개별적 차이를 지닌 특정한 인간으로서 취급해야 한다는 것이므로 소위, 내담자의 권리와 욕구로서의 개별화(individualization as a light and a need of the client)라고 표현함이 더 실감을 갖게 한다. 그러므로 개별화의 원리가 이루어지려면 그 전제로서 다음과 같다.

첫째, 상담자는 편견이나 선입관으로부터 탈피되어야 한다.

둘째, 인간행동의 유형과 원리에 대해 전문적으로 이해하려고 해야 한다.

셋째, 내담자의 말을 경청하고 세밀히 관찰하여야 한다.

넷째, 내담자의 보조에 맞추어 진행할 수 있어야 한다.

다섯째, 인간의 감정 변화를 민감하게 포착해야 한다.

여섯째, 내담자의 견해차가 있을 때 앞을 내다보는 능력으로 적절한 선택을 해야 한다.

이와 같은 전제하에 개별화의 구체적 방법으로 이루어져야 할 것은 상담면접의 시간이나 환경 분위기에 세밀한 배려를 해야 한다. 특별시설이나 면담 시설을 이용함으로써 비밀 존중감과 신뢰감을 의식하도록 해야 한다.

약속한 상담을 엄수하되 만약 어겼을 때는 이해할 수 있는 이유를 제시하고 설명해 줄 것이며, 충분한 사전 준비를 해야 하고, 내담자 자신의 활동을 적극 권장시켜 주어야 한다. 또한 지도방법에 융통성을 갖도록 해야 한다.

(2) 의도적 감정 표현의 원리

의도적인 감정 표현은 내담자가 그의 감정, 특히 부정적 감정을 자유롭게 표현하려는 그의 욕구에 대한 인식이다. 다시 말하면, 내담자가 의도적으로 감정을 표현하는 것은 다음과 같은 욕구가 있음을 대변하는 것이다.

- 수용받고 싶은 욕구
- 개인적 존재로 처우받으려는 욕구
- 시설이나 기관으로부터 원조받으려는 욕구
- 상담자와의 관계를 수립하려는 욕구
- 자기의 문제를 해결하고자 하는 욕구

따라서 이와 같은 욕구가 용기로 바뀌어 감정 표현을 하게 되는데, 그 결과 내담자에게 주려는 효과는 압력이나 긴장으로부터 내담자를 완화시키고, 문제나 내담자 개인을 이해해 주며, 심리 사회적인 지지의 형태인 동시에 그의 부정적인 감정 표현 자체가 진정한 문제일 수도 있다. 그러므로 상담자는 내담자의 감정 표현을 비난하지 말고 낙심시키지도 말며 오히려 끝까지 경청하여야 한다.

상담에서의 의도적 감정 표현의 원리란 내담자가 긴장을 풀도록 제반 조치를 준비하고, 허용적 태도 조성을 위하여 내담자의 감정 표현을 경청하며, 내담자의 감정 표현을 적극적으로 자극하고 격려한다. 그리고 적절한 속도로서 상담을 이끌 것이며, 비현실적인 보장이나 너무 빠른 초기의 해설을 삼가는 것 등이다.

(3) 통제된 정서적 관여의 원리

상담은 주로 정서적인 면에 관련되어 있으므로 상담자는 내담자에게 그 감정을 말로 표현하도록 권고하여야 한다. 상담자는 이들 감정에 호응하기 위하여 정서적으로 관여함에 이른다. 그런데 이 정서는 통제되어 있으므로 사례의 목적과 내담자의 변화 욕구에 따라 상담자의 점진적, 긍정적인 사고에 따라 그 방향은 결정되는 것이다. 따라서 상담에 있어서 통제된 정서적 관여의 원리를 지켜주려면, 내담자의 감정에 대한 상담자의 민감성(sensitivity)과 감정이 의미하는 것에 대한 이해는 물론이며, 내담자의 감정에 대한 의도적이고 적절한 반응(response)이 필요하게 된다.

(4) 수용의 원리

수용이란 내담자의 장단점, 바람직한 성격과 그렇지 못한 성격, 긍적적인 감정과 부정적인 감정, 건설적 태도나 행동 등을 있는 그대로 이해하여 그의 존엄성과 그 인격의 가치에 대한 관념을 유지해 나가는 행동상의 원칙을 말한다. 따라서 수용의 대상은 선(善)한 것만이 아니고 진정한 것(the real) 등 있는 그대로의 현실이어야 한다. 또한 수용의 목적은 치료에 있으므로 다음과 같이 진행하여야 한다.

첫째, 상담면접은 내담자 중심으로 진행해야 한다.

둘째, 내담자의 욕구와 권리를 존중해야 한다.

셋째, 상담자는 기꺼이 자기 행동을 관찰하며 직업적인 이해와 책임에 비추어 평가하여야 한다. 즉, 상담자가 내담자에게 정서적으로 반응할 수 있도록 먼저 자기의 감정이나 태도를 이해할 수 있어야 한다.

넷째, 상담자의 반응은 상담 장소의 기능 한계 내(가능성)에서 이루어져야 한다.

수용의 원리에 장해가 되는 것은 인간의 행동 양식에 관한 불충분한 소양, 자기의 생활 속에 현실적으로 처리할 수 없는 갈등이 있으면 내담자의 현실적 갈등도 처리할 수 없게 된다. 따라서 자기 속에 있는 어떤 요소를 수용할 수 없는 것이 수용의 원리에 부정적 요인이 된다. 상담자의 감정을 내담자에게 전이하는 것, 상담자의 편견과 선입관, 보장할 수 없으면서도 말로만 안심시키는 일, 수용과 시연과의 혼동, 내담자에 대한 상담자의 경멸적 태도, 동일시 등이다.

(5) 비심판적 태도의 원리

비심판적 태도는 내담자의 문제에 대해서 "자네가 유죄다." "무죄이다." "자네 책임이다."라는 식의 말이나 행동을 지양해야 한다는 것이다. 보통 무엇인가 도움을 받기 위하여 찾아온 내담자는 여러 양면성을 띤 감정을 품고 있다. 가장 중요한 감정은 상담자로부터 '실패자' '부도덕한 녀석' '무능한 자'라는 낙인과 함께 심판을 받지 않을까 두려움을 가지고 있다. 더욱이 그들은 죄책감, 열등감, 소외감, 고독감을 가지고 있으므로 타인의 비판에 대해서 극도로 민감하며, 자연히 그에 대한 방어로서 안전을 택하려는 것은 너무나 당연하다. 그러므로 상담자는 내담자의 행동, 태도, 가치관 등을 객관적으로 평가해야 한다. 그렇지만 그것은 어디까지나 내담자를 이해하기 위해서일 뿐 비판하기 위해서는 결코 아니다. 우리가 남의 언행을 비판한다는 것과 이해한다는 것은 전혀 다르다.

'판단한다'라고 할 때는 일정한 규정에 비추어 행위를 비판, 이에 어긋나면 처벌함을 의미하지만, '이해한다'라는 것은 단순히 객관적으로 그의 선악, 진위만을 평가하는 것이다. 하지만 결코 처벌이나 비난을 하려는 의미가 아니므로 마치 의사가 청진기를 들고 병명을 찾으려는 진솔한 자세와 같은 것이다. 요컨대 비심판적 태도의 원리가 지켜지려면 다음과 같다.

첫째, 내담자가 선입관의 지배를 받아서는 안 된다. 상담자도 인간인 이상 어떤 스타일의 사람을 좋아하고 어떤 성격의 인간을 싫어할 자유는 있다.

둘째, 내담자의 보조(client pace)에 맞추어 상담하지 않고, 내담자의 발언을 자주 가로막으며, 성급한 결론으로 이끌려는 상담자의 태도가 내담자에게는 '심판적인 사람'이라는 인상을 주어서는 상담의 실패를 자초하게 된다.

셋째, 분류하려는 자세는 곤란하다. 유사한 사례를 가진 내담자를 비교나 예시의 목적으로 참고한다는 것은 내담자가 자기를 어떤 틀에 집어넣으려는 인상, 즉 심판하는 태도로 오해받기 쉽다. 따라서 부정적이고 자기방어적인 행동을 취하게 되므로 상담을 실패하게 된다.

넷째, 상담자에 대해서 적의와 같은 부정적 감정 표현을 내담자가 가질 수 있다는 것을 상담자는 알고 있어야 한다. 즉, 내담자가 어느 특정인에게 과거에 품었던 감정은 상담자에게 전이하려는 현상을 임상적으로 느낄 수 있다. 이 경우에 상담자가 그 같은 방어기제에 대한 사전지식이 없다면 내담자를 이해할 수도 없으려니와 비심판적 태도의 유지도 불가능하다. 따라서 내담자의 그 같은 감정 표현도 그를 이해하고 갈등 해결에 도움이 된다는 자세를 가지고 여유 있게 내담자의 문제에 대해 객관적으로 바라볼 수 있어야 한다.

(6) 자기결정의 원리

상담 과정에 있어서 상담자는 '스스로 자기가 나갈 방향을 결정, 선택하려는 내담자의 결정'을 존중하며, 그 같은 욕구를 결정, 그 잠재적 힘을 자극하여 활동하게 할 수 있도록 지도하여야 한다. 그러나 내담자가 자기 결정과 선택의 자유, 권리, 욕구가 있다고 해서 무조건적으로 도와주자는 것이 아니다. 그들의 자기결정의 권리, 욕구 등은 내담자의 능력이나 법률 및 도덕적 규범, 사회기관의 기능 내에서만 가능하다.

첫째, 내담자가 자기수용을 할 수 있도록 도와주어야 한다.

둘째, 내담자의 잠재능력, 즉 장점과 능력을 발견하고 활용함으로써 인격적 발전을 도모할 수 있게 자극해 주어야 한다.

셋째, 내담자에게 법률, 제도, 사회, 시설 등의 광범위한 사회적 환경을 알게 함으로써 자기선택, 자기결정의 참고자료로 삼도록 해야 한다.

넷째, 내담자가 자기결정을 할 수 있도록 상담자는 분위기를 조성해 주어야 한다. 수용적 태도나 심리적 지지를 보내는 것도 그 한 가지 방법이다.

다섯째, 상담자는 문제해결을 위한 중요한 책임을 자기가 가지고, 내담자에게는 사소하고 부차적인 역할만을 하도록 허용해서는 곤란하다. 오히려 내담자의 입장이어야 효과적이다.

여섯째, 내담자가 바라는 서비스는 무시한 채 상담자의 사회적, 정서적 생활에 대한 사소한 조사까지도 강행하려는 자세는 역효과를 가져오게 한다.

일곱째, 내담자를 직간접적으로 조종하려는 상담자의 자세는 삼가야 한다. 왜냐하면 그 같은 방법은 내담자를 무시하고 상담자 자신의 판단에 따라서 행동의 방법을 선택하게 하는 것이다.

여덟째, 강제적으로 설득하는 것은 삼가야 한다. 왜냐하면 내담자의 선택의 자유, 권리, 욕구 등을 무시함은 물론 그 같은 능력의 함양을 약화하기 때문이다.

(7) 비밀보장의 원리

비밀을 보장한다는 것은 내담자에게는 자기존중의 체험이며 상담자와의 관계의 성립을 뜻하지만, 상담자에게 있어서는 직업적, 윤리적인 의무라고 할 수 있다. 가령 누설됨으로써 내담자의 명예가 훼손되는 비밀이라든지, 명예훼손은 아니지만 구태여 알려지고 싶지 않아서 상담자에게 비밀로 간직해 주기를 바랐던 계약적 비밀, 남에게 알리고 싶지 않거나 퍼지는 것을 감추려는 정보로서의 의학적 비밀 등 누구나 이 세 가지 사생활은 존중되고 지켜지기를 바라는 것이다. 따라서 내담자에게 있어서도 이 세 가지 정보는 개인 생활이나 환경에 관한 정보로서 상담자에 의해 존중되기를 바라는 것이며, 상담자에게는 비밀을 지켜줄 윤리적 의무가 있다.

4) 상대방의 유형에 따른 대화(상담, 설득)의 기법

다음 유형의 사람과 대화 시 다음과 같은 점에 유의해야 한다.

(1) 상대방의 이야기에 보조를 잘 맞추어 주는 사람

첫째, 내 편이라는 속단은 착각이다.

둘째, 경계해야 할 상대이다.

셋째, 유언비어 등 소문을 전파하는 장본인으로 속을 다 드러내 놓으면 곤란하다.

(2) 쉽게 타협 또는 자신의 의견을 곧 철회하는 사람

첫째, 상대가 변했던 점을 중시해야 한다.

둘째, 타협해 버린 상대방의 태도를 보고 설득에 성공했다고 속단함은 곤란하다.

셋째, 상대방에게 말할 기회를 많이 주어 많은 말을 하게 해야 한다.

넷째, 상대가 자기 의견을 거두고 타협하기까지의 과정을 예의 주시하고 검토, 판단하여 그의 진실성 여부를 헤아려야 한다.

(3) 타인의 의견을 무조건 수용하는 사람

첫째, 상사가 바뀔 때마다 생각이 바뀐다.

둘째, 통솔하기는 좋다.

셋째, 자신의 안전을 위해 행동한다.

넷째, 그의 이기심에 호소하는 설득이 효과적이다.

다섯째, 어디까지 믿어야 할지 신중하게 대처한다(믿어서는 곤란하다).

여섯째, 부동표의 주인공이다.

(4) 타인의 말과 행동을 의심하는 사람

첫째, 미사여구가 불필요하다.

둘째, 소박한 표현의 대화를 한다.

셋째, 사소한 배려와 관심이 필요하다.

넷째, 예상 밖으로 오히려 믿을 만한 것을 찾으려는 욕구가 강하다.

다섯째, 한번 믿으면 맹신적 상태에 빠진다.

여섯째, '교제할 가치가 없는 인간'으로 속단은 금물이다.

(5) 생각한 것 모두를 말해 버리는 사람

첫째, 그의 말에 너무 의미를 부여하지 않는다.

둘째, 침착하게 그의 감정에 호소한다는 자세로 대화한다.

셋째, 상대가 실언하더라도 곧, 바로잡으려 하는 것은 피해야 한다.

(6) 신중히 생각하고 말하는 사람

첫째, 결단력 결여, 과단성과 용기가 부족하다.

둘째, 필요 이상의 공포, 의심, 조심성이 있다.

셋째, 자기와 같은 유형의 사람을 선호한다.

넷째, 그의 입장을 지지하는 사고방식을 제시한 후 결론을 결정한다.

다섯째, 이들과의 대화는 자칫 결론의 대화가 될 가능성이 있다.

(7) 절대 속마음을 드러내지 않는 사람

첫째, 초점이 없는 대화를 한다.

둘째, 어디까지 흉금을 털어놓을까를 사전에 결정한 후에 대화한다.

셋째, 진지하게 상대해 주어도 별 무소득이면 즉시 대화를 중단하는 것이 필요하다.

(8) 대화가 비논리적이고 횡설수설하는 사람

첫째, 대화가 대단히 힘들다.

둘째, 질문화법이 적당하다.

셋째, 이야기가 이탈할 때 무반응 자세를 한다.

넷째, 대화의 내용을 본론으로 유도한다.

(9) 침소봉대해서 말하는 사람

첫째, 액면 그대로의 경청이나 수용은 금물이다.

둘째, 매사를 좋음과 싫음, 우리와 적으로 분류하는 스타일이다.

셋째, 다변가는 아니다.

넷째, 중용을 싫어한다.

다섯째, 말에 관한 성급하다.

여섯째, 상대방 말의 진실성을 예의 주시, 판단해야 한다.

일곱째, 발언의 배경과 의도를 투시해야 한다.

(10) 청산유수형의 말을 하는 사람

첫째, 경청할 만한 내용이 있다.

둘째, 정면으로 부정하는 대화법은 곤란하다.

셋째, 조심스러운 질문형의 대화법을 한다.

(11) 격한 억양과 어조로 말하는 사람

첫째, 낙천적, 긍정적 태도로 대한다.

둘째, 상대방에게 호감, 선의를 갖고 있다는 느낌을 주도록 배려한다.

(12) 상대방에 대해 무조건 반대하는 사람

첫째, 상대방의 의견을 존중하여 표출하도록 이야기를 진행한다.

둘째, "○○ 님의 의견을 듣고 싶은데 말씀해 주시겠습니까?"라고 질문한다.

셋째, 그의 의견 수정 시 먼저 찬성한다.

(13) 말을 거침없이 뱉어 버리는 사람

첫째, 원리원칙주의자임을 명심한다.

둘째, 정치적 스타일로 대하지 않는다.

셋째, 타협과 융통성이 결여, 문제가 발생한다.

넷째, 대표(회담)로는 부적절하다.

(14) 아첨과 아부를 잘하는 사람

첫째, 아첨꾼의 여부, 수준을 판단해야 한다.

둘째, 경계해야(속을 다 드러내지 말 것) 한다.

셋째, 일정한 거리를 유지(믿을 사람이 못됨)한다.

넷째, 대표(회담)로는 부적절하다.

다섯째, 자기과시형의 인간이므로 그의 말에 지나친 의미부여를 금지한다.

5) 의사소통 활성화

다음에 제시하는 예들은 상담기법 중에서 상대방에게 마음의 상처를 주지 않고 설득력을 높이는 데 효과적인 방법을 제시하였다.

(1) 일방적 주지 지양/양방적 호소 유도

① 일방적 전달(주지)의 예

"너는 내무반 온도를 낮추기 위해 책임지고 옥상에 물을 24시간 뿌려라."

※ 전달자의 책임 회피성, 무조건 복종의 의미(설득력 낮음)

② 양방적 전달(호소)의 예

"내무반의 쾌적한 온도를 위해 어떻게 해야 효과적일까?"

→ "옥상에 호스를 이용해 물을 흘러보내면 좋겠습니다."

※ 답변자의 협동심, 참여적 동기 유발의 의미(설득력 높음)

(2) I-message(나-전달법) 활성화 / You-message(너-전달법) 지양

구분	I-message(나-전달법)	You-message(너-전달법)
대화 방식	'나'를 주어로 상대방에 대하여 자신의 감정이나 생각 표현	'너'를 주어로 상대방의 행동에 대한 평가나 비평
표현	"나는 네가 내무 생활을 잘했으면 좋겠어!"	"네가 내무 생활 하는 꼴을 보니 가정교육을 알 수 있다."
효과	상호이해 증진, 협동심, 협력을 구할 수 있음	상대방에게 마음의 상처를 주어 상호관계 파괴 반감, 저항, 공격심 유도

(3) 긍정적 언어 사용(Do Language 활성화 / Be Language 지양)

구분	Do Language	Be Language
대화 방식	구체적 행동을 가리켜 표현	성격특성이나 인격을 꼬집어 표현
표현	"자네는 지시사항을 이행하지 못했군."	"자네는 천성적으로 게으르고 예의가 없군."
효과	행동의 수정을 유도할 수 있음	문제행동이 구체적으로 전달되지 않고, 감정 개입으로 반감 유발

(4) Id, Super Ego Language 표현지양 / Ego Language 활성화

구분	Id Language	Ego Language	Super Ego Language
기본 원리	원시적이고 본능적인 충동과 관련된 용어 사용	본능과 현실 세계 사이를 조절하는 이성적 측면	가치, 규범, 윤리와 관계된 도덕적, 이상적 측면 강조
대화 방식	자신의 감정을 충동적이고 공격적으로 표출	현실 세계를 객관적으로 기술, 융통성 있으면서 확고한 방향 제시	'해야 한다' '해서는 안 된다' 등 훈계, 평가적 표현
표현	"무슨 일을 그렇게 멍청이처럼 하냐? 내가 언제 그렇게 지시했나?"	"그 방법보다 더 효과적인 방법이 있을 거야. 함께 찾아보자(다른 방법을 찾아보는 것이 어떤가)."	"일을 그렇게 처리하면 되나?"
효과	• 상대방의 감정을 상하게 하고 무책임하며 일관성 없다는 인상을 줌 • 저항감과 반감을 줌	• 적절하게 권위가 있으며 부드러운 압력으로 적용하여 현실을 객관적으로 인식하게 해 줌 • 문제 해결적임	• 강요 성격을 띠어 심리적 방어 자세를 유발함 • 죄의식과 불안감을 초래하여 능력을 위축시킴

제2부 설득의 실제

제7장

군중의 의식 · 행동과 설득

최근 이집트, 리비아, 일부 중동국가에서 벌어지고 있는 민주화를 향한 강렬한 집단행동들은 군중의 힘을 새삼 느끼게 한다. 개인으로 혼자 있을 때는 하지 않았을 행동도 때때로 군중 속에서는 하게 만든다. 특정 행동이 무엇이든 간에 어떤 상황에서는 군중 속의 각자는 개인으로서가 아니라 전체의 한 부분으로서 행동하게 된다. 그 군중을 구성하고 있는 사람이 어떤 사람들이든 그들의 생활양식, 직업, 성격 또는 지능이 같든 틀리든 상관없이 그들이 하나의 군중이 되었다는 사실은 그들에게 혼자일 때 생각하고 느끼고 행동하는 것과는 전혀 별개의 방식으로 생각하고 느끼고 행동하게 만드는 일종의 집단의식(collective mind)을 갖게 만든다는 것이다.

집단의식 개념에 의하면, 그 집단에 있는 사람들의 개인적인 특성과는 관계없이 일단 군중에 휩쓸리면 그들은 모두가 충동적이고 비이성적이며 극단적인 방식으로 행동을 하게 된다. 사람들은 '군중의 심리적 통일법칙'의 지배하에 놓이게 되며 집단의식이 지시하는 대로 행동한다.

르봉(Le Bon, 1895/1960)은 관찰 결과, 군중의 감정과 행동은 병균이 전염되는 것과 마찬가지로 한 사람에게서 다른 사람에게로 전달될 수 있다는 결론을 내리고, 이러한 전염 과정이 집단 내의 사람들이 서로 유사한 방식으로 행동하는 이유를 설명해 준다고 생각하였다. 이처럼 군중의 집단행동은 보통 사전 행동계획 없이 자발적으로 일어난다는 점에서 다른 집단 과정과 다르다.

크게 **집단행동**(collective behavior)은 군중, 폭동, 광란, 공황, 유행, 유언비어, 대중 히스테리, 저항운동, 반란, 혁명 그리고 사회적 운동 등이 포함된다. 따라서 집단의 심리나 행동에는 개인행동의 차원에서 이해될 수 없는 부분들이 나타나게 된다.

우리가 집단 심리나 행동을 연구하는 것은 다음과 같은 목적 때문이다.

첫째, 집단행동은 생명과 재산의 손실과 직결되기 때문에 그러한 연구는 공황, 폭동, 혁명, 반란 등에 의한 큰 희생을 감소시키는 역할을 한다.

둘째, 우리가 집단행동을 이해한다면 사회적 혼란 상태일 때뿐만 아니라, 정상적인 사회적 질서의 유지에 대해서도 알고 무리 없이 질서와 안정을 유도할 수 있다.

셋째, 개인과 집단 간에 존재하는 역동적인 관계를 이해함으로써 대적 설득이나 적 지역 및 수복지구 내의 특수임무 수행에 도움이 될 수 있다.

이 장에서는 먼저 군중의 의미와 전시에 발생하여 대혼란을 유발할 수 있는 공황(panic), 폭도(mob) 행동, 유언비어를 포함한 군중(crowd) 현상과 같은 대규모 자생적인 집단행동의 특징과 그에 관한 주요 이론을 살펴볼 것이다.

1. 군중의 개념

여러 종류의 군중에 대하여 학자들이 연구를 계속하고 있다. 여기서 모든 종류의 군중을 완벽하게 설명할 수 있는 분류법은 없겠지만 몇몇 연구를 소개함으로써 군중 심리와 행동에 대한 이해를 돕고자 한다.

'군중'이라는 말은 회중(會衆, audience), 폭도(mob), 대중(rally) 그리고 공황(panic) 등과 같은 인간 집합의 매우 다양한 상태를 지칭하는 포괄적 개념이다. 군중은 우리의 사회생활 가운데 사회 전반에 걸친 관심의 초점이 되는 특정 환경에서 종종 발생한다. 공통된 흥미나 이해관계로 집합된 거리의 군중과 같이 국적과 직업, 성(性)을 막론하고 상호 근접하여 있으므로 심리적 강제성을 갖게 되는 사람들의 집합을 말한다.

린지와 아론슨(Lindzey & Aronson, 1969)은 군중을 적극적 형태인 폭도와 소극적 형태인 회중으로 분류하고, 폭도는 전개되는 행동에 따라서 공격성, 도피성, 획득적이고 시위의 네 가지 특성이 있고, 회중(會衆)은 우연성, 의도성으로 나누어 그 행동을 설명하고 있다.

한편, 포사이스(Forsyth, 1983)는 군중을 우발 군중(casual crowd), 관중(audience), 폭도(mob), 공황 군중(panicked crowd)의 네 가지로 분류하고 있다. 여기에서는 세분화하여 군중을 분류한 포사이스의 견해를 중심으로 소개한다.

1) 우발 군중

백화점이나 대형 상가에서 시장을 보고 있는 사람들은 그냥 각각의 사람들이지만 누군가가 소매치기를 당해 비명을 지르면 순식간에 하나의 군중을 형성하게 된다. 이처럼 **우발 군중**은 자기 일을 하는 각자가 서로 관련 없는 사람들이 같은 장소에서 공통의 경험을 갖게 됨으로써 형성되는 집단을 말한다.

그런 군중은 대개 단기간 존속하지만, 이 짧은 기간적인 군중은 규모와 범위를 정해 주는 경계선을 갖는다. 이 경계선은 군중의 가장자리 부근에서는 비교적 투과성이 높아서 사람들이 그 군중에 합류하거나 이탈하는 것이 자유롭지만, 군중의 중심부에 가까이 갈수록 그 투과성은 낮아진다. 다시 말하면, 공공장소에 모여 있는 사람들은 혼자 온 개인들이라기보다는 함께 온 소집단의 일원인 경우가 많은데, 경험적 증거에 의하면 위치상 우발 군중의 중심 부근에 있는 소집단의 사람들은 가장자리 부근에 있는 사람들보다 더 적극적으로 그 군중 활동에 참여하게 된다는 것이다(Milgram & Toch, 1963).

또한 이런 군중에서는 역할, 지휘체계 그리고 기타의 집단구조가 그리 명확하게 드러나지 않지만, 자세히 들여다보면 저변에 어떤 구조가 깔려 있음을 알 수 있다. 우발 군중은 다른 사람들의 이목을 집중시키거나 그 군중에 합류하게 만드는 한 명 또는 그 이상의 핵심 인물을 중심으로 하여 형성된다. 밀그램과 비크만, 버코위츠(Milgram, Bickman, & Berkowitz, 1969)의 실험에 의하면 우발 군중을 형성하는데 세 명 정도의 소규모 집단이면 충분하다는 사실이 증명되었다.

2) 관중

어떤 행사나 활동을 보기 위하여 특정 장소에 일부러 모인 사람들을 관중 또는 집회 군중(conventional crowd)이라 부른다. 우발 군중과는 달리 **관중**은 이 군중에 의도적으로 합류하고, 그들이 차지할 자리나 모든 행동방식이 사회적 관습으로 정해져 있다. 행사 관람 중 그들은 정해진 자리를 차지하거나 박수나 환호 또는 소리를 지르기도 한다. 이런 통상의 행동은 이미 정해진 규범에 따라 하는 것들이다. 행사나 공연이 끝나면 관중은 질서 있게 자리를 떠난다.

3) 폭도

정서적으로 격앙된 사람들로 이루어진 적개심이 가득 찬 군중을 폭도라 부른다. **폭도**는 대개 범죄, 재난, 격렬한 논쟁과 같은 부정적인 사건으로 인해 형성된 사람들의 모임이다. 이 사람들은 그 사건에 대하여 논의하는 가운데 더 분노하게 되고, 무언가 시정 조치가 취해져야 한다는 생각을 더 굳히게 된다. 사태가 조기에 수습되지 않으면 폭도는 격앙되고 예측할 수 없으며 과격한 행동을 하게 된다. 폭도 속에 들어가면 충동이 이성을 지배한다. 모두를 미치게 만드는 장치를 갖춘 폭도는 해산하고 나면 거기에 참여했던 사람들은 자신이 이성을 잃었다고 말한다. 폭도의 예는 많다. 최근까지도 미국 남부에서는 린치 폭도가 흑인에게 테러를 자행하는 일이 있었다. 또 한 사건은 1943년 미국의 로스앤젤레스 시내에서 해군 병사들이 시내를 돌아다니며 멕시코계 미국인을 붙잡아 두들겨 패고 욕설을 퍼붓고 심지어는 그들의 옷을 모조리 벗겨 버리는 행동을 한 것이다(Turner & Surace, 1956).

폭동집단(riots)은 대규모의 폭도라고 할 수 있다. 1969년 캐나다 몬트리올 경찰이 17시간 동안 파업에 들어갔을 때 시내 곳곳에 폭동이 일어났다. 시내는 전문 범죄꾼들이 날뛰었고, 범죄꾼이 아닌 사람들도 덩달아 미쳐 날뛰었다. 돈이 없는 사람이나 있는 사람, 중산층을 가릴 것 없이 온갖 떼거리의 사람들이 중심상가 건물 안을 돌아다니며 약탈과 파괴를 자행하였다. 방화와 함께 156개의 상점이 약탈당했고, 30만 달러 정도의 유리창이 박살 났으며, 2명이 죽고 49명이 다쳤다. 폭력적인 사건이었지만, 이를 지켜본 사람들이 그것은 마치 축제 같은 분위기였다고 말했다(Clark, 1969).

4) 공황 군중

군중 사이에는 공포에 사로잡힌 군중이 있다. 화재, 홍수, 지진, 전쟁과 같은 큰 재난을 당하면 사람들은 그 위험사태로부터 동시에 피하려고 한다. 만약 사태가 매우 위험한 것이어서 도피만이 안전을 확보할 수 있는 길인데 도피구가 제한되어 있다면 군중 공황이 일어날 수 있다. 극도로 공포에 질린 사람들은 그러한 상황은 물론이고 그곳에서 벗어나려고 한다.

공황사고는 종종 엄청난 인명 손실을 초래한다. 1903년 미국 시카고의 이로쿠와 극장에서 발생한 공황사고에서는 600여 명의 사람이 사망했다. 무대 뒤쪽에서 일어난 작은 화재가 원인이 되어 사람들이 일시에 출입구로 몰려서 발생한 사건으로 공포에 직면한 인간들에게 나타난 최악의 공황 행동을 보여 주었다.

2. 군중 심리

군중은 개인들이 모여서 된 것이다. 그러나 군중 전체의 집단행동을 개인행동들의 단순한 합으로만 볼 수는 없다. 군중 행동에는 개인행동의 차원에서 이해될 수 없기 때문이다. 짐바르도(1969)의 몰개성화 이론(deindividuation theory)은 군중이라는 집단 속에 들어갔을 때 사람들이 보이는 내적 자제력의 감소를 설명하고 있다. '**몰개성화**'라는 용어로 설명된 이 과정은 원인, 내적 변화, 결과적 행동이라는 세 가지 성분으로 구분된다. 몰개성화의 원인으로는 익명성의 느낌, 책임감 분산 및 감소, 집단 소속감, 생리적 흥분상태 등이 있다. 몰개성화 그 자체는 자의식의 감소(자기의식 부재, 의식적 계획성의 결여, 억제되지 않는 말과 행동 등)와 변용된 경험(집중력과 판단력 감소, 시간지각의 혼란, 극단적인 정서 상태, 비현실적인 느낌, 지각의 왜곡 등)이라는 두 가지 기본 요소로 이루어져 있다. 경험적 증거에 의하면, 이러한 몰개성화의 상태가 더욱 극단적이거나 더욱 양극화된 행동을 하게 만드는 토대를 마련해 준다고 한다. 짐바르도는 몰개성화의 부정적인 측면만을 부각하였지만, 정체감, 자의식 상실이 항상 폭력적인 행동을 하지는 않는다. 실제로 친사회적 단서가 주어지면 몰개성화된 사람도 이타적 행동을 얼마든지 할 수 있으며, 탈억제적이고 충동적으로 보이는 행동이 개체성의 느낌을 회복하려는 시도라는 사실이 밝혀졌다.

한편, 프로이트(1922)는 군중 속에서 나타나는 개인의 행동을 억압된 무의식적 욕구를 군중 속에 들어감으로써 만족시키기 때문이라고 설명했다. 프로이트는 군중 속에 몰입된 개인에게서 나타나는 변화에 대한 르봉의 주장에 대체로 동의를 하면서도 그가 무의식적 욕구의 역할을 인식하지 못하고 있다고 보았다.

프로이트는 그의 정신분석을 집단상황에 적용하였는데, 사람들은 성적 욕망, 공격적 충동, 위험으로부터 도피하려는 강한 욕구가 있지만 여러 가지 심리 기제가 이런 '원초적 욕구'를 억제한다고 보았다. 그러나 집단상황에서는 행동에 대한 통제가 지도자나 다른 집단 성원에게 넘어가기 때문에 사람들은 자제와 죄의식의 굴레에서 벗어나며, 결과적으로 이제까지 억압되었던 욕구가 행동을 동기화시키고 평상시에 하지 않던 행동을 하게 된다는 것이다. 말하자면 군중 속에 합류함으로써 소속감, 적개심 등과 같은 원초적인 욕구를 만족시킨다는 것이다. 이후의 연구(Meerloo, 1950)에서는 각기 다른 욕구를 만족시키기 위하여 다른 성격의 집단이 형성된다고 주장함으로써 정신분석적 관점을 확장하였다. 이 견해에 따르면 폭도 행동은 잠재된 공격 욕구를 만족시키고, 공황 자극으로부터의 도망은 위험으로부터 도피하려는 원초적 욕구를 충족시켜 준다는 것이다.

군중 심리가 개인 심리와 다른 점을 몇 가지로 요약해서 정리해 보면 다음과 같다(이재윤, 1998).

첫째, 군중은 책임감이 희박하므로 군중의 일부를 형성하고 있는 개인은 자기가 누구인지를 생각하려 하지도 않으며, 또 자기가 누구인지를 남이 알지 못하리라고 믿는다. 즉, 군중 속에서 개인은 익명의 개인이 되기 때문에 행동의 결과에 대하여 책임을 지지 않아도 된다는 안도감을 가지게 된다. 그러므로 평소에 억눌려 있던 본능적인 욕구를 과감히 발산하게 되는 것이다. 이상과 같은 특성 때문에 군중은 살인, 방화, 약탈 등의 범죄를 저지르는 폭도로 돌변할 수도 있다. 본인에게 책임이 돌아갈 때 사람은 매우 신중하게 행동하지만, 여럿이 공동으로 책임질 때는 사람들은 책임의 중압감에서 벗어나 일시적으로 무책임한 행동도 서슴지 않게 된다. 특히 군중 속에서 개인이 그의 행동이 군중에 의해 은폐 또는 보호받을 수 있다고 느껴질 때 그는 더욱 무책임하게 되어 파괴적이고 공격적인 행동까지도 자행하게 된다. 폭력적인 군중 행동은 이런 사람들에 의해 시작되고 다른 사람들이 이에 가세함으로써 확대되는 것이다.

둘째, 군중은 암시에 취약하다. 무엇인가 행동을 하고자 하는 동기를 갖는 군중은 주위의 암시에 매우 취약해지는데, 그것은 그들의 욕구좌절에서 비롯된 행동 욕구 때문이다. 군중은 무비판적이 되어 개인의 의식적 성격을 완전히 상실하며 선동가의 암시에 복종하게 된다. 군중의 이러한 피암시가 마치 전염병과 같이 한 사람의 감정 상태가 다른 사람에게 신속하게 전파된다. 이미 자신의 의식적 성격과 분별력을 상실한 군중은 최면술에 걸린 사람같이 선동가의 암시에 따라 행동하게 되는 것이다. 짜증스러운 일이 계속 일어날 때 무엇인가 던져 버리고 싶은 충동에 사로잡히듯 기본적인 욕구가 좌절되었을 때 사람들은 무엇인가 정열적인 행동으로 좌절된 그의 욕구를 해소하려 한다. 이때 비록 그의 생각과 약간의 차이가 있더라도 그의 좌절된 욕구를 해소할 수 있는 어떤 행동계획이 소신 있는 선동가에 의해 제시되면 그는 쉽게 이에 동조하게 된다.

제1차 세계대전 후의 불경기와 악성 인플레, 공산주의자들의 빈번한 소요, 연합국에 대한 막대한 배상금 지급 등 힘든 상황에 놓였던 독일 국민은 무엇인가 행동하려는 강한 욕구를 갖게 되었고, 이러한 상황에서 벗어날 수 있다는 히틀러의 암시로 그를 지지하고 따랐다. 암시로부터 군중의 행동이 시작될 때 이에 반대 의견을 가진 사람이 있고 그가 자신 있게 자신의 의견을 표명하고 행동으로 옮긴다면 군중의 행동은 쉽게 분열하거나 와해될 수 있다. 그러나 대부분 반대 의견을 가진 사람은 감히 그의 견해를 밝히려 하지 않으며 침묵을 지킬 뿐이어서 시간이 흐를수록 군중의 세력은 커지게 되는 것이다.

셋째, 군중은 감정의 지배를 받는다. 개인은 군중 속의 일원이 되면서 공통의 관심이 증대되고 상호 접촉하고 자극되는 동안 심리적인 일체감에 의한 동료 의식이 형성되어 충동성, 흥분 등 원시적 정서에 몰입된다. 군중은 감정 개입이 되지 않으면 결코 행동하지 않는다. 예를 들어, 식량 배급이 끊겨도 모두가 똑같이 배고픈 상태에 있을 때 사람들은 모여 있어도 행동하지 않으나, 식량 배급이 불공평하다고 느끼면 과격한 군중 행동이 일어난다. 군중이 시위하거나 폭동을 일으키는 것은 무언가의 욕구좌절로 그들의 감정이 상해 있기 때문이다.

넷째, 군중은 무비판적이며 지적인 판단능력이 약해진다. 개인은 일단 군중 속의 한 사람이 되어 공통의 목표와 관심에 초점을 두게 되면, 그의 정신적 자질이나 학식과는 상관없이 군중과의 심리적 밀도가 깊어지면서 선동가의 말이나 유언비어를 상식이나 논리적 비판 없이 그대로 받아들인다. 군중의 행동은 매우 단순하고 공격적이며 파괴적인데, 이것은 그들이 좌절된 욕구를 가장 직접적인 방법으로 해소하려는 데서 기인한다. 그들이 마치 배신당한 사람이 배신자를 찾아 복수하듯이 좌절된 욕구의 대상을 찾아 그것을 완전히 제거해 버리거나 그가 당한 정도에 상응하는 제재를 가하려 한다. 그들은 지적이고 논리적인 해결방법에 귀를 기울이려 하지 않는데, 그것은 지금까지 그들이 그런 방법으로 해결되기를 기다려 왔으나 해결되지 않는다고 느끼기 때문이다.

다섯째, 군중 속에서는 일반적으로 모험적이고 급진적인 구호를 내는 사람이 강한 지지를 받는 경향이 있다. 두아즈(Doise, 1969)는 집단 결정이 모험적 결정 방향으로 나아가는 경우 이것은 모험적 견해를 가진 사람이 집단 내에서 설득력을 얻기 때문이라고 주장하였다.

군중 행동에 관한 보다 구체적인 이해는 군중의 극단적이고 이상적 행동이라고 볼 수 있는 공황과 폭도 행동을 통해서 제시될 수 있다. 폭도는 분노나 적개심과 같은 강한 정서로 동기화된 군중이고, 공황은 공포 정서로 동기화된 군중이다. 유언비어는 군중들 사이에 근거 없이 떠도는 이야기를 의미하지만, 군중의 동기와 직접 관련되어 있으므로 군중의 행동을 크게 오도할 수 있으므로 공황 행동에서 분리할 수 없는 부분이다.

3. 군중 행동

소요 시 군중 행동에는 개인행동의 차원에서 이해될 수 없는 부분들이 많이 나타나게 된다. 집단행동은 크게 군중, 폭동, 광란, 공황, 유행, 유언비어, 대중 히스테리, 저항운동, 반란, 혁명 그리고 사회적 운동에 관한 연구 등이 포함된다. 집단행동은 보통 잘 정의된 사전 행동계획 없이 자발적으로 일어난다는 점에서 다른 집단과정들과 다르다. 이 부분에서는 전시에 발생하여 대혼란을 유발할 수 있는 공황, 폭도 행동, 유언비어를 포함한 군중 현상과 같은 대규모 자생적인 집단행동의 특징과 주요 이론들을 살펴볼 것이다.

1) 군중의 공황

공황이란 극심한 공포나 불안에 압도되어 평소의 자제력을 상실하고 방황하거나 극도의 흥분으로 무기력, 허탈, 무감각하여 공포 자극으로부터 무조건 이탈하려고 하는 군중이나 병사들의 도피 행동을 의미한다. 공황은 극단적인 공포 정서로 야기되는 집단적인 도피 행동이기 때문에 공황에 빠진 군중과 병사들의 유일한 행동목표는 공황 자극에서 벗어나는 것이다(Canetti, 1962). 사회심리학에서는 개인이 먹을 것이나 밖으로 나가는 출구와 같은 제한된 자원에 접근하기 위해 경쟁하는 사회적 혼란의 한 형태도 공황으로 보고 있다.

(1) 공황의 동기

① 공포심의 확산

공황의 동기는 생존을 위협하는 어떤 자극에 대한 공포이다. 공포는 사람이 피하고 싶은 정서이기 때문에 공포상황에 놓이면 사람들은 이런 상황에서 벗어나기 위해 노력한다. 공황은 안전의 욕구가 위협을 받으면 그 상황에서 바로 발생하기 때문에 사전 조치만으로 쉽게 예방될 수 있는 성질의 것이 아니다. 공황은 전이될 수 있다. 공포 감정은 모든 사람이 가지고 있고 매우 쉽게 다른 사람에게 전염되는데, 이 때문에 실제 공포 자극이 출현하지 않아도 분위기가 그렇게 조성되고 한두 사람이 행동에 옮기기 시작하면 곧 다른 사람들도 같은 행동을 하게 되어 집단이 쉽게 공황에 빠지게 되는 것이다. 소요나 전시에 경험하는 심리나 정서 상태는 생사에 관련되었으므로 평시보다 더 격렬하며, 주로 극한상황이므로 과도한 긴장과 흥분을 수반하게 되고 여러 가지 부적응 행동과 정서장애를 유발한다. 공황발작(panic attack)이라고 알려진 정서장애는 심한 공포감으로 나타나는 갑작스러운 발작으로 절박감, 가슴의 통증, 현기증 혹은 기절, 통제력 상실의 두려움, 죽음에 대한 두려움 등을 느낄 수 있다.

소요 또는 전시에 인간에게 많은 공포를 주는 자극은 전쟁 초기에 적의 무차별 화력 공격으로 장거리포와 미사일 사격, 기계화 부대의 공격, 항공기 폭격 그리고 화학탄 살포, 폭격 소음, 폭발음 등의 굉음과 파편들, 건물의 붕괴와 화재 등을 들 수 있을 것이다. 이처럼 공포심을 자극하는 화력 공격과 폭격 그리고 생화학 무기의 사용으로 인한 수많은 사상자 발생과 이를 보는 것만으로도 사람들은 죽음과 부상이 곧 자기에게 나타날 것 같은 공포감에 빠지게 된다. 인간은 자기의 죽음이나 부상뿐만 아니라 가까운 가족, 친척, 이웃의 죽음과 부상도 심리적 공포와 혼란을 일으킨다. 국민이 매우 신뢰했던 지도자의 죽음도 주민들을 불안하게 만들기 때문에 공황을 유발할 수 있다. 어떤 형태로든 공포와 불안을 느끼는 것은 공황을 일으키는 좋은 조건이 된다. 관음포 해전에서 이순신 장군이 나의 죽음을 알리지 말라고 했던 유언도 좋은 예이다.

극단적인 공포와 불안으로 공황을 일으킨 사람들은 절실한 안전의 욕구에 지배를 받아 주의력의 범위가 극도로 좁아지고, 이성을 잃은 무분별한 상태에 빠지기 때문에 그들에게 분별심이나 도덕심을 기대할 수 없다. 그래서 의식이 있는 사람이 스스로 용감한 행동을 보이거나 모범을 보여 안정시킴으로써 어느 정도는 통제할 수 있지만, 자신의 이성에 의한 공황 행동을 완전히 멈추게 할 수는 없다는 데 문제의 심각성이 있다.

② 불확실성

소요나 전쟁이 발생하면 정보가 두절되어 모든 환경이 불확실해진다. 따라서 각종 소문, 유언비어와 적의 설득까지 불안을 더욱 증폭시킨다. 전반적인 소요상황이나 적 능력, 아군의 상황 그리고 자신의 운명이나 행동에 대해 사람들이 가지는 불확실성은 불안과 공포심을 유발하여 결국 공황 행동의 동기를 만들게 된다.

사람들이 느끼는 불안 수준과 그 상황에 대한 불확실성은 애매하거나 혼란스러운 상황에서 탈피하고자 하는 심리를 자극하여 유언비어를 만들어 내게 한다. 대부분 유언비어는 애매한 상황에 대한 자기 나름대로 재해석을 확신시켜 줌으로써 불안감을 어느 정도 감소시켜 주기 때문이다(Walker & Berkerlem, 1987).

③ 피암시성의 증대

군중은 암시에 취약하다. 무엇인가 행동을 하고자 하는 동기를 갖는 군중은 주위의 암시에 매우 약해진다. 이는 욕구좌절에서 비롯된 행동 욕구 때문이다. 흥분이 정도를 넘으면 민감함을 넘어 둔해지고, 약간의 암시나 소문에도 흔들리고 부화뇌동하게 되는 현상은 피암시성이 증대되기 때문이다. 군중은 개인으로 구성되어 있다 해도 군중 전체의 집단행동을 개인행동들의 단순한 합으로만 볼 수는 없다. 군중 속에 들어 있으면 감정은 상황이나 종류에 상관없이 사람들 사이에 매우 급속히 전염된다. 이것이 바로 공황이 돌변성을 갖는 이유이다.

르봉은 이러한 전염 과정을 군중 속에 있는 사람들의 피암시성(suggestibility)이 높아지는 것을 반영하는 것이라고 보았다.

(2) 공황의 억제

공황을 저지하는 데 무엇보다도 필요한 것은 공황에 빠지지 않는 지도자나 통제하는 사람들의 의식이다. 지도자는 공황에 빠진 주민들이 자기에게 주의를 집중하도록 하여 자기의 침착한 태도를 보여 주며 분명하면서도 차분하게 임무를 지시함으로써 그들의 행동을 통제할 수 있다. 만일 군중이 공황의 위험에 놓이게 될 때 지도자가 없다면 원로 중에서 침착한 사람이 나와서 공황에 빠진 주민들에게 신뢰할 만한 행동 방향을 제시해 줌으로써 상황을 수습할 수 있을 것이다. 지도자는 주민들의 사기를 유지할 수 있어야 하며, 계속하여 주민들이 자신감을 가질 수 있도록 여러 방법을 찾아야 한다. 그리고 불안, 공포, 기아, 피로, 권태, 정보의 부족과 같은 공황 유발 요소를 가능한 제거해 주어야 한다. 또한 지도자는 주민들이 불안감을 극복하고 그들 자신이 안전하다고 생각하도록 여러 증거를 제시해 줄 필요가 있다. 그들은 주민들에게 적에 관하여 자신들이 직면할 수 있는 공포의 심리적 현상을 말해 줌으로써 이 모든 것을 전체적으로 예측 가능한 상황으로 만들어 줄 필요가 있다. 말하자면 주민들에게 '심리적 방어막(psychological offensive)'을 만들어 줌으로써 적을 향한 적개심을 고취하고 직면 상황에 효과적으로 대처하게 준비시키는 것이다. 설득의 한계를 넘어서 주민들의 행동이 와해 위기에 놓여 있다면 그리고 그것이 다른 방법을 사용 제지할 수 없다면 강압적인 방법이라도 동원하여 공황을 저지해야 한다. 왜냐하면 공황은 적이 노리는 전투 목표이기 때문이다. 이러한 모든 공황심리 억제 효과는 지도자에 대한 주민들의 신뢰와 지도력에 있다는 사실을 명심해야 한다.

(3) 전장(戰場)에서의 공황

① 공황의 동기

공포에 휩싸인 부대에 쉽게 공황을 일으키게 할 수 있다. '가스' '도망치자' 또는 '연락이 끊겼다'라고 작게 얘기하는 것만으로도 충분하다. 이 사실은 전쟁에서 역

이용될 수도 있다. 제1차 세계대전 시 독일군 간첩들이 미군 내에 잠입하여 미군이 공황을 일으킬 수 있는 혼란한 시기라고 판단되면 '가스'라고 소리를 질렀다. 그래서 미군은 진짜 가스 살포를 알리기 위한 별도의 암호경보를 사용해야만 했다. 전쟁의 역사를 살펴보면 사소한 사건에 의해 부대가 공황에 빠진 예를 많이 볼 수 있다. 1904년 러일 전쟁 시 러시아군은 해가 질 무렵에 논에 들어갔던 병사가 앞에 나가 있는 보초의 그림자에 놀라 "일본군이다!"라고 고함을 치자 부대가 공황에 빠진 적이 있었다.

무엇이 부대에 공황을 발생시키고 또 만연시키는가? 공황의 시작은 먼저 체력의 감소에서 비롯된다. 피로, 기아, 수면 부족 그리고 비타민 B의 결핍 등과 같은 이유로 공황의 원인이 된다. 술에 만취되는 것도 공황의 원인이 될 수 있고, 나쁜 생활환경(오물, 득실거리는 해충 등)도 공황을 유발하는 한 조건이 될 수 있다. 불안한 정신상태는 공황의 적신호가 된다. 즉, 분노, 근심, 극단적인 위협에 의한 부대 지휘, 계속되는 사상자의 발생, 전투에서의 패배, 계속되는 후퇴 그리고 계속되는 방어는 공황을 유발하기 쉬운 상황이다. 상황에 대한 지휘관들의 빈번한 비관적 견해의 표시 그리고 장교들 사이의 잦은 의견 충돌도 병사들의 사기를 떨어뜨리고 공황을 유발하는 조건이 된다.

유언비어는 공황의 근원이다. 1896년 이탈리아군이 아비시니아를 침공했을 때 이탈리아군은 장병들 간의 상호 불신 그리고 철수를 주장하는 장교들 간의 잦은 말다툼 등으로 사기가 저하되었는데, 설상가상으로 부대에 만연된 유언비어는 병사들을 공포에 떨게 했다. 유언비어를 통해 병사들에게는 아비시니아 사람들이 포로를 어떻게 고문하고 또 어떤 방법으로 불구로 만드는지 등의 잔인한 행위에 대하여 많은 이야기가 떠돌았는데, 행군하는 도중에 괴성을 지르면서 아비시니아 원주민들이 공격해 오자 병사들은 모두 총을 버리고 무질서하게 도주해 버리는 사례가 있었다.

사기(士氣)는 대체로 지휘관의 지도력에 의존하므로 공황에 대해 지휘관이 책임져야 할 경우가 많다. 사실 병사들의 자신감을 손상하는 지휘관들의 행동은 공황을 유발하는 큰 요인이 된다. 모순되고 강압적인 명령, 우유부단한 조치, 긴장된 순간에서의 기약 없는 기다림, 빈번한 거짓 경보, 이유를 모르는 철수 그리고 상황에 대한 비관적 태도 등이 그런 요인이다. 부하들이 매우 신뢰했던 지휘관의 죽음 역시 부하들을 불안하게 만들기 때문에 공황을 유발할 수 있다. 어떤 형태로든 불안을 느끼면 공황의 조건이 된다. 그것이 실제적이든 가상적이든 간에 부대의 측면 위협, 통신 두절, 보급 차단, 새로운 방향에서의 적의 기습적 공격, 사상자 처리를 제대로 하지 못한데서 볼 수 있는 처참한 전우의 시체들, 야간에 병력의 이상한 실종 그리고 적의 위치를 알 수 없는 상황 등은 공황 유발의 중요한 조건들이다. 공황의 원인을 다음과 같이 정리할 수 있다(National Research Council, 1946).

- 물리적 원인: 기후조건(혹한, 혹서), 무기와 탄약의 부족 등
- 생리적 원인: 기아(영양실조, 비타민 B의 결핍), 갈증, 피로, 수면 부족 또는 불규칙한 수면, 만취 상태의 음주, 질병 등
- 정서적 원인: 긴장 상황에서 오랜 기다림, 상황의 불확실성, 전황에 대한 무지, 정신적 고립감, 공포에서의 전이 등
- 사기 저하: 지휘관에 대한 불신, 군기의 해이, 계속되는 후퇴, 향수, 권태, 모순된 명령, 훌륭한 지휘관의 상실 등

② 공황의 억제

공황을 저지하는 데 무엇보다도 필요한 것은 공황에 빠지지 않는 의연한 지휘관이다. 지휘관은 공황에 빠진 병사들이 자기에게 주의를 집중하도록 하여 자기의 침착한 태도를 보여 주며 분명하면서도 차분하게 임무를 지시함으로써 그들의 행동을 통제할 수 있다. 부대가 공황에 빠지려 할 때 만일 지휘관이 없다면 선임자 중에서 침착한 사람이 지휘권을 대행하여 공황에 빠진 병사들에게 신뢰할 만한 행동 방향을 제시해 줌으로써 수습할 수 있을 것이다. 무사태평처럼 보일 정도의 차분함과 업무에 일상적인 관심을 보이는 것도 효과적일 수 있다.

공황을 억제하는 가장 좋은 방법은 평소 강한 훈련과 사기를 유지하여 자신감이 넘치게 해 주는 것이다. 병사들은 그들 자신과 지휘관 그리고 그들이 사용하는 무기에 대한 자신감을 가지도록 훈련을 받아야만 한다. 지휘관은 그들 부대의 사기를 유지할 수 있어야 하며, 병사들이 자신감을 유지하게 하는 방법을 준비해야 한다. 나아가 기아, 피로, 권태, 정보나 휴식의 부족과 같은 공황 유발 요소를 가능한 제거해 주어야 한다. 또한 지휘관은 병사들이 불안감을 극복하고 그들 자신이 안전하다고 생각을 하도록 증거들을 제시해 주어야 한다. 그들은 병사들에게 적에 대해 할 수 있는 많은 것(적의 위치, 적 구성원, 사용 무기, 공격방법 등)을 알려 주고 병사들이 직

면할 수 있는 공포의 심리적 현상을 알려 주어 모든 상황을 전체적으로 예측 가능한 상황으로 만들어 줄 필요가 있다. 즉, 병사들에게 '심리적 방어막'을 만들어 줌으로써 공포상황에 효과적으로 대처하게 하는 것이다.

부대의 철수 명령이 내리지 않는 한 지휘관은 단호한 조치로 공황을 저지하여야 한다. 설득의 한계를 넘어서 부대 행동이 와해될 위기에 놓여 있다면, 다른 방법을 사용하여 제지할 수 없다면 강압적 방법으로라도 공황은 저지되어야 한다. 모든 공황 심리 억제 효과는 지휘관의 모범적인 지도력에 달려 있음을 잊지 말아야 한다.

2) 군중의 집단행동

군중이 분노와 같은 강한 감정에 의하여 동기화되고 또 적절한 선동가에 의해서 공격적이며 파괴적인 행위를 할 때, 그 무리를 '폭도(mob)'라 하고 그들의 행동을 '폭동(riot)'이라고 한다. 폭동은 분노나 폭력을 포함하는 비교적 자발적인 집단현상이다. 그들의 행동은 예측하기 어렵고 통제 불가능하다.

(1) 폭도 행동

폭도는 일반적으로 평화적인 방법으로 공동정서의 해소를 거부하고 격렬하고 극단적인 방법으로 이를 해소하려 하며 또한 즉각 행동에 옮기고 싶어 하는 충동의 지배를 받는다. 이런 충동은 군중의 규모가 클수록, 군중 속 개인의 유사성이 클수록 더욱 강해진다. 폭도는 어떤 일정한 목적과 단순하지만 필요한 조직을 가지고 행동하게 된다. 폭도는 처벌되거나 파괴되어야 할 명백한 목표가 있을 때 형성되고 행동하게 된다. 지탄받아야 할 인사, 없어져야 할 기관이 있다면 그들은 그것을 향해 행동하게 되는 것이다.

폭도를 행동으로 유도하는 공통의 동기는 장시간 계속되는 욕구불만이다. 그들은 무엇인가의 욕구가 좌절되어 분노에 차 있으며, 욕구불만이나 좌절을 준 대상에 대해 강한 공격 충동을 느끼게 된다. 폭도의 분노 이유는 특수하고 명백한 것이다. 감옥의 죄수들은 교도관이 비인간적인 행동을 한다고 느끼기 때문에 폭동을 모의하게 된다. 대사관을 점거하는 폭도는 그 외국의 어떤 정책이 그들의 사회적, 경제적 안정을 위협하고 있다고 믿기 때문에 폭동을 일으킨다. 욕구불만이 있는 사람들은 그들의 행동이 꼭 욕구불만을 일으킨 대상에 지향되지 않더라도 무엇인가 공격하려는 강한 잠재력을 갖는다. 많은 욕구가 좌절되어 어떤 잠재적 공격성을 갖는 사람들은 무엇인가 파괴하고 누군가를 해치고 싶은 충동에 사로잡히게 되는데, 이때 적절한 공격대상이 주위에 나타나거나 전쟁과 같은 공격을 조장하는 환경이 형성되면 잠재적 공격성이 표출될 가능성이 높아진다.

그러나 공동의 불만이 있다 하더라도 군중이 그들이 해야 할 바를 모른다면 폭동은 일어나지 않는다(National Research Council, 1946). 행동의 진로가 명백하거나 무엇을 해야 할지를 말해 주는 지도자가 있어 그들의 주의를 한곳으로 집중시켜야 폭동이 일어난다. 폭도는 이런 행동을 통해 자신의 좌절된 욕구를 해소하려 한다. 따라서 폭도의 무리 속에는 과거 폭력이나 범법경력을 가진 전과자가 많을 수 있다. 그리고 이러한 행동은 소수 선동가나 선동에 능한 어떤 지도자의 선동으로 인하여 의해 더욱 단결되고 과감한 행동으로 발전된다.

폭도 속에 몰입된 개인들은 분별력이 약해져 선동가의 암시에 취약해지고 근거가 없는 말이라도 쉽게 믿게 되며 감정적인 발언을 무비판적으로 받아들인다. 그래서 폭도는 선동가의 권익에 맹종하여 자신들의 안전을 돌보지 않게 되며, 때에 따라서는 반동적이고 반인륜적인 행동도 서슴지 않게 된다. 폭도는 욕구좌절의 근원이 현재의 법질서나 윤리 때문이라고 믿으므로 급진적이고 충동적인 행동을 하면서도 그 행위가 현상 타파를 위한 최고의 방법이라고 믿게 되며, 그들의 모든 주의가 그들의 공격대상에 집착되기 때문에 평상시에 그들이 가지고 있던 폭넓은 지적인 사고를 할 수 없게 된다. 그래서 흥분한 군중은 잔인하고 파괴적인 복수 행동을 정당하고 합리적인 것으로 생각하여 마음에 조금의 갈등도 일으키지 않는다. 군중 속의 사람들이 꼭 어떤 욕구불만이나 애로 사항을 폭도 행동을 통해 해결하겠다는 의식을 가지고 폭도에 가담하는 것이 아니다. 폭도에 가담하는 사람들 중에서 상당수는 문제의 진실한 원인을 알지도 못하고 알고 있다고 하더라도 확신을 갖지 못하는 경우가 많다. 이런 사람들은 진실한 원인을 잘 모르기 때문에 폭도 선동가의 암시에 쉽게 말려들어 폭도의 행동을 쉽게 따르게 된다.

폭도 속에 파묻혀 있는 사람은 많은 다른 사람이 그와 같이 행동하고 있다는 데서 힘을 얻는다. 따라서 폭도집단의 크기는 그 폭도 속의 개인에게 어떤 힘을 제공해 주는 요인이 될 뿐 아니라 그가 정당하다는 느낌도 만들어 준다. 또한 많은 다른 사람들로 인해 그의 행동이 은폐되어 그가 누구인지 모르게 만들어 주기 때문에 그는 행동에 대한 책임감이나 부담이 없어져 더욱 대담해지게 된다.

사회학자 르봉은 일찍이 군중 속에 있는 사람들은 흔히 '야만적이고 파괴적인' 본능을 자유롭게 충족시키고 싶은 속성을 가지고 있음을 관찰하였다. 그는 그 이유는 군중 속의 사람들이 갖는 '억제 불가능성과 익명성'이라는 두 가지 특징이 있다고 생각하였다. 어떤 군중의 일부 사람들은 자신을 본능에 굴복하게 해 주는 억제 불가능한 힘의 느낌을 받는다. 더욱이 군중이 익명성이므로 무책임하기 때문에 사람들을 항상 통제하고 있는 책임감은 완전히 사라진다는 것이다. 이 현상을 짐바르도(1969)는 몰개성화라고 기술하였고 이것이 비자제 행동을 일으킨다고 주장하였다. 즉, 자기인식, 자기관찰, 자기평가가 상실되며, 동시에 사회적 규범들에 대한 구속력이 사라지는 것이다. 이러한 몰개성화는 군중 속에 있게 되는 것에 연유되는 몇 가지 요인들, 즉 익명성, 책임감 분산, 군중의 규모, 활동, 비구조 상황, 소음에 기인한 흥분과 피로 등에 의해서 발생할 수 있다.

몰개성화와 공격성의 좋은 예는, 원시인들이 수행한 전쟁에서 극단적 형태의 공격에 연관된 요인들을 연구한 왓슨(1973)의 분석이다. 가장 극단적 폭력은 가면, 얼굴과 신체의 페인트 및 특수한 복장과 같이 인간을 몰개성화시키는 장비들을 사용한 사람들에 의해서 저질러졌다. 또 다른 예는 도시화에 따른 폭력의 증가이다. 도시화는 사람들의 얼굴이 없어지는 일종의 익명성을 초래하였고, 이에 따른 몰개성화 현상이 도시 속에서 군중의 폭력 및 공격의 가능성을 증가시켰다는 주장이다. 비록 군중 속에 폭도의 견해와 반대되는 견해를 가진 사람이 있다고 하더라도 지지를 해 주는 사람이 주위에 없다고 느끼면 폭도 저지를 위한 과감한 행동을 할 수 없으며, 단지 방관할 수밖에 없어 폭도의 행동은 쉽게 제지되지 않고 폭도의 무리도 줄어들지 않는다는 것이다.

(2) 폭도 행동의 통제

폭도가 감정적이고 격렬한 행동을 몇 시간 동안 계속하게 되면 피로에 지쳐 흩어지거나 행동이 약화되는데 이때가 폭동 진압의 결정적 시기이다. 이때 다시 폭도 속에 유능한 선동가가 나타나면 새로운 계획이 모의되고 폭동은 다시 진전될 수 있다. 폭도 행동을 예방하기 위한 몇 가지 원칙과 원리를 소개하면 다음과 같다.

첫째, 불평이나 불만이 누적되기 전에 해산시킨다. 유언비어에 관심을 가지고, 군중의 불만이 무엇인가를 확실히 파악하여 적절한 조치를 항시 잊지 말아야 한다. 불만을 해소할 수 있는 적절한 조치를 못 취할 수도 있다. 이런 상황에서는 왜 할 수 없었는가의 이유가 명백히 설명되어야 한다. 그들의 감정이 다른 대상으로 옮겨져 표현될 가능성이 있는 경우에는 그들의 감정을 적절히 가라앉히고, 그들의 감정이 다른 곳으로 전이되는 것이 잘못된 점임을 강조해야 한다.

둘째, 반동적인 지도자가 있고, 그가 많은 이들의 주의를 끌 위험성이 있다고 판단되면 사람들이 그를 중심으로 모이지 않도록 해야 한다. 그가 폭도의 불평과 불만을 대변하는 순교자와 같은 위치에 서지 못하도록 미리 앞질러 사람들이 그를 불신임하게 만드는 것이 중요하다.

셋째, 많은 사람에게 어떤 책임감을 느끼게 만드는 것도 폭도 형성을 방지하는 중요한 조치이다. 가능하다면 집단 유지에 민주적 방법을 사용하는 게 좋다. 집단의 결정에 모든 성원이 참여하게 되면 모두 책임감을 느끼게 되며, 이로 인해 폭도 형성은 스스로 억제될 수 있을 것이다.

넷째, 긴장과 흥분된 분위기가 형성될 때는 사람들이 모이는 것을 가능한 억제해야 한다. 엄격한 법의 집행과 규정의 준수를 강조하는 것도 그들이 모이는 행동을 억제하고 주의집중을 방지할 수 있으므로 효과적이다. 저녁이 되어 어두워지면 사람들은 자신을 어둠 속에 은폐할 수 있으므로 무책임한 상태에서 대담한 파괴 행동을 할 수 있게 된다. 저녁에 이와 같은 행동이 일어나지 않도록 하기 위해서는 적절한 야간통행 금지 조치도 필요하다.

그러나 일단 폭도가 형성되었을 경우 이들이 폭동을 진정시켜 안정을 회복하기 위해서는 다음과 같은 조치가 긴요하다.

첫째, 지도자가 나타나서 무리를 통제하기 전에 해산시킨다. 이것은 빠를수록 좋은데, 일단 리더가 나타나서 행동에 구심점이 생기면 이들의 행동을 저지하기가 매우 어렵다. 저지는 지도자가 통제하기 전에 이루어지는 것이 가장 효과적이다. 저지의 가장 구체적인 방법은 이론적인 설득, 가벼운 비난, 반대 암시와 같은 것들이 우선적이며, 이런 방법들이 실패로 끝나고 달리 방법이 없을 때 무력으로 저지시키게 되는데 이 방법은 최후의 수단이다.

둘째, 폭도 행동을 멈추려 하지 말고 빗나가게 한다. 폭도가 형성되고 그들이 그들의 감정을 행동에 옮기려 할 때 설득이나 강제로 그들의 행동을 저지시키려고 한다면 그것은 무모한 일이다. 현명한 조치는 폭도의 지도력을 떠맡아 그들이 파괴적인 목표를 향하여 행동하지 않도록 적절한 다른 행동목표를 제시하는 것이다. 제시한 다른 행동목표가 전적으로 폭도에게 받아들여지지 않는다고 하더라도 폭도의 일부가 동조하거나 그들의 의식 속에 반영된다면, 그들은 파괴적인 행동에 의견이 엇갈려 갈팡질팡하거나 행동에 자신감을 가질 수 없게 된다.

셋째, 주저하지 말고 단호히 대처한다. 폭도를 저지하려 하는 지도자도 다른 지도자에게서 필요로 하는 지도력을 모두 갖추고 있는 것이 좋다. 폭도 행동을 빗나가게 만드는 데 순간적으로 어떤 영감에 의한 조치가 필요할 수 있으나, 무엇보다도 중요한 것은 주저하지 않는 단호한 태도이다. 폭도에게는 오직 확신 있는 행동만이 받아들여진다. 때에 따라서 이런 단호한 조치가 폭도 무리에게 전파되도록 위해 큰 소리로 말할 필요가 있지만, 주의해야 할 것은 그런 외침이 분노와 격정의 외침이 되어서는 안 된다는 것이다. 폭도의 거친 행동에 대처하는 적절한 조처는 없다. 경찰이나 군대를 동원하여 폭도에게 무차별 사격을 가하거나 폭도의 주모자를 향해 사격하거나 또는 사격을 가하겠다고 위협하는 것이 폭도를 분산시킬 수 있는 한 방법이 될는지, 아니면 폭도를 더욱 자극하여 거칠어지게 만드는 요인이 될는지는 판단하기 어렵다. 단지 말할 수 있는 것은 폭도의 형성 초기에는 강하고 단호한 대처가 효과적이라는 것이다.

넷째, 자신을 통제할 수 있어야 한다. 폭동을 진압하려고 하는 사람도 인간이기 때문에 폭도의 영향을 받아 폭도 속에 휘말리거나 폭동에 호의적인 태도를 발전시킬지 모른다. 강한 신념을 가지고 그들의 행동이 옳다고 주장하는 폭도에 대항하여 그들의 행동을 진정시키려고 하는 사람은 폭도 못지않게 강한 반대신념을 갖고 있어야 한다. 그리고 폭도를 자극하지 않는 범위 내에서 폭도의 과격한 행동과 급진적 사고에 대하여 비판적인 태도를 보이는 것도 폭동이 확산하는 것을 방지하는 방법이다.

3) 공황 행동과 폭도 행동

공황은 극단적인 공포 정서에서 야기되는 집단적인 도피 행동이기 때문에 공황에 빠진 군중의 유일한 행동목표는 공황 자극으로부터 멀어지는 것이다. 공황은 폭도의 행동과 비슷한 점이 많으므로 비교해 보면 이해가 쉽다.

(1) 동기

폭도의 동기는 어떤 욕구가 좌절되는 데서 오는 분노이지만 전장에서 병사들에게서 나타나는 공황의 동기는 생존을 위협하는 어떤 자극에 대한 공포 감정이다.

공포는 사람이 피하고 싶은 정서이기 때문에 공포상황에 놓이면 사람들은 이런 상황에서 벗어나려고 노력한다. 그리고 이런 노력은 인간이 안전한 생활을 지속하기 위한 정상적 행동이다.

폭도는 여러 가지 다양한 원인에 의해서 형성되고 또 그들의 행동에는 개인의 잠재적 공격성도 함께 표현될 수 있으나, 공황은 단지 개인의 안전에 위협을 주는 자극만이 그의 원인이 된다는 점이 폭도와 다른 점이다. 또한 폭도의 행동은 욕구가 좌절될 때 곧 표현되지 않으며, 적절한 기회에 같은 욕구가 좌절된 사람이 모이고 또 그들 중의 어떤 사람들에 의한 암시가 있을 때 일제히 행동에 옮겨진다. 공황은 안전의 욕구가 위협을 받으면 그 상황에서 바로 발생한다는 점에서 차이가 있다. 그러므로 폭도는 관심만 가지면 사전에 예방조치를 할 수 있으나, 공황은 그런 사전 조치만으로 예방될 수 있는 것이 아니다.

폭도가 암시로 유도된다면 공황은 전이로 유도된다. 공포 감정은 모든 사람이 갖고 있고 매우 쉽게 다른 사람에게 전이되므로 실제 공포 자극이 출현하지 않아도 분위기가 그렇게 조성되고 한두 사람이 행동에 옮기기 시작하면 곧 다른 사람들도 같은 행동을 하게 됨으로써 집단이 쉽게 공황에 빠지게 되는 것이다.

(2) 초점 집중(focalization)

공황은 일반적으로 리더에 의해 제시되는 명확한 목표에 초점이 맞추어진 것이 아니고 어떤 사람이 뛰니까 따라 뛰는 식의 집단 현상이다. 누군가가 분위기를 깨며 내달리기 시작하고 “여기서 도망치자.”라는 고함이 들리면 주위의 모든 병사의 주의가 그 행동에 집중되어 공황 현상이 유발되는 것이다. 이때 폭도와 같이 세부적인 지시가 이루어지지는 않지만, 누군가에 의해 공포에 찬 병사들에게 “야! 그쪽은 적이야, 저기 언덕 뒤가 안전해.”라는 식의 막연한 방향 제시가 나타날 수 있다. 공황을 일으킨 병사들은 폭도보다 더 절실한 안전의 욕구에 지배를 받아 주의력의 범위가 매우 좁아지고 이성을 잃은 무분별한 상태에 빠지기 때문에 그들에게 군기나 명예심을 기대할 수 없다. 따라서 지휘관이 스스로 용감한 행동으로 모범을 보이거나 그들을 여유 있는 태도로 질책함으로써 어느 정도는 통제할 수 있을지 모르지만, 이성에 의해 공황 행동을 완전히 멈추게 할 수는 없다는 것도 명심해야 한다.

(3) 강화

행동을 강화(reinforcement)하는 요인 중에서 효과가 높은 것이 모방이다. 폭도의 행동을 강화하는 좋은 기제가 모방이므로 이 모방 행동은 공황을 강화하는 가장 큰 요인으로도 작용한다. 왜냐하면 모두 도망치는데 혼자 남아 그 공포 자극을 감당하는 일은 어려운 일이기 때문이다. 수적인 규모 또한 개인의 도피 행동에 영향을 주는 요인이다. 그렇지만 정당성에서는 폭도와 차이가 있다. 폭도는 자기감정의 정당성에 대한 확신이 있으나, 공황을 일으켜 도주하는 병사는 많은 경우 자신이 하는 행동의 비겁함을 알고 있다. 그러나 그들 중의 일부는 강한 공포 자극을 그들의 도피 행동에 대한 합리적 구실로 내세워 자기의 행동을 합리화하기도 한다.

4. 군중 통제의 심리학적 견해

1) 군중 통제의 절차와 방안

군중의 행동에 관한 연구는 훨씬 더 상세하게 진행되었다.

애플게이트(Applegate, 1969)에 의하면 치안 유지 부대가 가장 흔히 범하는 실수는 공권력을 너무 뒤늦게 사용한다는 것이다. 경찰력이 폭도의 폭력시위를 사전에 방지하지 못하는 가장 중요한 이유는 경찰이나 다른 치안 관련 부서들을 통제하는 정치력의 일반적인 결단력 부족이다. 그에 의하면 이러한 망설임은 경찰 대응의 지연을 불러오고, 공권력의 투입 지시가 내려올 때쯤이면 상황은 이미 방위군이나 군대가 투입되어야 할 정도로 나빠져 상황의 확대가 진행되고 만다는 것이다. 많은 경우 폭도 입장에서 이런 상황의 확대를 원하고 있다고 보아야 한다는 것이다. 또한 그의 이론에 의하면 폭동의 경우 적시에 단호한 공권력의 사용이 있어야만 초기 진압이 가능하다는 것이다. 그는 1968년의 워싱턴에서 있었던 폭동 당시 정치 지도자들이 경찰에게 약탈을 어느 정도 인정하라는 뉘앙스를 지닌 지시를 부정적으로 지적하고 있다. 그는 이런 실수가 정치 지도자들이 폭도를 덜 압박하거나 공격하면 약탈을 낮출 수 있다고 생각하므로 나타난 것이라고 주장한다.

애플게이트는 기본적인 심리학적 폭동 통제 방안을 폭동 선동가와 리더들의 선별과 구속, 군중의 해산 특히 소규모 적대적 집단의 분산, 약탈자들의 구속 그리고 군중의 재집결을 방지하는 단계로 구분한다. 그는 단계적 방안을 다음과 같이 제시하였다.

첫째, 무력시위(Show of force)이다. 특수 무장한 대규모 병력이 갑자기 출현하는 것은 폭도에게 큰 심리적 충격을 줄 수 있다. 무력시위는 충분한 인원으로 폭도와 특수부대가 상황의 확대를 방지할 수 있도록 집결할 수 있는 장소 사이에 신속하게 투입되어야 한다.

둘째, 해산 명령(Orders of disperse)이다. 이 명령은 현장 지휘관이나 아니면 지역에서 존경받는 인사에 의해 이루어져야 한다. 해산 명령은 명확하게 그리고 군중을 향해 충분히 전달되어야 하며, 이는 강력한 확성기 사용의 필요를 의미한다. 대규모 폭도 속에서는 사복 차림을 한 치안요원들이 침투해 있다가 해산을 주도하는 것이 필요하며, 서투른 수단의 위협은 사용되지 말아야 한다.

셋째, 대형의 사용(Use of formation)이다. 애플게이트는 가장 중요한 것이 공권력의 사용을 심리적인 압박에서 물리적인 힘으로 전환하는 것이라고 말한다. 그러나 심리적인 관점은 계속 유지되어야 하는데, 이는 공권력의 물리적인 사용 중에 실제 폭력의 사용을 가능한 최소화하기 위해서 최대한의 통제가 요구되기 때문이다.

세계의 각 경찰에 의해서 다양한 방식으로 접근한 여러 가지 대형의 유형이 존재한다. 일반적으로 소부대는 약 12명 정도로 구성되지만, 6명이나 4명 아니면 3명 정도까지 필요에 따라 나뉠 수 있다. 훈련의 핵심은 폭동 진압 부대의 단체 활동이 중요하다는 점을 주입하고, 중무장한 단일 유니폼을 착용한 요원들이 폭도에게 심리적으로 주는 충격이 중요하다는 사실을 인식시키는 일이다. 요원들은 부대 내에서 고정된 위치를 유지하도록 훈련받으며, 서로가 부대의 각 위치에 누가 배치되어 있는가를 정확히 알게 된다.

일반적으로 한 경찰 진압부대가 폭도를 향해 돌격할 때 폭도의 대형이 주름 잡히듯이 찌그러지기 시작하며, 특히 날개 부분이 포위를 시작한다. 지휘관은 이러한 상황을 인지하고 이를 예방하기 위한 준비를 하도록 해야 한다. 일단 부대 행동이 시작되면 멈추지 않아야 하며, 멈춘다면 시작하지 않은 것보다 못하다. 폭도에 밀려 후퇴하는 일은 천천히 진행되어야 하며, 한 명의 개인이 공격을 받으면 즉시 다른 동료들이 그 자리를 메워 폭도에게 그들이 상대하고 있는 경찰들은 개인이 아닌 훈련된 집단이라는 사실을 보여 줘야 한다. 전방의 부대는 폭도의 체포를 시도해서는 안 되는데 이는 세력을 약화하기 때문이다. 체포는 부대 뒤의 예비 부대가 담당하는 것이 효과가 있다.

폭도의 해산이 이루어진 후, 부대들은 적극적으로 그리고 '공격적으로' 그 장소를 순찰해야 하며, 그동안에 지역에 잔류하고 있는 폭도를 체포해서 폭도의 재집결을 예방해야 한다.

넷째, 화학제와 개인화기의 사용이다. 애플게이트는 대형의 사용만으로 폭도를 해산시키지 못할 경우, 최루탄이나 연막탄 같은 화학제의 사용이나 아니면 저격수를 이용한 선별 사격을 할 수 있다고 하였다. 연구에 의하면 폭도 중에서 겁이 많은 사람은 경찰과 떨어져 군중의 뒤에 모여 있는 경향이 있다. 그러므로 폭도를 해산시키는 데 효과적인 방법은 최루탄의 사격이나 기타 화학제를 폭도의 머리 위를 지나 후방을 겨냥해서 발사하는 것이 효과적이다.

피로는 계속되는 폭동 상황에서 대단히 중요한 문제이다. 병사들이나 경찰 요원들이 피로에 지치게 되면 감정적으로 변해 상황의 확대를 불러올 수 있다. 그러므로 항상 상황의 악화 내지는 확대를 예방하기 위해 어느 정도의 근무교대를 위한 배려가 있어야 한다.

군중 통제에 대한 절차와 방안 등은 다음과 같다.

첫째, 경찰들은 그들이 취할 수 있는 행동에 있어서 너무 세부적인 지시를 받지 말아야 한다. 현장의 지휘자가 재량을 위임받아 상황에 맡는 융통성을 발휘할 수 있도록 해야 한다. 그렇지 못한 경우 진압 요원들은 고립되었다는 느낌을 받기 쉽고 쉽게 겁에 질릴 수 있는데 이런 불안감은 상황을 악화시킬 수 있다.

둘째, 애플게이트에 의하면 지역의 범죄자들이나 다른 직업적인 '사회 저변의 활동 인원들'은 주로 개인적인 이득을 위해서 폭동에 참여한다. 경찰 정보 요원들은 이런 사람들의 폭동 가담을 저지하기 위해 적절한 요소에 진행 저지구역 등을 설치해야 효과적이다.

셋째, 경찰을 위험한 상황으로 몰아넣기 위한 여러 가지 골탕 먹이기 속임수가 벌어질 것이다. 이에 대응하기 위해서는 수집 가능한 모든 첩보를 반드시 상호 확인하는 등의 접근 방식을 취해야 한다.

넷째, 폭도는 경찰들에게 욕설을 퍼부으면서 자극 내지는 유인할 것이다. 경찰 요원들은 이를 무시하도록 철저하게 훈련을 받아야 한다.

2) 군중 통제의 심리적 · 실무적 기법

군중 통제를 위한 여러 가지 정교한 '심리적' 접근 방식이 소개된 바 있다. 가장 특이한 접근 방식은 미국 국립과학재단(NSF)에서 1972년에 발표한 코츠(Coates)의 연구일 것이다. 이 논문에서 그는 폭도에게 농담을 던짐으로써 많은 긴장된 상황을 해결할 수 있다고 주장하였다. 코츠는 폭동 대치 상태에서 유머를 동원하면 군중의 공격적인 감정을 그들의 주목적에 집중시키고 경찰로부터 그 증오를 옮길 수 있다는 것이다. 그리고 경찰들 자신들의 감정 수위를 갖추는 것도 유머를 통해 가능하다는 것이다. 코츠는 상식 밖의 특정 인종을 대상으로 하는 농담이나 육체적 또는 사회계층 간의 차이를 주제로 하는 농담은 사용하지 말아야 한다고 말한다. 그 대신 반전법(反轉法)을 사용해서 특정 상황을 반대 상황으로 역전하는 것이 효과적이다. 의도적으로 이 방법을 동원한 상황은 한번도 없었다.

셸로(Shellow, 1965)는 1963년 흑인들의 인권운동 시위를 진압하기 전에 특수 민간사태 담당 요원들에게 집단치료를 하였다. 45명의 경찰 간부들을 대상으로 필름을 상영하고 심리학자 앞에서 그들의 흑인에 대한 감정을 토로하도록 하였다. 특히 그들은 흑인 시위 참여자들과 유혈사태에 이르는 접전을 벌일 가능성을 상상하도록 하거나 그런 상상을 하도록 유도받았다. 이러한 사전 준비는 경찰 간부들의 감정을 조절하는 데 긍정적으로 작용했으며 이들은 시위 후, 흑인 지도자들로부터 그들의 폭력을 사용하지 않으려는 노력과 보여 준 공정성을 높이 평가받았다.

일본에서도 그와 유사한 이외의 발견이 있었다. 영국 여왕이 1974년에 일본을 방문했을 때, 동경 경찰들이 얻어 낸 결론은 군중이 노란색이나 파란색의 '부드럽고 시원한 느낌을 주는' 색상의 바리케이트로 통제하고 있을 때 빨간색이나 갈색의 '거칠고 호전적인 느낌을 주는' 색상의 바리케이트로 통제되고 있을 때보다 피해가 작았다.

새로운 경찰의 군중 통제 방법으로 구호 외치기가 반복되기 전에 리듬을 탄 외침을 중단시키는 방법이 있다. 구호 외치기나 그 외의 주기적으로 되풀이되는 외침 현상은 자체적으로 유발되는 집단최면의 방법이라고 학자들에게 인식되고 있으며, 그 목적은 시위 참석 요원들을 몰개성화하도록 하여 집단통제를 쉽게 받아들이도록 하기 위함이다. 이런 방식을 동원하는 리더나 아니면 전기 메가폰, 뿔 나팔, 드럼, 기타 타악기를 동원해서 사태를 악화시키는 인원들을 신속하게 군중으로부터 축출해야 한다. 강력한 음향기기의 동원은 이런 폭도의 노력을 빠르게 분쇄할 수 있다.

어떤 연구 결과에 의하면 소음은 좀 더 나쁜 의도를 가지고 동원된다. 시끄러운 큰 소음은 듣고 있기 매우 고통스러울 뿐만 아니라 특정한 주기를 두고 내보내질 때는 사람들을 괴롭게 할 수 있어 심하면 간질 증세를 일으키기도 한다.

두 종류의 음향 장비를 개발했는데 그 하나는 '소음 상자(squawk box)'라는 북아일랜드에서 사용된 무기인데 공기를 찢는 듯한 소음을 방출하는 이 상자는 너무나 큰 괴로움을 전달해서 군중은 분산되거나 아니면 최소한 그들이 저지르고 있던 도발 행위를 중단하고 소리를 피해 달아나게 된다.

앨런(Allen)이라는 국제기업이 1973년에 선보인 '빛 조절기(photic driver)'라고 명명된 이 기계는 음향을 분출할 때 소리가 빌딩의 벽에서 반사되어서 울려 나올 뿐만 아니라 반짝이는 빛을 분출하는 기계인데 이 빛 또한 건물의 벽에 반사되어 돌아올 수 있으므로 그 효과는 더 높아진다. 이 소음과 빛은 함께 군중에게 확실한 현기증 증세를 불러오며, 간질 증세는 이 기계를 동원할 때 효과가 높게 나타났다.

군중을 대상으로 한 실제 무기의 사용은 자연히 논란의 대상이며, 그 관점은 매우 다르다. 애플게이트는 폭동 현장에서 실탄을 장전하지 않은 무기의 소지나 아니면 무기를 사용하지 말라는 명령을 받은 무장요원들의 투입은 무의미하다고 주장한다. 그는 이와 같이 할 때 경찰의 사기가 저하될 것이며 그리고 군중도 경찰이 실탄이 없다는 것을 알아내면 그 결과는 비참해질 것이라고 주장한다. 그래서 화력은 예비 부대가 소지하고 제1선에 있는 요원들은 개인화기를 소지하지 않는 것이 최선이라고 볼 수 있는데 이러한 조치는 안정적인 통제를 가능하게 해 주며, 나아가 위협의 정도를 차츰 높여 갈 수 있다. 그는 또 실탄을 장전하지 않고 착검 상태로 군중 앞에 투입하는 방법도 검증되지 않은 방법이라고 주장하는데 이런 명령 역시 사기를 저하할 수 있다는 연구 결과를 얻었기 때문이다.

애플게이트는 군중의 머리 위로 실탄을 발사하는 것도 효과가 얼마나 있는지 의문을 표시한다. 그에 의하면 이런 행위는 자칫 상황을 더 자극할 가능성만 있다는 것이다. 그가 권고하는 접근 방식은 폭도의 발 앞 땅에 대고 실탄을 발사하는 것이다. 이 방식은 사망자의 발생 가능성을 줄여 주는데, 말하자면 반사되어 튀어 오른 탄알들은 신체의 하단에 맞을 확률이 높아 사망보다는 부상의 위험성을 더 높여 주는 것이다. 이 방식의 심리적인 영향은 군중의 머리 위로 발사하는 방식보다도 훨씬 더 강력하다고 그는 주장한다.

애플게이트는 군중과 처음 대면했을 때 그들에게 경찰이 무장하고 있고 총은 장전되어 있다는 것을 보여 주는 행동을 취해야 한다는 것이다. 이 무력시위는 적절한 시간이 관건이지만 일반적으로 권고할 만하다. 간혹 총성은 멀리 떨어져 있는 군중을 격한 감정으로 몰아가기 때문에 소음기를 사용하는 것도 가능하다. 야간에는 총검 위에 야광 물질을 부착하는 것도 경찰대가 폭도에게 접근할 때 심리적인 영향을 줄 수 있다. 현장의 지휘관은 총에 부상한 인원과 사망한 인원의 구분을 즉시 정확하게 내려야 한다고 강조한다.

제8장

선전 · 선동과 설득

선전의 역사는 인류의 역사라 해도 과언은 아니다. 나를 표현하고 남에게 알리기 위하여 고대로부터 오늘날까지 우리 주변에서 일어나고 있는 지배적인 현상 중의 하나다. 공산주의 혁명이나 파시즘 같은 우리 시대에 있어서 대격동이나 최근 아프리카와 중동지역에서 일고 있는 민주화의 열풍은 선전이나 선동 없이는 상상할 수조차 없다. 정권 획득으로부터 많은 승리를 거두고 유지하게 하는 것은 정치 선전의 힘이다. 선전방식에 있어서 서로 다를지 모르지만, 최근 세계 역사에서 뚜렷한 흔적을 남긴 사람이 레닌(Lenin)과 히틀러(Hitler)이다. 이들은 정치가, 군사지도자 이전에 선전의 대가들로서 두 사람 모두 이 같은 설득 기술의 중요성을 증명하였다. 레닌은 대중의 모든 계층을 움직일 수 있는 가장 중요한 것은 선동과 선전이라고 역설하였다. 히틀러는 선전을 통하여 우리는 권력을 지킬 수 있고 선전에 의해서만 세계 제패가 가능하다고 강조하였다.

오늘날 선전은 역사학, 정치학, 사회학, 심리학 등 여러 측면에서 연구의 대상이 되고 있다. 모든 시대의 정치가들은 자신의 정치철학이나 주장을 알리기 위해 웅변, 글, 음악, 조각 등의 거의 모든 방법을 동원하여 선전 활동에 이용하였다. 오늘날에는 선전 기술이 더욱 발달하여 대중의 설득과 지지를 위해 과학적 모든 수단을 동원하기에 이르렀다. 따라서 선전은 그 자체가 하나의 사회 현상으로 나타난 것이다.

1. 선전

1) 선전의 정의와 특성

> "독일군은 전쟁에는 이겼으나 일반시민이 연합국의 선전에 넘어가 전의를 상실하였기 때문에 싸움을 중지하지 않으면 안 되었다."
>
> –에릭 루덴돌프(Erich Ludendorff)–

(1) 선전의 정의

선전(propaganda)이란 용어는 라틴어 propagare의 과거분사인 propagatus에서 파생된 것으로, 식물을 번성하게 하기 위한 접목하는 것을 의미한다. 이 말의 유래는 1622년 당시 로마의 교황 그레고리(Gregory) 15세가 유럽지역의 교회 상태를 점검한 후, 그해 6월 신앙 전도대회(the Sacra Congregatiode Propaganda Fide)를 가졌으며, 이는 신교에 대항하여 천주교의 세를 확장하려는 시도에서 비롯된 것이다. 그 후 꽤 오랜 기간 동안 선전이란 용어는 교회 성직자들의 전용어로 활용되었다.

선전은 대략 18세기 말부터 비종교 용어로도 사용되었으나 19세기 말까지는 종교적인 뉘앙스를 띤 용어였다. 20세기에 들어와서 그 영향에서 벗어나 종교적인 원래의 뜻과는 거리가 먼 더욱 포괄적인 용어로 사용하게 되었다(Jowett & O'Donnell, 1986).

이처럼 선전은 오랜 역사를 거치면서 많이 사용되었고 큰 영향력을 발휘해 왔다. 그러므로 선전에 대한 정의도 다양하다. 그러나 하나로 귀결되는 공통점은 모든 선전이 대상자의 신념, 태도, 형태를 선전자의 의도와 부합되도록 미디어를 이용하고 있다는 점이다. 그래서 웹스터사전(New Webster's Dictionary, 1984)에서는 "선전자의 명분(cause)을 더 강화하나 반대편의 명분에 해를 주기 위하여 계획적으로 전파된 교리, 아이디어, 논쟁, 사실, 주장"이라고 정의를 내리고 있다.

럼리(Lumley, 1933)는 진위(眞僞)의 양분법으로 "선전이란 촉진의 한 수단으로서, 선전의 근원이 되는 정보원, 이해관계, 선전 방법, 선전에 포함된 내용, 선전 대상의 일부 또는 모두에게 일어날 결과 중 그 일부나 전부가 감추어진 상태에서 전개되는 활동"이라고 정의하였다.

라스웰(Lasswell, 1934)은 넓은 의미로 정의를 내려 “선전이란 기호나 표상을 조작하여 인간의 행동, 태도에 영향을 미치는 기술”이라고 했다.

둡(Doob, 1935)은 “선전은 어느 사회의 특정한 시점에서 비과학적인 목적 또는 회의적인 가치관을 향하여 개인의 인성에 영향을 주고 개인의 행위를 통제하려는 시도”라고 했다.

조엣과 오도넬(Jowett & O'Donnell, 1986)은 선전을 의사전달 과정이 지향하는 목적에 초점을 맞추어 정의를 내리고 있다. 즉, “선전은 선전주체자의 의도에 입각한 반응을 얻기 위하여 지각을 형성시키고 인지를 조작하며 행위를 지시하는 계획적이고 체계적인 시도”이다. 따라서 선전은 사전에 어떤 목적을 갖고 설계한 지시적 커뮤니케이션인 것이다.

이처럼 선전이란 용어는 사용되어 오는 과정에서 부정적이고 경멸적인 뜻을 지니게 되었다. 우리가 어떤 메시지를 선전으로 식별하게 되면 이는 무언가 부정적이고 솔직하지 못함을 암시하게 된다. 선전하면 떠오르는 단어로는 거짓말(lies), 왜곡(distortion), 기만(deceit), 조작(manipulation), 세뇌(brainwashing), 설득(psycholoical warfare) 등이다.

선전이란 용어의 목적을 강조하여 사용하게 되면 선전은 통제와 연관되어 선전자(propagandist)에게 유리한 쪽으로 권력을 유지하거나 변화시키려는 계획적인 시도이다. 그리고 계획적인 시도는 언제나 제도적인 이데올로기의 목적과 연결되어 있어서 사실 선전의 목적은 어떤 특정한 목표를 지니고 수용자에게 이데올로기를 심는 것이라고 할 수 있다. 선전의 목적이 전쟁을 지속시키기 위하여 전 국민에게 대대적인 애국심을 불러일으키는 정부 기관의 시도이든, 군대 지휘관이 자기 군대의 강력함을 과장하여 적을 놀라게 하려는 시도이든, 또는 소비자에게 정당성을 유지하기 위하여 이미지를 진작시키려고 시도하는 기업이든, 하나의 목적을 달성하기 위하여 수용자를 상대로 주도면밀한 상징의 조작이 따르게 마련이다.

(2) 선전의 특성

선전의 특성은 다음과 같다.

첫째, 어떤 상황에서 선전 전달자의 의도대로 어떤 개인이나 집단에 영향을 미치려는 시도로 시행된다. 이 점은 선전 활동을 하는 선전자의 의도를 나타낸 것으로 선전의 목적이기도 하다. 선전은 그 대상자 또는 집단의 태도를 변화시키는 데 그치는 것이 아니라 선전자가 의도하는 방향으로 다른 집단들의 행동을 유발하는데 그 궁극적 목적을 두는 것이다.

둘째, 선전이 의사전달 수단을 활용한다는 점이다. 의사전달 수단은 한 사람으로부터 다른 사람에게 언어, 몸짓, 상징, 기호 등을 사용하여 의도를 전달하는 수단이다. 이 의사전달 수단은 현대 사회로 접어들면서 매스미디어와 함께 더욱 발달하게 되었다. 특히 오늘날과 같은 대중 사회에서 대중 정치를 수행하는 과정에 대량전달 매체는 용건을 전달하는 유일한 수단이 되어 대량전달 매체가 선전에서 차지하는 비중은 그만큼 커진 것이다.

셋째, 선전이 개인보다는 집단을 그 대상으로 삼고 있다는 점이다. 물론 개인을 설득하는 것이 곧 그 개인으로 구성된 집단을 설득하는 것과 마찬가지라고 생각할 수 있으나 선전은 주로 집단 전체를 대상으로 삼고 있다.

엘륄(Ellul, 1965)은 집단의 형성은 선전의 형성과 동시에 발생한다고 했다. 선전은 집단의 조직과 행동에 밀접하게 관련된 하나의 집단 현상이어서 이것 없이는 선전이 실질적으로 존재하지 못한다는 것이다.

넷째, 선전이 계획적으로 조작되어 전달된다는 점이다. 선전이란 말, 몸짓, 이미지, 기념물 등의 상징적 수단을 통하여 사람들이 지닌 신념, 가치관 또는 행동에 대하여 영향을 미치는 조직적인 조작을 말한다. 따라서 선전의 특성은 그 내용의 진위와 표현 방법의 합리성 여부를 따지지 않고 조작하고 설계하는 교묘한 기도에 있는 것이다.

다섯째, 선전은 사회통제의 심리 과정이라는 특성이 있다. 다수를 대상으로 한 선전의 집단적 성격은 선전자와 피선전자를 구분하게 한다. 지도자와 피지도자가 상호이익을 위하여 협조한다는 인상을 남기기 위하여 선전자는 다양한 전략을 세운다. 즉, 선전자는 진정한 의미에서 조직의 구성원을 통제하려는 특정 조직의 대표자이며 사회적 통제의 기술자인 것이다.

이처럼 선전은 그 논리적 근거를 사회적 통제이론에 두고 있는데, 사회적 통제이론이란 사람들이 공유하고 있는 정치적 신념, 종교적 믿음, 관습, 규율과 기본적 생활방식을 계속하여 배우고 보완함으로써 사회질서가 유지된다는 이론이다(Nimmo, 1978). 이런 시각에서 볼 때, 각 국가의 통치자나 지도자들은 여러 가지 기술을 동원하여 선전을 사회적 통제의 기제로 활용하고 있다. 지금까지 제시한 선전의 특성을 종합해 보면 선전은 다른 의사전달 방식보다 부정적인 면이 많다. 그 이유는 넷째 특성인 조작성 때문일 것이다(심진섭, 2012).

특히 선전의 개념은 자본주의 체제에서보다는 공산주의 체제에서 잘 발달되었다. 그들이 말하는 전략적 목적을 위해 조작성이 정당화되기도 하여 선전이 주는 이미지는 부정적인 경향이 있다는 것이다. 그러나 선전 그 자체가 나쁜 의미가 있는 것은 아니다. 선전은 나쁜 이념뿐 아니라 좋은 이념을 표현하는 데도 쓰일 수 있다. 선전이 어떤 의미로 이용되느냐 하는 점은 선전이 행해지는 정치체제나 선전자에게 달려 있다는 점을 뜻한다.

치리노(Cirino, 1972)는 일부 선전자들은 사실과 역사를 책임 있게 이용하지만, 일부 선전자들은 사실을 위장하거나 무시하기도 하고 역사를 왜곡시키기도 한다. 또 일부 선전자들은 여론 형성에 있어서 국민의 실질적인 선택이나 참여의 가능성을 되도록 억제하는가 하면, 어떤 선전자들은 국민에게 제 나름의 생각을 할 수 있도록 만들기 위해 최선을 다하기도 한다. 선전은 나쁜 이념과 좋은 이념도, 전쟁과 평화도 그리고 증오와 우의를 증진하기 위해 활용될 수도 있다고 했다.

또한 선전은 다음과 같은 한계성도 있다.

첫째, 진실성이다. 선전이 부정적으로 느껴지는 것도 이 진실성의 문제가 결부된 선전의 조작적 성격 때문이라고 이미 앞에서 지적한 바 있다. 피선전자의 의견, 태도, 행동을 선전자가 의도하는 대로 변화시키려는 시도를 선전이라고 할 때, 선전내용의 진실과 거짓은 상관이 없는 것이다. 즉, 선전내용의 진실 여하에 따라서 선전효과가 좌우된다고 말할 수는 없다. 선전자는 피선전자가 진실성을 확인하거나 사실을 조사할 수 없을 때 허위의 조작이 더 쉬워진다. 이러한 예는 엄격한 정보의 통제를 받는 사회이거나 전제주의 사회에서 더 흔히 볼 수 있다(박영학, 1987).

피선전자가 정보원에 접근할 수 있을 때 선전자는 매우 효과적인 허위 조작을 할 수 있다. 이러한 상황 중 하나는 선전내용이 피선전자가 몹시 원하는 희망에 호소하는 경우에 효과가 크다. 고려 말에 이성계가 위화도에서 회군할 때 그는 병사들에게 요동 공격이 나라에 대한 큰 반역이고, 곤궁과 불안에 시달려 오던 농민들이 농번기에 동원됨으로써 농사에 지장을 초래한다고 하여 회군을 주장하였다. 이러한 선전은 강대국인 명나라와의 싸움에 대한 불안과 그 당시 장마로 인한 전투 여건이 좋지 않은 병사들에게 회군이 의로운 일이라고 강조되었을 때 병사들의 태도가 쉽게 바뀔 수 있었던 것이다(조재관, 1987). 또한 피선전자가 선전자를 신뢰할 수 있는 사람이라고 믿는 경우이다. 제2차 세계대전을 통하여 연합국 측의 선전은 비교적 공정하고 객관적인 태도를 견지하여 적으로부터도 상당한 신뢰를 쌓았을 뿐만 아니라 피선전자에게 크게 호소력을 가질 수 있었다. 여기서 유의할 점은 선전 그 자체가 가진 진실성보다는 연합국의 선전이 진실성이 있다고 믿는 것이 더 중요하다는 점이다. 지금까지 살펴본 바와 같이 선전의 진실성이 효과적인 선전요소는 아닐지라도 허위의 사실이 드러날 경우 상당한 역효과가 있다는 사실에 유의해야 할 것이다.

둘째, 사람들이 지니는 편견이다. 선전의 성과는 피선전자가 지닌 편견에 의하여 영향을 받는다. 편견은 사회적 환경의 산물이기 때문에 누구나 편견을 갖게 마련이다. 편견은 개인의 판단을 결정하는 요인으로 작용하여 그 편견에 모순되는 선전자의 노력은 피선전자의 흥미와 관심을 일으키지 못한다. 그러므로 효과적인 선전은 피선전자가 어떤 종류의 편견을 가지고 있는가에 대한 관찰과 분석이 필요하다. 따라서 모든 종류의 선전은 기존의 태도 및 편견에 의하여 제약된다는 것을 알 수 있다. 이것은 역으로 선전은 편견을 이용해야만 비로소 성공할 수가 있다는 의미도 된다. 그런데 선전의 기능을 제약하는 편견은 반드시 피선전자의 그것에만 국한되는 것은 아니다. 선전자의 편견도 선전의 기능을 제약한다. 그러므로 선전자는 그가 기대하는 효과를 얻기 위하여 편견의 이중적 제약성을 충분히 인식하여야 효과적이다.

셋째, 한 국가의 언론 정책이다. 언론 정책은 국가가 각종 언론 매체의 통제를 통하여 국민의 사회의식에 영향력을 행사하기 위한 시책이며, 지배자에게 유리하게 보도하도록 하는 긍정적 측면과 지배자에게 불리한 점을 보도하지 못하게 하는 부정적 측면이 있다. 이러한 통제를 달성하기 위하여 이용되는 전형적인 방법이 검열이다.

검열은 지배자가 자기 선전을 보호하고 자기에게 불리한 주장이나 선전을 탄압하기 위한 수단이다. 그러므로 정치 권력에 의한 통제는 그 권력에 반대되는 모든 선전의 기능을 제약하게 만드는 것이다.

2) 선전의 유형

선전은 분류하는 기준에 따라 여러 가지로 구분할 수 있다. 선전자와 정보의 정확성에 관련하여 백색, 회색, 흑색 선전으로 구분할 수 있다.

백색선전은 그 출처가 정확하게 확인되고 그 선전의 내용이 명확할 때의 선전을 말한다. 예를 들면, 한 개인이 대통령선거 기간에 KBS 방송이나 MBC 방송을 통하여 어떤 선전의 내용을 듣게 되었다면 이러한 선전이 백색선전에 해당한다. 청취자들이 듣는 선전의 내용이 비교적 진실에 가까운 것일지라도, 선전자는 이 선전을 통하여 피선전자에게 자기가 훌륭한 사람임을 확신시키려 한다. 또한 백색선전은 미래의 어느 시점에 이용 가치가 있으리라는 가능성을 염두에 두고 피선전자 측의 신뢰를 형성시키려는 의도로 제공되기도 한다.

1984년 소련이 불참한 가운데 로스앤젤레스 올림픽이 개최되는 동안 미국 기자들의 보도가 지나치게 자국 편향적이라는 불평이 많았는데, 그 당시 미국의 ABC 방송은 경기내용의 보도와 백색선전을 동시에 수행하고 있었다. 미국 국민에게 자국 선수들의 운동경기에 열광하게 하여 계획적으로 미국 국민의 애국심을 불러일으키려는 시도와 함께 소련 정부에게도 우리는 이 올림픽에 당신들이 필요하지 않다는 메시지도 전달하려는 의도를 시사하고 있었다.

회색선전은 그 출처가 정확히 밝혀지든 그렇지 않든 정보의 정확성이 확실하지 않은 선전을 말한다. 1961년 미국의 쿠바 침공 사건이 발생했을 때 미국의 소리 방송은 이 침공 작전에 미국의 개입을 부인했는데 이 경우 미국의 소리 방송내용은 회색선전으로 분류될 수 있다. 소련이 아프가니스탄을 침공했을 때도 모스크바 방송(Radio Moscow)은 회색선전을 이용하여 그 침공을 정당화하였다.

회색선전은 또한 적이나 경쟁자를 당혹하게 만들기 위하여 이용되기도 한다. 모스크바 방송은 미국을 비난하기 위하여 마틴 루터 킹(Martin Luther King) 목사와 케네디(Kennedy) 대통령 저격 사건을 이용하기도 했다. 이에 대하여 미국의 소리 방송은 기회를 놓치지 않고 소련의 아프가니스탄 침공과 소련 내의 반체제 유대인을 체포하는 것에 대하여 비슷한 비난을 하였다. 우리 현실에서도 회색선전의 예를 쉽게 찾아볼 수 있다. 선거 때 자주 등장하는 상대방에 대한 과거 폭로, 정확하지 않아도 대중의 호기심과 의구심을 자극할 수 있는 내용의 게시 등으로 해당자 또는 해당 집단에 심대하게 영향을 미치는 내용을 찾을 수 있다(심진섭, 2011).

흑색선전은 거짓 출처를 내세워 허위, 조작, 속임수를 이용하는 선전을 말한다. 흑색선전은 모든 형태를 조직화한 속임을 포함한 거짓이다. 한 예로, 제2차 세계대전 중 독일의 히틀러가 영국을 침공하기 직전, 그 당시에 반체제 영국인들이 운영한 것으로 짐작하게 하는 〈New English Broadcasting Station〉이라는 방송국의 30분 분량의 프로그램을 방송하였다. 이 방송국의 프로그램은 주로 전쟁에 관한 뉴스로 구성되어 있었다. 사실, 이 방송국은 영국에서의 전투 기간 내내 영국 사람들의 사기를 저하하기 위한 독일의 지하 방송이었다.

우리 현실에서의 흑색선전의 예는 출처를 위장한 북한의 대남 방송과 사이버상에서 운용되는 출처 미상의 사이트에 등장하는 특정인을 비방하는 내용과 남남갈등, 지역 갈등, 계층 간의 갈등 등을 조장하여 대한민국의 분열을 획책하는 내용을 흔히 볼 수 있다(심진섭, 2011).

지금까지 운영되었던 방송을 통한 흑색선전은 두 개의 형태로 분류된다. 하나는 전술적(tactical)인 흑색방송이며, 또 다른 하나는 전략적(strategic)인 흑색방송이다. 전술적 흑색방송은 거의 모두 단기간에 존재했던 방송으로서, 이러한 전술적 방송국은 어느 특별한 목표에 한정하는 것이 보통이다. 전략적 흑색방송의 장기적인 목적은 일반적인 태도 변화와 설득에 있으므로 오랜 기간이 필요하다(심진섭, 2012).

선전은 또한 선전자의 동기가 의도적인가의 여부에 따라 의도적 선전과 비의도적 선전으로 구분된다. 의사전달 매체를 중심으로 할 때는 신문 선전, 라디오 선전, 영화나 잡지 선전, 사이버 선전 등으로 나눌 수 있다. 그리고 피선전자가 선전자의 목적하는 바를 인식할 수 있느냐의 여부를 따라 현시적 선전(revealed propaganda)과 은폐 선전(concealed propaganda)으로 구분되기도 한다. 피선전자가 어떤 선전 메시지에 접하고 있으며 영향을 받고 있다는 사실을 알고 있는 경우에 이 선전은 현시적이다. 이에 반하여 은폐 선전은 어떤 사람이 의도적이든 비의도적이든 사람들이 자기들의 반응을 통제하려 하고 있다는 점을 모르더라도 그 사람들에게 영향을 끼치게 되는 경우를 말한다. 선전이 영향을 미치고자 하는 인간 활동의 장(場)에 따라서는 상업 선전, 정치 선전, 종교 선전, 전술적 선전, 공산주의 선전 등으로 구분되기도 한다. 또 한 개인이 다른 사람에게 영향력을 미치려는 노력으로 볼 때 선전과 대항 선전(counter-propaganda)으로 분류할 수 있다(Doob, 1935).

엘륄(1965)은 또한 종단적 선전과 횡단적 선전으로 구분하는데, 대중매체를 이용하여 다수를 대상으로 하는 선전은 종단적 선전에 해당한다. 횡단적 선전의 경우는 집단 구성원 간의 선전이며, 대중매체의 이용보다는 대인 및 조직 의사소통을 더 많이 이용하는 선전이 해당한다.

선전의 또 다른 차원은 하위급 선전이다. 이것은 목표 대상자의 마음속에 어떤 틀을 형성시키는 작업인데 상당한 기간을 필요로 한다(Doob, 1935). 이러한 형태의 선전을 촉진적 의사소통(facilitative communication)이라고도 부르는데, 이것은 언젠가 선전의 목적으로 필요하게 될 때를 대비하여 수용자와 지속적인 접촉을 유지하는 활동이다. 이 촉진적 의사소통은 보통 라디오 뉴스 보도, 보도자료, 책, 잡지, 문화 프로그램을 이용하거나 전시회, 영화, 세미나, 교육 활동 등을 통하여 개인적 접촉을 유지한다. 이러한 활동은 모두 훗날 어떤 시점에 필요하게 될 사람들과 우호적인 관계를 유지하기 위한 장기적인 노력이다.

3) 선전 기법

(1) 선전의 목적 제시

선전목적의 성격설정 자체가 하나의 기법으로 다음에서 설명될 것이나 여기서는 선전목적을 표시하는 기법에 대해 살펴보자. 피선전자가 선전내용을 수용하느냐 거부하느냐 하는 것은 선전 기술에 달려 있다.

① 성실한 목적 제시(1)

이것은 아주 단순해서 전혀 선전 기술이 아닌 것처럼 보이지만 어떤 경우는 자기의 목적을 솔직히 드러내는 그 자체만으로도 상대방에게 신뢰도를 제고시킬 수 있다.

"정직한 자가 이긴다." 왜냐하면 대중은 솔직한 선전을 좋아하고 신뢰하는 경향이 있기 때문이다. 특히 정치에서는 유권자들이 정직한 후보를 지지하게 되는데 실제 오하이오주 지방자치 단체장 선거에 출마한 한 후보는 "여러분이 나에게 투표해야 하는 여섯 가지 이유가 있습니다. 나의 여섯 명의 아이 애니, 보비, 찰리, 대니, 이스터, 프랭키에게 재정적 도움이 필요하기 때문입니다."라는 연설을 하여 당선되었다. 정직이 최선의 방책이라면서 바르게 행동하는 사람도 있으나 우리는 자신을 보호하기 위하여 '진실'이라는 단어를 남발하는 사람들을 경계해야 하는데 소련어로 진실을 뜻하는 '프라우다'를 제호로 쓰는 『프라우다』 신문이 소련공산당 중앙위원회의 기관지라는 사실은 그 좋은 예이다.

목적을 솔직하게 표현하는 것만으로는 그 동기를 정당화하지 못한다. 선전자의 선의가 그 목적까지 선하게 하지는 못하기 때문이다.

② 목적의 단계적 제시(2)

목적의 단계적 제시란 선전의 실행 시기를 늦추거나 앞당겨 선전의 적기를 포착하는 것을 의미하며 선전에 대한 거부감을 예상하여 흔히 사용하는 기술이다.

선전자는 "물건을 사겠습니다."라는 결정적인 질문을 하기에 앞서 구매자의 구매 욕구를 충동질한다. 「진보의 주요 요인」을 집필한 저자는 많은 지면을 할애하고 역사적인 사실을 예로 들면서 현대문명의 발달을 가져온 주요 요인이 자유라는 점을 설득력 있게 기술하고는 마지막 부분에 복지증진에 필요한 경제성장을 이룩하기 위해서는 기업이 정부 통제와 조세 부담에서 벗어나야 한다고 강조함으로써 자유에 대한 그의 견해를 밝히고 있다. 유통시장에서는 선전으로 상품에 대한 구매력이 충분하게 생길 때까지 가격을 알리지 않는다.

이것은 목적의 단계적 제시라는 선전 기술의 한 변형으로 볼 수 있다. 소비자는 선전의 숨은 의도가 무엇이며 추구하는 바가 무엇인지를 끊임없이 자문함으로써 자신을 보호해야 한다.

③ 목적 은닉(3)

목적 은닉은 뱀이 풀숲에 숨어서 먹이를 노리듯 목적을 밝히지 않는 선전 기술이다. 이는 기도가 노출될 경우 목적을 달성할 수 없을 때 사용된다. 어떤 국가는 오직 평화만을 주장하면서 실제로는 전쟁을 선동한다. 정치에서도 선거에 이기기 위해 상대 진영에 위장 후보를 내세우는 경우가 있다. 이때 위장 입후보자는 자기가 이용당하기 위해 내세워졌다는 것을 잘 아는 상태에서 선거운동을 한다.

대중이 속아 넘어간다면 목적 은닉은 성공한 셈이다. 모든 경우에 시민들은 선전자의 목적과 진정한 의도를 간파해야 하지만 그렇게 쉽지 않다.

(2) 관심 유도

목적을 어떻게 설정하느냐가 선전의 시작이나 이것은 피선전자에게 명확히 감지되지 않을 수도 있다. 선전 시 피선전자의 관심을 효과적으로 유도하지 못하면 선전 그 자체가 실패하므로 선전자는 관심 유도에 최선을 다해야 한다.

① 호감 자극을 통한 유인(4)

수많은 상업광고에서 볼 수 있듯이 호감 자극을 통한 유인은 관심을 유도하기 위해 흔히 쓰는 기술이다. 맥주 광고 게시판을 젊고 매력적인 여인의 사진을 이용하여 남자들의 시선을 끌어들인다. 아이들은 산타클로스의 방울 소리나 피리 부는 사나이의 노래에 관심을 보이기 마련이다. 모든 연령층의 사람들은 빵과 서커스에 흥미를 나타낸다. 선전자가 선전대상을 결정한 뒤 우선 생각하게 되는 문제는 대상자의 관심을 끄는 일이다. 경쟁이 심하거나 대상자가 무관심하면 보다 기발한 관심 유도 방법이 강구되어야 한다.

② 외부적 자극을 통한 유인(5)

거부감 또는 불쾌감 역시 사람들을 자극하게 되는데 사람들을 방관자의 위치에서 끌어내서 행동하도록 유도하기 위해 사용된다. 예를 들면, 좌시하면 비극적인 결과가 발생한다는 사실을 생생하게 부각함으로써 행동화로 유도하기 위해 홍수, 기아, 화재, 파괴 등으로 인한 가공할 만한 상황 사진을 제시하여 사태가 일어났을 때 즉각적인 행동을 유도한다.

선거가 임박해서 아무개가 정권을 잡게 되면 민주주의가 붕괴하고 독재정권이 들어서게 될 것이라고 선전하면 유권자들은 재삼 생각하게 된다. 관심 유발의 형태가 선전 대상자의 상태에 따라 다르게 나타날 수 있으며, 관심을 유발하기 위해서는 예상되는 피선전자의 분위기를 파악해야 한다는 것이 철칙이다.

③ 특이 행위를 이용한 유인(6)

대상자를 자극하여 행동에 옮기도록 할 때 사용되는데 장엄한 광경, 큰 장화를 신은 난쟁이, 깃대 위에 앉은 사람, 시위, 군중 집회 등 특이한 행동이나 광경은 대중의 마음에 어떤 연상을 불러일으키거나 관심을 집중하게 한다.

미국에서는 시민들이 시가를 행진함으로써 민주적으로 분노를 나타낸다. 그러나 남미에서는 유권자들이 입후보자에 대한 분노의 표시가 투표장에 나가 기권하는 형태로 나타난다. 현명한 시민이라면 관심 유발 행위가 호소력이 있는지 아니면 단지 사람들의 이목을 집중시키기 위한 것인지를 스스로 분별해야 할 것이다.

누구라도 엠파이어스테이트빌딩 꼭대기에서 뛰어내리면 신문에 이름을 낼 수가 있는 것이다.

④ 도발적 유인(7)

예외적인 것보다는 오히려 정상적인 방법에 관심이 자극될 수 있다는 점을 제외하면 도발적인 유인은 특이 행위를 이용한 유인과 밀접한 관계가 있다.

직업 정치인의 큰소리, 라디오 아나운서의 자극적인 열변은 일반 대중의 관심을 끌지만 이례적인 것은 아니다.

반복선전은 선전자가 불쾌할 정도로 많이 이용하는데, 이 방법은 선전 대상자를 짜증 나게 만들지만 이로 인해 메시지 내용을 기억하게 하며 메시지를 드러나게 한다. 때때로 선전 대상자는 이런 도발적인 선전 기술에 반발하기도 하고, 그 기술에 말려들지 않으려고 노력하기 때문에 어떻게 해야 피선전자를 적절하고 효과적으로 행동하도록 해야 유리하다.

밝은색의 포스터에 등장하는 굳은 표정의 사람이 눈을 부릅뜨고 노려보면서 선전 대상자를 손가락질하며 "당신이 그 일에 적당한 사람입니까?"라고 묻든지, 한 논설위원이 선거 전날 석간신문에 "당신은 깨끗한 우리 시에 부패한 정부가 들어서기를 원합니까?"라고 질책한다든지, 국제적으로 널리 알려진 인물이 심각한 목소리로 "세계대전을 원합니까, 세계평화를 원합니까?"라고 묻는 것은 이런 예이다. 매력적인 여인이 손에 청량음료를 들고 있는 사진이 있다면 선전자가 당신의 심미안을 만족시키려고 하는 것인지 혹은 청량음료를 실제 사게 하려는 것인지 등 선전자의 의도는 무엇이며 메시지와의 사이에 합리적인 연관이 있는가를 살펴야 한다.

(3) 메시지 전달

우리가 고속도로에서 시속 100km의 속도로 운전할 때 번쩍거리는 광고판과 안내표시판을 지나쳐도 그 메시지를 항상 기억하거나 이해하기 어렵다. 이 부분에서는 메시지의 인지 이해를 촉진하는 데 관한 것으로 이것은 안내판이나 연설이 단순히 스쳐 지나가는 것 이상의 효과를 얻어 내도록 만드는 기법에 관한 것이다. 이러한 방법이 동원되면 설득이 한 단계 더 높은 효과를 얻어 낼 수 있을 것이다.

① 과장(8)

과장은 너무 흔한 것이어서 우리도 모두 익숙하다. **과장**은 대상, 구사어휘, 사진 또는 사실을 부각하기 위해 실제보다 확대하는 것을 뜻하며 관심을 끌게 하고 인지를 쉽게 하며 사실을 파악하게 하는 등 세 가지 기능이 있으므로 선전자가 사용하는 가장 전형적 수법이다. 대중이 긴급히 행동하도록 강한 충격을 줄 필요가 있을 때 사태의 심각성을 어느 정도 왜곡시킨다 해도 그것은 정당화될 수 있다.

가령, 어린이가 성냥을 가지고 놀지 못하게 하려는 의도로 "성냥 놀이로 집을 태울 수도 있고 사람이 타 죽을 수도 있다."라고 교육을 한다든지, "전복 활동을 일삼는 정치인은 국가를 망칠 수도 있다."라고 시민들에게 경고할 수도 있으며, "군인들이 엄격한 규율을 지키지 않으면 전쟁에서 승리할 수 없다."라고 깨우칠 수 있다. 그러나 모든 선전에서 보여 주듯이 선전자는 자기의 경쟁자를 희생시키면서 자신의 의도를 과장하는 경향이 있는데 신문발행인이 친구의 잘못은 신문에 내지 않거나 눈에 잘 띄지도 않도록 작은 글씨로 묻어 버리면서 정적의 실수를 크게 보도한다. 상황을 사실보다 부풀리는 이 단순한 기술은 너무 흔해서 지적인 시민이라면 보고 들은 것 중 상당 부분은 걸러 내고 인식하는 법을 터득하고 있다. 과장의 반대로 축소 기술도 이용되는데 두 가지는 상당히 관련이 많다. 어떤 사실을 축소하는 거울로 보면 확대경으로 볼 때와는 상반되는 현상을 볼 수 있다. 여론 조사에서는 소기의 성과를 얻기 위해 종종 축소 기술이 사용되고 경쟁자의 호소력을 약화하기 위해서도 이용된다. 그와는 반대로 작은 활자를 읽으려면 집중력이 요구된다. 그러므로 작은 활자가 때때로 인지 과정을 촉진할 수도 있다. 온 세상이 시끄럽게 떠들어 댈 때 오히려 호소력 있는 조용조용한 목소리가 효과적일 수도 있는 것이다.

② 초점화(9)

집중 조명이라고 할 수 있으며, 이미지를 강렬하게 함으로써 인지를 촉진하는 것인데 상대적으로 분석시키고자 하는 이외의 환경이나 경쟁자는 주목을 덜 받도록 해야 한다.

히틀러는 "사람들의 시선이 선전물을 향하지 않거든 사람들의 시선이 있는 곳으로 선전물을 옮겨라." 하고 가시화의 기술을 예시하였다. 인지되면 결과는 같은 것이다. 연극무대에서는 발레리나를 부각하기 위해 강렬한 조명을 집중한다. 정치가들은 단지 세계의 이목을 집중시키기 위해 외국을 다녀오기도 한다.

③ 단순화(10)

빠르게 대중을 인지시키는데 단순화가 효과적인 방법이다. 한 가지 원인으로 어떤 결과가 나타나는 경우는 거의 없다. 어떤 사람이 병이 들었다면 영양 부족, 열악한 환경, 운동 부족 등 여러 가지가 복합적으로 작용한 것이며, 병을 고치기 위해서는 여러 요인을 개선해야 한다. 그러나 선전자는 대상자의 지적 한계를 고려하여 편안하고 쉽게 인지하도록 여러 상황을 단순화시킨다. 예를 들어, "만약 당신이 늙었다면 젊어지는 샘물을 마셔라." "가난한 자여 복권을 사서 당첨되어 부자가 되어라." "당신이 배우지 못했다면 통신교육을 받아라." "빛이 여러 군데 있으면 한군데로 모아라." "범죄가 들끓으면 경찰력을 증가시키면 모든 사람이 훌륭한 시민이 될 것이다." 등이다. 사람들은 어떤 어려운 상황이 있으면 복잡하게 해결하려고 생각하지 않으려는 경향이 있다. 모든 문제가 단번에 해결될 수만 있다면 귀찮은 식이요법, 격한 운동, 높은 세금조차도 감내할 것이다. 각 선전자는 자기의 처방이 바로 만병통치약이며 단번에 치료할 수 있다는 점을 주입하려고 노력한다.

경제학자들은 이 세상의 병폐가 주로 경제문제에 기인한다고 생각하는 한편 군인들은 유비무환을 강조한다. 선전 분석 교수들은 선전 기술을 망라한 책으로 좋은 선전 방법을 제공하지만, 이 세상의 혼란은 한 가지 원인에서 비롯된 것이 아니므로 치유도 절대 간단하지 않다.

④ 상징화(11)

상징은 사람들에게 즉각 인식하기를 원하는 집단이 사용하는 상징물과 같이 시각적인 단순화 기술로서 그림, 도식으로 표현되는 아이디어다. 자유의 여신상, 나치의 표시, 국기, 상표 등이 그러한 상징들이다. 숫자나 색깔도 상징이 될 수 있다. 러시아에서 공산 혁명분자들은 빨간색을 사용하고 반대당은 흰색을 사용하였다. 교회도 초록색, 자주색, 흰색, 검은색을 사용한다. 이러한 상징들은 인식과 이해를 촉진한다.

자기의 의도를 나타내기 위해 선전자는 간단한 그림이나 도안을 이용하고 문장이 그려진 옷과 같이 정교한 수단이 활용될 수도 있다. 흔히 사용되는 상징은 대중에게 호의적으로 인식되기도 하고 부정적으로 인식되기도 한다. 사람들에게 이러한 상징물을 자주 보여 줌으로써 선전자는 그의 메시지를 반복 전달할 수 있기 때문이다. 상징물이 이면에 숨은 관념을 정확히 묘사하고 있는가, 그 상징이 그 선전에 합성한 것인가를 우리는 자문해 보아야 한다.

⑤ 의인화(12)

널리 알려진 특정인을 상징적으로 활용하는 것이다. 과거 소련 지도자들은 그들의 자질이나 이룩하고자 하는 것을 암시하는 익명을 갖기를 좋아하였는데, 예를 들면 스탈린(Stalin)은 '거리', 몰로토프(Molotov)는 '해머', 그로미코(Gromyko)는 '큰 코'를 가지고 있다. 모세(Mose), 소크라테스(Socrates), 나폴레옹(Napoleon), 제퍼슨(Jefferson)과 같이 역사적으로 유명한 인사들은 그들의 이름만 가지고도 현명한 지도력, 철학적 사고, 군사전략, 용기 있는 관용 등을 연상하게 하는데 자주 이용된다. 특정인의 치적과 분위기를 활용한 의인화는 인식과 이해를 쉽게 하므로 위인들의 사진이 정치단체나 상품의 상징으로 표절되기도 한다. 특정인의 상징화는 적대관계에 있는 사람에게 오명을 부여하기 위해 부정적으로 사용되기도 한다. 정치가가 중상하고자 하는 사람을 유다, 히틀러, 이완용 등과 같은 사람이라고 부르는 것을 가끔 볼 수 있다.

⑥ 정형화(13)

같은 부류로 분류되어 있는 관념, 사람, 사물 등을 이용하여 일반인들이 인식을 쉽게 하도록 사고 패턴을 설정하는 일이다. 이것은 선전자가 여론을 형성하는 데 가장 편리한 방법의 하나이다.

정형화는 사람이나 사물이 일정한 특성을 갖는 것이 필수적이란 사실을 암시해준다. 그래서 남녀공학 반의 여학생은 비록 그녀가 젊고 예쁘고 깔끔하고 낙천적이지 않아도 "이러이러한 타입의 여성일 것이다."라고 간주한다.

정형화된 사고를 이용할 때는 애써 설명하는 수고를 덜어 주기도 하는데 선전자는 단지 상대편을 뚜렷하게 나쁜 부류로 몰아넣기만 하면 나머지 일은 사람들의 편견이 해결한다. 모든 나라에서 외국인들은 정형화되어 있다. 사실 외국인이라는 단어가 호감이 가지 않는 사람들이라는 인식을 준다. 선전자는 이러한 사고 패턴을 이용하게 되는데 "우리 편이 정당하다." "상대가 더러운 술책을 쓰고 있다." "○○ 회사 제품은 믿을 수 없다." 등을 예로 들 수 있다. 정형화는 극적이고 자극적인 면을 이용하기 때문에 이는 단지 그 개인의 풍자일 따름이다. "어떤 정형화된 집단에 당신이 소속되며, 당신과 그 사람들이 같은가?"라고 생각해 보면 정형화 문제를 쉽게 이해할 수 있다.

⑦ 영상화(14)

시각화하여 보여 주는 것이 이해와 관념 형성의 지름길이므로 영상화는 인식을 쉽게 한다. 특히 관념의 전달은 천 마디의 말보다 한 장의 그림이 효과적이다. 그러나 그림은 그 단순성 때문에 이야기의 전체 줄거리를 상세하게 전달하지는 못할 수도 있다. 시각교육은 학교와 선전자에게 개발의 소지가 많다. TV가 가정 필수품이 되면서 지식습득이 쉬워졌지만, 쉽고 즐겁다는 사실이 우리에게 어디에 함정이 있는가를 잊게 한다. 옛날에는 책을 읽고 그 장면과 인물을 상상해야 했으나 지금은 화면의 배우나 만화가 모든 것을 다 보여 준다. 이것은 눈앞을 스쳐 지나가는 다양한 화면이 우리의 관념을 지배하고 있다는 것을 뜻하기도 한다. 고대로부터 현대까지 모든 것을 영상화하여 볼 수 있다는 것은 현대인에게 즐거운 혜택이다. 그러나 선전자가 이 무기를 남용하기 때문에 그 영상들을 자기 것으로 어떻게 잘 소화할 수 있느냐에 따라 우리는 수혜자가 될 수도 있고 또 희생자가 될 수도 있다.

⑧ 구호(15)

구호는 사람들이 행동하도록 유도하기 위해 사용되는 것이다. 공장주는 종업원들이 기억할 때까지 관념, 문자, 소리를 적절히 배합하여 안전, 생산성 제고 구호를 반복 주입한다. 구호는 간단하고도 자극적이어야 한다. 또 운율을 맞추고 두음법과 같은 소리의 반복도 포함되어야 하며 감성적 연상이 일어나도록 해야 한다. 구호는 동기를 즉시 인지하게 하는 면에서는 상징과 같다. 사실 선전자가 누구인지는 모르면서도 구호를 기억하는 사람들이 많다. 이와 같은 현상은 선전자보다 구호의 목적이 중요하기 때문에 성공이라 할 수 있다. 사람들은 추상적인 관념들이 연상되는 명확한 구호 이용방법을 선호한다. 상징화, 정형화, 의인화, 구호기법은 일반인의 인식을 돕는다. 예를 들어, 일반인에게 "미국은 어떤가?"라고 물어보면 설명하기가 힘들다고 답한다. 그러나 선전을 하는 사람들은 이 문제를 간단히 해결할 수 있다. 미국은 "미풍에 휘날리는 성조기다."(상징화), "자유의 땅이요, 용감한 사람들이 살 수 있는 집이다."(정형화), "조지 워싱턴이다."(의인화), "다민족 국가이다."(구호) 등으로 요약할 수 있다.

⑨ 적시성(16)

적시성은 선전의 매우 중요한 요소로서 단순히 선전 일정을 잡는 것 이상의 의미가 있다. 유능한 선전자는 상황의 변화에 부응하고 예기치 못한 상대의 반격에 대응할 수 있도록 캠페인을 전개한다. 대통령이 하원에 법안을 제출하여 지지를 받지 못하고 실패하는 곤란을 당할 수도 있다. 이러한 경우는 사전에 전국을 순회하면서 국민에게 호소하여 여론이 지지하도록 만든 후 적기를 선택하여 법안을 발의해야 한다. 또한 사람들이 소득세를 통지받아 부담을 느끼고 있을 때 기부운동을 벌이는 것은 별로 호응을 얻지 못할 것이다. 반면, 크리스마스 날 저녁 무렵 모금을 한다면 열심히 호소하지 않아도 쉽게 기부를 받을 수 있을 것이다.

⑩ 분위기 조성(17)

분위기 조성이란 무대에서 배우가 관객에게 효과적으로 내용을 전달하려고 조명, 음악, 의상을 준비하는 것과 같이 선전내용을 성공적으로 인식시키는 데 필요한 배경의 준비를 뜻하며, 인지를 쉽게 하는 요소들을 결집하는 것이다. 인지의 과정은 네온사인을 보는 것만큼 빠르지는 않지만, 인상적일 때 인식이 깊다. 효과적인 무대장치는 연출을 쉽게 하므로 메시지가 인상 깊게 전달된다.

분위기 조성을 선전의 장식물로 오인하지 말아야 하며, 보조 아이디어임을 명심해야 한다. 사람의 마음을 바꾸기 위해서는 호의적인 연상, 조작, 극화, 입증 그리고 반대의 명분을 불식하는 긴 과정이 필요하다는 것을 기억해야 한다.

(4) 메시지 수용 획득

선전자가 선전대상에게 메시지를 전달하여 관심을 끌게 한 것으로 선전이 끝난 것이 아니고 메시지를 수용하도록 해야 하는데 여기에는 여러 기술적인 문제가 있으며, 특히 설득자와 피설득자 사이의 연계가 반드시 이루어져야 효과가 있다.

① 일체감 조성(18)

대중과의 일체감 조성은 청중을 사로잡으려는 강연자에 의해 시도되는 기법으로서 선전자와 피선전자 간의 공감대 형성을 의미한다. 청중이 시골 사람이면 "저는 여러분과 똑같이 시골 사람입니다."라고 전제하고 농촌에서 보낸 즐거웠던 어린 시절 이야기와 가벼운 일화를 소개할 것이다. 학생들과의 유대를 바라는 교수는 하숙비를 벌기 위하여 식당에서 일했으며, 학점을 잘 받기 위하여 밤늦게까지 공부했던 대학 시절의 회고담을 이야기할 것이다. 외국 출신 단체 또는 소수 민족에게 메시지를 전하려는 사람은 대개 인종이나 배경의 유사성을 이용할 것이다. 중요한 것은 이런 공통점이 무엇을 의미하는 것인데 선전자는 단지 메시지 전달을 위해 유대감을 이용하려는 것이다. 이러한 선전방식은 보통 사람들을 대상으로 한 일체감 조성의 좋은 예이다.

② 투사(19)

투사법은 일체감 조성과 유사하나 그 반대개념이다. 선전자는 "여러분은 저와 똑같습니다."라고 하면서 청중도 자신과 똑같이 사고하고 행동한다고 주장한다. 그는 점성가처럼 청중의 마음속에 자기의 생각을 투사하여 자기와 똑같이 믿게 한다.

한 지방의 사친회 회장이 분위기와 당위성을 이용하여 "우리가 오늘 모임과 같이 가치 있는 공개토론회를 열고 민주주의의 초석인 학교를 설립하는 사람들은 다 우리와 같이 평범한 주민입니다."라고 유도하면 거기에 모인 선생님, 학부모들은 사친회 회장이 자신의 감정을 정확히 표현했다고 공감하면서 행동에 옮기기를 주저하지 않는다. 이와 같은 방법은 청중에게 최면을 유도할 수도 있고 자기의 생각에 따르게 할 수도 있는 것이다.

③ 도덕성 치적(20)

도덕성이나 소위 후광이라는 것은 명망 있는 사람들뿐만 아니라 모든 부류의 협잡꾼들도 많이 사용한다. 정치가는 반대당의 무정견과 부도덕성을 폭로하는 한편 자기 당의 치적을 자랑스럽게 강조한다. 듣는 사람들도 칭찬받는 것이 습관화되어 있으므로 무감각하여 관심을 두지 않는다. 겸손을 가장하는 것은 선전자가 자신이 이룩한 업적에 대해 자신은 일익만을 담당했다고 인정하는 일반화된 책략이다.

심리학자들의 설명에 의하면 열등의식이 있는 사람들은 자기를 부각하기 위해 실적을 과장하려는 경향이 있다. 마찬가지로 힘이나 아이디어 경쟁에서 패배한 자들도 자신의 중요성과 도덕성을 과장하기 쉽다. 해임된 각료는 자신을 정당화하기 위해 도덕성을 강조하고 재선에서 패배한 국회의원은 좋은 평가를 받으려 노력할 것이다. 지나치게 도덕성을 강조하는 사람들은 의구심을 갖고 살펴보는 것이 당연하다. 성인(聖人)은 자신이 성스럽다고 선전하지 않으며 오랜 세월이 지난 후에야 진가가 발견되기 때문이다.

④ 아부(21)

아부는 대중적인 호응을 얻기 위해 아주 일반화된 방법이다. "사람들은 아부일지라도 지나칠 정도로 칭찬받는 것을 좋아한다."라는 진리는 선전에 아주 중요하게 활용된다. 이것은 대중을 만족시키면서 사람을 즐겁게 속이는 선전 기법이다. 아마도 어떤 수학 방정식에는 사람들의 지적 수준이 아첨에 반비례한다고 나타날 것이다. 그러므로 현명한 사람들은 현명하다고 아부하는 사람을 조심한다. "국민의 정부, 국민의 통치" 또는 "이 나라의 주인은 여러분입니다."라고 말하는 것도 아부의 기법이라고 말할 수 있다.

⑤ 애교(22)

대중에 대한 선전자의 애교는 대중에게 호감을 주어 메시지 수용을 쉽게 한다. 여기에는 모종의 선물이나 징표가 제공될 수도 있다. 연설자는 잘 알려진 몸짓이나 인사로 청중의 손에 입맞춤하고 걱정을 해소하기 위해 설교를 약속할 수도 있다. 신문사에서는 큰 활자, 삽화, 지면 할애, 매력적인 필체로 독자에게 애교를 부릴지도 모른다. 언어를 통한 메시지 전달에 청중을 편안하게 하면 수용이 쉬워진다. 또한 대중은 크든 작든 간에 호의에 감사해하므로 현명한 선전자는 이익을 얻는다.

⑥ 지도자 행동 원리(23)

이는 20세기에 들어 출연한 유명한 독재자들을 기억하는 사람들에게 잘 알려진 기법이다. 이들은 단지 선전에 능숙한 지도자가 아니라 경이적인 인물이다. 국민이 압제, 높은 세금, 과도한 노동에 시달린다면 선전자는 그들을 해방할 것이며, 보통 치료로 어려우면 고도의 치료술을 구사하고 그것도 부족하면 만병통치약을 투여한다. 어둠을 헤매는 인간의 마음은 빛을 만드는 마법사에게 손을 뻗는다. 모든 계층과 연령대의 사람들은 기적을 기약하는 사람을 기쁘게 따랐다. 강력한 지도자가 국민을 절망에서 구할 수 있도록 자기의 발밑에 국민의 자유를 바치라고 요구하는 일은 아마도 끝나지 않을 것이다. 지도자가 꼭 약속을 지킬 수 있다는 어떤 증거가 있는가? 약속을 지킨다면 독재정치는 무슨 소용이 있는가? 하는 의문이 제기되어야 한다.

(5) 연상 작용 이용

① 자료의 선별(24)

자료의 선별은 기만적인 선전 기법의 하나이다. 이것은 선전에 도움이 되는 사실만 취하고 불리한 사실은 당연히 빼 버리는 것을 뜻한다. 예를 들어, 공직 입후보자는 자신의 빛나는 전과, 선행, 훌륭한 요리 솜씨, 정숙한 부인 그리고 사랑스러운 자녀에 대해서만 말하고 관료로서 일한 경험이 없으며 안정된 직장에서 근무한 적이 없다는 약점은 말하지 않는다. 법원은 진실의 왜곡에 민감해서 출두하는 증인에게 "오직 진실만을 말하겠다."라고 맹세하도록 요구한다. 선전자에게 적용될 수 있는 위증이라는 죄가 있다고 하더라도 그것은 닥치는 대로 사람들의 마음을 움직이려고 호소하는 관습일 뿐이다.

② 불리한 자료의 제거(25)

불리한 자료의 제거는 자료의 선별과 다른 기술이다. 인간이 자기의 실수와 약점을 은폐하려는 것은 당연하며, 상대에게 좋은 인상을 주기를 열망할 때는 더더욱 그러하다. 정치가가 만약 세금 증액을 언급하지 않아도 된다면 무료교육, 연금, 각종 정부 보조금, 복지정책 등 구미에 맞는 프로그램을 국민에게 제시할 것이다. 선전자가 범하는 과실이나 은폐하는 죄는 대의명분에 가려진다. 또 목적은 수단을 정당화한다는 이유를 내세워 거의 고백하지 않는다. 선전에서 바람직한 목적 달성의 수단은 피선전자를 설득하는 데 불리한 모든 것은 편의에 따라 제거해 버리는 것이다.

③ 눈가림(26)

눈가림은 유리한 자료의 효과를 증대시키고 불리한 자료의 영향을 어느 정도 완화한다. 미국 동부의 한 신문사가 마지못해 부유하고 힘 있는 석유 재벌을 고발하는 기사를 쓰자, 법무부는 「독점금지법」을 위반한 석유 재벌 소유 회사를 고발하였다. 석유 재벌이 불리하게 되자 그에게 우호적인 신문사들은 그가 사회에 많이 기여하는 자선사업과 공익사업에 관한 기사를 대서특필하여 고발기사를 무색하게 만들어 버렸다. 장식이나 눈가림은 드라마 연기자를 둘러싼 배경, 소품을 뜻하지만 중요한 건 배경이 아니라 연극 그 자체라는 것을 명심하자.

④ 미화(27)

미화는 아름답게 하는 것이며, 선전대상을 직접 꾸민다는 점에서 눈가림과 다르다. “자유를 수호하자.”라는 단순한 말을 “이 위대한 공화국을 존경하는 선조들의 뜻과 신이 부여한 자유를 수호하기 위하여 우리가 적에 대항하여 지켜야 한다.”고 미화될 수 있다. 이 경우 한층 더 인상적으로 들릴 뿐 아니라 설득력이 있게 한다.

명문장가는 필요에 따라 문장을 재구성하여 돈을 번다. 선전 대상자가 아름답게 성장한 여인들을 좋아하기 때문에 미용 사업은 아주 번창하고 있다. 장의사는 시체 화장술을 잘 개발하여 장례에 참석한 조문객들은 “아! 살아 있는 것 같아.” 하면서 걸음을 멈추고 감탄할 정도다. 선거가 있으면 내세울 것이 거의 없는 인물들도 미화되어 입후보자로 내세울 수도 있다.

⑤ 유리한 연상 작용(28)

유리한 연상 작용은 심리학자들이 말하는 ‘어떤 긍정적 전시’를 위해 모든 분야에 적용될 수 있는 기법으로 사람, 기관, 아이디어 등에 광범위하게 적용된다. 이것은 사회적으로 수용, 인정 가능한 윤리를 선전에 유리하도록 연계시켜 이용하는 것이다. 선전조직은 용지나 소책자에 저명인사들을 임원, 후원자, 회원 등으로 명기하여 유리한 연상 작용을 하도록 활용한다. 이 조직들이 “우리의 대의명분을 지지해 주실 수 있습니까?”라고 묻고자 한다면 이러한 연상 작용을 시도할 필요가 없다. 어떤 작가들은 유리한 연상 효과를 얻기 위해 ‘긍정적 사회 가치’라는 말을 사용하는데 공익의 개념으로 받아들여진다. 모든 선전자가 공익과 타인을 위해 일한다고 주장하면 그가 벌이는 개혁 운동이 “사리사욕을 위해서인가, 공공복지를 위해서인가?”라고 질문할 필요가 있다.

⑥ 달콤한 어휘(29)

달콤한 어휘는 설득과정을 원활하게 하는 즐겁고 마음에 드는 마력적인 말이다. 『진보적 선구자』에는 “거대한 미개척지는 오늘과 내일의 진보적인 선구자들을 손짓한다. 위대한 과학적 발견, 획기적인 산업발전은 이루어지지 않았으며 최상의 자유는 미래에 있다.”라고 적혀 있다. 선구자, 진보, 개척, 발견 등과 같은 어휘들은 희망과 진취적 기상을 나타내며 아름답게 들리나 명확한 정의가 부족하다. 만족을 유발하는 듣기 좋은 어휘는 전달하고자 하는 아이디어를 멋지게 장식함으로써 선전자의 목적을 달성시킨다. "말은 단지 말에 불과할 뿐"이라는 명언을 염두에 두어야 할 것이다.

⑦ 일반론 치장(30)

일반론은 어떤 논점을 확실히 하는 것처럼 보이나 실은 별로 의미가 없다. 앞에서 언급한 정형화 기법과 같이 모두가 진실은 아니다. "모든 슬라브인이 게으르지는 않다." "링컨이 통나무집 출신이라고 해서 통나무집에서 태어난 아이들이 모두 대통령이 되지는 않는다." "독학으로 대학을 마친 학생이 일반 학생들보다 더 많은 것을 얻는다."라는 식으로 말하는 것은 정확하지가 않다.

"우리 정부는 자유롭게 생각하고 행동하며 정치적 의식을 가진 국민으로 구성된 정부다."라는 말은 무슨 뜻일까? 일반적으로 자유는 외부로부터 일체의 제재나 조종을 받지 않는 것이라고 알고 있으며, 앞 문장은 다른 나라의 지배를 받아서 자유롭지 못하다는 뜻도 내포하고 있다. 그러나 현실적으로 국민의 생각과 행동은 심한 제약을 받는 것이 사실이다. 모든 국민은 의무교육, 세금, 군 복무, 공공을 위한 재산권 규제, 치안을 위한 경찰의 통제 등 끝없는 침해와 제약을 받고 있으므로 완전한 자유를 누리고 있지 못하며 심지어 표현에서도 상대적인 자유가 있을 뿐이다.

현재 전 세계적으로 일반화되어 있는 '자유 세계'라는 용어를 생각해 보자. 명백한 것은 '자유 세계'라는 말이 다른 측면에서의 자유가 아니라 과거 소련을 위시한 사회주의 국가들의 위협을 인식시키려는 선전 문구에 불과하다. 선전이 일반론이라고 하면 사람들에게 호감을 느끼게 하는 특별한 마력을 지니게 되지만 막연해서 논쟁을 유발하는 위험은 없다. 눈길을 끌고 화려한 문구로 가득한 정당의 강령도 분석해 보면 안개가 증발하는 것처럼 남는 것이 없다. 자유, 평화, 평등, 번영에 관한 공약은 하기도 쉽고 추상적이므로 선거 후 아무 문제가 생기지 않는다. 선전자는 귀납적 추리로서 설명할 수 없는 역사나 인류에 관한 견해를 부풀려 이용하며, 유능한 판매원은 일반적으로 타당성만 확립되면 이미 반 이상 판매했다는 것을 논리적으로 따져 보지 않아도 알 수 있다. 대중에게 특정 정당이 임무에 충실하다는 의식이 일반화되어 있다면 사람들은 특정 정당의 누구를 당선시켜도 성실히 일할 것으로 당연히 생각한다.

⑧ 이기심 자극(31)

인간의 심성인 이기심과 개인에 대한 호소는 가장 일반화된 기법으로 정치가들이 가장 강조할 만큼 기초적인 수법이다.

선전자는 "우리가 여러분을 위해 일하고 있는 것을 살펴주십시오.", 광고 전문가는 계속 "손님은 왕."이라고 강조한다. 사람들은 불로소득에 집착하게 되지만 자기의 유일한 관심사는 "타인의 복지"라고 말하는 사람을 의심해야 한다. 사람들이 가장 받아들이기 쉬운 호소는 합리적으로 생각해도 선전자와 피선전자가 상호이익이 된다는 내용이어서 선전자는 "무엇이 일을 되게 하고 여러분을 돕는가?" 식의 선전 문구를 효과적으로 사용한다.

연상 작용을 이용하는 여덟 가지의 기술은 영역이 꽤 넓다. 이기주의만 하더라도 음식, 피난처, 이성, 위신과 기타 욕구를 고려해야 한다. 이러한 기술들을 설명하는 것은 방법을 설명하려는 것이 아니고 선전 도구로서의 용도를 예시하는 것이다.

(6) 교묘한 조작

많은 소송사건은 기소장이 어떻게 작성되었느냐에 따라 법정에서 승패가 좌우된다. 기소장 작성 시 전문적인 기법을 사용하면 설사 유죄판결을 받더라도 형장에서 커다란 차이가 나는 것을 볼 수 있다. 선전에 있어서도 마찬가지 현상이 나타나는데, 어떻게 조작하는가에 따라 대중이 수용하느냐 않느냐가 결정된다. 이 부분에 제시되는 기법들은 논쟁이나 선전에서 효과를 거두기 위해 어떤 쟁점이나 논거를 제기하느냐 하는 것과 관계가 있다.

① 억설(32)

억설은 근거 없는 가공의 논쟁점을 설정하고 이를 문제시하여 선전이나 정치적 야망을 달성하는 기법이다. 가령 고속도로의 마무리 포장 공사가 아무런 문제 없이 잘 진행되고 있다고 하더라도 온갖 방법으로 관직을 얻으려고 하는 무리는 집권자를 불법, 비능률로 매도하여 정치적 야망을 달성하기 위해 "왜 시민들이 행정의 잘못으로 고통을 받아야 하느냐, 왜 세금을 낭비하는가"라는 억지 논리를 제기하여 여론화를 한다. 관직에 등용되기를 바라는 정치가는 곧잘 정치적으로 이용이 가능한 가공의 이슈를 만들어 낸다.

② 기만(33)

기만은 선전자에게 악명을 부여하는 선전 기술이다. 분위기 조성, 과장이라는 유혹 기법이 있지만, 선전은 진실성이 확보될 때 가장 효과가 있다.

위선자는 국민과 세월을 속이면서까지 역사를 날조해 왔다. 독재자는 자신을 평화의 천사라고 묘사하고, 이기적인 정치선동가는 그 자신이 공공의 복지를 위해 노력해 온 것처럼 역설한다. 정당은 정권의 수많은 업적을 늘어놓는데 그 모든 것은 완전 허구이다. 선전의 실체는 대개 정밀한 조사로 그 본체가 드러나는 신비롭고 음흉한 속임수, 함정으로 간주된다. 지식이 있어야만 현명하게 선전내용을 평가할 수 있으며, 리트머스 시험지로 검사하는 것과 같이 흑과 백이 확연한 방법이란 없다.

③ 과거 사실 쟁점화(34)

과거 사실의 쟁점화는 선전자가 피선전자에게 호의적인 모습으로 나타날 수 있는 편리한 수단이다. 선전자는 전설의 동물인 용도 끌어내 죽일 수 있기 때문이다. 이것은 종종 "죽은 말에 채찍질"로 비유되므로 정치가들은 상고시대 공룡을 현시대에 끌어내고 있다고 정적을 비난하기도 한다. 이러한 기술은 외관상 억설과 거의 유사하다. 때때로 새로운 문제를 제기하는 것보다 사라져 버린 시빗거리에 불을 붙이는 것이 더 관심을 끌 수 있으며, 사람들은 지나간 일들을 상기하게 되고 의혹을 부추긴다. 만약 선전자가 골치 아픈 전쟁의 원인을 규명해야 하면, 이미 옛날이야기가 되어 버린 전쟁에 관한 미진한 부분을 들춰내어 쟁점화하거나 거기에 새로운 의미를 부여하여 문제의 핵심을 흐리게 하는 것이 좋은 예이다. 이미 우리 사회의 정치인들이 많이 이용하여 국민을 갈등 상황으로 조장하여 이익을 챙기는 사례가 많이 있다.

④ 주의력 분산(35)

주의력 분산은 나타난 쟁점 혹은 당면한 문제점에 집중된 관심을 분산시켜 문제를 흐지부지하게 만드는 것이다. 사냥개가 냄새를 따라 집요하게 도망자를 추적할 때 사냥개의 진로에 주요요소를 만들어 목표물의 냄새를 추적할 수 없도록 하는 것과 같다. 사냥개가 쉽게 혼란에 빠질지는 모르겠지만, 인간은 가벼운 자극으로도 혼란에 빠질 수 있다. 주의력 분산 기법을 사용할 때 가장 중요한 것은 효과적인 분산요소가 적시에 제공되어야 한다는 것이다. 가령 세금이 많다거나 정부가 부패하여 문제화될 조짐을 보이면 집권자들은 의도적으로 외국 독재자의 잔악상을 거론하면서 이를 경계하자고 강조하여 시민들의 관심을 외국으로 돌려 버린다. 외국과의 전쟁으로 많은 사상자가 난 것을 은폐하려면 국내에서 이룩한 높은 기술 문명과 번영을 강조하여 덮어 버릴 것이다. 어떤 시장이 공금남용으로 공격받으면 학교폭력 추방, 정화 운동을 시작하는 계기로 삼을 것이다. 마술의 무대에서는 눈보다 손이 빠르다. 마술사는 즐거워하는 손님들의 시선을 붙잡아 두기 위해 한 손으로 6개의 공을 교대로 던져 올리는 마술을 보이면서 밑에 있는 다른 손으로 모자 속에 토끼를 슬쩍 집어넣는다. 이처럼 주의 분산, 쟁점을 호도하는 기술은 거의 일반화되어 젊은 이들까지도 습득하고 있으며 실행하고 있다.

⑤ 교란(36)

교란이란 어떤 문제의 진행을 방해하는 것이다. 한 사친회가 "학교를 위해 할 수 있는 것"을 주제로 토론을 하고 있는데 '갑'은 교직자의 종신 재직법 개정에 관해 열변을 토하고 '을'은 미국의 정신교육 필요성을 역설하고 '병'은 공공 고용인의 충성서약 조치 제안을 늘어놓는 등 참석자들이 자기의 관심만 토로한다면 주제는 토론할 수가 없게 된다. 이런 토론에 선전자가 관여되어 있고 자기에게 불리한 방향으로 토론이 진행되고 있다면 자신의 결함을 감추거나 반대자에게 타격을 주기 위해 쟁점을 호도하려 기도할 것이다. 토론회를 교란하는 가장 좋은 방법은 인신공격이다. 예를 들어, 두 명의 시민이 징병제 문제를 토론하고 있다고 하자. A에게 징병제 옹호론자로서 토론의 우세를 잡고 있으나 논리적으로 A에게 밀리던 B가 갑자기 "내가 연평도에서 전투하고 있을 때 당신(A)은 어디에 있었나? 이 병역 기피자야."라고 공격하면 A는 이 말이 토론과 아무 상관이 없음을 너무나 잘 알면서도 그 자신이 회피자가 아니고 용기와 도덕성을 갖추었다고 변명하느라 징병제 문제는 다시 꺼내지도 못하게 된다. 선거에서 현실과 관계없고 유권자들에게 혼돈만 더해 주는 엉뚱한 사생활 문제나 가문을 소재로 한 선전이 행해지는 것을 볼 수 있다.

⑥ 배제(37)

원하지 않는 쟁점을 배제하는 것은 관심을 호도시키는 것과는 또 다른 개념이다. 배제는 스케이트를 탈 때 위험이 있는 얇은 얼음판은 피하고 안전한 곳에서만 스케이트를 타겠다는 행동으로 비유할 수 있다. 선전자는 자신에게 유리한 싸움터를 미리 선택하고 또 유리한 위치를 잡고 나서 싸움을 시작한다. 예를 들어, 어떤 국회의원이 국회의 ○○사건을 터뜨려 자신의 명성을 높이려는 시도를 하지만, 자기의 선거구민에 대한 "선량한 의무이행과 책임"이라는 토론에 참석하는 것은 피할 것이다. 현명한 선전자는 자신에게 도움이 되는 유익한 쟁점선택을 좋아한다. 그렇지만 대중은 논쟁의 결과가 전체를 매도하는 패배나 순리로 결정지어져서는 안 될 것이다.

⑦ 왜곡(38)

왜곡은 어떤 사실이나 쟁점을 선전자가 선전 의도에 알맞게 변조시키는 것이다. 문서에 들어 있는 누군가의 말을 인용하는 것은 왜곡의 좋은 예이다. 자유주의가 만개한 시점에 경제학 교과서의 저자가 "중산층 그룹보다 부유층에 더 많은 세금을 부과하는 것이 당연하다."라고 기술한 것을 인용하여 저자를 급진적 재력주의자라고 매도할 수 있을지는 모르지만, 저자는 단지 소득세의 누진에 관한 법령을 언급했을 뿐이다. 왜곡하는 사람은 그의 저의를 전혀 드러내지 않는다. 조작에 관한 상기 일곱 가지 기술은 선전을 위해 비과학적인 술수가 동원될 수 있으며, 이들 중에서 많은 것이 사람들에게 부정하다고 간주되고 있다. 장기적으로 볼 때 거짓은 그 정체가 드러나면 대중의 신뢰를 잃게 되지만, 선전자들 대부분은 당면한 목적달성을 위해 한순간 또는 그들이 계획한 기간에 국민을 속이려 할 것이다.

(7) 극화

지금까지 기술한 선전 기법은 대중의 마음을 끄는 분위기 조성에 관한 것이었다. 이 부분에서는 선전내용을 보다 확대하기 위한 목적으로 만들어 피선전자의 마음속에 확고히 자리 잡게 하는 기법에 대해 알아보자.

① 도식화(39)

도식화는 쉽게 기억하도록 구체적인 그림을 이용하는 것을 의미한다. 고대 철학자, 예언자들은 설교의 기법을 터득했다. 현대의 강사나 도덕주의자들은 옛 교훈을 공부함으로써 더 많은 것을 배울 수 있는데 우선 익혀야 할 교훈은 수강자의 경험과 일치되는 실생활 이야기를 선택하는 것이다.

선전자의 목적, 기술, 매체, 일반행동을 믿는 것이 좋을 수도 나쁠 수도 있지만,

감춰진 선전의 장점도 살펴야 한다. 도식이나 우화에 관한 비판적 문제점을 환상적인 것으로 위장하고 있지 않나 하는 것이다. 우리 두뇌는 그 드라마가 인생에 있어 참다운지 나쁜지를 결정해야 할 만큼 마음을 지배해야 하며, 그렇지 못할 경우에는 우화적 교훈은 비현실적이고 공허한 것이 된다.

② 감성적 호소(40)

감성적 호소는 상대를 궁지에 몰아넣을 수 있는 다양한 술수를 포함하고 있다.

민중 선동가들은 반외세, 반엘리트 증오심을 자극한다. 대중은 곧잘 감성적 자극으로도 군중 심리를 나타낸다. 정치 지도자들은 선거일에 올바로 투표하지 않으면 나타날 불행을 예시하고 협박하여 투표에 임하게 한다. 젊은이들은 낙원을 제시하는 입후보자 포스터에 열렬한 지지를 보내고, 굶주린 대중은 식량문제 해결을 약속하는 정치선동가에 고무되어 자기의 생명을 걸고 고관의 저택을 습격하기도 한다. 본능은 무분별하며 삶으로부터 분리될 수 없다. 폭풍과 같은 열정, 동정, 분개가 우리를 행동하도록 자극할 때도 우리는 여전히 자신에게 "이치에 맞는가?" "어떤 동기인가?" "선전자가 자신의 목적달성을 위해 선동하는가? 아니면 공공복지를 위한 것인가?"를 자문해 볼 여유가 있어야 한다.

③ 참여 유도(41)

참여를 유도하는 것은 사람들에게 어떤 주의나 정신 속으로 빠져들게 하는 효과적 방법이다. 이 기법은 대상자의 이야기가 전혀 결정에 영향을 미치지 못한다 해도 결정에 참여했다는 기분이 들도록 함으로써 행동하도록 하는 것이다.

그룹 활동, 시위행진, 대중 집회, 선거에 있어 단순한 집회 참여 자체가 매체로 이용된다. 심리적으로 참여했다고 느끼는 것이 선전 기술상 분류로는 설득에 포함된다.

④ 연극화(42)

연극화란 인간의 이성이나 감성을 극적으로 만드는 기술이다. 청중의 상상력과 배우들의 세련된 기법에 따라 청중은 고통, 즐거움, 패배, 승리감을 느끼도록 유도될 수 있다. 많은 사람은 특정 상황에 감동적으로 몰입될 수 있는데, 선전자는 청중이 배우와 같은 감정을 갖도록 유도하며, 이것은 논증으로 확신시키는 것보다 더 효과적으로 스스로 설득된다.

연극화는 무대에서만 이루어지는 것이 아니다. 사람들로부터 일정한 반응을 얻고자 할 때 누구나 눈물로 호소하는 등 이 기술을 사용하다. 예를 들어, 길모퉁이 신문팔이는 동정적 목소리나 행동, 마천루 그늘에서 볼펜을 파는 아낙네는 말은 없으나 애처로운 행동을 보이는 것이 효과가 있다.

⑤ 선택의 여지 배제(43)

신병 교육을 담당한 교관은 "병사는 사람을 죽일 수 있다."라는 사실을 주입하기 위해 우렁찬 목소리로 "적과 나 둘 중 하나는 죽어야 하는데 죽는 사람은 여러분이거나 적군이다."라고 한다. 한 공익사회는 고객에게 가격 인상을 다음과 같이 변명했다. "부품의 단가가 많이 올라서 적자 운영 중인데 적자가 누적되어 유지할 수가 없다." 만약 사람들이 다른 가능성을 깊이 생각하지 않는다면 선택의 여지를 배제하는 기술은 확신을 주게 된다. 선전자의 마음에는 들지 않겠지만 선택의 여지가 없는 문제는 없다. 가격 인상만 해도 회사 이익 삭감, 인건비 축소, 심지어 파산까지도 있을 수 있다.

극화는 추진력을 더할 목적으로 다루어졌다. 이런 기술은 반작용이나 반응이 요구되며, 어떤 것들은 국민에게 사실로 비친다. 그렇지만 감정이나 극적으로 저항할 수 있는 사려 깊은 지식인들이 항상 존재한다. 선전은 합리성을 가져야 한다.

(8) 확신 부여

이 부분에서는 의문을 없애고 확신을 부여하는 기법에 대해 살펴본다. 피선전자에게 선전내용에 대한 확신 부여가 사실의 조직이나 극적인 효과를 통해서는 성취될 수 없다 하더라도 모든 수단을 다 동원하면 가능해질 것이다.

① 선도그룹 이용(44)

많은 사람이 저쪽으로 가는데 당신은 왜 가지 않느냐고 마음을 불편하게 만들기 위해 선도그룹을 이용하는 것을 말하며, 추세를 따르지 않으면 별난 사람으로 매도되는 분위기까지 조성한다. 보통 사람들은 대한민국 국민이면 모두 긍정하는데 그것이 틀릴 리가 있느냐는 식의 설파에 쉽게 설득된다.

"여론은 곧 진실"이라고 연상하게 되지만, 눈덩이처럼 불어나는 여론이라 해서 반드시 옳다고 할 수 없다. 남들이 간다고 해서 나도 무조건 따라가면 오류에 빠지게 될지 모른다.

② 사고의 일치 유도(45)

사고의 일치 유도란 행동화가 필수적이 아닌 점을 제외하면 선도그룹 이용과 유사하다. 사고의 일치를 유도하는 것이 피선전자에게 "보편성에 맞지 않는다."라는 인식을 주어 선전에 유리한 방향으로 유도할 수 있다.

건전한 상식을 가진 시민은 법적 강요가 아니라 교육으로 종족, 계층 간 갈등을 해소할 수 있다는 데에 동의할 것이다. 분명한 것은 모든 사람이 수긍했다고 해서 또는 언론 매체에서 보도했다고 해서 진실이 되는 것은 아니다. 여론 조사 결과 조작을 위해 적당한 답변이 나오도록 조사기관이 고용될 수도 있고, 친정부적 인사들에게 신정부에 대해 어떻게 생각하느냐고 묻고 그것이 전체 의견으로 확대 선전할 수가 있다. "광화문 날씨가 흐리면 전국이 흐림" 식의 얘기는 이 오류의 전형적인 표본으로 꼽을 수 있다. 광화문 지역의 날씨는 광화문 지역의 날씨일 뿐이다. 일을 과학적으로 처리하는데 실제 조사를 하지 않고 결론을 내리는 것은 어리석은 일이다.

③ 보증(46)

보증이란 가끔 증명이라고도 표현되는데 다른 사람의 의견과 태도에 의해 영향을 받는다는 점에서 선도그룹을 이용한 사고의 일치 유도 기술과 유사하다.

영화 〈롱 라스트〉에서의 열연으로 명성을 얻은 여배우 조안아머는 CF에 출연하여 자기의 성공이 전적으로 '키스, 키스 립스틱'을 사용했기 때문이라면서, "당신도 몇 개 사세요."라고 권했다. 이처럼 자신의 경험에 기초하여 어떤 처방을 제시하면서 권유하는 증언을 자주 접하게 되는데 증언자와 당신은 체질이 다를지도 모르며 의사는 전혀 다른 처방을 내릴지도 모른다. 다른 사람에게는 명약이라 해도 당신에게는 사약일지도 모른다. 당신이 그런 증언을 지면에서 읽었다면 먼저 증언자가 아직 살아 있는지를 확인해 보는 것이 최선책이다. 어떤 아이디어나 상품의 장점을 보증하기 위해 유명인사의 증언을 활용하게 되는데 유명인사가 좋다면 틀림없이 좋을 것이라는 인식을 이용하는 동시에 유명인과 대열을 같이한다는 만족감의 작용도 함께 노리는 것이다. 유명인사나 소수의 부유층 사람들만 구입 능력이 있는 멋진 고급 승용차를 보증하는 선전내용을 주간지에 싣는 것은 보증이 소비자에게 영향을 미친다는 결과를 가져온다고 할 수 있다. 아무튼 선전자는 특정인을 이용한 증명과 보증의 선전 기법을 개발해 왔는데 근래에는 평범한 사람도 이용하고 있다. 보통 사람들이 그들의 친구나 직장 동료들의 취향, 아이디어를 흉내 내려 하는 것은 자연스러운 현상이다.

④ 권위 이용(47)

권위는 관련 분야 전문가의 증언이 있을 때 높게 평가된다. 이때 증언하는 사람이 관련 분야의 전문가인지를 잘 살펴야 한다. 예를 들어, 스타인 해머 교수가 구석기 시대 지질학에는 전문가이지만 프랑스의 다당제에 대하여 논급한다는 것은 별 의미가 없기 때문이다. 그리고 맥베이 전투에서 대승을 거둔 존스 장군이 알고 있는 정통한 군사전략이 그를 주지사에 임명하는 데 필요한 것은 아니다. 선거 시 입후보자들의 연설을 보증해 주기 위해 링컨, 제퍼슨 등이 등장하는 것을 가끔 볼 수 있는데 권위 이용의 또 다른 예이다. 권위가 수용되려면 쟁점이 되는 문제를 초월한 식견이 있는지를 확인해야 한다.

⑤ 종교 이용(48)

종교는 선전 기술과 동떨어진 것처럼 보이지만 종교가 갖는 막강한 권위 때문에 선전 기술로 폭넓게 구사되고 있다. 신탁을 누가 거역하겠는가. 그리고 이것이 진리가 아니라면 그 이상 어떤 것이 존재하겠는가. 성직자와 신도들이 신의 계시를 받았다고 주장하는 것을 흔히 본다.

⑥ 역사적 증명(49)

역사는 종교처럼 많은 증거를 가지고 있으므로 증거가 충분하지 않더라도 간단히 "역사에 기록되어 있듯이"라고 인용하면 반박할 수가 없다. 티끌만큼도 역사와 관계가 없더라도 "역사가 증명하듯이"라는 선전 문구에 써넣는 것은 선전자가 선호하는 상징적인 표현 방법의 하나이다.

"역사가 증명하고 있다."라는 말은 역사가 반복된다는 말이지만 사람이 다시 태어날 수 없는 것처럼 역사가 똑같이 재현될 수는 없다. "역사가 입증하듯이"라는 말에 대해 우리는 그것이 입증하는 것은 아무것도 없다는 것을 안다. 연사가 역사책을 읽으라고 말하거든 연사와 청중이 다 아는 현시대 환경 속에서 그가 주장하는 바를 증명해 달라고 요구해 보라. 로마의 멸망이나 트로이의 목마가 존재한 사실은 물론이거니와 현시대 사건들의 진상을 덮어 감추지는 못한다. 아마도 선전자는 역사는 역사에 맡겨 두고 현 상황에 집착하는 것이 더 나을 것이다.

⑦ 통계 활용(50)

통계는 숫자개념이 논증에 더할 나위 없는 존엄성을 부여했으며 현대는 신보다 과학적 통계를 숭상하는 사람이 많은 것처럼 보인다. '통계에 따르면' '이 계수들이 증명하듯이' 등은 논증을 결말짓기 위해 상투적으로 사용되는 어휘들이다.

통계를 갖지 못한 일반인은 통계학자들을 공박할 자료가 없다. 그래서 선전자는 청중에게 통계학자가 뽑아낸 비율, 도표 및 계수를 내밀고 반증을 해 보라고 윽박지르기까지 한다. 만일 『프라우다』에서 붉은 혁명 철강생산 공장의 기관차 생산이 500% 증가했다는 기사를 읽게 되면 곧 이전의 생산력이 얼마였는가를 알고 싶을 것이다. 아마도 이전의 생산량은 1대이고 지금은 5대일지 모른다. 이것은 사실일지라도 결코 인상적인 것은 아니다. 출처를 고려해 볼 때 붉은 혁명 철강생산 공장이 없을지도 모른다. 통계의 또 다른 일면은 선거 결과를 예측하는 몇몇 여론 조사 전문가들이 범하는 잘못이다. 그들은 조사 결과가 단지 4%의 오차밖에 없다고 주장할지 모르나 결과가 빗나갔을 경우 100% 틀린 것이다. 요즘에는 판매, 선거, 인구 등 모든 분야에서 '증가'했음을 한눈에 볼 수 있도록 통계를 그래프로 처리하는 것이 유행이다. 통계를 그래프로 나타내는 것은 수치와 그림을 동시에 이용하기 때문에 일반 통계보다 몇 배의 설득력이 있다.

⑧ 과학적 증명(51)

'과학적'이라는 어휘는 가히 마술적 위력을 갖고 있으므로 '과학적 방법'은 현대를 낙원으로 이끄는 단계로 인식된다. 이것은 전술한 역사적 증명, 통계 활용 선전 기법과 밀접한 관계가 있다. 과학은 현대문명을 창출한 경이로운 것이고 더구나 보통 사람들은 쉽게 들여다볼 수 없는 민심에서 연구되므로 신비로워지며 핵분열, 레이더, 우주선 등 과학이 이룩한 업적에 경외감마저 느끼게 한다. 선전자는 자신의 방패막이로 물리학, 심리학, 사회학 등 과학적 용어와 친근해지려고 노력한다. 과학적 실험이 가지는 특성을 내포한 듯이 보이는 어떤 절차는 일반인에게 과학적으로 보일 수 있으므로 과학적이라고 주장하기 위한 논리체계를 이끌 때 활용된다. 실제로 많은 과학적 증거가 선전에 아주 많이 활용되는데 만일 선전자가 과학적 증거를 사용할 만큼 인내심과 객관성이 있다면 실험 결과를 바탕으로 선전내용이 만들어질 것이다. 선전자의 문제점은 목적 지상주의를 추구하므로 일반적으로 선전자는 목적 달성을 위해 부정한 수단도 합리화하려는 의도를 언제나 지니고 있다.

⑨ 비유(52)

비유는 가장 설득력이 있는 선전 기법의 하나이지만 기만적이다. 링컨이 통나무집에서 난로 불빛으로 공부를 하여 나중에 대통령이 되었다고 해서 링컨처럼 산 사람은 모두 다 대통령이 된다는 논리를 합리화하지 못한다.

사람들은 비유하기를 좋아하지만 거기에는 속임수가 무한정 숨어 있다. 무솔리니는 자신을 '시저'에, 히틀러는 '프레드릭 대왕'에, 스탈린은 '피터대제'에 비유했던 것 등이 그 예라고 할 수 있다. 직유나 은유 등 문학적 표현수단을 이용하여 '존스'는 교회 기둥, '브라운'은 당의 중추라는 등 어떤 특성을 내세워 자신의 고매함과 업적을 선전하는 도구로 활용한다. 이러한 비유법은 정확한 묘사일지 모르나 현혹되기 쉬우며 수사적인 말에 불과하다. 논리의 법칙에 따르면 비유 자체가 설득력을 증명해 보일 수는 없으며 전혀 고려될 수가 없다는 것을 알아야 한다.

⑩ 격언 이용(53)

격언은 선조들 지혜의 결집이며 교훈이 되는 것으로서 행동화를 요구하는 구호와는 완전히 다르다. 격언은 그 자체가 필수적인 반응을 요구하지는 않지만 현명하게 행동하도록 암시를 준다.

명언은 설득력이 있지만, 실행과는 거리가 있다. 프랭클린(Franklin)은 사업방법에 대해서도 많은 명언을 남겼으나 그의 은행 계좌는 매주 3일 정도는 초과 인출되고 있었다. 선전자는 자기보다 더 훌륭하게 행동하게 하도록 사람들을 설득한다. 격언은 어떤 것을 증명하는 자료로 유용하게 활용한다. 예를 들면, "조급한 사람은 모두 잃어버린다." "망설이는 자는 다 잃어버린다."라는 충고가 있다. 마찬가지로 학생은 밤늦도록 공부해야 한다고 강요받지만 어떤 이는 "일찍 자고 일찍 일어나야 한다."라고 말했는데 선택은 본인 스스로 해야 한다.

악행도 사악한 유혹을 위해 성경을 인용한다고 한다. 유명한 철학가의 저술이 선전목적에 활용되기 위해 재작성, 재해석되기도 한다. 중국에서는 공산주의자들이 공자님의 말씀도 적당히 해석하여 공산화에 이용한 경우가 많다. 기적과 같은 결과를 도출하기 위해 훌륭한 저서나 격언, 명언을 적당히 발췌하여 인용하는 기술이 선전에 자주 이용되고 있다.

⑪ 단언(54)

단정적이고 자신 있는 주장은 효과적이다. 정열적인 선전자가 "여러분 이것은 사실입니다."라면서 팔을 펼쳐 올리면 분별력이 약한 청중은 압도되어 고스란히 받아들이게 된다. 어떤 사실은 진실을 가리기 어려우므로 청중은 연사의 자신감에 찬 단언을 그대로 믿게 된다. 이런 기술의 극치는 "진실은 여기 있습니다."라는 식으로 과장과 단순화를 이용하여 단언한다. 또한 사려가 깊지 못한 피선전자는 선전자의 선전을 어려운 문제에 해답을 얻을 수 있다고 오인한다. 지적 수준이 낮은 청중에 대하여는 선전자의 단언이 아주 효과적이기 때문에 과감하게 이 기술을 사용한다. 하지만 특정 계층에게는 강조하면 할수록 진실성이 감소한다. 진실은 존재하는 것이기 때문에 선전자가 내세우는 정당성 이상으로 그의 진실성을 증명해야 효과적이다.

⑫ 서면 보증(55)

서면 보증은 보증을 증거 형태로 제시하는 것을 뜻하며 특정 사안을 믿게 하는데 아주 큰 효과가 있는 동시에 구속력이 있는 법률계약처럼 보일 것이다. 아름답게 장식된 색종이에 보증서가 인쇄되어 있다면 어린이들은 돈으로 착각할지 모른다. 서면계약서가 법률적으로 증거 효과가 있지만, 계약자의 덕망과 성실성까지를 보증하지는 않는다. 광고주가 2~3배 이익을 얻게 된다고 서면으로 약속했다고 해서 상품을 보증하는 것은 아니다. 선거강령으로 수백만 장의 인쇄된 공약보증서가 남발된다. 이 공약보증서는 집권 초기에만 이행하려는 움직임이 보일 뿐이다. 지난 수세기 동안 금박으로 장식된 헌법이 인쇄되어 나왔으나 오랜 기간 지속하지 못하였다. 이것은 종이에 인쇄되는 것만으로는 충분하지 않다는 것을 뜻한다.

책에서 읽었다는 말이 몇몇 사람들에게는 진실이라고 확신시킬지 모르나 인쇄물에 대한 건전한 의심은 탐구하는 자세만큼 중요하다. 시카고대학교에서 보존 중인 이집트 비석에 다음과 같은 명문이 새겨져 있다. "나라는 타락되어 가고, 자식들은 부모에 복종하지 않으며, 너도나도 책을 쓰려고 한다."

⑬ 접근의 다양화(56)

접근의 다양화란 한마디로 어부가 고기를 잡기 위해 여러 가지 방법을 동원하듯 여러 가지 방법으로 설득하는 것을 의미한다. 어떤 방법이 효과적인가는 예측하기가 쉽지 않지만 아첨하면서 위협도 하고 달콤한 말로 유혹도 해 보는 등 여러 가지 방법을 동원해 본다. 하나의 선전 문구에 효과적이라고 추정되는 여러 가지 접근방법이 다 동원될지 모른다. 선전자는 대중에게 연설할 때 다양한 집단을 만나게 되면 주택건설, 교사의 자질향상, 도로건설 등 잡다한 요구를 받게 되므로 대중의 공통관심사를 찾으려고 필사적으로 노력하는 것이나. 따라서 이러한 선전 공세에서 살아남기 위해 피선전자는 다양한 자세를 견지해야 한다.

⑭ 경험 요소 삽입(57)

경험은 어떤 사실의 진위를 판별하는 좋은 시금석이다. 강한 호소력을 가진 선전 방법은 "본인의 주장이 옳다는 것을 여러분의 경험이 증명해 줄 것이다."라는 등 선전에 경험 요소를 활용하는 것이다. 이와 같은 접근 방법은 선전자의 의도를 피선전자에게 전이시키는 기술과 유사하다. 소재 선택도 이런 관점에서 고려하되 청중의 배경을 사전 조사하여 선전자의 주장을 뒷받침할 수 있는 청중의 경험을 이용하는 것이 중요하다. 군비증강 옹호자는 역전의 용사들에게 열변을 토한다. "여러분의 전투 경험으로 볼 때 군대가 적당히 무장되지 않으면 무서운 결과를 초래할 수도 있습니다. 압도적으로 우세한 무력을 보유하여야만 적의 위협으로부터 국가의 안전이 보장된다는 사실을 여러분의 경험이 증명해 줄 것입니다." 경험이 어떤 원리나 실험을 증명하는 일반적인 형태라는 것을 인정해야 한다. 환경이 바뀌고 새로운 요소가 계속 추가되므로 역사는 결코 반복되지 않는다는 사실을 염두에 두어야 하며, 어떤 사람에게는 경험에 비추어 진실이 되는 사실이 다른 사람에게도 반드시 진실이라고 할 수는 없다.

소개된 모든 기법 중 경험을 인용하는 것이 가장 확실하게 이해시킬 수 있는 효과적인 방법이라 할 수 있다. 범국민적 저축 문제 연구에 착수해 보지도 않고 자본축적을 위한 저축은 사회개발 단계에서 아주 중요하다고 지적할지 모르지만, 미국에서 1930년대 공황 당시 산업 발전 촉진을 위해 저축보다 소비가 장려되었고 1950년 공황에는 저축으로 인플레이션을 진정시킨 정책이 효과적이었다. 이처럼 시대에 따라 원칙은 변하기 마련이다.

⑮ 실질적 증명(58)

실질적인 증명은 선전 대상자에게 원인과 결과를 제시해 증명시키는 방법이다. 민주주의가 실행될 가능성이 있는지 알려면 UN 총회를 참관해야 하고, 지구당이 잘 움직이는지 알려면 지구당위원장을 만나 관찰해야 할 것이며, 자금조성 방법을 알려면 모금조직에 뛰어들어 어떻게 진행되는지 관찰해 보면 될 것이다. 관습을 통한 연구는 여러 분야에서 널리 활용되고 있으므로 실습으로 실무를 많이 배우게 될 것이며 이는 실제 참여와 비슷하다. 선전자가 사람들을 모을 수 있다면 청중 앞에서 사회적 행동을 보여 주어야 하며, 이때 유용한 과학적 기술을 적용해야 한다.

학생들은 선생님이 손수 실험해 보이는 물리, 화학 강의를 통해 산지식을 얻게 되는 것이다. 여러분은 이것이 "교육이지 선전은 아니다."라고 말할지 모르나 만약 수십만의 특정 정당 지지자들이 수도 중심부에서 시위를 벌인다면 이러한 논증을 선전 방법이라고 수긍하게 될 것이다. 화학 교수는 염산이 염소와 수소로 구성되어 있다는 사실을 증명하기 위해 학생들 앞에서 염산을 수소와 염소로 분리하는 실험을 해 보일 것이며, 이를 지켜본 학생들은 교수의 견해를 수용하게 될 것이다. 그러나 앞에서 서술한 단체행동의 경우 그 당에 반대하는 사람도 있으므로 그러한 시위가 아무것도 증명하지 못한다고 주장하게 될 것이다.

(9) 행동 · 자극 부여

일반적으로 선전은 피선전자에게 암시를 줌으로써 선호, 혐오, 신뢰, 불신, 공감 등의 감정을 갖도록 유도한다. 그러나 설득과 행동화를 궁극의 목표로 하므로 단순한 암시나 시사에서 한 걸음 더 나아가 종합적인 수단의 하나로 자극을 주는 문제를 고려해야 한다.

① 위협(59)

폭력 또는 보복의 위협은 강도 높은 처방의 하나이다. 예컨대, 경찰차 여러 대가 대로를 질주하며 은연중 질서를 강조하는 것이나 미국함대가 적대국 해역으로 항진하는 것은 그 국가에 대한 전쟁 억제력으로 작용한다. 최근 북한이나 이란이 1급 기밀에 해당하는 핵 개발 등 최신병기의 개발을 널리 알리는 것도 실은 세계를 향해 우리를 무시하면 가만두지 않겠다는 일종의 위협 전술이다. 앞의 사례에서 보듯이 위협으로 효과는 볼 수 있지만, 상대에게 반감을 주기 때문에 선전 기법으로서는 취약성을 갖고 있다. 일반적으로 상대가 승복하도록 하여 자발적으로 행동하게 하는 선전이 최상의 것이다. 위협은 일시적인 자극으로 행동을 자제 또는 촉발하도록 하므로 효과를 유지하려면 계속하여 위협을 가해야 하며 그 강도도 높여야 한다.

선전이 의도적이라는 점을 전제로 할 때 위협 역시 사려 깊은 선전이다. 홍수, 태풍, 냉해 같은 천재지변도 이와 마찬가지 효과가 나타나기도 한다.

② 강압(60)

강압은 인간이 생각할 수 있는 가장 단순한 선전 기술이다. 무장 경찰이 폭도들이 정부청사에 접근하는 것을 저지하는 것, 부모가 학교 가기 싫어하는 아이를 학교에 데리고 가는 것 등은 피압제자의 의사에 무관하게 행하는 강압의 예로 볼 수 있다. 그런데 대중의 의사를 무시하고 강압에 의존하는 선전 기술은 반드시 격렬한 반발을 불러일으키므로 어떤 학자는 강압을 선전 기술에서 제외하기도 한다. 그러나 처벌을 암시하는 것과 힘을 행사하는 것의 구분이 모호하므로 이것도 설득의 범주에 포함된다. 검열도 일종의 강압 기법으로 분류할 수 있다.

③ 최면(61)

최면은 일종의 심리적 강압이다. 무솔리니나 히틀러와 같은 독재자들은 많은 사람을 모아놓고 특유의 웅변으로 청중이 거의 무의식적으로 그들의 의사에 따르도록 하고는 했는데 일종의 대중 최면술을 사용했다고 할 수 있다.

④ 행위유발(62)

감정에 압력을 가하는 기법으로 대중이 선전자의 호소를 수용하는 것 이외에 대안이 없도록 하는 것을 말한다. 모금, 회원모집, 자원봉사 등의 운동에 흔히 사용된다. 행위를 유발하게 하는 것은 행동하게 만들거나 최소한 결심을 하게 만드는 수단이기에 특수한 자극 부여 기법이라 할 수 있으며, 다음과 같은 예를 들 수 있다.

"여러분, 우리 병사들이 전장에서 수혈을 못 받고 죽어 가는 것을 보고만 있을 것입니까?" "이 땅을 구하려면 건장한 시민들이 제방을 쌓아 물을 막아야 합니다." "오늘 투표하십시오. 그렇지 않으면 민주주의는 선동가나 독재자에게 강탈당하고 맙니다." 등의 사례들을 보면 긴박감을 느끼도록 하고 지연시키거나 그릇된 다른 판단을 내리게 되면 당장 돌이킬 수 없는 막대한 손해를 입는다고 생각하게 만든다.

선전 선동가들은 이 세상을 움직이려면 행동을 유발하는 강한 자극을 주어야 한다는 것을 잘 알고 있다.

(10) 각인

선전자는 사람들의 마음속에 어떤 인상을 강렬하게 심어 주고 잔상이 오래 남도록 각인 기법을 쓴다.

① 강렬한 기억(63)

극적 자극이나 강한 감정적 호소로 강렬한 첫인상을 받게 되면 그 이미지가 누구에게나 평생 남는다. 어떤 목적을 위해 수천 명의 열광적인 지지자들이 벌인 대규모 시위는 좀처럼 잊지 못한다. "당신의 생애에서 경험한 극적인 순간들을 돌이켜 생각하십시오." 그 사태와 관련한 정신적 충격을 연상하게 될 것이다. 선전자는 이러한 사실을 잘 알고 있으므로 선전목적에 따른 훌륭한 분위기를 만들기 위해 노력하는데 전술 분위기 조성기법과 유사하다. 어떤 아버지가 링컨의 장례 행렬이 지나갈 때 아들이 그 사건을 영원히 기억하도록 아들의 따귀를 때렸다는 얘기가 있다. 대학교수도 학생들에게 강의내용을 확실히 기억시키기 위해 점프를 하고 연단을 두드리는 등 이색적인 행동을 한다.

② 지속적 자극(64)

지속적인 자극은 기억의 제2법칙이다. 밤새워 이제나저제나 하고 초조하게 기다린 경험은 가슴속에 깊은 인상을 남긴다. 유럽 사람들은 제2차 세계대전 중에 겪은 일, 특히 적의 폭격기가 도시를 수라장으로 만들 때 방공호 속에서 일각을 여삼추같이 느꼈던 오랜 시간들을 생생하게 기억한다. 치밀한 계획하에 진행하는 선전에서는 '자극의 지속'이라는 원칙이 철저하게 준수된다. 세뇌 기간을 끝없이 연장하여 선전자가 의도하는 것이 정당하다고 믿도록 계속하여 자극을 준다.

③ 절박감 이용(65)

절박감을 이용하는 것은 학생들이 잘 알고 있는 기억법이다. 그들은 시험 기간 직전에 가서 절박한 심정으로 교과서 내용을 머릿속에 집어넣는다. 이렇게 하면 생생하게 기억에 남아 시험지에 옮길 수 있다. 그러나 이 경우는 시험이 끝나면 모두 잊어버리기 때문에 절박감으로는 충분하지 않다. 가령 선거운동의 경우 선거일이 가까워지면 입후보자들의 상대방 공격이 더욱 집요해지고 유세용 확성기 소리가 더 커진다. 토론자, 변호사, 선전자도 절박감의 중요성을 인식하고 있으므로 마감 시간 직전에 결정적 증언을 시도한다. 그래야만 그때까지의 상대방 주장을 분산시키거나 상대가 반론을 제기할 시간이 없게 되기 때문이다.

④ 반복 인식(66)

"반복은 학습의 기본"이라는 옛 격언이 있다. 반복은 절박함과 마찬가지로 마음속에 효과적으로 인상을 심어 준다. 꾸준히 반복하는 것이 현대 광고의 핵심적인 기법이 되고 있다. 똑같은 내용보다는 하나의 주제에 다양한 소재가 효과가 있다(심진섭, 2012). 인간의 마음은 반복되는 자극에 쉽게 반응하는 특성이 있다. 또 실제로 자주 들으면 '흑을 백으로 인식하게 하는 설득'에도 넘어갈 수 있다. 히틀러는 '대중이란 얼마나 망각을 잘하는가'를 인식하여 '항상 상기시켜 주는 것이 얼마나 필요한가'를 강조하였다.

사람이란 누구나 아름답다, 매혹적이다, 정직하다, 엉큼하다는 말을 항상 듣게 되면 스스로 그렇다고 확신하게 된다. 일반적으로 일간지는 주간지보다 큰 경향을 미치는데, 왜냐하면 일간지는 메시지를 주간지보다 자주 전달하기 때문이다. 라디오는 끊임없이 메시지를 반복하기에 지속성, 절박성, 반복성을 모두 포함하고 있다. 어떤 광고 전문가는 '명성이란 반복의 결정체'라고 말한다.

(11) 불신 조장

선전이나 설득에서 많이 활용되는 기법이다. 이 기법에서는 일방적으로 어떤 주장을 지속하는 것보다 수용자가 제시된 정보를 스스로 판단하도록 유도하는 것이 효과를 증가시키며, 기억의 파지 기간도 연장한다(심진섭, 2012).

① 부정적 선입관 주입(67)

상대 또는 특정 사안에 대하여 불쾌한 감정을 가지도록 하는 기술이다. 유리한 연상 주입의 반대 형태로서 그 방법이 다양하다. 예를 들면, "상대방 정당은 호전적 집단이다." "정부는 터무니없이 국민의 혈세를 낭비" "의원이란 자들은 허풍만 떠는 고루한 불평 불만자이다." "외국인은 무식쟁이다." "유산계층은 이기적이며 움켜쥐고 내놓을 줄 모르는 자들이다." 등을 들 수 있다.

② 험담(68)

험담도 부정적 선입관 주입과 마찬가지로 가장 오래 이용되어 온 단순한 기법이며, 구사가 쉬울 뿐만 아니라 때로는 상당히 효과적이기도 하지만 좋은 방법은 아니다(심진섭, 2012). 험담의 성공 여부는 대중이 쉽게 기억할 수 있고 상상력을 자극할 수 있고 상상력을 자극할 수 있는 그럴듯한 이유를 갖다 붙이는 데 달려 있다. 때때로 험담을 이용하는 선전 선동가는 그 험담이 적절한지 설명해야만 하는 어려움을 겪기도 한다. 예를 들면, 한 정치인이 다른 정치인에 대하여 "나의 출신 지역인 서부에서는 이런 자를 떠벌이라고 부른다. 한다는 짓이 수다를 떨지 않으면 트집을 일삼고 남을 비난만 한다. 하지만 공직에 있지 않으므로 정책 수립, 결정, 집행에 대한 책임은 없다."라고 말할 때 '말 많은 떠벌이'라는 호칭은 대중적 반복을 통해 퍼져 나갈 만큼 적절한 말이 못 되므로 험담에 적합하지 못하다. 때때로 험담은 논거가 고갈된 선전자가 논리 대신 내세우는 마지막 수단이다. 그러므로 대중이 험담에 짜증날 때는 진실을 보여 주고 토론하는 것이 필요하다.

③ 독설(69)

독설은 중상, 모략을 포함하는 일종의 악담이다. 옛날에는 적에게 신의 저주를 덮어씌울 수 있다는 미신이 있었다. 오늘날도 '저주'라고 하는 것은 독기 품은 암울한 공기가 피어오르듯 일반 대중에게 적개심에 불타오르도록 사람의 감정을 자극한다. 제2차 세계대전 중 발행된 한 책자에는 "적개심을 부추길 필요가 있는 전시를 제외하고는 독설을 사용하지 말라."라고 충고하고 있다. 이 충고가 의미하는 바는 적이 비난받아 마땅하면 저주하는 것은 당연하다는 것이다. 상당히 흥분하거나 비통에 싸여 있는 상황에서 인신공격은 선전전의 날카로운 무기가 된다. 독설의 효과는 대중의 성향이 어떠한 상태에 있는가에 달려 있다. 국민에게 비난을 받는 집단에 대한 근원적인 편견이 있다면 독설은 그 편견을 더욱더 굳혀 주는 작용을 하게 된다. 만약에 독설이 약자를 겨냥할 때 그것은 일반 대중에게 측은을 불러일으켜 역효과를 나타내게 할 수도 있다.

④ 암시(70)

암시는 공공연한 비난보다는 좀 더 고요하다. 예를 들면, "연봉 4천만 원의 공무원이 대로변에 5억 원 상당의 새 저택을 지을 수 있다니!" "우리 모두 군에 입대하여 군 복무를 마쳤는데 그의 아들은 신체도 멀쩡한데 왜 군 면제가 되었지?" 이상의 예시적 물음에는 날카로운 칼날이 감춰져 있다. 오묘한 풍자는 때로는 투박스러운 욕설을 맹렬히 퍼붓는 것보다 더욱더 강렬한 효과를 나타낸다. 암시의 효과적인 방법으로 혐오감, 악감정을 불러일으키는 사진을 이용하는 방법도 있다. 예를 들면, 악명 높은 정치가나 공산주의자나 파시스트와 나란히 서서 찍은 오래 묵은 사진을 들춰내면 치명적이다.

⑤ 흑백 대비(71)

흑백 대비는 상대를 끌어내리면서 자기를 부상시키는 이중효과를 얻을 수 있는 기법이다. 자본주의 체제가 바람직하고 공산주의 체제가 비합리적이라는 것을 지적하고자 한다면 전자의 생산성이 얼마나 높고 후자는 어느 정도 빈약한가를 대비시킨 도표를 보여 주면 효과가 높을 것이다. 이 대비법의 성패는 전술한 자료의 선별기법의 적절한 이용에 달려 있다. 즉, 상대편의 취약점을 골라서 우리 측의 가장 좋은 점과 대조시킴으로써 상대편이 나쁘다는 것을 더욱 부각할 수 있다.

⑥ 반전(72)

반전이란 선전자가 주장하는 바를 역이용하는 것인데 변화, 토론자, 운동가들이 흔히 쓰는 수법이다. 선거 때는 허황한 말로 지지를 요구하지 않도록 조심해야 한다. 왜냐하면 말에 대해 책임지라고 역습을 당할 수 있기 때문이다. 어떤 후보자가 "나는 개척 시대에 서부의 황야에서 인디언과 싸웠고 맨땅에서 별 뜬 하늘을 지붕 삼아 잠을 자고 황무지를 개간하여 옥토를 만들었다."라고 외쳐 댄다면 상대는 "당신이 조국을 위해 그렇게 많은 일을 했다면 이젠 휴식도 필요할 텐데 집에 가서 쉬시죠!"라고 말할 것이다.

⑦ 불길한 용어 사용(73)

이는 전술한 29항의 달콤한 어휘 사용에 반대되는 부정적 선입관 주입 방법의 하나로, 간단히 말해서 기분 나쁜 어휘의 활용이라고 할 수 있다.

"암울한 그림자가 당신의 집에 드리워지고 있다. 생명을 위협하는 전조가 보인다. 기아와 질병이 찾아와 당신의 죽음을 노크할 것이다."이 예에서 그림자, 전조, 기아, 질병, 죽음 등의 모든 단어는 부정적 의미를 암시하므로 불길한 분위기를 조장하게 된다. 전국학교봉사협회(The National School Service)는 류 파멘터가 쓴 『언어의 선택이 감정의 차이를 만들어 내는가』라는 소책자를 발간했는데 다음과 같이 적정 어휘 사용을 강조하고 있다.

- 단어나 구절이 독자나 듣는 사람의 이익에 부합되는가? 그렇다면 사용하라.
- 그것이 본능적으로 비용 부담을 연상하게 하는가? 그렇다면 사용하지 말라.
- 언쟁의 소용돌이를 일으킬 소지가 있는가? 그렇다면 사용하지 말라.
- 독자의 경력에 호소할 수 있는가? 그렇다면 사용하라.
- 적대감을 불러일으킬 소지가 있는가? 그렇다면 사용하지 말라.
- 독자의 경험 밖의 사실인가? 그렇다면 사용하지 말라.
- 독자가 자기에게 얼마나 득이 되는지 곧바로 알 수 있는가? 그렇다면 사용하라.
- 자연스럽게 독자의 호기심을 자극할 수 있는가? 그렇다면 사용하라.
- 독자가 당신의 저의를 즉시 간파할 수 있는가? 그렇다면 사용하지 말라.
- 긍정적인 반응을 가져올 수 있는가? 그렇다면 사용하라.

어떤 질문에 대하여 대답을 요구하기 전에 대상자의 자세와 성향을 꿰뚫어 보는 것이 필요하다. 주부에게 있어 관심 사항은 행복한 가정에 관한 것이고, 근로자에게는 많은 보수일 것이며, 수도자에게는 정신적 만족에 관한 것이다. 질문에 '논쟁을 불러일으키는 자극'은 매우 다양하다. 종교단체에 대한 모종의 암시는 일부 대중에게 불쾌감을 유발하고 주제는 반드시 찬반 논쟁을 일으키게 된다.

⑧ 연계인식의 부정적 이용(74)

연계인식의 부정적 이용은 인간이 이성적 사고를 시작한 이후 줄곧 이용해 왔던 부정적 이미지 전달 방법의 특수한 형태이다. 이것은 유유상종론에 바탕을 두고 있는데, 예를 들면 "당신이 별 볼 일 없는 사람과 같이 지낸다고 알려지면 당신의 명성 또한 떨어질 것이다."라고 하면 이것은 자연스러운 귀납이다.

공포와 히스테리가 만연할 때 연상 작용을 이용하여 죄의식을 조장하는 것은 흥미를 유발할 수 있다. 법정에서 피고는 유죄가 입증될 때까지 무죄다. 이 논리는 여론이라는 법정에서도 똑같이 적용해야 하나 이것은 이상일 뿐 사람들은 고정관념에 머물기를 좋아한다. 이것은 골치 아픈 생각과 개개인을 유형별로 묶는 힘든 작업을 덜어 주기는 한다. 사람들이 간단히 생각한 나머지 천박한 중상 · 비방을 통해 기쁨을 도출하고자 하는 한 연계의식을 이용한 죄의식 부여는 "아니 땐 굴뚝에 연기 날까" 하는 식으로 성급히 결정지으려는 사람에게 유용한 개념으로 사용될 것이다.

⑨ 조롱(75)

조롱은 선전자가 사용하는 무기 중 가장 날카롭고 자극적이다. 효과를 나타내지 못하면 사용자에게 역효과를 가져오는 부메랑이 될 수도 있다. 태도실험을 위해 "복지국가의 납세자에 대한 찬양가"를 청중에게 들려주었다. "국가는 나의 목자이니 나를 부족하게 하지 않을 테지요. 국가는 나에게 많은 세금을 내게 하며, 얼굴에 주름살을 만들고, 벌어들인 돈은 모두 가져가네요. 게다가 은행예치금에까지 손을 뻗쳐 오지요. 밤새도록 세금고지서를 읽고 또 읽지만 알 수 없어요. 과태료는 나를 우울하게 하지요. 국가는 세무 공무원 감독하에 사업을 수행하도록 강요하고 문서기록을 남기도록 하지요. 자금은 바닥난 상태입니다. 정말이지 국가의 조정과 통제는 평생 나를 따라다닐 것이고 나는 커다란 친척 집에 빌붙어 사는 것이나 별반 다름이 없지요."

이런 복지국가 찬양가를 듣는 청중은 불쾌감을 나타냈다. 시편 23장 "여호와는 나의 목자시니"를 인용한 것이 신성을 모독했다고 제지할 수는 없더라도 악취미 또는 불경하다는 생각이 들 것이다. 조롱은 역작용을 방지하기 위해 교묘히 다루어져야 하는데 상스럽고 통렬한 표현은 오히려 그것을 구사하는 연설가나 필자에게 부정적인 효과를 가져올 수 있다. 특히 약자가 조롱의 대상이 될 때는 대부분 그러하다.

⑩ 무시(76)

무시는 상대를 조금의 가치도 없다고 단정하는 방법이다. 약자는 자리를 차지하기 위해 계속하여 공격한다. 때때로 약자가 호조건에 있는 후보나 선전자에게 도전하게 될 때 호조건에 있는 사람은 "가서 당신 할 일이나 하시지요."라고 무시하거나 아니면 콧방귀를 뀌면서 아예 어떤 응답도 거부할 것이다. 이런 침묵 일관이 위험한 고비를 넘길 수 있는 수단이 되기도 한다. 결정적으로 궁지에 몰린 시점에서는 제기된 문제에 관심을 기울일 필요가 없다는 뜻이다. 대통령 예비선거에서 어떤 지역에서 좋은 이미지를 심어 줄 수 없다고 판단하는 후보들은 슬그머니 빠져 버리고 만다. "빈약한 득표를 얻는 것보다 오히려 득표가 없는 것이 약자에게 이롭다."라는 이론에 근거한 것이다.

⑪ 무저항(77)

무저항은 일반 선전자에게는 잘 볼 수 없는 선전 기법인데 간디처럼 위대한 지도자가 무저항 정신을 보여 줌으로써 수백만을 고무시켰던 사실은 대표적인 예이다. 결국 사람의 마음을 사로잡기 위한 싸움에서 효과적으로 사용되는 어떤 기법도 우리가 언급하고 있는 선전 기법에 속한다. 만약 상대편이 공격적으로 나오면 이쪽에서는 평화적으로 나가는 것이 가장 성공적인 역선전이 될 것이고, 왼쪽 뺨을 때리면 오른쪽 뺨을 내밀어 대중으로부터 연민의 정을 불러일으켜 무난히 이길 수 있을 것이다.

선전 기법이란 선전자가 의도하는 목적과 관념을 대중이 수용할 수 있도록 선전자가 그들의 마음을 조작하는 방법 혹은 기술이다. 여기서 분석해 본 77가지 기법들은 대중의 주의와 관심을 불러일으킨다든지, 어떤 문제를 예정된 결론으로 무리없이 유도시킨다든지, 논점을 극대화하고 집중한다든지, 대중의 마음속에 어떤 메시지를 강하게 남긴다든지, 혹은 상대 선전을 타격하거나 와해시키는 등의 여러 기능이 있다. 각 선전 기법은 선전 대상자의 기본태도, 편견, 성향, 특성을 이용한다. 사람들은 흥미를 유발하게 하는 행동이나 좋아하는 것에 이끌리게 마련이다. 그래서 선전자는 이런 강점들을 잘 이용한다. 더 나아가 사람들은 일반적으로 골똘히 생각하는 것을 귀찮게 여긴다는 사실을 선전자는 알기 때문에 정확성이 부족하더라도 선전자의 주장에 대한 수용이 쉽도록 단순하게 하려고 애쓴다.

상징화, 단순화, 획일화 그리고 구호 등은 모두 수용을 쉽게 한다. 선도그룹 이용기법은 무리를 따르는 인간의 집단본능을 이용하며, 일체감 조성은 사람들이 자기와 비슷한 인물을 수용하려는 성향을 이용한다. 구호는 물론 운율이 있는 말이 쉽게 기억된다는 특징을 이용한 것이다. 마치 농부가 경작을 위해 밭갈이에 적합한 쟁기와 논을 가는 기계를 선택하듯이 선전자도 어떤 관념을 받아들이도록 조작해야 하는 특정 대중에 대하여 나름대로 심리적 도구를 선택한다. 선전 기법 자체는 좋다 혹은 나쁘다고 말할 수 없으며, 도덕적 찬반 문제는 설득 과정에서 있어서의 제반 요소, 즉 목적과 행위자의 성격, 대중의 현재 상태, 전달 매체의 종류, 관계된 구성 요소 등에 달려 있다. 왜곡이나 날조 같은 선전 기법이 나쁘다고 하지만 훌륭한 교육자가 대중이 생생하게 기억할 수 있도록 전달하고자 하는 것을 극화시키는 것을 우리는 볼 수 있다. 결론적으로 선전 기법이란 도구일 뿐이지 내재적인 도덕성을 규정할 수가 없다. 망치, 칼, 총과 같은 것이 건설적으로도 파괴적으로도 사용될 수 있는 것처럼 사용자가 어떤 목적으로 선전 기법을 사용하느냐에 따라 그 선과 악이 결정된다.

이라크 전쟁 시 미국의 선전 사례

○ 주요 선전내용

2003년 3월 26일, **미군 중부군 사령부 대변인 방송 브리핑**(CNN TV)

- 녹화된 공습 비디오 화면을 통해 공습의 정확성을 강조하면서 연합군 특수작전부대와 공군이 공격대상 목표물 공격을 위해 계속 협조하고 있다고 언급하였다.
- 또한 지상군 활동에 대해서는 지난 24시간 동안 나자프 외곽 남서지역에서 약 3~4시간 동안의 교전이 발생했으며, 미 제5군단이 이라크군에게 큰 타격을 입혔다고 밝혔다.

2003년 3월 27일, **미군 중부사 전선 사령부 「빈센트 부룩스」,**
연합 공습 작전의 정밀 사례 방송(CNN TV)

- 바그다드시에 있는 이라크 정보본부 시설은 기도원, 학교와 한 블록 거리에 위치한 정보본부 시설만 공습하여 파괴하였다.

○ 성과

연합군 무기들의 정확성 및 파괴력을 선전함으로써 이라크군의 전의 상실 및 전장 공황을 유도함으로써 이라크군 투항자가 증가하였다.

4) 선전의 분석

작품을 준비하는 작가와 완성된 작품을 감상하는 미술 애호가 사이에도 그 시각이 다를 수 있듯이 선전을 분석하는 데에도 선전자와 피선전자의 선전에 대한 시각의 차이가 있다. 선전자는 그의 목적을 성취하기 위하여 사람들에게 영향을 미치려고 시도하는 반면에, 피선전자는 선전자가 그의 목적 달성을 위하여 어떤 역할을 하는지를 파악하려고 한다. 따라서 선전의 분석을 위한 적절한 접근법은 선전자와 피선전자의 관심 모두를 포함하여야 할 것이다

선전을 분석하는 작업은 여러 단계를 거치게 된다. 선전자 자신, 그가 이용하는 의사소통 매체, 선전의 내용 그 자체, 선전에 의한 피선전자의 반응 등의 단계를 거친다. 둡(Doob, 1986)은 선전의 분석 절차를 다음과 같이 제시하였다.

1. 선전자
2. 선전의 내용
3. 선전자의 지각(perception)
4. 피선전자의 초기 반응
5. 피선전자의 태도 변화
6. 피선전자의 행동 변화

이처럼 선전을 분석하는 일은 선전 활동이 전개된 당시의 역사적 배경, 선전내용과 이 내용을 전파한 매체들의 조사, 수용자의 반응 조사, 전체적인 선전 과정의 엄밀한 관찰 등의 복잡한 과정이 요구되는 작업이다.

선전 활동의 여러 측면을 단기간에 조사하려고 시도할 수도 있겠지만, 선전을 정확히 이해하자면 장기적인 효과에 관한 분석이 뒤따라야 한다. 선전은 그 기능으로 볼 때 사회적 신념과 고정관념을 재보강하는 역할을 하므로 일반 메시지와 선전 메시지를 구분하기 어려운 경우가 많다. 선전은 또한 본래 주도면밀한 목적을 담고 있으므로 그 목적이 무엇인지 파악하려면 상당한 분석 활동을 필요로 한다(심진섭, 2012).

(1) 선전의 이념과 목적

선전의 이념은 수용자에게 사회적, 정치적 현실을 다루는데 필요한 포괄적인 개념들을 제공한다. 그 예로, 사회에는 계급이 있음을 천명하거나 부정하고 어떤 조건이 다른 조건보다 바람직한지 아니한지를 도와 정통성을 유지하게 하여 그 조직이나 제도가 벌이는 활동의 정당성을 부여해 준다. 즉, 선전의 목적은 사람들에게 선전 행위자의 이념을 수용하도록 하는 것이다. 독일의 선전상 괴벨스(Goebbels)는 선전에는 기본적인 방법이 있는 것이 아니고 단지 대중을 정복하는 목적만이 있을 뿐이라고 말한 바 있다(Bogart, 1976).

(2) 선전이 수행되는 상황

선전의 성공 여부는 선전이 행해진 당시의 지배적인 분위기와 밀접한 관계가 있다. 그러므로 선전을 이해하는 데는 그 시점의 분위기를 파악하는 일은 필수적이다. 선전 분석가는 발생한 사건들을 인지해야 하며, 선전 행위자가 그 사건들을 어떻게 해석하고 있는지 알아야 한다. 그 선전과 관련된 논쟁점은 무엇인가? 일반 대중이 그 논쟁점에 관하여 얼마나 알고 있는가? 어느 정당이 논쟁점과 관련되어 있으며, 그 논쟁점과 관련된 권력투쟁은 없는가? 또한 선전과 관련된 역사적인 배경은 어떠하며 선전과 관련된 신화는 어떠한 것인가? 등을 상세하게 파악해야 한다.

(3) 선전 행위자의 확인

선전의 출처는 대개 기관이나 조직체로 되어 있으며, 여기에 선전 행위자를 담당자로 임명하고 있다. 때로는 선전자를 확실히 밝히지만, 때로는 선전기관에서 세운 목표를 달성하기 위하여 주체를 감출 때도 있다. 흑색선전의 경우처럼 선전자가 숨겨질 때 분석 작업은 더 어렵다.

(4) 선전조직의 구조

선전 활동은 일관성 있는 메시지를 제작해 내는 강력한 의사 결정권자로부터 비롯되는 경우가 많다. 그러므로 선전 조직체 내에 위계질서를 지닌 강력한 리더가 있다. 분석자는 리더가 어떻게 그 직위를 갖게 되었나를 조사해야 한다. 리더는 조직 구성원들이 그를 따르게 만드는 그 어떤 지도력을 지니게 마련이다. 이 리더의 지도력은 바로 선전의 이념이 되는 것이다.

선전 메시지를 전달하는데 동원된 매체도 선전조직의 구조를 이루는 요소이기 때문에 분석자는 매체를 선택하는 방법도 눈여겨볼 필요가 있다. 선전 메시지가 배포되는 곳에 선전조직이 그 자체의 매체를 소유하여 통제하는 경우가 종종 있다.

누가 그 매체를 소유하고 있느냐에 따라 누가 선전 메시지를 통제하느냐가 된다. 분석자는 또한 선전 조직원의 구성 상태를 파악해야 한다. 어떻게 선전원이 구성되었는지, 그 조직에 처음으로 참여한 구성원은 유니폼을 착용해야 하는지, 특별한 용어를 사용하는지, 특별한 활동 등의 유무를 검토해야 한다. 또한 조직 내에 정해진 규정이나 규칙은 어떠한지, 상벌제도는 어떠한지 등도 살펴보아야 한다.

조직의 연결 구조가 의사소통을 위하여 어떻게 이용되고 있는지, 조직의 지도자로부터 구성원에게 정보가 어떻게 전파되는지, 정보가 일반 대중에게 어떻게 전달되는지 등을 상세히 알아보아야 한다.

(5) 목표 대상자

선전자는 선전의 효과를 최대화하기 위하여 목표 대상자를 선정한다. 선전 메시지는 선전자에게 가장 유용한 대상자의 수준에 맞춘다. 이러한 점에서 컴퓨터와 과학 매체를 동원한 조사연구를 통하여 목표 대상자를 선정하기가 훨씬 쉬워졌다.

전통적인 선전 대상자는 대중이지만, 현대 선전의 경우에는 반드시 그렇지도 않다. 물론 대중매체가 이용되기는 하지만 어떤 이익집단, 정치적 · 문화적 엘리트 집단, 의견 지도자들과 같은 수용자와 병합하여 이용되기도 한다.

(6) 매체의 이용 기술

분석자는 선전자가 어느 매체를 이용하는지 분석한다. 현대 선전에서는 가능한 모든 매체를 동원한다. 즉, 신문, 라디오, TV, 인터넷, 영화, 포스터, 회의, 가정 방문, 전단, 연설, 깃발, 기념비, 거리의 이름, 화폐, 우표, 책, 연극, 만화, 시, 음악, 체육행사, 문화행사, 기업 업무보고서, 도서관, 상품수여식 등이 가능한 매체들이다. 매체 이용을 검토하는 것으로는 매체 이용에 관한 현상을 알아내기에 충분하지 못하다.

분석자는 한 매체에서 다른 매체로, 매체에서 개인으로 유통되는 의사소통 구조를 조사해야 한다. 매체 간의 관계, 매체와 대중 간의 관계도 살펴야 한다. 가장 중요한 관심은 매체가 어떻게 이용되느냐에 두어야 한다.

선전자는 영화를 상영한 후 전단을 돌릴지도 모른다. 이런 형태의 선전 활동은 매체의 잠재력을 극대화하는 방법이기도 하다. 매체가 선전자의 진정한 목적이나 정체를 숨기는 방식으로 이용할 가능성도 분석해야 한다.

(7) 선전 효과를 극대화하기 위한 기법

선전에 동원되는 기법이나 기술들을 나열하기는 매우 어렵다. 수사학에 관한 논의를 하면서 아리스토텔레스(Aristoteles)도 "설득을 위해서는 모든 가능한 수단을 동원할 것"을 권했다. 쿼터(Qualter, 1962)는 성공적인 선전의 4개 기본적인 요건을 제시한 바 있다. 즉, 선전은 가시적이고 이해되어야 하며 기억되어야 하고 행동에 옮겨져야 한다는 것이다.

정보원(情報源)의 신뢰도는 태도 및 행동의 변화에 영향을 주는 중요한 요소 중의 하나다. 사람들은 어떤 지식과 지침을 얻기 위하여 권위자를 찾는 경향이 있다. 전문가의 의견은 변화의 합법성을 인정하는 효과가 있으며, 정보의 통제와도 관련되어 있다. 분석자는 수용자가 가지고 있는 정보원에 대한 이미지를 살펴야 한다. 대상자는 그 정보원과 지도력만을 믿고 메시지를 수용하는가? 수용자가 선전자의 형태를 따르고 있는가? 월남전 당시 베트콩은 촌락으로 이동하여 그 지역주민들과 우호적인 관계를 형성하여 그 촌락 생활에 익숙해지는 데 많은 시간을 투자했다. 그들은 지역주민들로부터 협조를 얻게 되었는데, 여자들은 부상자를 돕기 위한 붕대를 준비하고 소년들은 전단을 나누어 주는 일을 하게 되었다.

주민들은 베트콩을 도우면서 인지부조화 현상을 경험하게 되어 베트콩의 사상을 수용함으로써 그들 자신의 행위를 합리화할 수 있었다. 또 다른 선전 기술은 지역사회의 유지들과 함께 활동하는 것이다. 예를 들어, 보가트(Bogart)는 미국 공보원이 직원들에게 타 문화권의 지도자의 감정을 상하게 하지 말 것을 당부한 사실을 소개한다. 이들은 금기를 피하고 여론 지도자들의 비판을 가로막지 말 것이며 그 국가의 자존심을 건드리지 말 것을 지시받았다. 미국인은 아시아인과 함께 사진을 찍을 때는 미국인이 앉아서 사진을 찍게 하여 아시아인이 키가 작은 데서 오는 열등의식을 갖지 않게 한다.

분석자는 여론 지도자가 누구이며 선전자가 여론 지도자에게 호소하는 방식을 조사해야 한다. 분석 자료는 또한 대면 접촉을 통하여 선전 효과에 보완적 역할을 하게 되는 점을 눈여겨봐야 한다.

미국 공보원은 수시로 문화행사를 개최하여 직접 현지 시민들과 접촉을 꾀하며, 미국 공보원 도서관에는 책은 물론 영화, 비디오테이프 등 공보자료를 비치하기도 하며, 때로는 강연도 시행하여 방문자들에게 미국을 소개하는 등 친밀감을 맛보게 한다.

(8) 선전에 대한 수용자의 반응

분석자는 선전 메시지에 대한 목표 수용자의 반응을 살펴봐야 한다. 이러한 반응은 주로 목표 수용자의 행동을 통하여 찾을 수 있는데, 이는 투표행위, 조직에의 참여 및 기여도, 지역사회 집단의 구성, 군중의 행위 등으로 나타난다. 분석자는 수용자가 선전자의 구호, 언어 또는 복장 등에 관심을 보이는지를 확인해야 한다.

(9) 역선전(대항 선전)

대중매체가 자유롭게 경쟁하는 사회에서는 대항(역) 선전이 있을 수 있지만, 매체 활동이 완전히 통제되는 사회에서 대항 선전은 지하로 숨게 된다. 전단이나 담벼락 낙서와 같은 무인 벽보 등 여러 형태의 대항행위를 하게 된다.

분석자는 선전을 분석하기 위하여 이전에 제시한 10단계를 이 대항 선전의 경우에도 적용하여 분석한다. 이때 분석자는 대항 선전이 기존 선전을 반박하기 위하여 존재하는지, 존재하지 않는지 등을 확실하게 찾아야 한다.

(10) 효과와 평가

가장 중요한 선전의 효과는 선전이 계획하고 목적한 대로 성취되었느냐 문제이다. 전반적으로 목적이 모두 성취되지는 않더라도 일부는 성취될 수도 있다. 선전이 완전히 실패했다면 분석자는 그 실패의 원인을 규명해야 한다.

평가는 선전목적이 성취되었느냐에 초점을 맞추어야 하지만, 그 목적을 성취하게 된 수단들도 살펴야 한다. 매체의 선택과 메시지가 어떻게 선전의 결과에 영향을 미쳤는지, 선전자가 어떻게 상황과 환경에 부합되도록 조작할 수 있었는지 또는 선전의 영향력 등을 분석해야 한다. 분석자가 이러한 10단계에서 제시된 의문점에 대한 대답을 얻어 낼 수 있다면 그 선전을 분명하게 이해하게 될 수 있고 다음 계획에 미비한 점들을 보완하여 적용한다면 설득력을 향상할 수 있을 것이다.

이라크 전쟁 시 이라크의 역선전 사례

○ 주요 내용

2003년 3월 22일 미국 백악관 관계자는 지난 21일 이라크 제51보병 사단장을 포함한 바스라 부시장 및 8,000여 명의 군병력이 이라크 남부에 있는 미 해병대에 투항했다고 발표하여 바스라가 이미 함락된 것처럼 주요 외신들을 이용, 선전하였다.

○ 이라크의 역선전

2003년 3월 22일 이라크 국방부 장관은 알자지라 방송을 통하여 이 같은 사실을 즉각 부인했으며, 알 하쉐미 사단장도 알자지라 방송에 직접 출연해 바스라를 사수하고 있다고 알림으로써 미국의 선전 효과를 최소화함은 물론 이라크 국민과 군인들의 결사 항전 의지를 고무시켰다.

2. 선동

> "선전이 정말 효과적이려면 배후에 예리한 칼이 따라야 한다. 이 칼이 곧 선동이다."
>
> –「파울 요셉 괴벨스[1]」–

1) 선동의 개념

설득에 있어서 선전은 목표대상 집단의 고정관념을 변화시키고 장차 예상되는 행동을 불러일으킬 분위기 조성에 그치기 때문에 언제 어떤 행동으로 나타나는지는 막연하다. 그러나 선동은 시기를 포착하여 군중 속에서 자기 측에 유리한 방향으로 그들을 유도하거나 행동화시키는데 직접적이고 결정적인 방법이라 할 수 있다. 독일 나치의 선전상 괴벨스는 "선전이 정말 효과적이려면 배후에 예리한 칼이 따라야 한다. 이 칼이야말로 곧 선동이다."라고 말하였다.

선동(煽動, agitation)은 선전과 함께 대중의 사회 운동, 정치 운동에서 많이 활용되

1) Paul Joseph Goebbels, 1933년 나치 독일의 선전장관이였다.

는 것으로서 주로 대중의 정서를 자극하여 폭발시킴으로써 그들의 이성과 판단을 마비시켜 감정을 유도하고 폭동을 유도하여 기존 체계와 질서를 쉽사리 파괴할 수 있는 설득의 중요한 무기가 된다. 따라서 설득에서 선동 방법은 대적 선전 활동에서도 활용되지만, 목표대상 집단에 침투된 공작원과 협조자들에 의해서 적측 내부에서 혼란, 교란, 분열을 조장하는 효과적인 수단으로 활용하고 있다.

2) 선동과 선전의 차이

선동[2)]이란 "정치, 경제, 사회, 군사 문제에 대하여 목표대상의 정서적, 감정적 반응에 호소함으로써 자기 측이 의도하는 대로 목표대상이 행동하도록 유도하는 행위"이다.

선동가는 대중의 외부에 있지 않고 대중 속에서 출현하여 대중 속에서 활동하는 사람이다. 선동가는 대중의 감정이나 정서에 직접 호소하는 반면에, 선전은 특정의 이념이나 행동계획을 대중에게 침투시키기 위해서 주로 그들의 이성에 호소하는 측면이 강하다. 또한 선동 주제는 선전에서의 구호와는 달리 대중의 욕망 및 불평불만을 자극적 또는 선정적으로 실감 나게 제시하는 것이 특징이다.

선동과 선전 활동을 표현 면에서 볼 때 선전이 주로 시각에 의존하여 호소한다면 선동은 주로 청각에 호소하는 경향이 크다. 그렇지만 인터넷 등의 발달로 선전과 선동의 영역이 더욱 넓어졌고 차이점도 많이 좁혀졌다(심진섭, 2002, 2012).

선전이 1인 또는 다수에게 많은 주제 특히 사상을 전달하고자 하는 이념의 다면적인 설득이라면, 선동은 많은 사람에게 한 개 내지는 소수의 주제로 집중적, 통일적인 설득을 하고자 하는 것이다.

이를 종합해 보면 선전은 이론을 포함한 보다 추상적인 개념을 사용해서 대중에게 영향을 미치는 과정으로 볼 수 있다. 따라서 선전은 대상자나 청중의 사고에 호소하며 인식의 인지적이고 지적인 측면에 영향을 미치고자 하는 것이다.

2) • 군사용어사전: 사회, 정치, 경제 문제에 대해서 비조직적인 대중의 정서적, 감정적 반응에 호소해서 그들의 생각을 행동으로 유도하는 행위
• 연합 · 합동 군사용어사전: 아군의 작전 성공을 방해하고 적의 성공을 추진시키려는 의도로 고의로 풍문 또는 성명서를 만들어 전파하는 행위
• 표준국어대사전: 남을 부추겨 어떤 일이나 행동에 나서도록 함

반면, 선동은 사실과 이미지를 활용한다. 따라서 선동은 청중의 개념과 상상력에 호소하며, 선전보다는 의식의 정서적 · 감정적인 측면을 강하게 자극하게 된다 (USAF, 1975).

과거 소련군에서 정리한 선전과 선동의 중요한 요소들에서의 차이를 〈표 8-1〉로 정리하였다.

〈표 8-1〉 선전과 선동의 비교

요소	선전	선동
목표	소련군 인원들을 대상으로 공산주의 이데올로기의 형성, 마르크스-레닌 사상의 주입	사람들의 정치적인 활동성 증강과 성실하게 군 복무에 임하도록 하는 동기부여
영향의 영역	의식의 지적 영역을 주로 대상으로 함	기본적으로 의식의 감정과 의지적인 영역을 대상으로 함
근원과 내용	마르크스-레닌주의를 다음 3개 부분의 통합으로 함: ① 철학, ② 정치/경제, ③ 과학적 공산주의(마르크스-레닌주의 창시자들의 저서, CPSU[3], 국제 공산주의자들과 노동자 운동의 역사와 이론, CPSU의 결정과 법령, 국방부 장관과 소련 육군 · 해군 정치담당 최고위원의 명령과 훈시 사항)	현실적 사건과 사실, 언론의 발표, 현재 진행되고 있거나 아니면 미래에 진행될 특정한 업무, 공산당과 정부의 일치하는 결정과 법령, 국방부 장관과 소련 육군 · 해군 정치담당 최고위원의 명령과 훈시 사항, 지휘관과 상급자의 명령 등
방법	책자, 잡지, 신문, 구두로 하는 회합: 강연, 보고, 토론회의 참석 등(기술적 도구들의 활용 여부와 상관없음)	신문, 벽보나 전단, 구두로 하는 회합: 대화, 집회, 토론회, 특정 목표를 가진 저녁 모임 등
기본 형식	사병들과 부사관들을 대상으로 한 정치 훈련, 장교를 대상으로 한 마르크스-레닌주의 교육, 공산당 교육제도(마르크스-레닌 야간대학, 부서 단위의 공산당 학교 등), 공식적 강연과 이론적인 보고서	정치적 정보 수업, 대화, 집회, 토론회, 질문/응답을 위한 저녁 모임, 특정 목표를 가진 저녁 모임, 독자와 시청자 회의 등
결과	군인의 지식, 신념, 관점 그리고 이데올로기가 군 복무를 성실히 수행하도록 추진하였음	병사의 행동과 행위에 대한 동기부여(의식적 · 감정적으로 몰입하여 진취적으로 군 복무를 수행하도록 하였음)

3) Communist Party of Soviet Union: CPSU(구소련 연방 공산당)

선전자와 선동가를 일반적인 특징만으로 단순 비교하자면 〈표 8-2〉와 같다. 그러나 이 구분은 일반적인 특징만을 단순히 비교한 것으로 실제 설득 활동에서는 선전과 선동의 양 요소를 함께 활용되는 경우가 많다.

〈표 8-2〉 선전자와 선동가의 비교

선전자	선동가
• 체계적, 학문적 이론가 • 현실 문제의 과학적 분석 능력가 • 집필 활동인 • 전문가, 학자적 인상	• 대중의 생활감정을 이해 • 환상적 이미지를 제공할 수 있는 능력자 • 웅변가 • 예언자, 영웅적 순교자 인상

3) 선동의 감정적 요소

선동에 쉽게 넘어갈 수 있는 대중의 감정적 요소는 다음과 같다.

첫째, 불신과 종속감을 이용한다. 선동가는 대중이 품고 있는 불신감을 향하여 선동한다. 속기 쉬운 대중에게 속지 말라고 경고함으로써 더욱 불신감을 일으키게 하고, 나아가 당신들은 이용당하고 있다고 군중에게 경고함으로써 그들의 반항심을 자극하는 한편, 무력감과 고독감에서 보호를 받고 싶어 하는 안전 욕구를 자극하는 것이다.

둘째, 제외와 소외감을 이용한다. 받아야 할 혜택 및 분배를 받지 못하고 있다고 자극한다. '빈익빈(貧益貧), 부익부(富益富)'를 강조하고 여러분이 낸 세금으로 높은 자리에 앉아 있는 자들만 배를 채우고 있다고 말한다. 이 말에 군중은 평소 자기들이 모든 혜택이나 특전에서 제외되고 소외당했다는 사실을 느끼고 자극을 받는다.

셋째, 불안과 환멸감을 이용한다. 군중에게 닥쳐올 위험, 재난 등의 일반적 내용을 지적함으로써 불안감을 더욱 확대한다. 또한 그들의 주의와 가치를 조소하고 그들의 사상에 대한 허구성을 암시함으로써 기존의 이념과 가치관에 의구심과 환멸을 느끼게 한다.

넷째, 불쾌감을 자극한다. 앞에서 말한 여러 감정적 요인이 복합적으로 작용하여 군중에게 불쾌감을 형성하는데, 불쾌감을 예민하게 받아들이는 사람일수록 쉽게 선동에 넘어간다.

불쾌감은 가려움증과 같아서 환자는 가려운 곳을 긁고 싶어서 견디지 못한다. 선동에 편승하여 긁으면 일종의 쾌감과 해방감을 느낄지 모르나 긁고 싶은 마음은 계속되어 병은 고칠 도리가 없게 되는데 선동가는 이를 자극하는 것이다.

4) 설득 선동의 방법과 특징

(1) 설득 선동 방법

대중 앞에서 대중의 공통된 불평 및 불만을 특수한 구호나 상징물로서 호소하여 대중을 자극하고 공통의 출구를 발전시키는 것이 대표적인 선동 방법이다.

설득에서는 목표대상 집단 내에서 우리 측 공작원이나 협조자에 의하여 진행되기 때문에 특별한 경우를 제외하고는 대개 군중 뒤에 숨어서 기술적으로 조종하고 운영한다. 따라서 그 방법적 내용은 ① 대중의 가려운 곳을 긁어 준다. ② 대중의 아픔을 자극하고 치유해 준다. ③ 극히 동정적인 태도를 보인다. ④ 암담한 자신들의 처지를 호소한다. ⑤ 혼자 불평불만을 토로한다. ⑥ 분노를 일으키게 하여 폭동과 날조를 조장한다. ⑦ 유언비어를 퍼뜨린다. ⑧ 앞장설 지도자를 선택한다. ⑨ 선동조직을 구성한다. ⑩ 환상적 이미지를 제시한다. ⑪ 배후에서 조종한다. ⑫ 합법에서 불법으로의 단계적 방법 사용 등이다. 선동에 편승한 군중은 공동의 운명을 정서적으로 자각하여 하부조직에 이르기까지 단결하여 투쟁하게 되고 그 책임을 따지지 않으며 대정부 투쟁에서 그 열이 가해짐에 따라 이성은 마비되어 매사에 감정적, 복수, 불법적으로 발전하게 된다(심진섭, 2012; 조영갑, 1998).

(2) 심리적 선동의 특징

설득에서 선동의 특징은 다음과 같다.

첫째, 애매함 및 불확실성을 이용한다. 적측에 침투하여 활동하는 선동가는 중대한 문제를 논하는데 신중하게 책임 있는 발언을 피하는 것이 좋다. 애매하게 표현하여 실패했을 때 변명을 할 수 있고 자기 자신을 보호하며 그 문제 및 사건에서 빠져나갈 수 있는 길을 만드는 것이다. 모든 책임을 타인에게 돌리고 자신은 항상 수사대상에서 빠질 수 있도록 처신하여야 유능한 선동가이다.

둘째, 유혹의 상호작용을 활용한다. 유혹이란 쌍방의 끌어당기는 힘이 상호작용하여 누가 유혹하고 유혹당했는지 구분하기 어렵다. 선동도 이처럼 누가 선동하고 누가 당하는지 분간하기 어렵게 해야 한다. 따라서 선동가와 군중 간에는 일종의 무의식적인 협력관계가 성립하게 되는데, 이때 대중은 그 책임을 묻거나 전가하지 않고 스스로 앞장서게 되는 것이다.

셋째, 불합리성 이용이다. 선동가는 대중의 불평불만의 본질을 합리적 방향으로 설명하여 해소하지 않고 더욱 그릇된 방향으로 유도한다. 또한 어떤 문제가 깨끗하게 합법적으로 조속히 해결되는 것을 원하지 않으며 점점 악화시키려 든다. 문제를 일으키기만 하지 해결하지 않으며 불평 및 불만을 설명하는 경우에 직접 근거에서 멀리하고자 한다. 그리고 불평과 불만에 대한 객관적인 대응자료를 설치하는 대신 환상적 이미지를 먼저 대중 앞에 제시하고 상징화하면 효과를 배가할 수 있다.

넷째, 문제보다 인간에 치중한다. 선동가는 주로 문제 및 사건보다 관련된 인간을 대상으로 한다. 어떤 사건이 일어났을 때 일반인이 무슨 일이냐고 묻는다면 누구라고 대답한다. 선동가는 제기된 문제 자체보다 증오의 대상, 투쟁 대상 인물에 더욱 큰 관심을 보인다는 것이다. 또한 대중의 투쟁 욕망은 어떤 단체나 사건보다 그것을 대표하는 인간에게 더욱 강력하게 작용하기 때문에 언제나 인물에 중점을 두고 인물을 공격하도록 유도하는 방법이 효과를 배가할 수 있다.

5) 선동의 억제

현대사회에서는 발전을 위한 건전한 군중 행위도 많지만 때로는 국가 사회발전을 저해하는 불순한 군중 행동이 불순분자나 정치적 야망에 의해 조종될 수도 있다. 사회질서를 파괴하려는 책동에서 군중 행동을 어떻게 저지할 것인가는 매우 중요한 문제이다. 선동으로 인한 군중의 소요 행동 저지 방안은 앞부분 폭도 행동 통제 방안과 유사하다. 단지 차이가 있다면, 폭도 행동은 다수의 인원에 초점을 두며, 선동의 억제는 선동가 개인행동에 초점을 맞춰야 한다는 것이다. 따라서 핵심적 선동가 행동을 억제하는 책략에 대해서 살펴볼 것이다.

첫째, 선제적 격리이다. 선동가의 선동 내용이 대중의 주의를 끌 위험성이 있다고 판단되면 대중이 선동가를 중심으로 모이지 않도록 격리하여야 한다. 또한 그가 군중의 불평불만을 대변하는 순교자와 같은 위치에 서지 못하도록 미리 앞질러 대중이 그를 불신임하게 만드는 것도 하나의 방법이다.

둘째, 적극적 차단이다. 긴장과 흥분된 분위기가 형성될 때는 중립적이거나 관망하는 사람들이 모이는 것을 가능한 차단하여야 한다. 엄격한 법의 집행과 규정의 준수를 강조하는 것도, 그들이 모이는 행동을 억제하고 주의집중을 방지할 수 있기 때문이다. 군중 통제 활동에 사용되는 고음과 소음을 내어 군중의 청각을 괴롭히는 '소음 상자(squawk box)'나 '빛 조절기(photic driver)'를 사용하여 집합행동을 방해할 수도 있을 것이다. 저녁이 되어 어두워지면 사람들은 자신을 어둠 속에 은폐할 수 있으므로 무책임한 상태에서 대담한 행동을 하기가 쉽다. 야간에 이와 같은 행동이 일어나지 않도록 적절한 야간통행 금지 조치도 필요하다.

셋째, 지연 또는 긴장의 이완이다. 시간을 끌면서 선동가에 의해 격앙된 군중의 감정을 이완시켜 나간다.

군중 통제를 위한 여러 가지 정교한 심리적 접근 방식 가운데 코츠(Coates, 1972)의 연구로, 그는 경찰들이 군중에게 농담을 던짐으로써 많은 긴장된 상황을 해결할 수 있다고 주장하였다. 얼마나 효과가 있는지 아직 검증된 바는 없지만, 코츠는 폭동 대치 상태에서 유머를 동원하여 군중의 공격적인 감정을 그들의 주목적에 집중시키고 경찰로부터 그 증오를 옮길 수 있다고 보았다. 그리고 경찰들 자신들의 감정 수위를 낮추는 것도 유머를 통해 가능하다는 것이다. 그 대신 반전법(反轉法)을 사용해서 특정 상황을 반대 상황으로 역전시키는 것이 바람직하다. 예를 들면, 군중이 전혀 예측하지 못한 가요를 갑자기 들려주거나 웃음을 자아내는 농담을 사용하는 것이다.

넷째, 구호의 차단이다. 새로운 군중 통제 방안으로는 구호 외치는 것이 주문처럼 되기 전에 리듬을 탄 외침을 중단시키는 방법이 있다. 구호를 외치거나 그 외의 주기적으로 되풀이되는 외침 현상은 자체적으로 유발되는 집단최면의 하나로 학자들에게 인식되고 있으며, 그 목적은 시위 참석 요원들을 몰개성화하도록 하여 집단통제를 쉽게 받아들이도록 하기 위함이다. 이런 방식을 동원하는 선동가나 보조재료(메가폰, 뿔 나팔, 드럼, 기타 타악기)를 동원해서 사태를 악화시키는 인원들을 신속하게 군중으로부터 축출하여 분리해야 한다. 강력한 음향기기의 활용도 효과를 높게 나타낼 수 있다.

다섯째, 관심의 전환이다. 현재 선동가가 문제시하고 있는 주제에 대한 군중의 관심을 보다 긴박하고 현실적인 문제로 관심을 전환하여 여론의 방향을 조정하는 방법이다. 이때 제시하는 문제 사실을 확대 및 과장하여 보도할 필요가 제기될 수도 있다. 이렇게 함으로써 현재 선동가에 의해 진행 중인 군중 행동을 어느 정도 약화시키거나 소멸시킬 수 있을 것이다.

여섯째, 역 군중 행동법을 활용한다. 현재 선동가에 의해 진행 중인 군중 행동의 동기, 주장, 배후자, 국민의 호응도, 미치는 영향 등을 세밀히 분석하여 그것과 이념 및 이해가 상반되는 또 다른 군중 행동으로 맞서는 방법이다. 이때 의도자는 노출되지 않아야 하며, 가능하면 국민의 동정과 신임을 받는 단체 혹은 계층을 유도하거나 동원하면 효과적이다. 그러나 역 군중 행동의 의도자가 노출되거나 관제라는 인상을 주면 그 효력은 상실되고 상황은 더욱 나빠질 수가 있다. 따라서 이 방법은 기선을 제압하거나 선동가의 움직임과 동시에 사용하는 것이 효과를 극대화할 수 있을 것이다.

이라크 전쟁 시 선동 사례

○ 주요 내용

2003년 3월 16일 미중부 사령부는 라디오 방송을 통해 "후세인이 하루에 자신을 위해 사용한 돈은 한 가정을 1년간 충분히 먹여 살리고도 남는다."라고 하면서 "이 부패한 정권이 언제까지 이라크 국민을 착취하고 억압하도록 놔둘 것이냐"며 궐기를 촉구하였다. 또한 "이라크 국민과 반체제 단체가 후세인 정권을 붕괴하기 위한 운동이 시작되었다."라는 유언비어를 유포하였다.

○ 성과

그 결과 이라크 바스라에서는 주민의 일부가 후세인 이라크 정부에 대항하여 봉기하였으며, 연합군에 대한 지역주민들의 도움이 증가하였다.

제9장

유언비어와 설득

유언비어의 사전적 의미는 “아무 근거 없이 널리 퍼진 소문 또는 근거가 부족한 상태로 소문에 의하여 비교적 광범위한 사람들 사이에 연쇄적으로 퍼지는 말”을 이른다.

유언비어는 그 전달경로가 일정하지 않고 내용도 당면한 상황을 그럴듯하게 설명하지만, 보통은 확실한 근거가 없는 경우가 많다. 이와 같은 특징으로 인하여 때때로 특정 목적하에서 행해지는 허위제보가 있으나, 그 전달자는 반드시 의도적으로 왜곡 날조하지 않기 때문에 이것과는 구별된다.

유언비어가 발생하는 기본조건으로는 그 내용이 여러 사람에게 어느 정도 큰 흥미와 관심을 가져다줄 것과 그것에 대해서 확실한 정보를 얻을 수 없고 따라서 사람들이 다소라도 불확실한 심리상황에 있을 것 등을 들 수 있다.

올포트와 포스트맨(Allport & Postman, 1947)은 유언비어 전달의 강도는 그 내용의 중요성과 모호한 상황의 곱에 비례한다고 했다. 전쟁 · 공황 · 재해, 정치적 혼란 등 심각한 위기상황에 놓였을 때 사람들은 때때로 강한 불만이나 불안을 느끼기 쉽고, 급변하는 사태에 대비할 확실한 정보가 부족하므로 이와 같은 유언비어에 영향을 받게 된다.

유언비어 활용은 제2차 세계대전을 계기로 급속히 발전했는데, 이는 통치 수단으로서도 효과적으로 이용될 수 있었기 때문이다. 예를 들어, 전쟁 중에는 전시 유언비어의 분석과 대책이 중요하며, 일상적인 사회생활의 많은 분야에서도 마찬가지이다. 유언비어는 인간의 모든 대화 형태와 마찬가지로 기본적으로 하나의 사회적 현상이다. 한 가지 소문이 마지막 힘을 다하여 잠잠해지기까지에는 소수의 사람이 관련되는 때도 있고 수백만 명이 참여하는 때도 있다.

특수한 유언비어의 주제는 결코 소멸 없이 여러 가지로 변형되어 역사에 남아 있다. 그 변종 중의 어떤 것은 아주 쓸모가 있어서 영원히 살아남아 전설이 되기도 한다. 그러나 전파 범위의 넓고 좁음, 존속기간의 길고 짧음, 그 효과가 평화적이든 파괴적이든 관계없이 유언비어의 화법은 모든 문화의 틀 속에 존재한다.

유언비어 자체가 진실과 왜곡이라는 야누스적인 양면을 동시에 갖고 있듯이 유언비어는 흔히 상반된 두 가지 시각에서 출발한다. 그 하나는 유언비어란 비공식적이고 근거가 없으며 전달 과정에서 왜곡되고 악의적으로 조작되기도 하는 커뮤니케이션의 병리적 현상이라고 보는 부정적 시각이고, 다른 하나는 이른바 여론에 수렴되지 못한 잔류 의견으로 민중의 욕구와 원망을 담고 있는 잠재적 여론이라고 보는 긍정적 시각이다. 따라서 유언비어는 설득의 틀 속에서도 선과 악으로 작용할 가능성을 동시에 가지고 있다.

일반적으로 유언비어의 조작이나 통제를 위해서는 과학적 지식에 바탕을 둔 조치가 필요하다고 믿고 있다. 유언비어를 연구하는데 심리학 및 사회과학적 지식이 많은 도움을 줄 것이다.

1. 유언비어의 개념

1) 유언비어의 정의와 연구

고대 로마 황제들은 유언비어에 너무 시달린 나머지 밀고자(delatores)를 유언비어 감시인으로 임명하여 백성들 사이에 들어가 자기가 파악한 소문을 궁정에 보고하게 했다. 이들의 매일 보고는 민심을 파악하는 지표가 되었다. 필요한 경우 이들은 유언비어를 만들어 세상에 퍼뜨리기도 했다.

서기 64년 로마의 대화재 사건은 유언비어 역사에서 아주 흥미 있는 사례로 분석

된다. 폭군 네로가 실제로 대화재를 일으키지 않았다고 해도, 적어도 네로가 타오르는 불꽃의 야성적 아름다움에 도취하여 그것을 찬양하기 위한 운율시(韻律詩)를 지었다는 소문이 비탄에 젖은 사람들 사이에 사실로 받아들여졌고 또한 널리 유포되었다. 이 유언비어가 근거 없는 헛소문이라는 주장만으로 네로에게 아무런 도움이 되지 않았다.

네로는 자신을 방어하기 위해 자기보다 더 큰 증오의 대상이었던 기독교인이 불을 질렀다는 역 유언비어를 퍼뜨리기 시작했다. 이 역 유언비어는 당시 만연해 있던 일반적 편견과 공포심에 훨씬 잘 맞아떨어져서 폭도처럼 변한 군중은 기독교인들을 향해 그들의 울분을 배출했고 그러는 동안은 네로에 대한 적의를 잊고 있었다. 이 사건을 통해 우리는 현실 속에 나타나는 유언비어의 전형적인 동태를 발견하게 된다. 화재의 근원은 알려지지 않은 상태이며(유언비어의 모호성: ambiguity), 사건이 사람들의 생활에 미치는 영향은 파국적이었다(유언비어의 중대성: importance). 사람들은 사건에 대한 설명과 비난 대상이 확정됨으로써 느낄 수 있는 안도감이라는 양자를 함께 갈구했다. 폭군에 대한 기존의 증오가 하나의 설명 공식을 제시해 주었다. 그러나 권력에 대한 공포심과 습성화된 충성심이 백성들을 보다 약한 속죄양, 즉 당시에 잘못 이해되고 불신받던 기독교라는 사교를 향해 서슴없이 복수의 방향을 돌리게 했다. 불만과 분노에 가득 찬 대중이 모든 역사 속에서 힘없는 소수에게 가했던 것과 같이 기독교인들에게 그들의 원한을 풀었다.

유언비어가 사실에서 벗어난다면 그것은 도저히 유언비어로서 통용될 수 없을 것이다. 그것만으로는 사람들을 이해시키고 그들을 결합하면서 사회적으로 만연될 수 있는 통용력을 갖기는 어렵다.

전혀 사실과 무관해도 유언비어가 될 자격이 없고 또한 완전히 사실에 부합해도 그것은 이미 유언비어가 아니다. 유언비어란 실로 완전한 괴리와 완전한 부합의 중간에서만 생길 수 있다고 할 수 있다.

유언비어란 러시아의 demagogy(민중 선동, 선동하는 말)와도 밀접한 관련이 있다. 이처럼 유언비어는 어떤 일정한 이야기가 입에서 입으로 전해지는 형태를 취하는 것으로서 사실이 아닌 말이 사실인 것처럼 항간에 떠돈다든지 혹은 어떤 사실이 왜곡되거나 과장되어 널리 퍼져 불안, 공포, 증오, 희망 같은 심리적 자극을 줌으로써 인간의 행동 및 태도를 변화시키고 사회여론 형성에 영향을 미칠 수 있다.

오늘날 학자들 간에는 유언비어를 아무 권위 없이 유포되는 비공식적 이야기, 확실성과 출처가 불분명한 떠도는 이야기 등으로 해석하고 있다. 유언비어는 문서상 기록을 남기지 않을 뿐만 아니라 그 전파가 빨라서 설득에서 가장 많이 이용하고 있다.

유언비어의 연구는 제2차 세계대전이 끝날 무렵을 전후하여 설득의 하나로 활발하게 진행되었다. 유언비어에 관한 선구적인 연구서인 올포트와 포스트맨(1947)의 『유언비어의 심리학(The Psychology of Rumor)』이 나온 것도 이 무렵이었다. 유언비어의 연구에서 가장 흔히 사용되는 설명 모델은 심리학자들에 의해 개발되었으며 그 대부분은 형태주의(Gestalt) 법칙과 유사한 원리에 기초를 두고 있다. 예를 들면, 올포트와 포스트맨은 어떤 이야기이든 그것이 '훌륭한 마무리'를 해 주는 것이라면, 즉 긴장에서 벗어나거나 용인될 수 없는 감정을 정당화하여 전파된다고 설명하고 있다.

페스팅거(1957)가 내놓은 인지부조화이론(Theory of cognitive dissonance)에서 많이 활용되는 설명이다. 인지부조화이론에서는 유언비어를 상황을 알지 못하는 개인들이 그들의 지식의 간격을 메움으로써 애매하고 모호한 상황을 이해하려는 기도로 보고 있다. 불일치의 존재는 불편스럽고 따라서 어떤 개인은 그것을 감소시키려고 노력할 것이며, 그것이 증가할 상황이나 정보를 적극적으로 회피할 것이라고 설명하고 있다. 이런 이론들은 개인의 뉴스에 대한 민감도와 그들의 유언비어 조작에 참여하려는 이유를 설명하고 있다.

이상과 같은 이론들은 개인이 유언비어의 생성에 참여할 때 왜 그러한 행동을 취하는가를 설명해 준다. 그런 의미에서 이 이론들은 가치를 갖는다. 그러나 사회학적 관점에서 볼 때 이런 이론들은 부분적인 설명에 불과하다. 즉, 이러한 이론들이 집단적 상호행동의 진전 과정을 설명하지 못한다는 것이다.

개인행동의 규칙성을 설명하는 원칙들은 개인이 집단적인 상호행동에 어떻게 작용하는가를 설명할 수 있다. 가령 유언비어가 집단적 상호행동이라면 그에 대한 설명은 '사람들이 집단을 이루어 함께 행동하는 일들'에 대한 일반적인 원칙이 있어야 할 것이다. 따라서 전반적인 상호행동의 진전 과정을 설명하는 데는 다른 일련의 원칙들이 필요하다.

2) 유언비어의 본질

문제가 감정에 의해서 혼란에 빠지는 일은 있을지라도 감정에 의해서 해결되는 일은 아주 드물다. 필요한 것은 감정을 버리거나 이 감정의 근본을 파헤치면서 유언비어라고 불리는 것의 본질을 찾아내는 일이다. 그것은 무엇보다도 먼저 과학적으로 규명되어야 한다. 그것은 흔히 생각하는 것처럼 과학이라는 이름에 어울리지 않는 문제가 아니라 오히려 현대 과학이 자진해서 취급하지 않으면 안 될 문제라고 평가하고 있다.

슬픔을 표현하는 것이 반드시 눈물이 아니고, 기쁨을 나타내는 것이 반드시 웃음이 아니라는 데 인간 세계의 특질이 있다. 심각한 모습이나 진지한 표정을 보인다 해서 그것을 곧 정말로 심각하고 진지한 것으로 생각해 버리는 것은 큰 잘못이다. 마찬가지로 경멸당해 못마땅한 것 같은 모습으로 우리 주위에 나타났다고 해서 그것을 경멸하는 것도 잘못이다. 유언비어는 이것을 만들어 내는 것도 전달하는 것도 혐오할 만한 경멸감이나 부질없는 호기심만은 아니다. 인간의 세계에는 이해하기 어려운 복잡함이 있다.

고대 로마의 시인 베르길리우스(Vergilius, B.C. 70~19)는 그의 시 속에서 유언비어를 그리스 신화에 나오는 반역자인 거인(Giant)의 누이동생이라고 노래하고 있다. 제우스에게 도전한 거인은 그에게 여지없이 패하여 다시 일어날 수 없게 되었다. 여기서 거인의 어머니인 대지의 여신 가이아(Gaea)는 아들의 복수를 위해서 새로 유언을 낳았다고 하는 이야기이다.

유언은 깃털 수만큼 많은 눈과 같은 수의 혀와 같은 수의 목소리와 같은 수의 귀를 지니고 있었다. 유언은 걸어 다니면 다닐수록 힘이 세어지고, 땅 위를 걷지만 머리는 구름 속에 숨어 있으며, 낮에는 망루에 앉아 있다가 주로 밤에 나다닌다는 점을 베르길리우스는 유언비어의 성격으로 지적하고 있다. 근거가 없는 것을 유언비어의 근본적인 요건으로 본 것이다. 적어도 금지와 탄압을 시도하는 측에서 보면 그것은 무엇보다도 근거가 없는 것이어야만 했다. 그러나 거짓말의 결과가 반드시 거짓말인 것은 아니다. 거짓말이 심각한 진실을 낳기 때문에 그것이 두려운 것이다. 유언비어가 아무리 근거가 없는 것일지라도 사회생활 속에서의 역할을 생각할 때 훌륭한 근거를 가진 보도에 뒤지지 않는다.

일본의 청수기태랑(清水機太郎, 1937)은 유언비어가 갖는 유통구조의 특성은 대화

당사자 간에 비밀을 전제로 하고 이야기가 오가는 것이라고 하였다. 유언비어는 이 비밀이라는 전제조건으로 인하여 위축되기보다는 오히려 활기를 띠고 민첩하게 살아서 움직인다. 비밀을 전제로 하므로 서로 믿을 수 있는 사람, 신뢰할 수 있는 사람이 아니면 이야기는 전달되지 않는다. 그리고 비밀이기 때문에 이야기는 은밀히 이루어진다. 비밀스러운 이야기를 은밀히 믿을 수 있는 사람끼리 주고받을 때 그 이야기의 내용은 어떠한 것이든 간에 의심할 바 없이 받아들여질 가능성이 크다.

이것은 '절대로 비밀이지만'이라는 전제하에 누가 어떤 이야기를 했을 경우, 바로 그 내용이 신문에 보도된다면 아마 웃어 넘길 만한 사소한 것이라도 곧이곧대로 받아들여지는 것이 보통이다.

일반적으로 사람들이 비밀스러운 이야기를 들을 때 ① 아무도 모르는 비밀스러운 세계에 자기만이 들어갈 수 있다는 사실에 쾌감을 느끼고, ② 이러한 세계로 자기를 이끌어 준 상대에게 감사와 신뢰를 느끼며, ③ 더욱이 이러한 세계에 대해서 거의 모든 사람이 아무것도 모를 것이라는 점에 상대적 우월감을 느낀다는 것이다.

이러한 세 가지 감정, 특히 두 번째 감정은 전달받은 내용을 진실한 것으로 받아들일 수 있는 마음의 조건을 만든다. 이러한 조건만 갖추어져 있으면 거의 모든 것을 믿게 할 수 있다는 것이다(淸水機太郞, 1937).

하나의 유언비어가 국가의 운명을 기울게 할 수도 있다. 또 유언비어에 의해 한 나라의 질서와 강대한 힘이 그 의미를 잃어버리게 될 수도 있다.

로마의 시인이 유언비어를 반역자의 누이동생으로 본 것은 아마 정확한 관찰이라고 해야 할 것이다. 그리고 근거가 없다는 점에서 그것을 경시하거나 모욕하는 사람들도 그 기능 또는 결과에 관해서는 엄격한 태도로 그 방지에 노력하는 것이 흔한 일이다.

3) 유언비어의 분류

(1) 적대적 유언비어

유언비어는 그 내용을 믿으려 하지 않은 사람들에게도 전파되는데, 그것은 유언비어가 억압된 감정 표현의 기회를 제공해 주기 때문이다. 평소 어떤 지휘관이나 정치가에 불만이 많다고 할지라도 그에 대한 증오심을 직접적인 공격적 행동을 통하여 표현하기는 어려울 것이다. 그러나 이 사람이 그 지도자나 정치가에 대한 유언비어를 접하는 경우, 그는 아무런 책임감을 느끼지 않고 그 유언비어를 되풀이하면서 그들에 대한 공격적인 감정을 부분적으로나마 해소할 수 있을 것이다. 그로써 그 사람은 일종의 만족감을 얻게 되어 다른 일에서 생긴 나쁜 기분까지도 이런 말을 하는 가운데서 해소하려 하며, 다른 사람도 그렇게 하도록 무의식적으로 독려하게 된다. 이런 종류의 유언비어가 적대적 유언비어이다.

(2) 공포 유언비어

어떤 유언비어는 사람들이 공포심을 갖기 때문에 전파되기도 한다. 일본군의 진주만 기습 이후, 미국 내에는 "태평양 함대가 완전히 파괴되었다."라는 유언비어가 퍼졌는데 이것은 미군이 일본군을 무서워하고 태평양 함대의 무력화를 염려하는 생각이 컸기 때문에 발생했다고 판단된다. 특히 전시에는 전방 상황에 관련된 불분명한 유언비어가 난무하는데, 이런 종류의 유언비어는 전쟁터에 있는 남자들을 걱정하는 부모나 아내, 연인들에 의해 급속히 전파된다. 이런 종류의 유언비어는 공포감에서 발생하며, 이를 공포 유언비어라고 한다.

(3) 희망 유언비어

긴장과 걱정 속에서는 근거 없는 희망적인 이야기가 퍼지는 경우가 있다. 이런 이야기를 희망 유언비어라고 한다. 이는 낙관적인 성격을 띠고 있으므로 사람들을 안심시키고 희망과 만족감을 준다. 국민의 사기를 높이는 효과가 있을지 모르지만, 지나치면 정신적 긴장을 이완시켜 국민적 역량 집중에 방해가 되기도 한다.

제2차 세계대전 중 연합군의 승리 소식이 전해질 때마다 각국에서 헌혈자가 점점 줄어들어 부상자 치료에 애를 먹인 사례도 있다. 희망 유언비어는 현재 상태의 개선과 장래의 밝은 전망을 약속해 주는 것이므로 쉽게 전파된다. 또한 욕구불만의 해소를 위해 장래에 기대하는 소망은 희망적 관측의 유언비어로 나타나기도 한다.

(4) 공황 유언비어

즉각적인 행동을 유발하는 유언비어도 있다. 적군의 접근이나 전투의 대패에 관한 유언비어가 그것으로 이를 공황 유언비어라고 한다. 이 유언비어는 실제라는 가면을 쓰고 있고 즉각적인 행동을 요구하는 것이기 때문에 곧 행동에 옮겨질 수 있다. "적이 시내에 들어왔다."라는 유언비어를 들은 한 시민이 피난 짐을 싸게 되면 이야기를 들은 이웃 사람도 역시 짐을 꾸리게 되며, 이미 짐을 싸 놓은 사람은 봇짐을 싸고 있는 이웃을 보고 전에 들은 유언비어에 더욱 확신하게 되어 차량이나 기타 수송수단을 준비하여 피난길에 나서게 된다. 이로 인해 도로는 막히고 공포감은 더욱 상승하여 무질서와 폭도 행동 등이 나타나는 대혼란, 즉 공황 상태에 빠지게 되는 것이다.

2. 유언비어에 관한 기초 심리학

유언비어에 관한 연구는 제2차 세계대전 동안 괄목할 만한 진전을 보였다. 이 기간에 올포트를 비롯한 포스트맨, 내프(Knapp) 등은 전국 신문에 '유언비어 진료실'을 운영 및 집필을 했고 인쇄물 제작, 세미나 개최 등을 통해 유해한 소문의 퇴치와 전쟁 수행 노력을 저해하는 편견과 적대감의 해소에 노력하였다.

제2차 세계대전이 끝난 1945년 11월 올포트와 포스트맨은 학술강연회를 통해 발표된 실험논문에서 유언비어란 전달 과정에서, ① 더욱 짧아지고 간결해지며 쉽게 전달되고 이해되는 경향을 보이고(단순화), ② 제한된 수의 세부사항만 선택적으로 지각하여 기억이 보존되고 진술되며(첨예화), ③ 진술 내용이 조리 있게 되고 청취자의 습관, 관심, 기대 등에 보다 접근되어 가는 경향(동화)을 보인다고 밝혔다. 그들은 단순화(leveling), 첨예화(sharpening) 및 동화(assimilation)라는 변화는 독립된 심리 과정이 아니라 동시에도 기능하며, 개인의 기억보존 과정의 결함은 물론 개인의 불안, 증오, 소망 등의 감정적 요소도 투사된다고 설명하였다. 이 같은 유언비어의 정착 과정에 여러 전달자가 참여할 경우 그들의 문화적 관심이나 기억범위, 집단감정 등에 관한 최대공약수가 그 안에 융해된다고 강조하였다.

이러한 주장은 "유언비어란 정착 과정을 통해 매우 심각한 왜곡을 거치므로 어떤 경우라도 그것은 신념이나 행동을 위한 합리적인 길잡이가 될 수 없다."라는 올포트와 포스트맨의 유언비어에 대한 반론으로 해석된다.

1) 단순화

유언비어는 전달되면 될수록 더욱 짧아지고 더욱 간단해지고 더욱 쉽게 이해되고 이야기되는 경향을 지닌다는 것이 올포트와 포스트맨의 연구 결과로 밝혀졌다. 이어지는 이야기에서 적은 단어들이 사용되며, 적은 수의 세부사항이 전달된다. 기억이 보존되는 세부사항의 숫자는 재현 단계의 초기에 가장 급격히 감소한다. 최초에 제시된 세부사항이 뒤이음 각 단계에서의 재현에서 보존되는 백분율을 살펴보면, 총 11회의 실험에서 경과 시간이 짧았는데도 불구하고 약 70%의 세부사항이 몇 명(5~6명)을 거치면서 사라졌음을 보여 주고 있다.

이들의 연구 결과는 개인의 세부사항 기억 보존과 회상의 감소를 연구한 에빙하우스(Ebbinghaus)의 기억 곡선과 유사함을 보여 주었다. 이들의 실험 곡선과 에빙하우스의 기억 곡선을 비교해 보면 사회적 기억은 개인의 기억이 여러 주일에 걸쳐 이루는 단순화를 단 몇 분 안에 이루어질 수 있다는 것이 결론이다. 그러나 이들의 실험에서도 단순화가 결코 완전 망각의 지경에까지는 이르지 않음을 보여 주었다. 곡선 끝부분의 안정화는 상당히 중요한 발견으로 다음과 같은 사실을 나타내는데, 첫째, 짧고 간단한 진술은 충실하게 재현되는 것으로 보인다. 둘째, 진술이 짧고 간단해질 경우 실험 대상자는 골라내야 할 세부사항이 별로 없으므로 왜곡될 가능성은 더욱 줄어든다. 셋째, 부과된 과제가 너무 쉬우므로 실제로는 기계적 암기만으로 그 내용을 기억한다. 어느 경우에 있어서나 최종 진술과 바로 그 앞 단계의 진술은 그 전의 어느 두 가지 진술보다 더 유사하다.

기계적 암기에 대한 의존도는 일상적인 유언비어 유포의 경우보다는 실험의 경우에 훨씬 높을 것이다. 일상적인 유언비어 유포의 경우에는 정확성이 목표가 되지 않으며, 시간 간격이 커서 기계적 암기에 의한 기억보존이 방해를 받으며 강력한 관심 때문에 문자적 기억이 어렵다. 그러나 일상적인 유언비어 유포에서도 기계적 암기가 담당하는 역할이 있는데 여기에는 조건이 있다. 만약 어느 개인이 대화를 나누는 정도 이상의 별다른 강력한 욕구의 충동을 받지 않는다면, 그는 자신이 들은 그대로 한가하게 기계적으로 반복하고 있을 것이다. 또 만일 어느 유언비어가 너무 뚜렷하고 간단하며 간결한 말이 되어서 그것을 들은 그대로의 문자적 형식으로 기억하는데 이것도 기계적 암기가 작용할 것이다. 말로써 표현된 어떤 소재가 유언비어나 전설로서든 아니면 역사로서든 일단의 사람들 속으로 전달되면 언제나 짧고 간단한 쪽으로 변화를 일으킨다는 것이 올포트와 포스트맨 실험의 결론으로 밝혀졌다.

2) 첨예화

첨예화란 보다 큰 문맥으로부터 제한된 수의 세부사항을 선택적으로 지각하고 기억하고 진술하는 현상이다. 첨예화는 어느 조사서에도 나타나지만 같은 항목이 언제나 강조되는 것은 아니다. 때로는 지하철 광고 안내장과 같은 세부사항이 관심과 진술의 초점이 되기도 한다. 그 세부사항을 중심으로 전체 유언비어가 구조화되는 것이다.

첨예화가 결정되는 것으로 보이는 한 가지 방식은 기이한 혹은 주의를 끄는 단어를 기억하는 것이다. 이런 단어들은 재현의 초기 단계에 나타나므로 뒤이어 이야기를 듣는 실험 대상자의 관심을 끌고, 때로는 더 중요한 다른 세부사항에 앞서 전달되는 것이다. 첨예화는 강조된 항목이 피험자의 진술에서 반복되는 실험의 경우처럼 '숫자적' 형태를 취할 수도 있다. 예를 들어, 몸의 크기나 흔치 않은 외모가 관심을 끄는 흑인의 사진을 놓고 실험할 때, 흑인의 숫자가 한 명으로부터 셋 혹은 넷 등으로 뛰어오른 것을 보게 된다. 또 사건을 지금 현재 일어나고 있는 것으로 묘사하는 '시간적 첨예화'도 일어날 수 있다. '지금-여기'서 일어나는 것은 사람들에게 대단히 관심 있고 중요한 것이다. 대부분 사례에 있어서 이야기가 현재 시제로 시작되지만, 최초의 서술이 과거 시제로 되어 있을 경우라도 즉각적인 시제 변화가 일어나 화면은 청취자에 의해 현재 시제로 바뀐다. 사람들은 지난주보다는 오늘에 더 관심이 있으며, 따라서 가능하면 발생시간을 이런 관심에 맞추거나 동화시키려는 유혹에 빠지기도 한다.

첨예화 현상은 때로는 '움직임'이 분명히 암시된 경우에도 일어난다. 비행기의 비행과 폭탄의 폭발 같은 것이 실험 대상자의 진술에서 자주 강조된다. 실제로는 정지해 있는 사물에 '움직임'을 결부시킴으로써 첨예화가 이루어지는 때도 있다. 그래서 분명히 지하철 정류장에 가만히 서 있는 지하철 열차가 곧잘 움직이는 것으로 묘사되곤 한다. 또 첨예화 현상은 익숙한 상징들과 관련하여 일어난다. 가령, 일련의 진술에서 교회와 십자가는 본래의 화면에서는 비교적 사소한 세부사항이더라도 가장 자주 진술되는 항목에 들어간다. 이들 잘 알려진 상징들은 그 자체가 가지고 있는 의미가 많고 모든 이에게 익숙하다. 익숙한 상징을 기억한다는 것은 유언비어가 자리를 잡는데 중요한 단계인 상투화 과정을 진전시키는 것이다.

올포트와 포스트맨의 실험에서 사용한 두 가지 화면에는 경찰국의 상징인 경찰

봉과 흑인 폭동의 상징인 면도칼이 나타나는데, 이들 상징은 언제나 기억되고 보존되고 첨예화됨이 관찰되었다.

사람들은 자기에게 전달된 내용에 '설명'을 덧붙이게 되는데 이 '설명'이 마지막 형태의 첨예화를 형성한다. 이런 설명은 이야기에 마무리를 짓고 싶어 하는 충동을 보여 주는 것으로 그렇게 하지 않으면 이야기 자체가 불완전하다고 느껴지기 때문이다. 이것은 구조화되지 않은 상황에 있는 실험 대상자의 뇌리를 떠나지 않는 '의미를 찾는 노력'으로 해석된다. 이같이 설명을 통해 첨예화하려는 욕구는 이야기가 심하게 왜곡되고 진술 내용이 그럴듯하지 않고 모순되는 내용을 포함하고 있을 때 더욱 강해진다.

일상의 유언비어에는 그럴듯한 설명을 덧붙여 첨예화하는 현상이 매우 두드러진다. 유언비어의 주요 기능 중의 하나는 개인적인 긴장감을 설명하는 것이다. 정부기관의 예산 낭비나 예산실의 특권 등에 관한 이야기를 받아들이는 것은 고달픈 인생살이에 대한 불편을 설명할 수 있기 때문이다. 따라서 이런 예기들은 비록 근거가 없더라도 광범한 신뢰를 얻게 된다.

3) 동화

단순화나 첨예화 모두 선택적 과정인 것은 명백하다. 그러나 세부사항 가운데 어떤 것은 망각되고 다른 것은 부각되는 이유는 무엇 때문인가? 또한 유언비어의 진행 과정에서 나타나는 모든 전이, 감정 개입과 같은 변화들은 무엇으로 설명할 수 있을까? 그 해답은 '동화'의 과정에서 찾을 수 있는데, 그 과정은 청취자의 마음속에 존재하는 습관, 관심 그리고 감정이 유언비어에 대하여 미치는 강력한 견인력과 관련된 것으로 판단된다.

동화의 경향성에 대하여 다음과 같이 제시하였다.

첫째, 주요 주제에 대한 동화이다. 대체로 실험 장면의 각각의 항목들은 이야기의 만들기에 적합하도록 첨예화되거나 단순화된다. 또한 그 항목들을 주제에 일치시킴으로써 뒤에 나오는 이야기와도 일관되고 사리에 맞게 하는 경우도 흔히 일어난다. 장면에서 시사되는 주제와는 무관한 사항들은 다시 거론되지 않으며, 만일 진술된 세부사항이 화면 속에 실제로 있다면 피험자들은 좋은 형태(gestalt)를 취하는 경향을 보여 주었다. 예로, 전투 장면 속의 한 명이 민간인 복장을 하고 있어 비정규

전투원이라는 사실을 보여 주고 있는데도, 거의 언제나 병사로 묘사되는 현상이 관찰되었다. 전장에서 민간인이 군인들 가운데 섞여 있는 것보다는 전투 중인 병사가 있는 것이 '보다 나은' 것이기 때문이다.

둘째, 훌륭한 완결을 위한 연속성이다. 이것은 불완전한 화면을 완전하게 만들려거나 아니면 실험에 존재하는 갭을 메우려는 노력에서 기인하는 것이다. 이상의 경우는 형태심리학(Gestalt psychology)에서 말하는 완결성(closure)의 예이다. 이런 형상은 비록 감각과 기억의 왜곡이기는 하지만 더욱 일관되고 일치되는 정신적 형태를 끌어내는 관심에서 발생하는 것이다. 훌륭한 완결성은 부족하거나 불완전한 의미를 채우기 위하여 추구되는 것이다.

셋째, 응축에 의한 동화이다. 기억은 가능한 한 경제적으로 작용한다. 말하자면 두 가지 항목을 기억하는 대신 한 가지로 합치는 것이 경제적이므로 기억도 경제의 원리를 따른다는 식이다. 한 실험 장면에서 행상의 수레 위에 진열된 많은 과일을 보여 준 후 이 장면을 묘사하게 하면, 일반적으로 과일들을 일일이 열거하기보다는 '온갖 종류의 과일'이라고 흔히 묘사된다. 또한 열차의 승객들은 '열차 안에 앉거나 서 있는 몇 사람'이라는 간단한 구절로 묘사될 뿐 한 사람 한 사람의 개성은 기억하기 힘들다.

넷째, 기대에 대한 동화이다. 청취자가 마음속에 품은 단순화된 주제를 입증하느라고 세부사항들이 변경되거나 감정 개입이 되듯이 많은 항목이 전달자의 사고 습관에 맞는 형식으로 바뀐다.

다섯째, 언어 습관에 대한 동화이다. 기대감이란 흔히 이전에 지각되고 기억된 소재를 맞추는 일에 지나지 않는다. 청취자에게 어떤 사건에 대한 이미지를 갖게 하고, 그 사건을 생각할 범위를 정해 줌에 있어서 단어들이 갖는 영향력은 매우 크다. 이 단계 역시 유언비어의 상투화에 있어서 주요한 단계이다. 유언비어는 보통 상투어로 이야기된다. 유언비어는 대개 징병 기피자, 친일파, 빨갱이, 부패한 관리 등과 같은 편견 섞인 판단을 포함하기도 한다.

여섯째, 관심에 대한 동화이다. 실험 장면에서 여성들의 옷이 담긴 사진은 하찮은 세부사항이 나중의 진술에서 전적으로 옷에 관한 얘기로 되어 버리는 일이 흔히 있다. 경찰관이 폭동을 진압하는 장면을 담은 어느 사진을 실험 대상자로 선정된 경찰관들에게 제시한 결과, 이들의 회상과 진술은 모두 경찰관에게 쏠려 있음이 관찰되었다. 이 같은 사실은 실험 대상자들이 사진 속의 경찰관에게 강한 동정심이나 일체감을 느끼고 있음을 알려 주는 것이다.

일곱째, 편견에 대한 동화이다. 실험 상황에서 증오심에 의한 왜곡을 알아내기가 어렵지만, 인종적 편견과 적대감을 추적한 실험을 올포트와 포스트맨은 실시한 바 있다. 이 실험에서 흑인과 언쟁하는 면도칼을 든 백인 남자를 담은 사진을 보여 준 후 나중 진술을 받아본 결과, 반수 이상의 사람들이 백인 대신에 흑인이 손에 면도칼을 들고 있는 것으로 보고되었다. 그중 몇 차례는 그 흑인이 면도칼을 '난폭하게 휘두르는' 것으로 혹은 그것으로 백인을 '위협하는' 것으로 진술하였다. 따라서 실험 상황에서조차 깊이 자리 잡은 감정적 선입견을 통해서 동화현상은 발생한다. 일상생활의 유언비어나 마찬가지로 실험상의 유언비어도 진술자의 직업적 이해관계, 계급적 혹은 인종적 소속감 아니면 개인적 편견을 좇아가고 그것들을 뒷받침해 주는 경향이 있다.

4) 유언비어의 정착

단순화, 첨예화 및 동화는 제각기 독립된 심리 과정이 아니라 동시에 기능하며, 각개의 주관화 과정을 나타내는 것으로 이 과정에서 유언비어의 특징적인 자폐증과 왜곡이 나타난다. 이러한 현상을 올포트와 포스트맨은 '정착 과정'이라고 불렀다. 이 과정에서 어느 실험 대상자든지 외부의 실험 상황을 그 객관적 성격대로 파악하고 기억을 보존하기란 매우 어렵다는 사실을 시사해 준다. 외부 상황은 자신의 이해 범위와 기억보존 범위에 적합하도록 다시 다듬어질 뿐만 아니라 자신의 개인적 필요와 이해관계에 따라서 변한다.

유언비어를 얘기하는 과정에서 한 개인이 받은 객관적 정보의 핵심은 그 자신의 역동적인 정신세계의 기억 속으로 깊이 스며들어서 그 산물이 자신의 것이 되는 것이 대부분이다. 유언비어 속에는 그 자신의 기억보존 과정의 여러 결함은 물론 애매한 분야에 의미를 부여하려는 그 자신의 노력까지 투사된다. 따라서 그 산물은 불안, 증오 및 소망을 포함한 그 자신의 감정적 필요성을 나타내게 된다. 몇 사람의 유언비어 전달자가 이런 정착 과정에 참여했을 경우, 유언비어는 경구적인 간결성을 지니고 기계적인 외우기에 의해 반복됨은 물론 각 단계에 재현의 결과는 문화적 관심, 기억보존 범위 그리고 집단감정 및 편견에 관한 공통점을 나타내게 된다는 것이다(심진섭, 2012).

3. 유언비어의 발생

1) 유언비어의 발생 조건

유언비어는 민간사회든 군대이든 유사한 감정을 가지는 동질적 집단에서 쉽게 발생한다. 특히 대학생들은 정보에 관한 욕구가 많을 뿐만 아니라 다양한 계층으로부터 각종 정보를 비교적 쉽게 접할 수 있어 정보전달의 빠른 매개 역할을 하게 되며, 군(軍)은 집단의 인적 구성이 매우 동질적인 데다 비슷한 정서 상태에서 생활하는 시간이 많으므로 유언비어의 발생 소지가 많고 전파속도가 빠른 집단이다. 유언비어는 불만, 욕구불만, 권태 그리고 태만 등에 의해 더욱 조장될 수 있다. 병원이나 교도소, 수용소와 같은 곳에서 유언비어가 쉽게 전파되는 것은 이 때문이다. 인간의 기대 또한 유언비어를 유발하는 요인이 되며 그 기대에 부응하는 방향으로 발전되고 전파된다(岩島久夫, 1969).

갑작스럽게 일상이 단절됐을 경우, 낯선 사람의 출현, 심한 지진과 같은 생태환경에 격변이 일어났을 경우, 임박한 선거와 같이 결과가 불확실함에도 어떤 선택을 하지 않을 수 없는 상황일 경우, 적에게 포위당한 도시의 사람들이 끊임없는 긴장 상태에 놓여 있는 경우, 후방 부대에서 근무하는 병사와 같이 단조로운 작업을 수행하는 사람들이 초조해하면서도 스스로 그 불안의 원인을 찾아낼 수 없는 경우 등의 상황에서 유언비어는 발생한다.

이상의 어떤 경우이든 비록 정도의 차이는 상당히 있겠지만 정보에 대한 요구는 있게 마련이다. 가령 어떤 결정을 내려야 할 경우, 그 결과에 영향을 미칠 수 있는 정보라면 그것이 어떤 정보이건 중요하다.

일단 그 문제가 해결되고 나면 초조감이나 위기감은 해소되고 앞서 뉴스였던 것은 역사가 된다. 뉴스는 보통 권위 있는 소식통에 의해서 제공된다. 현대사회에서는 주로 대량전달 매체를 통해 뉴스가 제공된다. 만일 뉴스에 대한 수요가 이러한 통로를 통해서 제공되는 것보다 더 많으면 이해 당사자들은 정보를 얻기 위해 또 다른 채널에 의존할 수밖에 없다. 따라서 검열제도라든지 천재지변에 따른 물리적 장애 등 뉴스의 신속한 전파를 방해받는 상황에서도 유언비어가 나타날 수 있다.

올포트와 포스트맨(1947)은 유언비어의 심리학에서 흔히 인용되는 R = i × a라고 공식화하였다. 즉, 유포되는 유언비어의 양(R)은 그 이야기에 관심을 가진 개인들이 미치는 주제의 중요성(i)에 그 토픽과 관련된 증거의 애매함(a)을 곱한 값에 따라 정해진다는 것이다.

유언비어는 대체로 비공식적 소식 망을 통해 전파된다. 통신과 보도의 기능이 정지되었다면 우리는 이것을 두 가지로 구별할 필요가 있다. 그 하나는 자연적인 재앙 즉 천재지변에 의한 두절이고, 또 하나는 사회적인 강제 즉 당국의 명령이나 폭도의 파괴 등에 의한 금지이다.

두절과 금지는 대략 구별할 수 있지만, 현실적으로 반드시 명료하게 구별되어 나타나는 것은 아니다. 천재지변 때문에 보도기관이나 교통기관 일부가 그 기능을 정지하지 않을 수 없게 되었을 때라도, 만일 이 사회가 그 내부에 심각한 모순을 안고 있는 경우에는 이러한 천재지변을 틈타서 모순이 폭발할 위험이 있으므로 사회적 강제로 인해 그 기능이 정지된다. 어떤 종류의 충분한 조치가 완료되기까지는 천재지변의 심각한 영향이 각지로 파급되지 않도록 배려하는 것이다. 그뿐만이 아니다. 금지에도 그 정도에 따라 여러 가지가 있다.

통신이나 보도의 기능에 대해서 전면적인 정지를 명령하는 일도 있지만, 검열 방침이 정도 이상으로 엄격해지면 그것만으로 전면적인 금지와 같은 효과를 내기도 한다. 지나치게 엄격한 검열제도는 민중에게 언제나 굶주림을 느끼게 한다. 이 굶주림이 바로 유언비어의 발생에 가장 좋은 토양이 된다. 이 굶주림이 있어야 비로소 유언비어가 싹이 틀 수 있고 각 방면으로 전파되면서 퍼져 나갈 수 있는 것이다.

2) 유언비어 내용의 형성

(1) 정신분석학적 접근

정신분석학자들은 유언비어의 내용 문제에 대한 또 다른 접근 방법을 발전시켜 왔다. 유언비어의 전파에 참여하고 있는 사람은 남에게서 들은 것을 전달하고 있을 따름이라고 주장할 수 있는 심리적 출구를 마련하고 있으므로 자신의 말에 개인적으로 책임을 진다는 생각이 없이 이야기를 전할 수 있다. 따라서 이러한 행위는 억압된 충동을 해방하기 위한 출구가 된다는 것이다. 융(Jung, 1910)은 그의 저술에서 남자 교사와 어떤 여학생의 성관계 소문이 교내에 퍼진 경우를 다루고 있다. 이 소문은 많은 학생이 적극적으로 참여했기 때문에 널리 퍼질 수 있었다.

여학생들은 모두 비슷한 성적 관심을 보였으며, 그 내용은 이미 왜곡 현상이 나타났다. 참가자들의 개인적인 욕구가 약간씩 다르므로 이야기 내용도 조금씩 달라진 것이다. 이같이 개인이 스스로 인정을 하지 않지만, 자신의 불안감 내지는 적대감을 해소해 주는 이야기를 즐기고 또 남에게 전해 줌으로써 유언비어는 형성되고 널리 퍼지게 되는 것이다.

정신분석학자들이 사용하는 방법은 임상적이지만, 다른 분야의 학자 중에도 이들을 지지하는 연구가 나오고 있다. 예를 들어, 제2차 세계대전 동안 미국 행정부와 군대 내에 낭비, 특권 및 부패가 판을 치고 있다는 유언비어가 나돌았는데, 이 사례를 조사한 올포트와 레프킨(Allport & Lepkin, 1945)은 이 유언비어가 배급제를 부당하고 불필요하다고 생각하거나 물자 부족 사태 때문에 직접적인 불편을 겪고 있는 사람들 그리고 전투지역에 나가 있는 가까운 친구나 가족이 없어 전쟁 수행 노력에 개인적으로 깊이 관련되어 있지 않은 사람들에게서 더욱 잘 받아들여지는 경향이 있다는 사실을 밝혀냈다.

(2) 사회적 상호작용

유언비어란 사회적 상호작용 속에서 이루어지는 어떤 것이다. 권위 있는 뉴스에 차단된 사람들은 어떤 일이 일어나고 있는지 추측하게 되며 저마다 정보를 모은다. 보고 들은 모든 정보는 그것이 당연한가 아닌가에 따라 해석되며, 그 결과 지배적인 판단은 가장 그럴듯한 것이 된다. 예를 들어, 제1차 세계대전 시 벨기에를 침공한 독일군 사이에는 천주교 신부들이 주민들에게 적들을 죽이라고 선동하고 있으며 성당 첨탑 위에 기관총이 설치되어 있고 독일군 부상병을 난자해 죽인다는 유언비어가 나돌았다. 나중에 밝혀진 바에 의하면, 전혀 저항을 예상하지 않고 벨기에에 침공해 들어간 독일군은 뜻밖에 벨기에군의 게릴라 전술에 부닥쳐 큰 충격을 받게 되자, 1870년 보불 전쟁 당시 프랑스 저격병들의 활약상에 대해서 그들이 갖고 있던 생각을 토대로 사태를 해석하여 그와 같은 결론을 내리게 되었다.

더욱이 유언비어는 진전되어 갈수록 더욱 그럴듯한 경향이 있다. 이치에 맞지 않는다고 생각되는 세부사항은 이의 때문에 배제되고, 타당하다고 생각되는 다른 사항들이 첨가되어 전체적인 국면을 더욱 확실한 것처럼 만드는 것이다.

3) 전시 유언비어

전쟁 때 어떤 지도자들은 그들 자신의 전력에 대한 거짓 정보를 '흘려보냄으로써' 적의 판단력을 흐리게 하고 전의를 잃게 하려고 노력했다. 이것은 오래된 작전 기법이다. 아시아의 대부분과 유럽의 광대한 지역을 정복했던 칭기즈칸은 무력만으로는 승리할 수 있는 충분한 인력이 없었다. 그는 고도의 기동력을 이용했을 뿐 아니라 첩보와 선전에 크게 의존하였다. 그는 공격에 앞서 적지에 첩자를 보내 자신들의 많은 병력, 잔혹함과 무모함을 과장하여 퍼뜨리게 함으로써 적들을 공포에 떨게 하였다. 그들이 말하는 '끝없는 약탈의 대집단'이란 사실은 기동력을 가진 소규모의 기마부대에 불과했다.

전시의 유언비어에는 일반적인 소망 유언비어, 공포심으로 인한 유언비어와 적대감에서 생긴 유언비어가 많이 발생한다. 1942년 제2차 세계대전 기간 중 미국에서 수집된 1천여 개의 유언비어를 분석하였다. 결과적으로 이 같은 적대감에서 생긴 유언비어가 통상 가장 많은 숫자를 차지하는 것으로 나타났다(66%). 종전과 승리가 가까워짐에 따라 공포감에서 생긴 유언비어의 비율(25%)과 소망으로 생긴 유언비어의 비율(2%)이 서로 뒤바뀌는 현상이 나타났는데, 종전 전야의 유언비어는 대부분 전쟁 종료에 관한 것이었다. 즉, 특정 상황에서 유언비어는 소망하는 사건의 완결을 재촉하는 것이었다. 그러나 전쟁 기간의 유언비어는 대다수가 정도 차이는 있지만, 비방적 성격을 띤 것으로서 이 집단 혹은 저 집단에 대한 적대감을 나타내는 것이었다.

전시에 유언비어가 유포되는 주요한 이유는 한마디로 요약할 수 있다. 그것은 개인이 느끼는 감정적 긴장을 설명하고 해소하는 이중기능을 수행하기 때문이다. 남들을 말로 비난하는 것은 자기 자신의 감정적 고통을 설명하는 한 방식일 뿐 아니라 동시에 해소의 한 방식이다.

누구나 욕설을 퍼붓고 난 다음에 긴장감이 감소하는 것을 안다. 그것은 욕먹은 희생자가 죄가 있건 없건 별문제가 되지 않는다. 어떤 사람을 그의 앞에서 또는 등 뒤에서 깎아내리는 일은 그 사람에 대한 반감을 일시적으로 줄이는 특성이 있다. 유대인, 흑인, 행정부, 군 고위 당국, 물가 관리 또는 정치인들을 비난하는 것은 진정한 원인이야 무엇이든 간에 축적된 적대감은 해소된다. 이상하게 보일지는 모르지만 적대감이 해소되는 것을 느끼는 것은 도깨비형 유언비어에서도 나타난다. 이웃에게 피해 상황이나 잔혹행위에 관한 과장된 이야기를 해 주어 불안감을 나눠 가지고 나면 고독하다거나 무기력한 감정을 덜 느끼게 된다. 내가 유언비어를 퍼뜨림으로써 남들도 긴장 상태에 빠진다. 따라서 나는 새삼 확신을 느끼게 되는 것이다.

4) 평시 유언비어

평시 유언비어는 주로 민간에서 나오고 그 배후에는 정치적 권력이 없는 것이 보통이다. 그리고 이것에 유언비어라는 모욕적인 명칭을 붙이는 것은 정치적 권력 쪽이다. 유언비어가 비록 국가를 심판하는 것이라고 말할 수 없어도 유언비어는 국가를 시험하고 있다고 보아야 할 것이다. 따라서 민중으로부터 신뢰를 받는 국가만이 유언비어로부터의 피해를 면할 수 있다. 유언비어와 뒷공론의 위험은 아직도 우리 사회에서 떠나지 않고 있다. 그 까닭은 앞으로 정권교체에 따라 계속될 사회적 재구조화, 남 · 북 화해로 인한 집단 간의 날카로운 충돌과 갈등이 예상되기 때문이다. 장차 정치 · 사회적 리더는 유언비어와 사회적 혼란 간의 관계에 대한 지식을 갖추고, 사회 긴장에 대한 유언비어의 분석과 조작 및 활용에 민감성을 보여야 할 것이다. 지난 5 · 6공화국 시절이나 문민정부 시절, 국민의 정부 시절, 참여정부 시절, 현 정부에 전염병처럼 휩쓸고 지나간 각종 유언비어와 지도자에 대한 험담, 북한의 2010년 천안함 폭침과 연평도 포격 도발 사건에 대하여 북한을 비호하는 불순 세력들의 억지 선동이 얼마나 정국을 불안하게 만들었는가를 상기할 필요가 있다. 또한 세월호 참사 등도 당시 누가 어떤 목적으로 그러한 유언비어와 험담을 만들어 확산시켰는가를 정확하게 분석하여 이에 대처했더라면 좀 더 안정적인 정국이 유지되었을 것이다.

4. 유언비어의 대책

갈등이 깊어지면 난무하는 유언비어의 통제를 위한 방법들이 많이 동원된다. 학자들조차도 조금도 현실성이 없는 계획을 지지하고 나서기도 한다. 장기간 이어지는 고정된 유언비어에는 문학작품처럼 사람들의 주의를 끌 만한 내용이 담겨 있고 또 내용이 그럴듯하여 사실의 입증이 어려운 것도 있다. 그것은 대부분 시위성이며 풍자적인 내용으로 구성된다.

미국 국립 연구 회의(National Research Council, 1946)에서 유언비어를 통제하는 데 도움이 되는 원칙들을 다음과 같이 제시하였다.

첫째, 공식보도를 믿게 한다. 사람들이 당국이나 신문, 라디오 등 공식적인 언론의 발표를 믿지 못하는 상황에서는 유언비어가 많이 나타난다.

둘째, 지도자에 대한 신뢰도를 갖게 한다. 사람들은 지도자가 국민을 속이지 않으며 사실을 발표하지 않는 것은 타당한 이유가 있기 때문이라고 확신하게 될 때, 보도관제가 강화되어 사실 보도가 결핍되어도 이를 인내할 수 있게 된다. 이를 위해 지도자는 항상 신뢰감을 얻어야 한다. 이것은 한 나라의 대통령에서부터 초등학교의 평교사에 이르기까지, 장군에서부터 부사관에 이르기까지 모든 지도자에게 통용된다.

셋째, 가능한 한 많은 사실을 알려 준다. 적을 크게 이롭게 만드는 것이 아니라면 많은 사실을 알려 주는 것이 좋다. 사람들은 많은 것에 대해 알기를 원하며, 이 욕구가 충족되지 않을 때 유언비어가 생겨난다.

넷째, 사람들을 분주하게 만든다. 나태와 권태감을 느끼지 못하도록 해야 한다. 마음이 공허해지면 걱정과 불안이 생기고, 이런 걱정과 불안에서 유언비어는 싹트게 된다.

다섯째, 유언비어와 싸운다. 유언비어의 확산을 방지하기 위하여 먼저 자체 정화운동을 해야 한다. 유언비어나 적의 의도를 가능한 한 공개하고, 그것이 거짓이고 부정확한 것임을 증명하여 그것이 허구임을 밝힌다. 부대나 관청에서는 유언비어 게시판을 설치 운용할 수도 있다. 떠도는 유언비어를 그때그때 적어 놓으면 얼마간의 시간이 지나 사실이 밝혀지고 그 허위성이 자연히 드러나게 할 수 있다. 여러 개의 유언비어를 적어 놓다 보면 그들 사이의 모순이 밝혀져 오히려 긍정적인 효과를 볼 수도 있다. 유언비어 게시판과 유언비어 상담소 등을 운용하는 것도 좋다. 상담소를 통해 떠도는 모든 유언비어를 수집하고 잘못된 점을 지적하며, 왜 그런 유언비어가 유포되었는가에 대한 과정을 의문을 가진 사람들에게 설명해 주면, 흥미도 있고 유언비어의 성질에 대해 이해하게 되어 유언비어에 현혹되는 것을 막을 수 있다. 유언비어에 대한 대책으로 적극적인 방법과 소극적인 방법으로 구분할 수 있다.

1) 검열과 통제

유언비어에 대한 대책 중에서 가장 소극적인 방법이 검열과 통제이다. 사람들은 대개 검열이 비관적 사실의 보도를 통제한다고 믿고 있으므로 검열이 엄격할수록 비판적이며, 사기를 저하하는 유언비어가 난무하기 쉽다. 따라서 검열은 필요악이다. 너무 유언비어 유포를 방임하면 사회적 혼란을 제공해 주는 결과가 되며, 너무 엄격하면 많은 유언비어가 유포되기 때문이다. 검열제도는 끊임없이 시도되었지만, 검열이 시행되고 있다고 알려지거나 그럴지 모른다고 의심을 받게 되면 상황은 더욱 나빠질 수 있다. 따라서 검열은 중요한 사실의 보도를 차단하기 때문에 유언비어의 유포를 조장하는 중요한 요인이 될 수도 있다.

사람들이 믿고 있는 소문을 부인하거나 언론을 탄압할 경우, 공식적인 의사전달 매체도 의심을 받게 된다. 비록 사실이 그렇지 않을 경우라도 상대방이 뭔가를 숨기려 하고 있다는 느낌이 들게 되면, 숨기고 있다고 생각되는 것의 내용은 실제보다 훨씬 더 과장되어 소문이 퍼지게 마련이다. 검열제도가 일단 의심을 받게 되면 공식기관에서 나오는 다른 문제들도 불신을 받게 된다. 따라서 모두가 잘 알고 있는 사실이 밝혀진 경우에도 유언비어는 퍼지게 마련이다. 중상과 거짓 증언을 규제하는 법규가 있지만, 시행에는 늘 어려움이 따랐고 법과 규정들도 대체로 별 효과가 없는 것으로 밝혀졌다. 따라서 유언비어 대책으로 검열과 통제를 사용하기 위한 전제조건은 평소 국민과의 관계에서 신뢰 관계를 구축해 놓아야 하며, 그 사용이 단기적이어야 한다는 것이다. 사회 불안이 심화되면 단기적으로 유언비어 소통을 통제할 수 있는 가장 일반적인 방법은 존경받을 만한 지도자가 직접 나서서 호소하는 일이다. 1938년 루스벨트(Roosevelt) 대통령은 유명한 '무명의 국민에게 보내는 편지'를 공표하여 행정부의 업적을 제시하고, 이 업적과 수군대는 비난을 비교하게 함으로써 비방자들을 공박하였다. 그러나 유언비어란 자기들의 말을 진지하게 믿고 있는 사람들 사이에서 자연발생적으로 유포되는 것이기 때문에 이 같은 호소가 아무런 효과가 없을 때도 흔히 있다.

유언비어를 통제하기 위하여 북한이 이용하는 대표적인 방식이 통제이다. 상상을 초월하는 반인륜적인 강력한 처벌과 철저한 정보 차단이라는 방법으로 주민을 우민(愚民)으로 만드는 것이다. 북한 사회에서 소문의 확산 속도가 민주주의 세계보다 매우 빠른 이유는 정보가 차단된 사회일수록 주민들의 정보 확산 욕구가 크기 때문이라는 것이다. 또한 북한에서 유언비어가 많이 있지만, 세력화될 수 있는 힘이 미약하다는 것이다(심진섭, 2012).

2) 진상의 발표

유언비어 확산을 방지하기 위한 적극적인 대책으로서 정확한 보도를 통하여 사실의 진상을 발표하는 방법이 있다. 불온한 유언비어가 발생하여 유포된 동기, 목적, 내용, 유포 대상과 범위, 영향 등을 세밀하게 분석하여 권위 있고 신뢰할 수 있는 기관을 통하여 공식적으로 솔직하게 그 진상을 밝히는 것이다. 그러나 이 방법에도 몇 가지 한계가 있다. 우선 이 방법을 철저히 시행하는 것 자체가 곤란하다. 어떠한 사회 또는 국가에서도 모든 사정에 대해서 만인이 납득할 수 있게 상세한 보도를 한다는 것은 불가능한 일이기 때문이다. 사회의 구성원 간에는 여러 가지 대립이 있고 모순이 있다. 진상의 발표가 가끔 이 대립과 모순을 격화시켜 도리어 사회의 통합을 위태롭게 할 수도 있다. 개인 사이에도 자신의 솔직한 기분을 정직하게 토로했다가 오히려 상대방의 감정을 상하게 하는 일이 흔히 있다.

진상의 발표도 민중의 관심이 한곳에 집중되어 있지 않을 때라면 쉬울 것이다. 그러나 유언비어 때문에 이미 민중의 관심이 다른 곳에 집중되어 있다든지, 그 감각이 극도로 예민할 때에는 그들을 만족시키는 것은 거의 불가능하다. 진상의 발표가 흔히 새로운 유언비어의 재료가 되는 것도 이 때문이다. 의사전달 매체가 의심을 받을 때도 진상 발표의 효과는 별로 없다. 그러나 그러한 발표가 사실임이 확인되면 적측의 소문 출처에서 흘러나오는 말은 신빙성이 줄어든다. 사실인 것 같은 유언비어를 부인하는 것도 효과가 없다. 법적인 제재나 애국심에의 호소도 사람들이 믿고 있는 난처한 문제들을 믿지 않게 하는 데에는 별 도움이 되지 않는다.

진상의 발표 방법은 효과적인 방법이지만, 이 방법은 유언비어가 발생하기 전에 써야만 충분한 효과를 거둘 수 있다는 점이다.

3) 자유로운 보도

유언비어가 많이 발생하는 사회는 그만큼 억압적인 사회, 정치적 풍토를 바탕으로 하고 있다는 것이다. 언론기관의 보도를 믿을 수 없다고 생각하는 대중 사이에는 이른바 유언비어 통신이 만연되어 있다. 따라서 유언비어를 없애는 지름길은 사회를 민주화하고 언론 표현의 자유를 실질적으로 보장하는 것이 가장 바람직하다. 보도가 통제되고 있는 경우 보도는 항상 그것을 통제하는 사람이 중요하다고 생각하는 측면에서 문제에 접근함으로써 성립된다. 보도에 대한 사람들의 욕구는 문제를 그들 각자의 생활과 관련하여 이해하고 싶다는 것이다. 따라서 이러한 관련성을 상실한 보도를 아무리 많이 제공하더라도 별다른 효과를 거두기 힘들 것이다. 그리고 이러한 괴리는 주어진 보도 그 자체를 유언비어의 재료로 이용될 가능성이 크다. 그러므로 보도는 논리적이어야 하며 사실과 진실에 근거하여 상세하고도 친절해야 공신력을 유지할 수 있다.

4) 새로운 사건의 조성과 전개

현재 유포되고 있는 유언비어보다 더 현실적이고 자극적인 사건을 조성하여 대중의 관심을 불러일으킴으로써 유언비어의 효력을 마비 혹은 소멸시키는 것이다. 사람은 누구나 자기중심적이므로 중요한 문제에 주의를 기울인다. 따라서 자연스럽게 문제가 되었던 이전의 유언비어는 점차 사라지고 잊어버리기 마련이다. 이러한 방법은 유언비어를 잠재우는 가장 적극적이며 그리고 효과적인 방책이라고 볼 수 있다.

유언비어 내용보다 더 심각한 사태가 발생하면 여론은 자동으로 형성된다. 그러나 오늘날 대중은 상당히 지적으로 현명하고 각종 대중매체를 수시로 접하고 있으므로 사건의 조성이 치밀하며, 시의적절하지 않으면 오히려 역효과를 낼 수도 있다.

5) 부인

유언비어는 흔히 거짓 소문과 동일시되기 때문에 사람들은 대부분 그 같은 통제에 서슴없이 동조하게 되지만 실제 유언비어라고 해서 반드시 거짓된 것만은 아니다. 유언비어의 소재 역시 사실상 일종의 선전이어서 여기에 진실이 포함되어 있다 하더라도, 때때로 집단이익을 위해 이를 부인할 할 필요도 있다.

여기에는 사람들이 바람직한 방향으로 희망하도록 의사소통 내용을 조성하는 것도 포함된다. 남에게 중상모략을 받는다고 느끼는 사람의 통상적인 반응이 우선 부인하는 일이다. 유언비어를 상세히 분석하여 어색해 보이거나 의심스러울 때 믿을 만한 소식통을 인용하여 이를 부인해 버리면 효과가 있다.

6) 역선전의 전개

유언비어의 통제 효과에 효과가 있는 것으로 역선전을 전개하는 것이다. 예를 들어, 적은 강력한 선전기구를 가지고 있으며 이것을 이용하여 교활한 선동을 하고 있다고 비난하는 것이다. 이렇게 적이 거짓선전을 하고 있다고 주장하여 어떠한 곤란한 유언비어도 적에 의한 분열 책동의 일환이라고 무시하는 것이다. 이 같은 방법은 상대방에 대해 정반대 개념과 맞아떨어지고 동시에 불리한 소문들을 하나하나 따져 보는 비판력을 길러 주게 된다. 유언비어에 대한 통제가 대부분 실패로 끝나는 이유는 바로 이 같은 고리를 소홀하게 하는 데 있다. 따라서 유언비어를 통제하려고 애써온 사람들의 기록들을 보면 "자연을 지배하려는 사람은 우선 자연법칙에 순종하는 법부터 배워야 한다."라는 베이컨(Bacon)의 주장을 되새겨 볼 필요가 있다. 아군의 결점이나 전선에 불리한 상황, 후방에 있는 행정 관료의 비능률성 등에 관한 불리한 유언비어는 퍼지게 마련이다. 따라서 모든 불리한 뉴스는 "교활한 적의 선전이 만들어 낸 전형적인 거짓이다."라고 의구심을 부추기어 국민의 심리적 장벽을 세울 수 있다. 이렇게 되면 내부 분열이나 패배주의를 막을 수 있는 강력한 무기가 될 수 있다.

7) 사전 홍보의 강화

가장 현명한 유언비어 통제 대책이란 유언비어가 발생하기 전에 미리 발생 가능성이 짙은 문제에 관하여 세심한 정보를 제공하는 것이다.

유언비어가 발생하고 나면 거기에 대한 어떠한 진실도 대중에게 설득력을 잃게 되고, 이해한다고 하더라도 완벽하게 의혹을 씻어 내기란 거의 불가능하다. 따라서 정부 홍보의 역점은 치유의 역할보다 예방적인 차원에 초점을 두어야 한다.

제10장

설득이론의 응용과 설득

설득 과정은 우리 일상생활의 일부분이, 일상적인 대중매체의 내용 중 많은 부분이 개인과 집단의 설득을 위한 것들이다. 이제 설득은 개인 차원을 떠나 선전의 유포를 통해 흔히 정부나 조직의 중요한 역할의 많은 부분을 담당하고 있다.

대부분의 전쟁이 설득의 실패를 바로잡으려는 수단으로 이용되기도 한다. 전쟁 상황에서도 설득의 노력은 항상 이루어지고 있다. 설득의 시도는 여러 형태를 통해 여러 범주의 설득 전략과 방법이 동원된다. 앞에서 제시되었던 각종 이론과 선전의 유형들도 설득이라는 범주에 속한다. 전쟁에서 물리적 설득 방법이 총과 포탄 등의 무기를 앞세운 방법이라면 마음을 움직여 전장 환경을 유리하게 하는 것이 심리적 설득 방법이다. 심리적 설득 방법은 설득이다. 대부분의 설득이 전장 상황을 자기 측에 유리하도록 이용되지만 대부분 인본주의적인 설득으로 승화시키지 못했다는 점에서 설득의 중요성과 효용성이 대두된다.

이 장에서는 세뇌, 면역이론, 심리적 반발이론, 기타 설득과 태도 변화에 관련되는 이론과 응용 부분을 살펴볼 것이다.

1. 세뇌

세뇌(brainwashing)의 사전적 의미는, ① 어떤 사상이나 주의, 신념 등을 머릿속에 새기게 하거나 받아들이도록 설득하여 본래 가지고 있던 생각이나 행동을 개조함, ② 설득되어 본래 가지고 있던 생각이나 행동이 개조되는 것이다.

세뇌는 두 가지 중요한 관점에서 심문과는 차이가 있다. 첫째, 세뇌란 단순하게 포로로부터 정보를 얻어 내는 것뿐만 아니라 포로의 신념이나 태도 및 사고방식을 실제로 바꾸고자 한다는 것이다. 둘째, 세뇌가 과거에 포로의 견해를 변화시키고 정보를 분리해 내는 것과 함께 적극적으로 포로 심문 측에 의해 선전용으로 이용될 수 있는 허위자백 및 방송 등으로 적에게 협력하는 것이다. 둘째의 경우가 부각되어 세뇌의 전 과정이 최근의 심리적, 정치적 역사에서 나쁜 인상을 심어 주게 된 것이다.

설득에서는 둘째의 상황을 놓고 설득의 성공으로 착각하는 경향이 많았다. 그렇지만 설득의 궁극적인 목적에 상반되는 실패의 전형이다. 왜냐하면 설득은 인본주의가 기본이기 때문이다. 즉, 상대측의 신념, 견해, 태도를 스스로 판단하여 바꾸게 하는 것이 진정한 의미의 성공적 설득이라고 말할 수 있기 때문이다(심진섭, 2012).

1) 세뇌의 기원

중국어 'hsi nao'(洗腦, 세뇌)라는 용어를 영어로 brain-wash라고 번역하여 사용하고자 한 사람은 헌터(Hunter)이다. 1951년 그는 공산주의자들의 교리와 세뇌기법들을 기술한 『Brain-washing in Red China』를 출판하였다. 헌터는 1948년 혁명 이후 즉시 중국에서 개발된 교리와 기법에서 시작된 적 병사들의 세뇌에 대한 기초를 확립하였는데, 그것은 1930년대 스탈린식 숙청의 전문기술을 그대로 이용한 것이었다. 미국 사회체계 연구센터(CRESS)의 한 포로 심문 기술에 관한 저서는, ① 1930년대 러시아의 대숙청, ② 제2차 세계대전, ③ 한국 전쟁, ④ 중국공산당의 사상개혁 프로그램 속에 나타난 네 가지 사상개혁의 과학성에 관한 역사적 근원을 제공하고 있다.

영국의 임상 심리학자 사건트(Sargant, 1957)는 이들 역사적 근원을 더 깊이 조사 연구하였다. 『Battle for the Mind』라는 저서에서 그는 모든 종류의 신념 변화-개종, 정치적 교리 주입, 임상 심리학자에 의한 정신병 환자의 망상 변화 등을 생리학적 대뇌의 공통적인 변화와 연결하고자 하였다. 그는 이러한 원리들이 적어도 고대 그리스 시대부터 이용되었다고 주장한다. 이런 맥락에서 사건트는 러시아의 생리학자 파블로프의 연구들을 거론하고 있다. 우리가 이미 알다시피 파블로프는 눈 깜박임, 개의 침 분비 등과 같은 반사적 반응은 조건화시킬 수 있는 고전적 조건형성 실험을 연구한 바 있다. 그의 실험 결과들은 행동상의 분명한 변화가 무조건 자극과 조건자극의 적당한 조작으로 유발될 수 있음을 보여 주고 있다.

사건트는 파블로프의 연구를 적용하여 세뇌에서의 점진적인 역기능의 본질을 설명하려고 하였다. 그 첫 단계는 파블로프가 말한 등가(等價) 또는 동치(同値) 단계가 오게 되는데, 이때 사람들은 중요한 일이나 사건에는 무감동하지만 사소한 것에는 신경을 곤두세우게 된다. 초역설적(ultra-paradoxical) 단계가 있게 되는데, 이 단계에서는 사람들이 통상 좋아하거나 믿게 되는 것을 싫어하거나 불신하게 되며, 좋아하지 않았거나 믿지 않았던 것들을 갑자기 좋아하거나 믿게 된다. 새로운 신념이나 확신이 실제로 한 인간을 사로잡게 되는 것이 이 단계의 특징이다. 이것과 함께 파블로프는 한 인간이 비판을 중지하고 아무런 의문 없이 암시나 지시 등을 받게 되는 최면 단계에 돌입할 수도 있다고 하였다. 파블로프는 신경체계의 장기적 흥분, 해결 불가능한 심적 갈등 그리고 극단적인 피곤은 이들 네 단계를 더욱 촉진한다는 사실을 발견하였다. 바우어(Bauer, 1957)는 노골적으로 이런 방식의 설명을 비판하고 있다. 그는 공산주의자들의 세뇌는 알려진 만큼 그렇게 정밀하지는 않다고 주장하며, 대부분 세뇌는 단순한 조건화라기보다는 집단동조의 압력을 이용하는 것이라고 말한다. 흐루쇼프(khrushchyov)가 이전에 말한 바와 같이 스탈린식 심리학이란 바우어가 우리에게 상기시키고 있는 것처럼 '때려라, 때려라, 때려라' 식이다. 따라서 바우어가 내린 결론은 세뇌를 상식 정도로 생각해야 하며 그것이 1950년대에 갑자기 새로 나타난 것도 아니고 꼭 그런 것은 아니지만 대개는 먹혀들지 않았다는 것이다.

2) 한국 전쟁과 세뇌

한국 전쟁 중 약 7,000여 명의 미군이 포로로 잡혀 수용되었다. 미국의 전쟁역사를 살펴보면 모든 전쟁에서의 포로는 탈출하도록 교육받아 왔다. 그러나 적어도 한국 전쟁에서는 이러한 사실이 예외였음이 밝혀졌다. 대략 미군 포로 3명 중 1명이 정보 제공자나 선전자 또는 기타 어떤 방식으로든 중공군에게 협력하였고, 다음에 13% 정도가 실제 범죄자로 혐의를 받았다. 20개의 포로수용소에서 전체의 약 30%에 해당하는 2,730명의 포로가 죽었고, 미국 역사상 가장 많은 포로의 사망률을 기록하게 된다. 또 미국 역사상 처음으로 21명의 포로가 미국으로의 귀환을 포기하기도 하였다(Watson, 1978).

한국에서 미군의 정신과 의사로 복무하면서 북한에서 강제적으로 사상교육을 받은 전쟁 포로 1,000명의 사례를 연구했던 메이어(Mayer, 1956) 소령에 의하면, 세뇌를 담당한 중국인은 일찍이 미국에서 10~15년 동안 교육을 받아 미군의 마음이나 생활방식을 잘 이해하고 있었다고 한다.

세뇌의 시작과 함께 미국 포로 분대들은 일반 수용소에 감금된다. 최초의 시도는 포로들의 분대 화합을 와해시키는 것으로부터 시작된다. 즉, 분대장이 리더로서 행동하는 것에 용기를 잃게 하거나 단념하게 하고, 만약 그들이 저항하면 '반동분자'를 교육하는 특별 수용소에 옮기게 하여 운명에 대한 불안감에 사로잡히게 하거나 죽음에 대한 두려움을 경험하게 하였다. 또 다른 전술은 밀고자 제도의 개발이었다.

공산주의자들은 집단의 누구도 만족의 획득이나 우월감, 기타 그 자신의 개인적 욕구를 위해 밀고자가 될 수 있다는 사실과 관련된 집단 역동성을 충분히 이해하고 있었다. 그러나 그들 역시 적어도 초기 단계에서 밀고의 결과로 고통을 받는 사람이 없어야 한다는 것을 잘 알았다. 그래서 그들이 한 행동 전부는 밀고를 한 사람과 잡담을 하거나, 그들이 그가 진실로 사회의 희생자이며, 어느 정도 동정을 받아야 한다는 것을 알고 있다고 말해 주는 정도였다. 이것은 다음 두 가지를 보장해 주었다. 밀고자가 동료에게 들킬 염려가 없었고 따라서 밀고는 계속될 수 있었다는 것과 장기 복역 포로들은 어떤 사람도 믿지를 않았는데, 이것이 집단 해체를 조장하고 병사들의 불안감을 증가시키고 나아가 사상 개조를 더 쉽게 만들었다는 것이다.

다음은 교리의 주입 기간이다. 이 교리 주입은 공식적인 학습과 비공식적인 대화 기간으로 구성된다. 잡힌 후 고통과 죽음을 예상하는 이들에게 전쟁에 대해 어떤 방식으로든 책임을 지려고 하는 공산주의 체포자에 의해 그들이 억류된 것이 아니라고 말한다. 그 책임은 제국주의자인 월 가(the Wall Street)의 전쟁광들에게 있다고 교육된다. 이것이 우리에게는 매우 근거 없는 소리로 들릴지 모르지만, 그들의 생각이 확실한 죽음으로부터 집행유예를 받았다고 생각하는 사람에게 그러한 소리는 쉽게 또 다른 울림을 가질 수도 있다. 그들은 감사의 마음을 갖지 않을 수 없으며, 이 감정에 편승해서 공식적 학습은 별다른 노력 없이 또는 그렇게 많은 선전 없이도 전쟁 포로들에게 공산주의에 대한 동정심을 심어 주고 미국을 믿지 않도록 하였다. 이 기간에 마르크스주의의 논문이나 소책자는 사용하지 않고, 대신 『타임(Time)』, 『월스트리트저널(Wall Street Journal)』, 『포춘(Fortune)』과 같은 미국의 출판물이나 문헌들로부터 발췌한 기사나 자료가 사용되었다. 자료들은 주로 미국 생활의 모순을 보여 주거나 이들 미군 병사들이 포로로 고생하는 동안에도 일부 사람들이 어떻게 거액의 돈을 벌어 집으로 가져가는 과정을 보여 주는 것 등이었다. 우편물은 검열되어 포로들이 볼 수 있는 것은 애인으로부터의 절교 편지나 청구서 혹은 나쁜 소식들만 받아보게 하였다. 비공식적인 자아비판 기간에 포로들은 일어서서 그들 방식의 잘못을 고백하고 그들의 행위에 대하여 비판하고 이런 빗나감에 대해 동료 포로들에게 사과하게 하였다. 그것은 메이어가 말한 것처럼 적에 대한 자기 밀고의 형태였으며 포로들에게 불안감과 죄책감을 만들게 하였다. 이것이 성공적 세뇌 공작의 첫 단계였다.

1956년 정신의학 진흥을 위해 미국의 한 단체에서 "강요된 교리 주입" 주제로 두 개의 특별 심포지엄을 개최하였다. 첫 번째 토론회에서 울프(Wolff) 박사는 포로들이 고립감을 느낄 때 태도를 변화시키는 데는 고통이 가장 효과적이며, 그들을 포로로 잡은 사람들에 대한 적대적 태도를 포로에게 굴욕감을 느끼게 만들었을 때 감소되거나 사라진다는 연구 결과를 제시하였다. 결국 이들은 그들에게 접근하며 친절하게 하는 사람과의 접촉에 영향을 받기 쉽게 된다는 것이다(Watson, 1978).

이 심포지엄에서는 통상적인 신념과는 반대로 고립은 공산주의자들이 개인에게 응종을 유발하게 하는 일반적인 여덟 가지의 강제적인 방법의 하나일 뿐이라는 주장도 제기되었다. 개인의 응종을 유발하는 공산주의식 강요 방법은 다음과 같은 것이다.

첫째, 사소한 요구의 강요이다. 즉, 사소한 규칙과 일과의 강요로 작문 쓰기 등을 통화여 응종 습관을 몸에 붙이는 것이다.

둘째, 운명을 전적으로 통제한다는 것으로 가능한 호의를 보여 주어 감질나게 함으로써 저항이 쓸데없음을 암시하는 것이다.

셋째, 가끔 즐겁게 하는 것이다. 즉, 예측 불가한 호의 베풀기, 부분적 응종을 위한 보상, 더 나은 대우의 약속, 체포자의 태도 변동, 예상하지 못한 친절 등을 통하여 응종에 대해 긍정적 동기 제공, 학습의 강화, 박탈에 대한 적응력을 상실하게 하는 것이다.

넷째, 위협으로써 죽음과 고문, 본국 송환의 거부, 끝없는 고립과 심문, 가족이나 동료에 반대, 원인 불명(설명하지 않은)의 대우 변경, 애매하지만 불길한 위협을 통해 불안감, 공포감, 절망감을 배양하는 것이다.

다섯째, 신분 격하이다. 개인위생이나 건강 방해, 불결하고 해충이 들끓는 환경, 품위를 손상하는 벌, 다양한 굴욕감, 조롱과 모욕, 사생활의 부정 등을 통화여 지속적인 저항이 응종보다 자존심에 더 위협적으로 보이게 만들거나 포로들을 동물과 같은 수준까지 격하시키는 것이다.

여섯째, 지각의 통제이다. 어둠이나 밝은 조명, 독서나 오락의 박탈, 삭막한 환경, 단조로운 음식, 제한된 운동, 정상적인 자극의 결핍 등을 통하여 포로들에게 곤경에만 관심을 고착시키거나 자기 분석의 육성, 응종과 일치하지 않는 모든 행위를 좌절시키고 기분 전환을 저지하는 것이다.

일곱째, 고립이다. 완전한 신체적 격리, 독방 감금, 반 정도의 격리, 소집단의 고립 등을 통하여 자아와 관련된 욕구들을 개발시키고, 사회 지지적인 희생을 박탈하며, 심문자에 의존하도록 만드는 것이다.

여덟째, 무기력감 유발이다. 반 정도의 굶주림, 적발이나 폭로, 수면박탈, 질병 유발, 고통과 상처의 이용, 심문이나 강요된 작문의 연기, 구속의 연장, 서 있기의 연장, 과도한 힘의 발휘, 긴장의 지속 등을 통하여 저항할 수 있는 신체적, 정신적 능력을 약하게 하는 것이다.

이러한 세뇌 공작으로 중공군이 얻은 것은 무엇인가? 메이어에 의하면 중공군은 우선 많은 군사적 정보를 얻었고, 다음으로 얻은 수확은 포로들의 전향에 대한 선전의 가치를 확인한 것이다. 또 다른 변화는 전향하지 않았던 포로들의 마음속에 비슷하게 나타난 현상으로 세뇌는 그들 자신과 조국에 대해 혼란과 의심을 불러일으켰고 포로들을 매우 다루기 쉬운 집단으로 순화되었다는 것이다. 그래서 포로들은 탈출을 거의 시도하지 않았다는 점이다.

포로들은 수용 기간에 사망했다. 그 원인은 고문의 영향도 있었지만, 심리적 요인으로 열악한 환경의 부적응이 주원인으로 판단된다. 예를 들면, 수백 명의 터키군 병사들은 미군보다도 자기 규율이 엄격했다. 유사한 수용소 조건에서 그들은 군기를 유지했고, 한 병사가 병이 나면 나머지 병사 중에서 그를 돌볼 병사가 임명되어 간호했으며, 필요하다면 목욕을 시키고 식사를 떠먹이면서까지 회복을 도왔다. 또한 세뇌 공작원들이 지도자를 격리해도 남아 있는 사람 중에서 지휘 임무를 떠맡았다. 메이어는 터키군 병사들의 교훈을 예로 들어 세뇌와 심문에 대한 저항 훈련의 필요성을 강조하였다.

3) 세뇌의 심리학적 이론과 기법

한국 전쟁 중 중공군의 포로수용소에 수용된 미군들에 대하여 중공군은 군사정보를 캐내기 위해 무자비하게 미군들을 고문했던 북한군과는 달리, 유화정책(lenient policy)이라는 이름 아래 포로들을 다루었다. 그것은 포로들에 대한 고도로 정교한 심리적 공격이었다. 전쟁이 끝난 후 미국의 심리학자들은 귀환 포로들의 심리적 상태를 집중적으로 연구하였는데, 그 이유는 중공군의 포로 심문 프로그램이 상상을 초월할 만큼 성공적이었기 때문이었다. 예를 들어, 중공군은 어렵지 않게 포로들이 서로를 감시하고 고발하도록 만들었는데, 미군 포로들의 이러한 행동은 제2차 세계대전 중에는 거의 찾아보기 힘든 현상이었다. 따라서 미군 포로들의 수용소 탈출 계획은 대부분이 실패로 돌아갔다. 중공군의 세뇌 프로그램을 연구했던 심리학자 샤인(Schein, 1958)은 "어떤 사람이 설령 탈출에 성공했다 하더라도 중공군은 그를 고발하는 사람에게 쌀 한 봉지의 현상금을 제시함으로써 손쉽게 그를 다시 체포할 수 있었다."라고 보고하고 있다. 실제로 중공군의 포로로 있었던 미군 병사 중에서 이런저런 형태로 중공군과 협조하지 않은 포로는 거의 없었다.

(1) 개입과 일관성의 원리

포로수용소의 프로그램을 자세하게 연구한 결과는 중공군 심문자들이 개입(commitment)과 일관성(consistency)의 원리를 사용하여 포로의 협조를 얻어 내는데 성공했다고 밝히고 있다. 물론 초기 단계에서 중공군이 미군 포로로부터 이러한 협조를 얻기란 그리 쉬운 일이 아니었을 것이다. 미군 병사들은 그들의 이름, 계급, 그리고 군번만을 알려 줄 뿐 다른 어떤 정보도 제공하지 않도록 잘 훈련받았기 때문이었다.

그렇다면 중공군 심문자들이 신체적 고문이나 폭력을 사용하지 않고 어떻게 이들 포로에게서 군사정보를 빼내었으며, 이들을 서로 간에 고발하도록 만들었을까? 중공군의 대답은 간단한데 그것은 '작은 것부터 시작하여 크게 만든다.'라는 기법이었다. 예를 들어, 포로들은 매우 하찮은 것으로 보이는 반미적인 혹은 친공산주의적인 '미국은 완벽하지 않다' 혹은 '공산주의 국가에서는 실업이 사회적 문제가 아니다' 등의 주제를 가지고 작문을 하도록 요구받는다.

미군 포로들로부터 일단 이러한 가벼운 승낙을 받아내면 다음 단계로 넘어간다. 즉, 미군 포로는 어떤 측면에서 미국이 완벽한 나라가 아닌가에 대하여 조목조목 나열하고 나중에 포로들 간의 토론 시간에 자신의 이름이 서명된, 미국의 문제점에 대한 자기의 작문을 정식으로 직접 공개하게 한다. 이러한 과정이 반복되면서 포로는 미국이 완벽한 나라가 되지 못하는 이유를 계속해서 생각해 내게 되고, 공개 토론에도 더욱 활발히 참여하게 된다는 것이다.

중공군 심문자들의 주된 목적은 미군의 세뇌에 있었다. 그들은 미군 포로들의 자신에 대한 태도, 그들의 정치제도, 미국의 한국 전쟁에서의 역할, 공산주의에 대하여 가졌던 부정적 생각도 송두리째 바꿔 놓으려고 시도한 것이다. 즉, 포로들의 행동뿐만 아니라 마음까지도 변화시키려는 목적을 가지고 세뇌 프로그램을 운영한 것으로 보인다.

그들의 세뇌 프로그램 효과를 미군 포로들의 변화된 태도, 낮아진 국가 충성도 및 사기, 전쟁에서의 미국의 역할에 대한 의심 등의 지표를 사용 분석한 결과 그것은 매우 효과적이었다고 시걸(Segal)은 결론짓고 있다.

(2) 세뇌의 기법

① 작문의 위력

중공군 심문자들이 사용했던 개입 기법 중에서 효과적으로 미군 포로들의 행동과 생각을 바꾸어 놓은 기법의 하나가 작문기법이다. 중공군들은 전쟁 포로들의 행동을 교묘하게 조종하여 그들이 어떤 일에 자발적으로 개입하게 만들고는 그 결과 포로들이 그들의 생각을 행동에 맞춰 변화시키도록 유도하였다.

중공군들이 특히 즐겨 사용했던 기법은 미군 포로들에게 작문을 짓도록 하는 것이었다. 중공군 심문자들은 그들이 교육하는 것을 미군 포로들이 잠자코 듣고만 있거나 구두로 동의하는 것에 절대로 만족하지 않았다. 그들은 미군 포로들에게 항상 그들이 말하는 것을 받아 적게 하였다. 이러한 방법은 사소한 개입이 결국 엄청난 개입이라는 결과를 낳게 한다는 것이다.

중공군 심문자들은 미군 포로들의 개입을 증명하기 위하여 작문이라는 도구가 얼마나 유용한지를 잘 알고 있었다.

첫째, 작문은 기록으로 남기 때문에 포로의 개입을 입증하는 움직일 수 없는 증거가 된다. 일단 포로가 중공군이 원하는 내용의 작문을 하게 되면, 이제 그는 그 사실을 부정할 수 없게 된다. 그렇게 되면 자동으로 그 포로의 생각과 자기 이미지는 자신에 의해 직접 만들어진 작문이라는 증거에 일치되는 방향으로 형성될 수밖에 없는 것이다.

둘째, 작문의 유용성은 그것이 다른 포로들에게도 받아들여질 수 있다는 것이다. 우리는 글이 사람들의 진정한 태도를 반영하고 있다고 믿는 경향이 있다.

이러한 경향은 그 글을 쓴 사람이 자의(自意)에 의하여 그 글을 쓰지 않았다는 것을 알고 있어도 어느 정도 비슷하게 적용되고 있다는 사실을 심리학자들의 다음과 같은 실험으로 밝혀진 바 있다.

심리학자인 존스와 해리스(Jones & Harris, 1967)의 실험은 피험자들에게 카스트로(Castro)에게 우호적인 내용을 담고 있는 연설문을 읽게 한 뒤, 절반에게는 그 글이 타의에 의해, 나머지 절반에게는 자의(自意)로 쓴 것이라는 정보를 제공하였다. 그 결과 놀라운 발견은 연설문을 작성한 사람이 타의(외부압력)에 의해 카스트로에 우호적인 글을 썼다는 사실을 알고 있으면서도 피험자들은 그 연설문의 작성자가 카스트로에 우호적인 태도가 있다고 믿는다는 것이다. 따라서 그렇지 않다는 결정적인 증거가 없이는 미군 포로의 반미적인 작문은 다른 포로들의 눈에는 작성자의 진정한 의도를 드러내고 있다고 인정될 수밖에 없는 것이다.

② 정치 백일장: 인지부조화

중공군 심문자들이 포로수용소에서 자주 사용하였던 또 하나의 기법은 심리학의 인지부조화의 원리를 이용한 일종의 정치 백일장이었다. 백일장에 내걸었던 상품은 겨우 담배 몇 개비와 같은 사소한 것이었지만, 그나마도 수용소에서는 매우 귀중한 것이었기에 많은 미군 포로가 이 백일장에 참여하였다. 중공군 심문자들이 이 백일장에 가능한 한 많은 미군 포로들이 참여하여 그들이 원하는 대로 중공군에게 우호적 작문을 쓰게 하였다. 중공군 심문자들이 항상 작은 상품만을 내걸었던 이유를 심리학 연구에서는 태도 변화의 부조화이론으로 이 현상을 설명할 수 있다. 페스팅거(1957)에 의해 제안된 인지부조화이론의 핵심은 사람들이 태도와 비슷한 행동을 했을 때 태도는 밖으로 나타난 행동과의 일관성을 유지하기 위해서 변화된다는 것이다. 만일 행동이 어떤 양식으로 취소되거나 변경될 수 없다면 심리적 긴장을 유발하는 부조화를 감소시키는 주요 방법은 자신의 태도를 변화시키는 것이며, 그렇게 하여 행동과 태도의 일관성이나 조화를 유지하려고 한다는 것이다.

일반적으로 공산주의를 적극적으로 찬양하는 글이 백일장에서 대상을 차지하였지만, 간혹 전체적으로는 미국을 지지하면서도 중공군에게 우호적 내용을 담고 있는 글이 상을 타기도 하였다.

만일 백일장에서 반드시 공산주의를 찬양해야 한다고 포로들이 믿는다면, 오히려 백일장에 참여하는 포로의 수가 줄어들 것을 우려한 조치였다. 그러는 동안 백일장에서 입상할 가능성을 높이기 위하여 글의 내용은 점점 위험 수위를 넘어서게 되고, 중공군은 자발적으로 중공군에게 우호적인 내용의 작문을 한 포로들에게 심리적인 일관성의 압력을 가하여 그들이 나중에 더 큰 협조를 하게 만들었다는 것이다.

③ 문간에 발 들여놓기 작전

이 기법은 제4장에서 자세히 설명하였다. 작은 요구로부터 시작하여 결국 커다란 승낙을 받아내는 책략을 우리는 '문간에 발 들여놓기 기법(The foot in the door technique)'이라 부른다. 중공군 심문자들이 미군 포로들을 다룸에 있어 사용했던 이 기법은 간단한 요구라도 일단 승낙하게 되면, 나중에는 점차 개입의 정도가 강해질 수밖에 없는 현상을 극명하게 보여 주었다. 대부분 포로는 처음에 이런저런 매우 사소한 일로 중공군에게 협조하였는데, 중공군은 이를 교묘히 이용하여 궁극적으로 포로들에게 자신을 비판하게 하고 군사정보까지 진술하는 상황까지 만들었다.

④ 공식적 입장

태도의 공적(公的) 진술은 더 많은 개입을 일으킨다. 만일 어떤 사람이 그 생각을 공적으로 표현하였다면 자신의 태도를 바꾸는 것이 이제는 자기 동료들에게 자기가 틀렸다는 것을 시인하는 것을 의미하기 때문에 더 곤란하다. 만일 우리가 어떤 일에 대하여 분명한 입장을 표하는 사실을 남이 알게 되면, 우리는 그러한 입장에 일관되게 행동해야 한다는 심리적 압박을 받게 된다(Tedeschi, Schlenker, & Bonoma, 1971). 일관성이 있는 사람은 이성적이고 확실하고 믿을 수 있으며 강인한 정신력을 가진 사람으로 인식되는 반면에, 일관성이 없는 사람은 변덕스럽고 분명하지 않으며 안정성이 없고 이랬다저랬다 하는 사람으로 인식되고 있다.

글로 생각을 표현하는 것이 가장 효과적으로 사람의 생각을 변환시키는 방법이 되는 또 다른 이유는 그 글로 인하여 글쓴이의 생각이 공식화되기 때문이다. 공식적인 개입은 태도 변화에 매우 영향력이 크다는 사실을 중공군 심문자들은 정확히 알고 있었다. 그래서 중공군은 기회가 있을 때마다 미군 포로들의 친공산주의적인 글을 포로수용소의 곳곳에 게재하거나 포로들 간의 토론 시간에 대표로 읽게 하고 혹은 라디오 방송 시간에 그 글을 읽도록 하는 등 공식화의 기법을 이용하였다.

⑤ 세뇌 저항 훈련

만약 심문이나 세뇌를 포로가 피할 수 없다면, 그것을 극복하고 저항하는 것이 병사들의 의무라고 할 수 있다. 심문 저항 교육을 위한 정교한 기법들이 심리학이나 생리학적 연구에 바탕을 두고 4단계로 개발되었다.

■ 제1단계

선발을 위해서 훌륭한 저항자와 그렇지 못한 사람 간의 배경 차이를 최소한으로 한다. 소수 비율의 사람들은 고통과 극단적으로 싸우고 나머지는 감각 박탈을 잘 견디는 것으로 보인다. 따라서 독방 감금이나 유사한 처벌에 잘 맞서 싸울 수 있다고 생각된다.

고통에 저항할 수 있는 사람을 선발하는 데는 간단한 방법이 사용될 수 있다. 시작과 함께 병사를 수분의 일 초간 단어나 상징이 나타나는 화면을 보여 준다. 다음 그 병사가 화면상에 무엇이 나타나는지 바로 확인할 수 있을 때까지 노출 시간을 점차 증가시킨다. 만약 다른 사람과 비교해서 이 시간이 상대적으로 길어진다면 이런 유형의 병사는 고통을 잘 견딜 수 있다. 그러나 이중의 체크를 위해 그 실험은 말하기, 듣기와 같은 다른 감각을 사용해서 반복된다. 그 병사의 생활방식 역시 검사된다. 즉, 그는 담배를 피우는가? 술을 많이 마시는가? 밝은색의 옷을 입는가? 열정적인 사회생활을 하는가? 만일 이 모든 물음에 "예"라고 답한다면 그 가능성은 그 병사가 자극들을 즐기고 그것을 얻기 위하여 열심히 일하게 될 것이다. 그는 무엇보다 고통을 잘 견딜 수 있다(West, 1958).

■ 제2단계

일단 병사가 한번 심사를 받았다면, 두 번째 단계는 그들에게 그럴듯한 '제2의 나

(alter ego)' 또는 변명을 신중하게 제공하는 것이다.

한국 전쟁에서 전쟁 포로들은 그들이 중요한 군사적 세부사항을 모른다고 주장함으로써 큰 고통을 경험하였다. 그래서 적절한 변명을 하는 훈련은 병사들에게 알고 있는 정보에 대해 모른다고 하는 주장을 가능하게 해 주었다.

■ **제3단계**

훈련 중 특정한 사례를 가지고 자아비판 기간을 거치게 하는 것으로 역(逆) 심문 과정을 말한다. 이것은 중공군의 자아비판과 크게 다르지 않다. 각자는 자리에 앉아서 어떤 식의 변명도 허락되지 않은 상태에서 신중하게 잔인하고 인신 공격적인 비판을 거친다. 그는 부적절한 과제를 수행해야 하고, 속셈을 토로해야 하며, 이야기를 듣지 않도록 고안되어 심문자의 의도에서 벗어나게 하는 것이다.

■ **제4단계**

기본적으로 거짓말 탐지기나 최면술 같은 특정한 심문 보조 자료에 대항할 방법의 고안이다. 바이오피드백 장치는 피부 저항의 변화를 다른 주파수의 소리로 전환하는 기계로, 피험자들에게 조종될 수 없다고 상상하는 과정 통제를 가능하게 해 준다. 시간 내에 피험자는 최소한 그의 기록이 혼란스럽도록 어느 정도까지 피부 전도를 통제하는 방법을 학습해야 한다. 또한 발가락을 꿈틀거리거나 기타의 방법을 통하여 맥박수를 변화시킬 수도 있다.

필라델피아에 있는 펜실베이니아 병원의 연구진은 병사들이 고통을 참아야 하거나 심문, 격리 수용, 멀미 같은 여러 군사적 상황에서 최면술을 사용하는 실험을 하였다. 그들의 주된 관심사는 특정한 군사 과제를 수행하기 위해 그들 자신을 어떻게 최면시킬 수 있는가와 그리고 이 방법을 사용해서 잠재적인 심문자를 속일 수 있도록 그들이 최면술에 걸렸다는 것을 어떻게 성공적으로 위장할 수 있는가에 있었다. 이 계획에 대해서 지금까지 발표된 연구는 거의 없지만, 뒤따라야 하는 하나의 방법은 병사들이 심문에 대처해야 하는 임무를 맡고 나가기 전에 최면을 걸 수 있는가 혹은 실제적 최면 없이 최면을 모방하도록 훈련될 수 있는가를 알아보아야 한다는 것이다. 이것은 최면에 걸린 효과를 가져다주는 안구 운동을 유발하는 영역과 주로 관련이 있어 보인다. 또 다른 가능한 방법은 위험한 임무를 부여받은 병사에게 최면 상태에서 분류된 성질의 정보를 주고 그다음 최면 기억상실증을 유발하는 것이다.

피험자는 최면술사에 의해 하나의 암시 부호를 받게 되고, 오로지 그 암시 부호에 의한 반응으로만 재료를 회상할 수 있어야 한다.

2. 면역이론

한국 전쟁의 여파로 맥과이어와 파파죠지스(McGuire & Papageorgis, 1961)는 중국 공산주의자들에 의한 미국인 포로의 세뇌에 관해 관심을 보였다. 중공에 수용된 많은 포로가 미국 정부를 비난하는 대중연설을 하게 되었고, 몇몇은 전쟁이 끝나더라도 미국에 돌아가기보다는 중국에 남아 있기를 원하였기 때문이다.

맥과이어는 미군 병사들이 이렇게 쉽게 세뇌를 당한 것은 그들이 전혀 경험이 없고 알지 못하는 마르크스 이념의 공격에 대해 미국의 민주주의를 방어하도록 훈련된 바가 없었기 때문에 그런 영향에 취약했다고 생각하였다.

이것을 증명하는 실험에서 맥과이어는 설득에 대한 대상자들의 태도 변화는 과거 경험이 그 설득에 대한 저항원이 될 수 있다는 가설을 세웠다. 연구자들은 사람들에게 설득에 저항할 능력을 증가시켜 주기 위해 고안된 경험의 효과에 대하여 체험하였다. 이들은 자신이 가지고 있는 태도와 불일치하는 설득 주장에 직면한 사람들은 바이러스나 질병에 의해 공격받고 있는 사람과 유사하다고 생각하였다. 설득메시지(바이러스)가 강할수록 바이러스(설득)에 의한 감염은 예방될 수 있을 것이다. 이러한 논리에 따르면 사람들이 어떤 병에 대한 감염을 방지하는 데는 평소 영양 관리와 비타민제 투여와 같은 방법을 통해 건강한 체력을 기르거나 병원균에 대한 예방주사를 맞아 항체를 길러 주는 방법이 있을 수 있다.

이상과 같은 논리를 적용하여 태도 변화 이론에서 설득에 대한 저항력을 강화하는 한 가지 방법은 '**지원적 방어**'라고 불리는 것으로, 이것은 그 사람에게 그가 원래 견지한 입장을 지지해 주는 부가적 주장이나 정보를 제공해 줌으로써 그 사람의 의견을 확고하게 직접 구축시켜 주는 것이다. 즉, 병사들이 민주주의 제도가 좋고 공산주의가 나쁘다고 믿고 있다면 자유 민주주의 신념을 지지해 주는 부가적인 주장이나 정보를 제공해 주어 병사들의 신념을 확고하게 구축해 놓은 것이다. 그렇게 되면 자유 민주주의 사상을 버리고 공산주의 사상을 주입하고자 하는 설득에 강하게 저항하게 될 것이라는 논리이다. 또 다른 방법은 '**면역적 방어**'라고 불리는 것으로 질병에 대한 저항력을 기르기 위해 예방주사를 접종하는 것처럼 설득에 대한 면역력을 강화하는 것이다. 이러한 논리는 사람들에게 그들이 싸워 이길 수 있는 약한 병균을 주게 되면 스스로 항체를 만들어 나중에 더 강한 병균의 공격에 방어할 수 있다는 주장을 하고 있다. 이와 비슷하게 어떤 사람의 의견이나 태도가 평소 공격당한 경험이 전혀 없다면, 그 의견이나 태도가 갑자기 설득적 압력을 받았을 때 그 사람은 방어력을 갖지 못하고 그 의견이나 태도는 변화되기 쉽다는 것이다. 만일 자신의 의견이 일찍이 공격받은 바 있고 이를 성공적으로 방어한 경험이 있다면, 그 사람은 그 의견이나 태도에 대해 비교적 강한 방어체제를 구축하였기 때문에 그 후의 공격에 더 잘 저항할 수 있을 것이다.

맥과이어는 사람들을 병에 면역되게 할 수 있다는 것과 같이 설득적 공격에 면역시킬 수 있다고 보는 것이다. 이것은 사람의 태도를 약하게 공격함으로써 달성된다. 그 공격은 약해야만 되며, 그렇지 못하면 오히려 태도 변화를 시켜 싸움에 지도록 만들었다. 따라서 병사들에게 평소의 태도에 대한 공격과 방어의 훈련을 시키고 미리 준비된 반박 논리 또는 반박문을 제시하는 방식의 면역형성 교육이 설득 저항에 도움이 될 것이다.

맥과이어와 파파죠지스(1961)의 실험연구에서 세 집단의 피험자를 각각 지원 방어, 면역 방어, 통제집단 등의 조건 처치를 한 후 모든 집단에 그들의 최초 입장에 대한 강한 공격을 받게 하였다. 그 결과 나타난 태도 변화의 정도는 지원집단, 면역집단, 통제집단으로 면역집단이 다른 처치집단보다 덜 변화되는 것으로 나타났다. 그러나 지원 방어와 면역 방어의 방법을 활용하는 데 고려할 점은 두 방법 모두 저항력을 강화하여 설득에 대응하는 것이다. 그렇지만 어느 방법이 효과적인지는 상황에 따라 차이가 있다는 점이다.

지원 방어의 방법은 병사들이 단순히 특수한 주장을 배울 필요가 있을 때 가장 좋으며, 면역 방어는 병사가 자기 자신의 방어적 주장에 대해서 생각해 보는 것을 자극받아야만 할 때 더 낫다는 점이다.

아울러 지원 방어는 차후에 전에 지지받은 바 있는 주장과 유사한 내용의 공격이 있을 때 특히 효과가 있으나, 새로운 주장이 포함되었을 때 면역 방어가 효과적이었다.

3. 심리적 반발이론

우리 속담에 "하던 짓도 멍석 깔아 놓으면 안 한다."라는 것이 바로 이 심리적 저항을 잘 대변해 주고 있다고 생각된다. 이 이론의 기본적 측면은 사람들은 그들이 어떤 자유가 위협받고 있다거나 박탈당했다고 생각할 때는 대부분 흥분하게 된다는 것이다. 그렇게 되면 사람들은 이미 누리고 있는 자유가 상실된다는 사실을 견디지 못해 그 특권을 되찾기 위하여 행동하게 된다.

브렘(Brehm, 1966)은 이러한 '거부의 심리(reverse psychology)'에 주목하고, 이러한 심리적 과정을 체계적으로 정리하였는데 이것이 '심리적 반발이론'이다. 이 이론에 의하면 어떤 대상에 대하여 선택의 자유가 제한되거나 위협받게 되면 그 자유를 유지하기 위한 동기가 유발되어 사람들은 그 자유를 이전보다 더 강렬하게 원하게 된다는 것이다.

1) 반발심의 크기

심리적 반발이론은 반발심이 몇 가지 요인에 따라 그 크기가 변화된다고 가정하였다(Brehm, 1966).

첫째, 반발심의 크기는 그 사람이 자신이 자유를 가졌다고 얼마나 확신하고 있는가에 따라 영향을 받는다. 말하자면 사람은 자신이 어떤 특정의 자유를 갖고 있다는 확신에 비례하여 반발심을 갖게 된다는 것이다. 그러한 확신은 그 자유를 누려온 경험과 법적인 자유와 같은 공식적인 합의들, 타인이 자유를 누리는 것에 대한 관찰 및 기타 여러 출처에서 비롯될 수 있다.

둘째, 어떤 사람에 대해서 어떤 자유가 중요하면 할수록 그 자유가 위협받거나 제재당할 때의 반발심은 더 크게 된다. 어떤 자유의 중요성은 그 자유를 누림으로써 독특하게 충족될 수 있는 동기들의 중요성에 의해서 결정된다고 할 수 있다. 어떤 자유가 중요한 동기를 충족시켜 주는 요인 중의 하나에 불과할 때나 독특하게 충족시켜 줄 수 있는 동기의 중요성이 없을 때는 그 자유의 위협이나 박탈은 거의 반발심을 유발하지 못한다.

셋째, 만일에 어떤 사람이 한 가지 이상의 자유를 갖고 있다면 위협이나 박탈에 의해서 유발된 반발심의 크기는 위협받거나 박탈당하게 되는 자유의 수에 비례하는 함수가 될 것이다.

넷째, 심리적 반발은 자유의 암시된 감소에 의해서도 유발될 수 있다. 만일에 어떤 사람이 자신의 자유 중 하나가 위협받고 있다고 생각하면 그 사람은 다른 자유도 위협받고 있다고 추론하게 된다. 예를 들어, 만일에 교실에서 흡연하는 자유가 박탈되게 되면 캠퍼스의 다른 곳에서도 곧 금지되게 될 것이라거나 또는 다른 유사한 자유가 박탈될 것이라고 의심하게 된다. 어떤 자유에 대한 암시된 위협이 크면 클수록 심리적 반발심도 더 크게 되는 것이다.

2) 로미오와 줄리엣 효과

아동의 발달 시기를 보면 대략 세 살 무렵부터 심리적으로 저항하기 시작한다. 우리의 자유가 침해당했을 때 저항하는 경향은 우리의 삶 전체에 걸쳐서 일반적으로 발견되고 있는 현상이다. 이러한 반항 현상이 두드러지게 나타나고 있는 시기는 청소년 시기이다. 이 시기는 미운 일곱 살 때처럼 우리의 개성에 대한 인식이 가장 활발한 때로서 청소년은 부모의 통제에서 벗어나 권리와 책임으로 대변되는 어른의 역할로 변화를 추구하고 있다. 그중에서도 특히 청소년은 성인으로 책임보다는 권리에 더 큰 관심을 보인다. 이러한 청소년에게 과거의 전통적인 부모의 권위를 내세워 대처하게 되면 오히려 역효과를 낼 수 있다.

청소년에 대한 부모의 압력이 '긁어 부스럼 효과를 낸다는 것'은 로미오와 줄리엣 효과라는 현상을 통하여 가장 분명하게 나타나고 있다. 로미오와 줄리엣은 몬터규 집안과 캐풀렛 집안 간의 뿌리 깊은 반목으로 인하여 불운한 사랑으로 끝을 맺는 셰익스피어 희곡의 주인공 이름들이다. 이들 두 사람은 그들 사이를 떼어 놓으려는 양가의 집요한 압력에 굴복하지 않고 비극적인 죽음을 맞이하게 되는데, 우리가 특별히 관심을 가지는 것은 이들의 자살 행위가 자유의지의 궁극적인 표출이라는 것이다. 이 부분에 대한 사회과학자들의 해석은 그들의 사랑에 대한 부모의 간섭과 그에 대한 심리적 반발이 그들의 사랑을 더욱 뜨겁게 하였고, 마침내 죽음에까지 이르게 하였다는 것이다. 아마도 부모의 반대나 간섭이 없었더라면 그들의 사랑은 지나가는 풋내기 사랑으로 끝날 수도 있었을 것이다.

이러한 가설을 증명하기 위하여 콜로라도주에 사는 140쌍의 부부를 대상으로 한 연구(Driscoll, Davis, & Lipetz, 1972)에서 앞의 가설을 지지하는 쪽으로 나타났다. 연구자들이 발견한 것은 부모의 반대와 간섭이 그들 부부 사이에 약간의 문제를 초래할지라도 오히려 그 때문에 서로의 사랑을 더욱 확실하게 확인하게 되었고 궁극적으로 결혼까지 하게 되었다는 것이다.

한편, 또 하나의 흥미로운 발견은 이들 부부에 대한 부모의 간섭이 가해지면 그에 비례하여 부부 사이의 애정이 강해지고, 부모의 간섭이 시들해지면 부부 사이도 시들해지고 있었다는 사실이다. 이러한 연구들은 '심리적 반발이론'에 대한 심리적 과정을 잘 설명해 주고 있다.

4. 사전 경고와 사전 무장의 원리

만일 어떤 사람에게 그가 앞으로 어떤 문제와 내용을 접하게 될 것이라고 미리 알려 주면 그는 그 문제에 관심을 두게 되고 그 메시지에 의한 설득에 더 잘 저항할 수 있다(Freedman & Sears, 1965). 그렇다면 왜 사전 경고가 설득에 저항하는 힘을 주는가?

여기서 사람들이 알고 있는 바는 메시지 전달자가 자기와 의견이 다르다는 것이 전부라는 사실을 아는 것이 중요하다. 즉, 유일한 차이는 어떤 사람들은 사전에 그것을 알고 있었고 어떤 사람들은 이야기를 시작하기 직전에야 안다는 것이다.

사전 경고를 받은 사람들이 보여 준 더 큰 저항은 경고와 메시지 시작 사이에 일어나는 어떤 기제에 의한 것으로 생각된다. 실제로 페티와 카치오포(Petty & Cacioppo, 1977)는 경고와 메시지 시작에 대한 접촉 사이의 지연 기간이 피험자들에게 더 많은 반대 주장을 일으키게 하였다는 것을 보여 주었다.

이 현상에 대한 설명으로 가장 가능성 있는 기제는 면역이론에서처럼 그 사람의 방어들이 어떤 식으로든 연습하였고 따라서 강화되었다는 것이다. 비록 이러한 방어들이 어떻게 강화되었는가를 직접적으로 증명하는 증거들은 거의 없지만, 그 사람은 아마 그 시간 동안에 설득자로부터 받게 될 주장을 예상하고 반대 주장을 준비할 수 있을 것이다. 또한 사전 경고를 받은 사람은 자기와 다른 의사소통 출처에 대해 격하시킬 수도 있다.

면역 절차를 통과한 사람은 반대자를 격하시킬 충분한 기회를 가질 수 있다. 이와 유사하게 사전 경고를 받은 사람은 의사 전달자를 믿을 수 없고 편견이 있으며 잘못 알고 있다고 스스로 이해시키는 데 그 시간을 사용할 수도 있다.

이러한 사전 경고의 사전 무장 현상은 메시지 수신자가 의사 전달자의 입장과는 다른 입장에 강하게 개입되어 있었던 상황에서 나타났다. 만약 수신자가 다른 태도나 입장에 강하게 관여되어 있지 않다면 사전 경고는 반대로 태도 변화를 촉진하는 효과를 가질 것이다. 이에 따라 압슬러와 시어스(Apsler & Sears, 1968)는 사전 경고를 주제에 개인적으로 관여되어 있지 않은 수신자의 태도 변화는 촉진하지만, 높게 관여되어 있는 수신자의 태도 변화는 방해할 것이라는 가설을 가지고 실험을 하였다. 그 결과 주제에 높게 관여된 피험자들에게 있어서 사전 경고는 태도 변화를 억제하였고 낮은 관여 조건에서는 태도 변화를 촉진한 것으로 나타났다.

페티와 카치오포(1979) 연구의 결과도 사전 경고는 낮은 관여 조건보다도 높은 관여 조건에서 더 크게 설득을 감소시켰고, 반대 주장을 증가시켰으며, 호의적인 생각을 감소시켰다는 것을 설명하고 있다.

이러한 사전 경고의 효과는 피험자가 메시지를 수신하기 전에도 탐지될 수 있다. 높게 개입된 사람은 앞으로 수신하게 될 메시지에 접촉하기도 전에도 저항을 시작하지만, 개입되지 않은 사람은 자기의 입장을 완화하는 것으로 나타났다.

5. 집단의 사회화

사회화(socialization)란 한 개인이 소속집단의 문화와 가치관을 습득하는 과정을 말한다. 인간들과 함께 난점을 극복해 나가고, 환경의 여러 측면의 새로운 접근방법을 발전시키는 데 서로 적응해 나가는 의사소통의 과정이다. 각 개인은 남의 반응을 예견하고 그것에 동조할 수 있을 때까지 자신의 노력을 성공적으로 수정해 나감으로써 참여를 통해 조직집단에 참여할 수 있는 능력을 점차 발전시킨다. 처음에 어색하던 경향도 점차 협동적이고 자연스러워지며 반복을 통해 습관화된다. 각 개인에 있어서 의미들은 자연적 선택의 과정을 통해 생성된다.

현재의 생활조건에 성공적으로 적응할 수 있게 해 주는 행위 양식은 영속화되어 외부세계에 대하여 각자가 지향하는 일부로 된다는 것이다.

사회화란 살아 있는 유기체가 그의 환경에 대해 계속 적응한 것으로 보는 것이 유용하다. 모든 생물은 살기 위해 투쟁하고 각자가 처해 있는 생활조건 속에서 재생산하기 위해 투쟁한다.

인간의 경우, 환경은 주로 개념화되어 있고 대상이 간혹 임의로 분류되며 명명되어 있다. 인간은 자신들이 알고 있는 상황에 적응하고, 성공적으로 보이는 자신들의 활동을 반복한다. 성공을 측정하는 데 단지 물리적 생존에만 국한하지 않는다는 점이 중요하다.

인간은 개인적, 사회적 지위뿐만 아니라 다양한 상징적 만족에도 관심이 있다. 가장 중요한 것은 인간은 자존심과 자존심에 대한 감정에 관심이 있다는 점이다.

환경에 대한 인간의 적응에는 다른 어떠한 방법으로도 조절될 수 없는 상황 속에서 방어적 자세를 취한다는 사실이 내포되어 있다. 동기화처럼 사회화도 살아 있는 유기체의 적응적 경향의 측면에서 설명될 수 있다.

조직화된 집단에 참여하는 동안 각 개인의 적응은 습관으로 굳어지고, 또 한 사회적 제재(social sanction)를 통해 강화된다. 사회화는 새로 온 사람이 자신의 행위를 집단 내에서 제재받는 행위 유형에 선택적으로 적응시키는 의사소통의 계속적 과정이다. 일단 인습적 의미와 상징을 학습하면 그는 집합적 집단의 다양성에 쉽게 참여할 수 있다. 세련된 판단을 하는 것을 배우고 결국 보다 복잡한 유형의 협동에의 참여를 가능하게 만든다. 모든 종류의 가치관은 훈련을 통해 학습되지만, 타인에 대한 일관성 있는 감정적 반응을 통해 더 많이 형성된다. 새로운 사람이 어떤 집단에 가입할 때 대략 모방으로 시작하여 점차 관습적 절차를 발전시킴으로써 인정될 수 있는 행위의 표준에 성공적으로 접근한다.

우리 사회에서 다문화 가정과 북한 이탈주민들이 겪고 있는 어려움도 사회화에서 비롯된 것이다. 따라서 그들이 한국 사회에 건강한 적응을 할 수 있도록 모두의 배려와 관심을 보여 주어야 적응하기 쉽다.

1) 병사들의 사회화 과정

병역의무를 위해 징집된 사람은 자신의 새로운 역할에 서툴고 불편함을 느낀다. 그러면서 그는 병사의 의무에 관한 설명을 신중하게 듣는다. 그는 경험이 많은 선배들을 모방한다. 그는 군사적 의미를 지닌 새로운 어휘뿐만 아니라 군인들이 친숙한 대상을 지칭할 때 사용되는 특수한 단어들도 배운다. 그는 점진적으로 다른 군인들처럼 말하고 생각하고 활동하기 시작한다. 그러나 대부분 신병은 부대를 떠나 휴가를 가기 전까지는 자신이 얼마나 변했는지 잘 모른다.

군대의 성원은 군이라는 집단적 가치체계로 통합되어 군대적 일체감(military identity)이 확립되어야 한다. 병사들을 중심으로 군대의 사회화 과정과 그 내용은 다음과 같다.

- 1단계: 국가 의식의 앙양이다. 관심의 초점을 개인에서 국가로 바꾸는 과정으로 조국과 민족에 대한 개념이 형성되고 진정한 애국심이 무엇인가를 알게 되며 세계 속에서 국가를 생각하게 된다. 국가가 존재함으로써 내가 생존할 수 있다는 의식이 군대 체험을 통해 체득된다.
- 2단계: 군사 지식과 기술의 습득이다. 적의 능력을 알고 그것을 능가하는 군사 지식과 장비, 무기 등에 관한 기술을 상급자나 동료들로부터 체득한다.
- 3단계: 집단정신의 배양이다. 병사들은 집단생활을 통하여 강한 유대감을 가지게 되며, 그 중요성을 느끼게 된다. 24시간 동안 침식을 같이하며 일과를 수행하는 장면은 다른 일반 사회집단에서는 보기 힘든 일이다. 부대의식과 운동경기, 훈련, 내무생활 등을 통하여 강한 집단정신의 힘이 얼마나 중요한지를 체험하는 과정이다. 이러한 집단정신은 군대 전투력을 형성하는 기초이며 강한 응집성과 팀워크는 승리의 원동력이 된다.
- 4단계: 생활능력의 향상이다. 이는 환경에 적응하는 능력과 자립정신이 증대됨을 의미한다. 힘든 훈련과 역경을 견디는 인내심, 급변하는 상황에 대한 적응력, 판단력 등은 장기간의 군 생활을 통해 자신도 모르게 체득된다. 또한 이러한 조직 생활을 통해 형성되는 자신감과 책임감은 전역 후 사회생활에 대한 적응력을 높여 줄 것이다.
- 5단계: 명예와 자부심의 발로이다. 국가방위의 신성한 의무를 자신이 수행하고 있다는 자랑스러운 느낌을 체험하고, 나아가 영광된 조국의 수호자였다는 자부심을 형성하고 확신한다.

2) 재사회화

사회화 과정이 지나면 개인은 집단이 존속되는 동안 유지 기간을 갖는다. 그러나 어떤 경우에는 유지 과정이 '일탈(divergence)'이라는 전환점에 이르기도 한다. 예를 들어, 집단이 개인에게 보상이 되지 못하는 역할들을 강제로 맡게 할 수도 있다. 개인 역시 적절한 행동에 대한 집단의 기대에 부응하지 못하여 역할 협상이 난관에 봉착할 수도 있다. 일탈의 시점에 도달하면 사회화 과정은 재(再)사회화라는 새로운 상황을 맞게 된다.

재사회화(re-socialization)는 원래의 생활 태도를 버리고 그와는 매우 다른 흔히 양립할 수 없는 생활양식을 따르기까지의 급격하고 근본적인 변화를 의미한다. 세뇌, 수감자의 교도 등은 재사회화의 예이다. 효과적인 재사회화를 달성하기 위한 단계적 방안은 다음과 같다.

- 1단계: 개인에 대한 전적인 통제를 장악한다. 개인에 대한 어떠한 외부집단의 영향력도 배제하고 개인 생활의 모든 영역에 걸쳐서 영향력을 행사하게 된다.
- 2단계: 과거 지위의 억제이다. 과거의 지위는 무(無)로 돌리고 재사회화 과정에서 달성한 업적과 지위만을 인정한다.
- 3단계: 과거의 자신 또는 전(前) 신분(old self)의 도덕적 가치의 부정이다. 흔히 개인이 재사회화 과정 이전에 가졌던 입장을 평가절하하고 제거해야 할 대상으로 돌리게 된다.
- 4단계: 자신의 재사회화에 참여이다. 자기분석, 자아비판, 고백 등의 방법을 통해 적극적으로 자신의 재사회화에 참여시켜야 한다.
- 5단계: 소극적 제재이다. 부정적 제재와 긍정적 제재 모두 사용을 인정해야 한다.
- 6단계: 동료집단의 압력과 지지를 강화해야 한다. 동료집단의 비공식적 영향력을 활용한다.

재사회화 동안 이전의 정회원은 집단에서의 미래가 불확실한 주변 구성원이 맡았던 역할을 하게 된다. 때로는 개인이 이러한 위기를 재촉하는데 이는 흔히 부담의 증가와 보상의 하락, 집단에 대한 헌신의 약화, 책임과 의무에 대한 불만족에 대한 반응이다. 집단도 그것을 부추길 수 있는데, 기여하지 않거나 집단의 명시적 및 묵시적 목적에 반하는 일을 하는 성원에게 반발할 수 있다.

사회화에 관한 대부분 연구는 학습이 일반적으로 가장 인상적일 때인 유아기의 훈련에 중점을 두고 있다. 왜냐하면 이때는 모든 일이 새롭고 신기하기 때문이다.

아동은 단시일 내에 많은 것을 학습한다. 이 시기는 생활양식이 정립되는 때이고, 또한 차후의 모든 사회화에서 선택의 기초를 제공한다. 심리학자들은 동일시의 감정을 아동의 사회화에 대한 기본과정으로 본다.

자신의 환경 속에 있는 중요한 인물들의 행동을 모방함으로써 아동들은 자기들의 사회에서 성인들에게 기대되는 태도와 행동을 습득하게 되지만 새로운 태도와 행동의 학습은 각 개인의 일생을 통해 계속된다.

종교적 영역에 참여할 때, 다른 지역 사회로 이주할 때, 집을 떠나 대학교에 다닐 때, 특정 동아리 등에 참여할 때 혹은 새로운 직업을 얻었을 때 사람들은 새로운 유형의 행동과 태도를 개발한다. 말하자면 인간은 새로운 환경에 더욱 적합한 행위 양식을 개발함으로써 보조를 맞추지 않으면 생존에 위협을 받게 되는 것이다.

제11장

매체 활용 설득

1991년 미국은 걸프 전쟁 동안 효과적인 설득을 라디오 방송, 확성기 방송, 전단 투하, 적 포로 수집 팀 활동 등 전투 활동에 잘 통합하였다. 이러한 통합된 작전은 87,000여 명의 이라크군을 항복시켰다.

-걸프 전쟁 시 설득: 작전 후 분석, 1993년-

1. 설득 매체

설득 매체란 선전내용을 목표 대상자들에게 전달하는 기구를 말하며, 이러한 매체를 이용하여 설득을 함에 있어 전달 측이 효과적인 주제와 좋은 의도를 가졌다 할지라도 목표대상에게 전달되지 않으면 아무런 의미가 없다. 따라서 설득 수행에 있어 자기 측의 의도, 선전내용, 소요시간, 목표대상의 환경조건에 적합하도록 매체를 선택하여 운용하여야 한다. 설득에 활용 가능한 매체는 다음과 같다.

분류	매체
전파	인터넷, 라디오, TV, 위성방송, 확성기, CATV 등
인쇄	신문, 잡지, 역사물, 소설, 시집, 만화, 유인물, 전단, 팸플릿, 화보, 간행물 등
대화	회담, 대면, 브리핑, 인터뷰, 성명, 웅변, 토론, 훈시, 공보 등
물자 · 소품	선물, 상품, 모자, 복장, 깃발, 배지, 스카프 등
문화예술	영화, 연극, 음악, 그림, 사진 등
시설 및 조형	건축물, 기념비, 유적지, 동상, 벽화, 조각품 등
협력 · 협동	원조, 경제협력, 의료지원, 선교사업, 자매결연, 대민지원 등
게시 · 전시	대자보, 구호판, 전광판, 게시판, 전시대 등
행사 · 집회 · 운동	행진, 무력쇼, 박람회, 캠페인, 의식행사, 성묘, 봉화, 종교행사 등
조직	군대, 선거조직, 지하조직, 위문단, 공연단, 청년단 등
폭력 · 강경행위	테러, 침투, 간첩, 전복, 방화, 납치, 학살, 전략폭격 등
상징	호칭, 명칭, 문자, 기호, 몸짓, 선언, 신무기, 표식물 등
소리	피리 소리, 나팔 소리, 꽹과리 소리, 지하음, 포성 등
말	강한 말, 비방 · 중상모략적인 말, 욕설, 거짓말, 루머, 구호 등

2. 매체 운용 시 고려사항

- 수용성과 신뢰성
- 집중성과 조화성
- 적시성과 신중성
- 충분성과 다양성
- 적합성

1) 수용성과 신뢰성

설득 매체는 목표대상이 수용하고 신뢰할 수 있어야 효과를 달성할 수 있다. 목표대상이 설득 매체를 수용하도록 유도하기 위해서는 매체의 내용이나 형식이 상대방의 심리를 자극할 수 있어야 하고, 내용에 대한 신뢰성을 유지할 수 있도록 진실성 있는 내용을 활용하여야 효과적이다.

2) 집중성과 조화성

설득 목적을 달성하기 위해서는 각종 매체를 상호 조화 있게 집중적으로 사용하면 효과적이다. 방송을 통하여 전달하여야 할 내용일지라도 전단이나 대면 설득을 통해서 병행 지원함으로써 더욱 큰 효과를 기대할 수 있다.

3) 적시성과 신중성

시기에 맞지 않는 매체 전달은 설득 효과를 기대하기 어렵다. 따라서 매체 전달 시에는 계절, 기상, 목표대상의 성격 등 작전환경을 고려하여 실시해야 한다.

4) 충분성과 다양성

대상이 매체를 접할 수 있도록 기회를 주기 위해서는 충분한 양을 전달해야 한다. 또한 한 가지 매체만을 이용하면 시간이 경과됨에 따라 목표대상은 권태감, 지루함, 실증, 거부감을 일으킬 수 있으므로 다양한 매체를 활용해야 효과적이다.

5) 적합성

목표대상 내에서도 계층, 교육, 종교, 직업, 취미, 나이, 성별 등에 따라 설득 주제를 받아들이는 정도나 영향을 받는 범위는 다양하므로 목표대상에 따라 적합한 매체를 선택하여야 한다. 대상 수준에 맞는 매체, 주제, 내용, 용어 등의 사용 여부에 따라 보다 큰 효과를 기대할 수 있다. 주민들을 대상으로 어려운 이론을 방송으로 하는 것보다는 오히려 색채, 만화, 사진 등을 포함하는 전단이 효과적이다.

3. 방송 설득

방송은 청취자에게 다양한 메시지를 전달한다. 또한 광범위한 지역에 자기 측의 메시지 전파를 통하여 동시 전달하게 하는 매체로서 각 가정에까지 침투하여 사상,

지식, 감정을 공통화, 보편화, 대중화시킬 수 있다.

1) 종류

(1) 전략방송

장기적인 목적을 가지고 점진적으로 목표대상 국가의 장기목표 달성을 저지 및 상실시키는 것으로 목표대상의 사상, 가치관, 신념을 파괴하고 내부의 상호 이간, 분열, 반목, 불신, 불화, 불안, 공포 등을 조성하거나 자기 측에 우호적인 사람들을 격려 및 선동하는 활동 등이 이에 속한다. 따라서 자기 측의 국가정책에 보조를 맞추기 위하여 항상 관계기관과의 긴밀한 협조가 필요하다.

(2) 전술방송

전방에 위치하여 이동방송으로 전투와 직접 관련되는 사항을 방송하며, 확성기 방송 및 전단 작전과 보조를 맞춘다. 전시에는 적에게 저항의 무모성을 강조하고 투항을 권유하는 한편 주민들의 협조를 요청하기도 한다.

전술방송은 필요에 따라 적소에 위치하여 전방과 후방으로 이동이 쉬우며, 현지 정보를 즉각 이용하여 목표대상에게 신속하고 효과적인 방송을 할 수 있다.

(3) 선무방송

군사작전을 지원할 목적으로 지역에 있는 방송시설이나 기동 확성기를 이용하여 작전 전 · 후에 지속하여 실시하며, 일반적으로 주민의 질서 유지와 협조 증진 등의 프로그램을 운용하면 효과적이다.

2) 방송 설득의 장단점

(1) 장점

첫째, 속보성이다. 즉, 광범위한 지역에 전파를 통해 최근 소식을 적시에 신속히 전달할 수 있다.

둘째, 광범위성이다. 전파는 국경선이나 경계선의 제한을 받지 않으므로 광범위한 지역의 많은 대상에게 동시에 전파할 수 있다.

셋째, 청취와 이해의 용이성이다. 목표대상이 방송을 시청 및 청취하고 이해하는 특별한 노력을 필요로 하지 않으며, 문자의 제한(문맹자)을 극복하고 쉽게 전달자의 의사전달이 가능하다.

넷째, 융통성이다. 뉴스, 음악, 오락 등 다채로운 프로그램을 융통성 있게 송출하여 시청자와 청취자의 흥미를 유발하며, 선전이라는 인상을 피하면서 주제를 쉽게 전달하고 인식시킬 수 있는 융통성이 있다.

다섯째, 정서유발이다. 즉, 방송은 인간의 감정을 자극하며 정서를 유발한다. 따라서 유능한 설득방송 아나운서는 언어, 감정 등의 적절한 조작으로 시청자와 청취자의 정서에 큰 영향을 줄 수 있다.

여섯째, 수신자의 이용성이다. 사람들은 TV와 라디오를 생활의 도구로 이용하며, 시청 및 청취가 습관화되어 방송인의 음성이나 내용에 친밀감을 가지고 있다.

(2) 단점

첫째, 전파방해 및 제한이다. 고의적인 전파방해에 취약하며, 방송 청취에 대한 관계 법령이나 처벌 등으로 청취 금지 및 통제 시 방송의 영향 및 효과를 감소시킬 수 있다.[1]

둘째, 기상 및 지형의 영향을 많이 받는다. 전파는 기상과 지형의 영향을 받으므로 때문에 방송 상태가 고르지 못하거나 잡음으로 인해 전달이 어려울 수도 있다.

셋째, 수신기 미보유 시 제한을 받는다. TV나 라디오를 보유하지 못한 지역이나 목표대상은 시청 및 청취 자체가 불가능하다.

넷째, 영구성의 결여이다. 구두 매체는 문자(전단, 벽보, 출판물 등)보다 영구성이 제한되어 시간이 경과함에 따라 방송내용을 망각할 수도 있고 순간적인 인상밖에 주지 못한다.

1) 북한은 승인된 TV 및 라디오만 보유할 수 있으며, 보유하고 있는 TV 및 라디오도 채널을 납땜하여 승인되지 않은 채널을 시청 및 청취할 수 없다.

4. 확성기 방송

확성기 방송은 일정한 음량을 증폭시키는 장치를 이용하여 적이 잘 들을 수 있도록 하는 전파 매체로서 각종 전술 상황에서 기동성을 최대한 발휘하여 전투부대에 근접 지원할 수 있다.[2)]

통상 확성기는 투항 권고, 저항 중지, 최후통첩 등에 이용되나, 전달자의 사기앙양 및 독전, 질서유지 등에 효과적으로 운용할 수 있는 매체이다.

1) 확성기 사용 목적

(1) 적의 전투 의지 약화

확성기 방송으로 적에게 심리적인 충격을 가함으로써 적의 전투력을 약화하여 스스로 공포심을 유발할 수 있도록 분위기를 유도하는 것이 효과가 있다.

(2) 투항 권고 및 마음의 변질 유도

피아간 유혈을 방지하고 투항을 권고하며 마음의 변질을 유도하여 귀순 동기를 부여하는 것이 효과가 있다.

(3) 적 사기 저하

확성기 방송을 통해 적 지휘관 및 기타 필요한 인원에 대하여 불안, 불만 및 공포를 조성하여 적의 사기를 약화하는 효과가 있다.

(4) 정신적으로 적 무력화

적의 기선을 제압하고 심리적 의지를 말살, 조바심을 유발하여 적을 무력화하는 것이 효과가 있다.

---

2) 확성기는 지상 거치, 차량, 항공확성기 등으로 구분한다.

(5) 불평불만 조성

현 실정에 대한 불평불만 요소를 전달하여 저항의 무의미성을 인식하는 것이 효과가 있다.

2) 확성기 방송의 장단점

(1) 장점

첫째, 전장 이탈이나 투항을 기도하고 있는 적에게 현 상황과 투항방법 등의 정보를 제공하여 결심을 촉진할 수 있다.

둘째, 적 부대 내에 현실에 대한 불평불만을 조성하고 상호 이간할 수 있다.

셋째, 적을 혼란함으로써 군사작전을 지원할 수 있다.

넷째, 전 · 평시 시간과 장소에 구애받지 않고 기동성 있게 운용할 수 있다.

다섯째, 민사작전 간 점령지역 내의 주민들에 대한 군사작전 협조와 민간집단의 재편성을 효과적으로 지원할 수 있다.

여섯째, 아군의 전의를 고양하고 사기를 진작시킬 수 있다.

일곱째, 아나운서에 의한 직접 육성방송, 녹음방송, 전파 수신을 통한 중계방송 등 상황에 따라 다양한 방법으로 운용할 수 있다.

여덟째, 다양한 내용으로 적시성 있게 운용할 수 있다.

(2) 단점

첫째, 강풍 및 맞바람, 강우 시에는 가청거리가 제한되어 효과가 낮아질 가능성이 있다.

둘째, 전투 간 육성, 총성, 포성에 의하여 내용을 전달하는 데 많은 제한이 있을 수 있다.

셋째, 확성기 방송 간 적의 방어방송[3] 시 효과가 낮아질 가능성이 있다.

넷째, 전문적인 아나운서의 재능과 기술에 많이 의존하게 된다.

다섯째, 접적 지역에서 운용 시 상대의 포사격 등에 의하여 생존력이 취약하다.

---

3) 적 설득 오염방지대책 차원의 대응방송으로써 상대방의 방송내용을 청취하지 못하도록 운용하는 방송이다.

3) 확성기 방송 원고 작성 요령

(1) 방송 원고 작성 원칙

방송 원고는 설득력이 있어야 하므로 다음 원칙이 지켜지면 효과적이다.

첫째, 간단명료하고 친근감을 유지해야 한다. 가청거리 및 외적인 제한점 등을 고려하여 요점만 간단명료하게 작성해야 함은 물론 평소에 신뢰성 있는 내용으로 대상이 친근감을 가질 수 있도록 해야 효과적이다.

둘째, 정확한 정보 이용으로 욕구불만을 자극해야 한다. 인간은 누구나 자신의 욕구에 대한 최대 만족을 얻고자 하므로 대상이 바라는 기본적인 욕구를 자극하여 전달자가 원하는 대로 유도해야 효과적이다.

셋째, 반복과 공식적인 사실 위주로 권위를 유지해야 한다. 확성기 방송은 매체의 특성은 쉽게 기억되지 않으므로 핵심 주제를 반복하여야 하며, 신뢰성 있는 방송으로 권위를 유지해야 효과적이다.

넷째, 정서에 호소해야 한다. 대상 집단이 감동하도록 개인의 정서적인 감정에 호소할 수 있는 내용으로 작성하면 효과적이다.

다섯째, 적측의 언어를 사용하는 것도 효과적이다. 적의 관심을 유도하기 위하여 대상 집단의 실상과 특성에 관련된 내용과 대상 집단의 언어를 사용하여 친근감을 유지할 수 있다.

여섯째, 대상 집단의 당면한 현실 문제를 언급하는 것이 관심을 유지할 수 있다. 대상 집단의 최대 관심 사항이 되는 것을 언급함으로써 목표대상에게 공감을 주어 효과를 배가시킬 수 있다.

일곱째, 타 매체와 보조를 맞추어 작성하면 반복의 효과가 있다. 전단, TV 및 라디오 등 타 매체와 보조를 맞춤으로써 신뢰성을 유지할 수 있다.

(2) 방송 원고 작성 시 피해야 할 내용

방송 원고 작성 시 피해야 할 내용은 다음과 같다.

- 적개심 또는 복수심을 유발하는 내용(멸시, 욕설, 모략, 중상 등)
- 목표대상의 선전을 추종하는 소극적인 내용
- 근거 없는 과장 및 선전내용
- 전달자의 실수를 변명하는 내용

- 목표대상이 날조하여 선전한 각종 자료에 대한 비판 없는 내용
- 어려운 말이나 문구, 지루한 내용
- 목표대상에 대한 과도한 경이
- 사건의 성급한 판단 및 역선전 자료
- 목표대상의 능력 과장 표현
- 전달자에 동조하는 목표대상을 치하하거나 특정인에 대한 찬사
- 목표대상의 강점에 대한 시인

4) 확성기 방송 낭독기법

원고를 낭독할 때는 프로그램의 특성을 고려하여야 효과가 있다.

(1) 정서 순화 프로그램

적의 심리 상태와 처지를 진심으로 동정하고 이해하며 위로하는 다정다감한 인상을 주도록 해야 한다.

첫째, 상냥한 말씨로 다정하고 따뜻하게 낭독한다.

둘째, 명랑하고 경쾌한 음성으로 친근하게 낭독한다.

셋째, 약간 저음의 분위기 있는 음성으로 위로하며 호소하듯이 낭독한다.

넷째, 차분한 기분으로 조용하면서 은근하게 대상 집단의 마음을 사로잡는 언어를 구사한다.

(2) 비판 · 주장 프로그램

적이 가지고 있는 사상이나 신념 등의 오류를 논리적으로 비판하고 전달자의 정당성을 주장하며 논리적 증명에 합당하도록 정중하면서도 명령적이며 냉철하고도 날카로운 어조로 낭독한다.

첫째, 고조된 음성을 구사하되 고음, 중음, 저음의 변화를 분명히 한다.

둘째, 원고의 강조 부분은 명확하게 낭독한다.

셋째, 힘 있게 천천히 낭독하되 속도에 변화를 준다.

넷째, 대상 집단이 청취하면서 생각할 수 있는 여유를 준다.

(3) 보도 프로그램

프로그램이 가지고 있는 특성인 진실성, 객관성, 공정성이 언어 속에 내포되어야 하며, 친근한 인상을 주어 신뢰감을 얻을 수 있도록 낭독한다.

첫째, 주의와 흥미를 끌 수 있도록 약간 고양된 어조로 낭독하되 과장하거나 허풍을 떨지 말아야 한다.

둘째, 경쾌하고 생동감이 넘치며 일정한 속도를 유지한다.

셋째, 권위와 신뢰감 있는 음성으로 낭독한다.

(4) 홍보 프로그램

우월성을 주입하여 목표대상의 사기를 저하할 수 있도록 진실성과 친근감 있는 어조가 필요하다.

첫째, 주제에 대한 흥미와 열의 있는 어조로 낭독한다.

둘째, 일상 대화 형식으로 밝고 명랑하며 친근감 있게 낭독하되 과장되지 않도록 해야 한다.

(5) 음악 프로그램

뛰어난 재치와 기지 그리고 유머 감각이 있으면서도 다분히 위안적이고 다정한 어조로 낭독한다.

첫째, 목표대상과 마주 앉아서 대화하듯 회화체를 구사한다.

둘째, 경쾌하고 발랄한 음성과 생동감 넘치는 어조로 낭독한다.

5) 확성기 방송 요원 자격 요건

잘 작성된 원고도 중요하지만, 아나운서가 그 내용을 소화해서 어떠한 방법으로 적의 심리를 감화시키는가에 따라 효과가 달라지기 때문에 아나운서의 역할이 매우 중요하다고 할 수 있다.

첫째, 목표대상 언어에 능통해야 효과적이다.

둘째, 친밀감과 신뢰감을 줄 수 있는 음성을 소유해야 효과적이다.

셋째, 감정을 노출하지 않으면서 정서를 쉽게 자극할 수 있어야 효과적이다.

넷째, 각종 상황 변화에 대처할 수 있는 임기응변의 능력이 있어야 효과적이다.

다섯째, 방송 원고를 소화할 수 있는 능력과 방송 원고 내용의 특성을 표현할 수 있어야 효과적이다.

여섯째, 목표대상 집단의 풍속, 언어, 관습, 미신 등에 대한 지식을 갖고 있어야 효과적이다.

일곱째, 상대에 대한 지식이 풍부해야 효과적이다.

여덟째, 확성기 장비 조작 능력을 갖추면 효과적이다.

6) 확성기 방송 시 주의사항

확성기를 통한 방송으로 설득을 수행할 때 다음과 같은 사항에 유의한다.

첫째, 목표대상 집단의 동조를 할 수 있는 관심이 있는 내용이어야 효과적이다.

둘째, 목표대상의 마음을 사로잡고 친구가 될 수 있도록 방송해야 효과적이다.

셋째, 귀순, 투항 유도 시 안착 후의 안전 보장 등을 방송하면 효과적이다.

넷째, 상대의 상황이나 활동 등에 부합되는 현장감 있는 방송을 시행하는 것이 효과적이다.

걸프 전쟁 시 확성기 작전 성공 사례

○ 주요 내용

1991년 2월 20일 101 공수사단에 배속된 확성기 팀은 블랙호크 항공기를 이용하여 800m 상공에서 확성기를 운용하였고, 적의 반응이 없자 다시 지상에 내려와 지상 확성기를 운용하여 항복 권유 방송을 하였다.

○ 성과

방송 후 충분한 무기와 탄약을 보유한 잘 무장된 490여 명의 적군이 투항하였다. 이어진 신문에서 그 부대의 지휘관은 "전쟁에 지쳤고, 자신의 부하가 모두 죽는 것을 참을 수 없었다."라고 말했다.

5. 전단

전단은 한 장의 작은 종이 양면에 전달자의 선전내용을 간단한 문자, 그림, 사진 등으로 수록하여 목표대상 지역에 살포하는 매체로서 시각 매체인 각종 유인물 중에서 가장 큰 비중을 차지하고 있는 매체라고 할 수 있다.

1) 전단의 분류

(1) 운용에 따른 분류(전략, 전술, 선무 전단)

① 전략 전단

사용범위가 넓고 장기적이며, 목표대상의 견해, 감정, 태도 및 그들의 행동을 전달자의 의도하는 대로 변화시키는 것을 목적으로 한다. 또한 장기적 안목을 가지고 점진적으로 서서히 진행되며, 가치관 파괴, 불안감 조성, 전쟁 의욕 상실과 지도층에 대한 불신감 조장, 전달자에게 우호적 태도를 조성하기 위해서 사용한다.

[그림 11-1] 전략 전단

② 전술 전단

전투 상황 또는 국지적인 특수 상황에서 적측 인원의 태도 및 행동에 영향을 미칠 목적으로 사용하며, 주로 전술작전과 연계되어 운용하는 전단으로서 전술작전과 연계되기 때문에 신속한 효과를 기대할 수 있다.

[그림 11-2] 전술 전단

전술 전단은 상대측 인원이 무력의 위협을 받고 있을 때나 상대 보도기관에서 최근 뉴스를 제공하지 못할 때 효과적으로 활용되며, 통상 상대의 보급소 혹은 병력의 집결지에 집중적으로 운용하면 효과적이다.

③ 선무 전단

점령지역, 해방지역, 우방 작전지역에 살포되는 것으로서 질서 확립, 노무자 모집, 협조 증진, 사기 앙양, 유언비어 통제 등을 목적으로 이용된다. 선무 전단은 일반적으로 시사적인 내용보다는 일방적이고 지시적이며 경고와 명령적인 내용이 많다.

[그림 11-3] 한국 전쟁 당시 선무 전단

(2) 내용에 의한 분류(보도형, 설득형, 지시형 전단)

① 보도형 전단

어떤 뉴스를 정확하게 알려 줌으로써 목표대상의 관심을 유발하고자 운용되는 전단으로서 적측 보도기관에서 보도되지 않은 사항이나 보도 금지된 사항을 보도해 주는 것이 효과적이다.

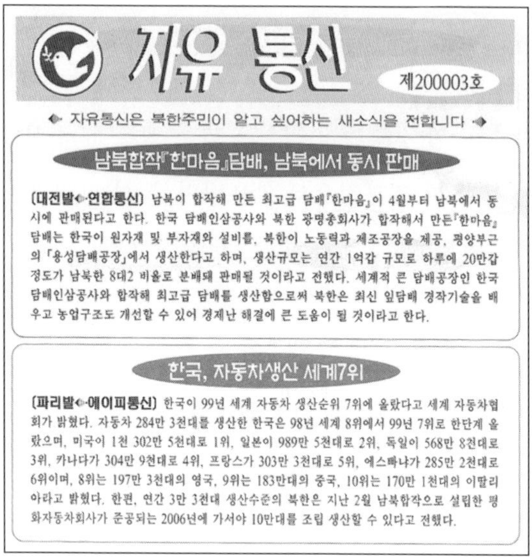
자유 통신

제200003호

◈ 자유통신은 북한주민이 알고 싶어하는 새소식을 전합니다 ◈

남북합작『한마음』담배, 남북에서 동시 판매

(대전발◈연합통신) 남북이 합작해 만든 최고급 담배『한마음』이 4월부터 남북에서 동시에 판매된다고 한다. 한국 담배인삼공사와 북한 광명총회사가 합작해서 만든『한마음』담배는 한국이 원자재 및 부자재와 설비를, 북한이 노동력과 제조공장을 제공, 평양부근의 「용성담배공장」에서 생산한다고 하며, 생산규모는 연간 1억갑 규모로 하루에 20만갑 정도가 남북한 8대2 비율로 분배돼 판매될 것이라고 전했다. 세계적 큰 담배공장인 한국 담배인삼공사와 합작해 최고급 담배를 생산함으로써 북한은 최신 잎담배 경작기술을 배우고 농업구조도 개선할 수 있어 경제난 해결에 큰 도움이 될 것이라고 한다.

한국, 자동차생산 세계7위

(파리발◈에이피통신) 한국이 99년 세계 자동차 생산순위 7위에 올랐다고 세계 자동차협회가 밝혔다. 자동차 284만 3천대를 생산한 한국은 98년 세계 8위에서 99년 7위로 한단계 올랐으며, 미국이 1천 302만 5천대로 1위, 일본이 989만 5천대로 2위, 독일이 568만 8천대로 3위, 카나다가 304만 9천대로 4위, 프랑스가 303만 3천대로 5위, 에스빠냐가 285만 2천대로 6위이며, 8위는 197만 3천대의 영국, 9위는 183만대의 중국, 10위는 170만 1천대의 이딸리아라고 밝혔다. 한편, 연간 3만 3천대 생산수준의 북한은 지난 2월 남북합작으로 설립한 평화자동차회사가 준공되는 2006년에 가서야 10만대를 조립 생산할 수 있다고 전했다.

[그림 11-4] 보도형 전단

② 설득형 전단

여러 가지 사실을 열거하여 실증을 제시함으로써 전단 내용이 정당하다고 그들 자신이 판단하고 확신하도록 하며, 합리적인 선전내용으로 목표대상 집단을 설득시키기 위하여 운용되는 전단이다.

[그림 11-5] 설득형 전단

③ 지시형 전단

목표대상에게 어떠한 행동을 촉구하는 내용으로 작성하여 운용되는 전단으로서 "어느 지점으로 투항하라!" "기수를 이쪽으로 돌려라!"라고 종용하는 것 등이 이에 속한다. 또한 선무 설득이나 대 침투 작전 시 대민활동을 지원하고 민간인 통제 등에 사용할 수 있다.

(앞면) (뒷면)

[그림 11-6] 지시형 전단

(3) 사용에 의한 분류(표준, 특수, 안전 보장 통행, 뉴스 전단, 기타)

① 표준 전단

가장 많이 사용되는 전단으로 일반적인 선전내용을 지니고 있으며 반복적인 사용을 위해 의도한 선전 메시지를 수록한 것이다. 따라서 전략, 전술, 선무 상황 등 어느 작전에도 효과적으로 사용할 수 있다.

[그림 11-7] 표준 전단

② 특수 전단

돌발사태, 특수한 상황에 있는 목표대상에게 어떤 상황을 알려 줌으로써 그들에게 선전 전달 측이 의도하는 대로 행동을 취하도록 유도하는 전단이다.

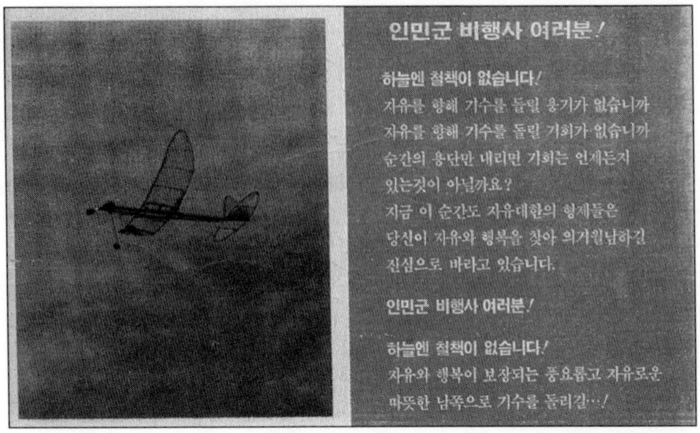

[그림 11-8] 특수 전단

③ 안전 보장 통행 전단

상대측 인원이 우리 측에 투항하는 방법을 상세히 제시하고 그들이 귀순했을 때 따뜻하고 좋은 대우가 기다리고 있다는 것과 그것은 확실히 보장된다는 것을 명백

(앞면)

(뒷면)

[그림 11-9] 한국 전쟁 당시 사용되었던 안전 보장 통행 전단

하게 하면서 이것을 가지고 우리 쪽으로 넘어오면 안전을 보장한다는 내용의 전단이다.

이 전단은 그들이 현재 처해 있는 고통에서 벗어날 방법은 오직 이 길뿐이라는 것을 인식시켜 그들에게 어떤 행동을 취해야 하는가를 설명하는 형태를 취하기도 한다. 특히 안전 보장 통행 전단은 목표대상이 보존과 은닉을 쉽게 할 수 있도록 만들어져야 하며 통상 화폐 뒷면을 이용하여 제작, 운용하기도 한다.

④ 뉴스 전단

적이 현재 처해 있는 제반 사정과 상황에 맞추어 그들에게 가장 적합한 최근 소식을 상황 그대로 간략하게 수록하여 살포하는 전단으로서 보도형 전단에 속한다.

[그림 11-10] 뉴스 전단

⑤ 특정인 우상화 전단

특정인을 우상화할 목적으로 제작하여 대내외 선전을 목적으로 살포하는 전단이다. 북한의 김일성, 김정일 우상화 선전이 대표적이다.

(앞면)

(뒷면)

[그림 11-11] 김일성 우상화 전단

(앞면)

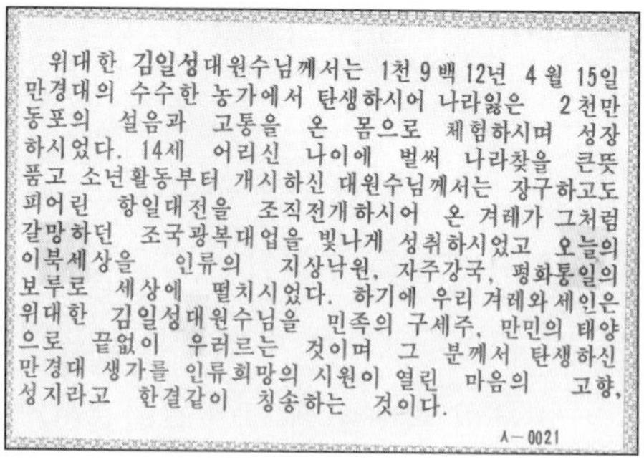

위대한 김일성대원수님께서는 1천 9백 12년 4월 15일 만경대의 수수한 농가에서 탄생하시어 나라잃은 2천만 동포의 설음과 고통을 온 몸으로 체험하시며 성장하시었다. 14세 어리신 나이에 벌써 나라찾을 큰뜻 품고 소년활동부터 개시하신 대원수님께서는 장구하고도 피어린 항일대전을 조직전개하시어 온 겨레가 그처럼 갈망하던 조국광복대업을 빛나게 성취하시었고 오늘의 이북세상을 인류의 지상낙원, 자주강국, 평화통일의 보루로 세상에 떨치시었다. 하기에 우리 겨레와 세인은 위대한 김일성대원수님을 민족의 구세주, 만민의 태양으로 끝없이 우러르는 것이며 그 분께서 탄생하신 만경대 생가를 인류희망의 시원이 열린 마음의 고향, 성지라고 한결같이 칭송하는 것이다.

A－0021

(뒷면)

[그림 11-12] 김일성 우상화 전단

[그림 11-13] 김정일 우상화 전단

경애하는 김정일장군님의
자주외교 다시 확인!

북일회담재개를 위한 합의서는 이북이 북미회담에서와 마찬가지로 북일회담에서도 민족의 존엄과 이익을 우선시하고 자주적 입장에 서있다는 것을 보여주고 있다.

우리는 이를 통해 김정일장군님의 천재적 예지와 영활한 외교술, 변함없는 자주외교를 다시한번 확인하게 된다.

김영삼일당의 사대매국으로 민족적 존엄과 이익을 무참히 유린당하고 있는 이 땅의 국민 여러분!

우리 모두 김정일장군님을 높이 받들고 이 땅에 자주를 정착시키기 위한 투쟁을 과감히 벌여나아가자!

－자주회－

최근 이북소식

북일회담재개를 위한 합의서 채택

－이북노동당대표단과 일본연립 3여당 대표단사이의 평양회담에서－
(1995. 3. 28 ~ 3. 30)

북일국교정상화를 위한 회담은 90년 9월에 채택된 3당공동선언에 의하여 열렸던 북일 두 나라 정부간 회담의 계속으로서 9차회담으로 이어진다는 것을 확인했다.

합의서 조항 골자

- 4당은 두 나라간에 존재하였던 불행한 과거를 청산하고 국교정상화의 조기실현을 위하여 적극 노력한다.
- 4당은 회담에는 그 어떤 전제조건도 없다는것, 철저히 관계개선을 위한 것으로 되어야 한다고 인정한다.
- 4당은 회담이 철저히 자주적이고 독자적인 입장에서 진행되어야 한다는 것을 확인한다.
- 4당은 각기 자기 정부가 두 나라사이의 조기 국교정상화를 위한 회담을 적극 추진하도록 한다.

(앞면) (뒷면)

[그림 11-14] 김정일 우상화 전단

(앞면)

민족의 하늘 김정일장군님
받들어 통일성업 이루자!

우리 민족이 낳은 또 한 분의 태양이신 김정일장군님을 겨레운명의 수호자로, 조국통일의 구성으로 믿고 따르는 숭앙심이 군안에서도 비상히 높아가고있다.

· 최근 을지부대의 이상민병장외 12명의 「향일회」 성원들 태백산중턱의 천연바위에 『향도의 태양 통일대통령 김정일장군 만세!』 『민족유일의 구세주 김정일장군』등의 글발을 새기고 불변 충성을 다짐.

· 육군 7235부대 박문일대위 수하 장교, 사병들 혈서로 『통일영수 김정일장군님 높이 받들자!』 라고 쓴 현수막앞에서 「충일회」 결성.

· 민족의 영수 김정일장군님을 우러러 결성 된 군안의 각 그룹들 93년의 325개에서 780개 이상 가증된 것으로 추산!

군장병들속에서 발현되고 있는 김정일장군님에 대한 열화같은 숭배심은 그이를 민족의 통일영수로 높이 받들어 모시고 그 분의 정치아래 길이 살아보려는 절절한 염원에서 비롯된 것.

국군장병들이여! 민족통일의 구세주이시며 우리 운명의 태양이신 김정일장군님께서 국토분단의 빗장을 벗겨내실 날이 멀지 않았다. 우리 모두 7천만 겨레의 하늘이신 김정일장군님의 휘하 충신이 되어 민족대단합, 통일애국의 길에 매진하자!

「국군애국장병회」

ㅅ－0017

(뒷면)

[그림 11-15] 김정일 우상화 전단

김일성 우상화 전단([그림 11-11])에는 '백두성회'라는 명칭이 인쇄되어 있으며, 김정일 우상화 전단([그림 11-15])에는 '국군 애국 장병회'라는 명칭이 기재되어 있다. 이런 유형의 전단은 출처를 위장한 것으로 흑색 전단으로 분류할 수 있다.

⑥ 선동을 위한 모략 전단

적군 또는 적국의 국민을 상대로 특정 사실을 왜곡하여 내부 갈등을 조장하고 혼란을 유도할 목적으로 살포하는 전단이다. 북한의 대남 전단의 60% 이상이 모략 전단이었다(심진섭, 2012).

[그림 11-16] 선동을 위한 모략 전단

2) 전단의 형태

전단의 표준 형태는 없으나 표적 대상이 흥미를 유발할 수 있어야 한다.

(1) 전단의 크기

표준규격은 없으며 표적 대상이 쉽게 습득할 수 있고, 종류 및 내용에 따라 휴대하기 편리하도록 만든다.

(128절지)

[그림 11-17] 전단의 크기

(2) 인쇄

전단의 크기에 따라 보는 사람이 쉽게 알 수 있고 친밀감을 줄 수 있다.

(3) 지질

대상 및 내용에 따라 선택하며 갱지, 모조지, 중절지, 아트지, 로얄 아트지, 비닐코팅지, 플라스틱 등을 주로 사용한다.

(4) 색채

색채는 전단 내용의 효과를 증진하며, 전단 색깔의 선택은 목표 대상자의 환경조건과 설득 내용에 따라 달라지나 일반적으로 밝고 아름다운 색이 적에게 호감을 준다.

3) 전단의 구도

(1) 사진

실제의 사실을 입증, 결과가 명백하다는 인상을 주는 주제에 사용한다.

(2) 회화 및 만화

시선의 집중보다 매력적인 사실을 묘사한다.

(3) 문장

의사전달이 명백해야 효과적이다.

4) 전단 제작

(1) 대상의 정확한 파악

목표 대상자의 현재 상황, 문맹, 의식구조 등을 정확히 파악하여야 효과적이다.[4]

(2) 전단의 적합한 구성

전단 도안에 적합한 사진 내용과 배치 및 문자 구성 등은 이해하기 쉽고 선명해야 하며, 그 내용은 신뢰성을 줄 수 있도록 제작해야 효과적이다.

(3) 전단 제작의 신중성

전단은 크기와 형태에 따라 낙하 방법이 다르므로 목표대상 지역의 밀도를 고려하여 제작해야 효과적이다.

① 비회전 전단

전단이 지그재그 또는 나선형으로 낙하하는 전단으로써 지면까지의 낙하 시간이 빠르므로 밀도는 좁다.

---

4) 전단 제작 실패 사례: 2001년 아프간 대 테러전 간 미국은 테러를 당한 뉴욕의 세계무역센터(WTC) 건물사진을 전단에 삽입하여 살포하였으나 아프간 주민 대부분이 문맹자였고, 세계무역센터 건물에 대해서 알고 있지 못하여 의도했던 효과를 달성하지 못했다.

② 회전 전단

전단의 장축을 중심으로 회전하면서 낙하하는 전단으로써 지면까지의 낙하 시간이 느리므로 밀도는 커서 광범위한 지역에 살포해야 효과적이다.

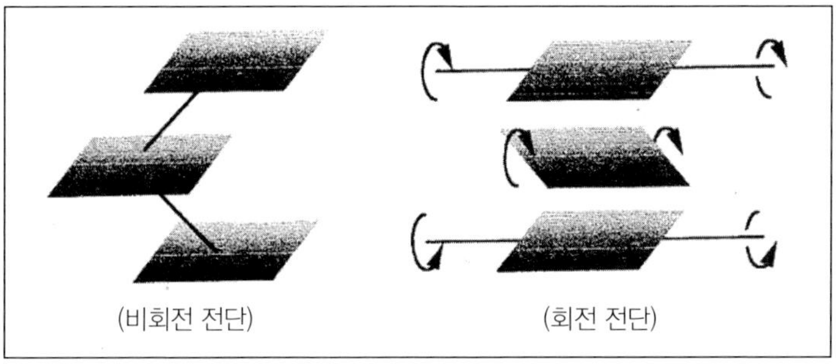

[그림 11-18] 전단의 낙하운동

5) 전단살포 방법

전단살포 방법은 기구에 의한 살포, 항공기에 의한 살포, 포에 의한 살포, 직접 살포 등의 방법이 있으며, 상황과 목표대상에 따라 가장 효과적인 방법을 사용해야 한다.

6) 전단의 장단점

(1) 장점

첫째, 목표대상의 성질에 따라 사용자의 의도대로 문자, 그림, 사진, 구호 등을 자유자재로 사용할 수 있다.

둘째, 전략, 전술, 선무 설득 등에 광범위하게 활용할 수 있다.

셋째, 대상자에게 그 내용을 이해할 때까지 언제나 두고 볼 수 있는 영구성이 있다.

넷째, 휴대하고 있으면서 타인에게 보여 줄 수 있다.

다섯째, 취급이 간편하고 거리와 장소에 제한 없이 대량 살포할 수 있다.

여섯째, 사전에 여러 상황의 다양한 전단을 준비하여 상황에 따라 적절하게 활용할 수 있다.

일곱째, 목표 대상자의 수준 및 의견에 적합하도록 고안, 작성될 수 있으며, 암시를 줄 수 있는 색채, 부호 등을 사용할 수 있다.

[그림 11-19] 기구에 의한 전단살포

(2) 단점

첫째, 기안, 제작, 살포에 시간이 많이 소요되고 다른 매체보다 신속성이 비교적 늦다.

둘째, 살포된 전단의 빠른 회수, 소각, 공식적 역선전 등 상대의 역대책에 취약하다.

셋째, 서술식 전단은 문맹자에게 효과가 없다.

넷째, 바람, 비, 눈 등 기상의 영향으로 많은 전단이 상실되며, 적시성이 요구될 때는 살포에 제한을 받는다.

걸프 전쟁 시 전단 작전 사례

○ 주요 내용

1991년 2월 6일, 미군은 쿠웨이트 남서부의 폭격목표 주변에 경고 전단을 살포하였다. 그 전단 내용은 "항복하지 않으면 내일 세계에서 가장 무서운 최대의 폭탄[5]을 사용하겠다."는 것이었다.

다음날인 7일, MC-130E 수송기는 예고한 대로 폭탄을 투하하였다. 거대한 버섯구름이 발생하여 원폭을 투하한 것과 흡사했는데, 곧 이라크군의 무선교신이 활발해졌다. 다음날 8일, MC-130E가 다시 폭격지점의 상공을 날며 "어제 투하한 것은 세계적인 최대의 폭탄이다. 앞으로 이 폭탄을 계속 투하할 것이다."라는 경고 전단을 살포하였다.

○ 성과

이러한 전단살포 후 이라크군의 대대장과 참모들이 앞을 다투어 국경을 넘어서 투항해 왔다. 그들 중에는 정보장교도 있었는데, 쿠웨이트 국경을 연해 지뢰를 매설한 지역의 위치를 표시한 지도를 휴대하고 있었다. 그 지도 덕분에 다국적군은 이라크군 지뢰지대의 약점을 발견할 수 있었고, 지상전 개시 후 불과 수 시간 만에 지뢰지대를 돌파할 수가 있었다(기다 히데도, 2002, p. 567).

5) BLU-82 폭탄을 말하며, 전술 핵무기에 버금가는 파괴력을 갖고 있다. 걸프 전쟁 당시 미군은 11개를 투하하였다. 데이지꽃을 깎는 기계처럼 투하지점 주변을 초토화한다 해서 일명 '데이지 커터((Daisy Cutter)'로 불리고 있다.

6. 대면 설득

대면 설득(對面 說得)은 설득하는 측에서 상대방에게 직접 의사를 전달하거나 상대방의 대화에 적절히 대응하는 수단으로서 개인 간, 집단 간, 개인과 집단 간에 이루어진다. 대면 설득은 설득 수행자가 목표대상을 선택하고 의도한 내용을 전달하는데 쉬우며, 설득 효과에 대한 평가도 직접 할 수 있다.

1) 대면 설득의 목적

접촉지역에서 대면 설득을 통해 전달 측 의도를 효율적으로 적측에 전달하는 한편, 상대의 대화 요구에 효과적으로 대응함으로써 설득 효과 달성 및 우발적 상황이 발생했을 때 창구 기능을 계속 유지하는 장점이 있다.

2) 대면 설득 수행 시 고려 사항

(1) 전언 내용 사전준비

대면 설득 수행자는 전달하고자 하는 전언 내용을 확정하여 주제와 세부사항을 사전 계획하고 준비하여야 효과적이다. 또한 대응의 경우는 융통성 있게 그 내용을 구사하여야 효과적이다.

(2) 취약요소 파악

대면 설득 수행자는 우선 목표대상의 심리적 취약요소를 분석하여 자극을 줄 수 있고 동화시킬 수 있도록 목표대상을 깊이 이해하고 그들이 받아들일 수 있는 내용과 용어 등을 적절히 구사하여야 효과적이다.

(3) 대상 선택

대면 설득의 확산 효과를 달성하기 위해서 목표대상을 선별 선택하여야 하며, 선별된 대상과의 대화를 통하여 대상이 전달자의 의도를 받아들이고, 그 내용을 다른 목표대상에게 전파하여 전달자의 설득 효과를 달성할 수 있어야 효과적이다.

(4) 대상의 편의 부여

대면 설득 수행자를 통해 전달되는 내용은 전달자의 편의보다 목표대상의 편의를 고려하여 편리한 시간과 지역에서 전달되어야 효과적이다.

3) 대면 설득의 장단점

(1) 장점

첫째, 대상 선택이 용이하다. 설득 대상을 자유로이 선택할 수 있으며, 선택된 대상에 대하여 직접 상대에 맞는 설득을 수행할 수 있다.

둘째, 효과 판단이 용이하다. 전달자의 전달내용에 대하여 표적 대상은 직접 반응을 나타낸다. 그러므로 설득 수행자는 전언 내용에 대한 효과를 직접 평가할 수 있고, 앞으로의 바람직한 반응을 얻기 위하여 작전 방향을 조정할 수 있다.

셋째, 지원 필요성을 절감할 수 있다. 대면 작전은 다른 매체에 비해 기술적인 지원이나 군수지원 면에서 필요성이 적다. 그러나 효과적인 대면 작전 수행을 위해서는 철저한 교육을 통해서 요원들의 능력을 향상해야 하며, 시청각 활동 등을 동원하여 표적 대상의 주의를 끌어야 효과적이다.

넷째, 지속적인 관계를 유지할 수 있다. 표적 대상과 직접 대면 전달을 통하여 상호 관계를 유지할 수 있어야 효과적이다.

다섯째, 복합적인 자료의 제공이 가능하다. 대면 작전에서는 다른 설득 매체와는 달리 비교적 자유롭고 융통성 있는 내용을 전달할 수 있으므로 복합적인 많은 자료를 직접 전달할 수 있어야 효과적이다.

(2) 단점

첫째, 통제 요소가 결핍되어 있다. 대면 전달은 적절히 통제함으로써 보다 효과적인 설득 수단이 될 수 있다. 그러나 대면 전달은 개인이 직접 의사전달을 하는 경우이므로 통제가 어려워 자칫 잘못하다가는 국가목표나 방향에 어긋난 대면 전달이 될 수 있다. 치밀한 감독과 엄격한 교육만이 이를 극복할 수 있다.

둘째, 인적 자원 확보가 곤란하다. 대면 설득 요원은 표적 대상을 설득할 수 있는 지식, 언어 구사 능력 및 질이 요구된다. 그러나 이러한 요원 확보가 어려우므로 적성에 맞는 요원을 선발하여 철저한 교육을 통해 그 자질을 높여야 효과적이다.

셋째, 지형의 제한이 있다. 대면 설득을 수행하는 데는 지형의 제한을 많이 받는다. 상대방과 직접 대화를 주고받을 수 있어야 하므로 적절한 지형을 선정하기란 어렵다. 특히 전선 지역에서는 대면 설득은 소리가 잘 들릴 수 있는 지역에서 해야 하므로 지형의 제한을 많이 받는다.

넷째, 전술 상황에서는 사용이 제한된다. 전면전하에서는 표적 대상의 개인이나 집단을 접촉하기가 어려우므로 대면 전달 매체의 사용에 제한을 받는다. 또한 전술적 전투 상황에서는 적과 직접 의사소통하기에 어려우므로 대면 전달을 통한 대면 작전은 제한을 받는다. 다만, 접촉이 가능한 표적 대상을 은밀히 확보, 대면 전달을 통한 설득의 목표를 달성할 수 있을 것이다.

4) 대면 설득 수행자의 구비조건

(1) 정신적인 면

첫째, 대면 설득 진행 이전부터 작전 후까지 자신의 의지나 사상이 투철하며 확고한 신념이 있어야 성공할 수 있다.

둘째, 대면 설득 수행자는 견문을 넓혀 박식해야 한다. 적의 전투서열, 생활 태도, 사상과 감정, 현 생활의 모순과 취약점을 알아야 하고, 아군 사항과 대면 설득 수행 절차를 숙지하여야 한다.

셋째, 대면 설득을 수행할 때에는 생명의 위협을 각오한 정신자세로 임무 수행에 열성을 가져야 성공할 수 있다.

넷째, 상대방의 언행이 어떻게 전개되어 무엇을 얻기를 바라는지 간파하여 어떠한 궤변에도 즉각 공격할 수 있는 임기응변의 기지, 즉 재치가 있어야 효과가 있다.

(2) 육체적인 면

첫째, 건강한 육체에서 건전한 사고가 나오듯이 몸이 허약하면 자신감이 떨어지고 작전을 소홀히 할 수 있다. 따라서 대면 설득 수행자는 항상 건강을 유지할 수 있어야 성공할 수 있다.

둘째, 용모가 단정하지 못한 대면 설득 수행자는 올바른 이론을 전개하더라도 상대방으로부터 신뢰감을 얻지 못할 것이다. 그러나 용모가 단정한 대면 설득 수행자는 상대방으로부터 신뢰를 받을 수 있어 대면 설득의 효과를 극대화할 수 있다.

셋째, 대면 설득 수행자의 품위 있는 행동은 태도를 무게 있고 고상하게 보여야 성공할 수 있다.

넷째, 대면 설득 수행자의 음성은 인체의 구조에 있어서 심장과 같이 중요하다. 즉, 정이 담겨 있거나 부드럽고 포용력 있는 음성은 상대방에게 호감을 줄 수 있으며, 상황에 따라 충격적인 목소리로 상대의 심리에 자극을 주어 태도를 변화시킬 수 있는 목소리를 보유해야 성공할 수 있다.

다섯째, 말재주는 천부적으로 타고날 수도 있지만 부단한 노력으로 발전할 수 있다. 그러기 위해서는 평소에 다양한 소재의 지식과 응용력을 연습하여 어떠한 상황에서도 훌륭한 대화를 할 수 있는 자질을 갖춰야 성공할 수 있다.

5) 대면 원고 작성 준칙

(1) 내용은 간단명료해야 설득력이 있다

거리, 시간 등의 제한과 의사소통의 곤란성을 고려하여 요점만을 간단명료하게 작성해야 함은 물론 평소에 신뢰성이 있는 내용으로 대상에게 친근감을 가질 수 있도록 해야 성공할 수 있다.

(2) 대상자에게 의아심을 갖고 친근감을 조성한다

대상자에게 주의를 집중시키고 의아심을 갖도록 하여야 하며, 대상자 개인이나 지명을 지정하면 친근감을 줄 수 있다.

(3) 주입 효과를 얻기 위해 주제를 반복하고 내용을 다양화한다

대면은 상대가 없으면 이루어지지 않으며, 일단 대화가 이루어지면 의도를 반드시 주입해야 한다. 꼭 전달되어야 할 부분은 간단명료하면서도 요점만 자주 반복함으로써 쉽게 인식시킬 수 있다.

(4) 목표대상의 현실 문제를 명확히 파악한다

대상 집단의 최대 관심 사항을 잘 파악하고 원고를 작성함으로써 목표대상에게 공감을 줄 수 있어야 성공할 수 있다.

(5) 정서에 호소한다

대화가 이루어지는 과정에서 무엇인가에 감동되어 자극될 수 있도록 개인의 정서에 부합하는 내용으로 작성되어야 성공할 수 있다.

(6) 공식적이고 사실 위주로 작성하되 권위를 유지한다

평소 신뢰성 있는 내용으로 친근감을 유지하면서 상대의 반감을 사지 않도록 하는 것이 성공할 수 있다.

(7) 타 매체와 보조를 맞추어서 작성한다

대상 집단의 관심 사항에 대해서 원고를 작성함으로써 대상 획득이 쉬우며, 또 타 매체인 확성기 방송, 전단, 전광판 등과 보조를 맞춤으로써 신뢰성을 배가할 수 있다.

(8) 작전 요원의 취향에 맞도록 작성한다

대면 요원의 능력이나 성격에 따라서 원고의 내용이나 질이 결정된다. 원고의 구성은 자신의 취향에 맞도록 작성한 후 충분히 숙독한 다음 의미를 완전히 이해하고 작전에 임해야 성공할 수 있다.

6) 대면 설득 준비사항

(1) 불쾌감 유도사항 및 기밀사항 배제

대면 설득 수행자는 대상자에게 불쾌감을 주지 않는 내용이어야 하며, 전언 내용에 기밀 사항이 포함되지 않아야 자유롭게 진행할 수 있다.

(2) 대화 내용의 완전 숙지

예상되는 대화 내용은 사전에 숙지하여 대면 시 자연스러워야 한다. 얼굴을 마주 보고 가까이서 대화를 하다가 메모지를 꺼내 읽어 보는 등의 행동을 보이면 효과가 낮다.

(3) 단체 대면 시 전담 분야 분담

선정된 대화 내용이 많아 혼자서 전담하기 곤란할 때는 가능한 대화 내용을 분담해서 실시하고, 전문적 대화 준비는 통상 단체로 실시할 때가 효과적이다.

(4) 상대의 대화 방향 예측

적의 방송 및 전단 내용과 과거의 접촉시도 내용 등을 분석하여 적들이 행하고자 하는 설득 방향을 숙지해야 성공할 수 있다.

(5) 사전 연습

적 설득 요원의 대응요령을 요약하여 동료와 연습을 함으로써 어떠한 상황에서도 적절하게 역이용할 수 있는 임기응변 내용을 사전에 준비해야 효과적이다.

(6) 소재의 다양화

군내·외 정세를 숙지하기 위해 신문, 방송 보도내용 중 중요사항을 부분별로 요약하고 정치, 경제, 군사, 사회, 교육, 문화 등에 대한 새로운 뉴스를 활용해야 성공할 수 있다.

(7) 상급부대와의 통일성

대면 설득 수행자는 상급부대의 지시에 부합하도록 행동하여야 성공할 수 있다.

(8) 실전과 같은 연습

몸짓은 자연스럽고 부드러우면서도 필요에 따라서는 위압감을 줄 수 있는 몸짓을 사전에 준비해야 성공할 수 있다.

7) 대면 설득 요령

(1) 상대방의 입장을 고려하여 말한다

상대의 감정에 공감하여 상대방의 입장이 되어 보는 것이 설득의 기본적 태도이다.

(2) 구체적인 예를 든다

대화 중에 구체적인 예를 들어 이야기하면 상대방의 호기심을 유발할 수 있으며, 대화 내용에 신뢰감을 줄 수 있다.

(3) 반박할 수 있는 마음의 여유를 주지 않는다

상대방 이야기를 듣다 보면 전달자의 의도가 흐려지고 상대방에게 말려들 가능성도 있으므로 실 매듭을 풀어 가듯 조리 있는 대화로 상대를 계속 장악해야 성공할 수 있다.

(4) 인간의 욕구를 자극한다

사람이 행동하는 동기 중 가장 기본은 욕구를 충족시키고자 하는 것이다. 따라서 인간은 욕구와 갈등을 자극하면 그 욕구 충족을 위해서 목숨을 아끼지 않는다.

(5) 상대방의 심리를 파악한다

적대 관계에 있는 상대와 대면하더라도 상대방의 심리를 정확하게 파악한다면 큰 효과를 얻을 수 있다. 상대의 심리를 간파하지 못하면 상대방을 설득하지 못할 것이다.

(6) 대응 시 침묵 유지를 적절히 한다

상대방이 대응할 경우 침묵하는 것이 감정 확산을 방지하고 심리적으로 안정화를 유도하는 역할을 한다. 논쟁 시 상대방을 굴복시키는 방법에는 침묵 작전이 유효할 때도 있다.

(7) 거절을 작정한 상대를 자극한다

거절 의사를 굳힌 상대에게는 자극적인 말부터 시작해야 효과적이다. 전달자의 전달내용을 듣기도 전에 거절하겠다고 의사를 표시하거나 전혀 다른 내용의 대화로 유도할 경우 상대를 자극하여 반발을 일으키도록 하는 것이다.

대부분 거절하려고 작정한 상대는 입을 다물어 버리고 딴청을 피우거나 다른 화제를 주제로 전달자의 말을 봉쇄하려 한다. 이런 상대에게 자극적인 말을 전달하려면 상대의 욕구불만과 약점을 찌르는 말이 좋다.

8) 대화의 구성 방법

대화를 전개하여 자기의 주장(목적)을 듣는 이로 하여금 찬성, 공감하도록 하고 설득시킬 수 있는가를 계획하는 것으로서 대화 구성 방법은 다음과 같다.

(1) 3단계 구성법

하나의 과제가 결정되면 그 대화를 도입, 전개, 종결 등 3단계로 구성하는 대화 방법이다.

- 도입 부분: 호기심을 유도, 앞으로 전개되는 논리나 내용을 소개
- 전개 부분: 대화의 가장 중심이 되는 부분으로 주제를 전개
- 종결 부분: 상대방이 감동, 감명을 받거나 설명 및 여운이 남도록 총괄적 결말

(2) 4단계 구성법

처음에는 듣는 이의 흥미를 끈 다음 본론을 전개하고 다시 기분을 전환한 다음 끝을 맺는 방법이다.

- 기: 서론에 해당하며, 문제를 제시하거나 소개
- 승: 사실 관찰 및 실험하는 단계로서 문제해결의 사례 제시 / 설명
- 전: 논증을 나타내는 것으로서 새로운 화제, 새로운 해결책을 제시
- 결: 전체의 중심사항을 요약하는 단계로서 전체를 마무리

9) 대화 시 유의사항

(1) 대화 시 적을 주시한다

대화할 때는 항상 상대의 시선에 집중해야 하나 지나치게 응시하지는 말고 자연스러운 분위기를 유지하면서 대화를 해야 성공할 수 있다.

(2) 발언 내용을 경청한다

상대의 발언을 주의 깊게 들어서 그 본질을 잘 파악하여야 한다. 상대도 우리와 같은 방법으로 유도할 것이므로 잘 파악하여 말려들지 않도록 해야 하며, 기술적으로 유도하기 위해서는 경청하면서 실마리를 풀어야 성공할 수 있다.

(3) 약점을 포착한다

상대의 대화 내용을 살펴보면 약점을 발견할 수 있다. 이때 기술적으로 포착하여 자신이 유리하도록 대화를 전개한다.

(4) 임기응변을 구사한다

부드러운 분위기 조성과 대화를 흥미롭게 느낄 수 있도록 임기응변을 구사하여 성공할 수 있다.

(5) 정치성 및 군사기밀에 관한 사항을 금한다

상대는 우리의 정치문제나 군사기밀을 탐지하려고 노력할 것이다. 따라서 정치성 및 군사기밀이 없도록 사전에 확인하고 발언을 금지한다.

10) 화제 선택 요령

(1) 목적에 맞는 화제를 선택한다

목적에 맞지 않는 화제의 선택은 비록 좋은 내용의 것이라도 먹을 것을 요구하는 사람에게 고상한 그림을 갖다 주는 것처럼 무모한 선택이 될 것이다. 따라서 말을 하게 된 동기에 알맞은 내용의 화제를 선택하여야 성공할 수 있다.

(2) 구체적인 화제를 선택한다

추상적인 이론이나 애매한 화제는 대상자의 이해를 둔화시킬 뿐 아니라 흥미를 끌지 못하므로 대화 내용이 그림처럼 눈에 선하게 떠오르도록 구체적이고 명확한 화제를 선택하여야 성공할 수 있다.

(3) 일상생활에 익숙한 화제를 선택한다

대상자가 관심과 친숙감을 느낄 수 있도록 일상생활에서 항상 듣고 보는 이야기나 대상자와 관계가 있는 이야기를 선택하여야 성공할 수 있다.

(4) 시사성 있는 화제를 선택한다

말하는 사람은 구태의연한 이야기만을 고집하지 말고 새롭고 현재 거론되고 있는 내용을 선택하여야 성공할 수 있다.

(5) 유머러스한 화제를 선택한다

유머는 말의 주제와 관련이 있고 한번 크게 웃고 오랫동안 침묵하는 것보다는 고상한 미소가 끊임없이 떠오르는 것이 좋다.

(6) 욕망에 호소하는 화제를 선택한다

사람은 욕망의 만족을 위하여 물불을 가리지 않고 행동하므로 말하는 이는 듣는 이의 욕망이 무엇인가를 분석하여 그것에 화제의 초점을 맞춘다면 효과를 얻을 수 있다.

(7) 긴장감 있는 화제를 선택한다

대상자의 주의와 흥미를 유발하기 위하여 평범하고 일반적인 화제보다는 긴장감 있는 화제를 선택하는 것이 좋다.

(8) 경험적인 화제를 선택한다

경험적인 화제는 자신 있게 이야기할 수 있을 뿐만 아니라 듣는 이에게도 실감과 신뢰를 준다.

(9) 숫자를 제시하는 화제를 선택한다

숫자나 통계는 어떤 일을 설명하는데 듣는 이에게 확신을 준다. 따라서 대상자에게 강한 인상과 확신을 주기 위해서는 숫자와 통계를 제시하여야 한다. 그러나 숫자나 통계를 너무 많이 사용하면 오히려 상대에게 부담감을 주게 되므로 알맞게 사용해야 성공할 수 있다.

(10) 실현성 있는 화제를 선택한다

좋은 아이디어라도 신빙성이 없다면 한낱 쓸데없는 공상이다. 따라서 쉽지는 않더라도 노력만 하면 반드시 실현될 수 있는 화제를 선택하여야 성공할 수 있다.

7. 물품을 활용한 설득

물품 설득은 전달자가 전달 대상에게 물질적 욕구 또는 본능적 소유욕을 자극하여 사상, 문화 등의 가치체계에 혼란을 줌으로써 전달자가 의도하는 방향으로 대상이 행동하도록 유도하는 설득이다.

물품 설득은 주로 전략 설득 차원에서 실시하며, 특히 민사활동과 협조하여 수행한다.

1) 물품의 포장 및 제작

(1) 물품의 포장

물품의 포장은 표면에 투입 국가, 내용물이 무엇인가를 선명한 글씨로 물품의 사용 방법, 보존 기간, 제작한 연도, 살포이유 등을 기록해야 신뢰성이 있다.

(2) 물품의 제작

물품이 야산, 논, 밭 등에 살포될 경우 눈, 비, 습기, 온도 등의 자연조건 및 기상에도 양호한 보존 상태를 유지할 수 있도록 제작되어야 하며, 공중낙하 시 지면과의 충격을 최소화해야 물품의 파손을 방지할 수 있으므로 대책이 필요하다.

2) 물품의 살포

(1) 효과를 위한 준비

물품 살포는 기상 조건에 따라 다르지만 가능한 목표대상의 기념일, 명절 등을 전후하여 살포하는 것이 효과적이며, 통상 연간 기본계획에 의해 추진된다.

목표대상의 재난이 클 경우는 추가 제작하여 사용할 수 있도록 고려하고 물품을 주머니에 넣을 때 파손 상태를 점검해야 신뢰성을 줄 수 있다.

(2) 물품 선택 시 고려 사항

물품의 중량과 기구의 부양 능력을 고려해야 차질이 없다. 또 연간 사용 기구 수량, 수소량, 전단과 물품 비율 등 계획된 목표량 내에서 제작해야 하며, 수량보다는 중량을 고려하여 우수한 품질의 물품이 효과가 있다. 특히 대상 지역주민들이 선호하거나 필요한 물품을 대상별로 선정하여 살포한다면 효과를 배가시킬 수 있다(심진섭, 1996, 2012).

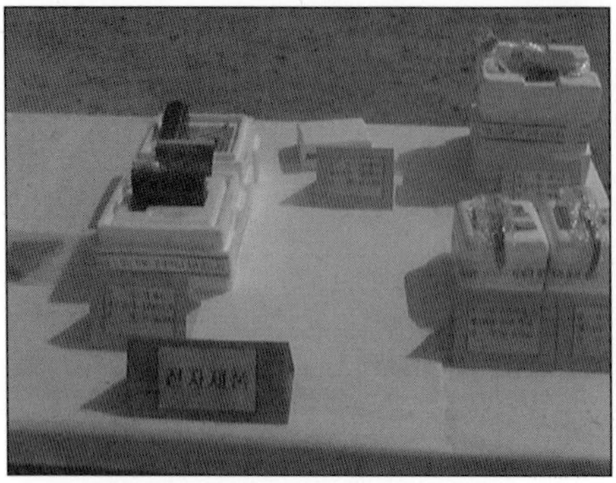

[그림 11-20] 물품

[그림 11-21] 기구에 의한 물품 살포

아프간 전쟁 시 물품 작전 사례

○ 주요 활동

미국은 2001년 10월 12일 23억 2천만 달러 상당의 인도적 지원방침을 결정하였다. 이후 일일 평균 약 3~4만 명분의 구호 식량을 투하하였고, 기타 의약품, 생수, 일용품 등을 항공기를 이용하여 아프간 주민들에게 투하하였다.

○ 성과

이러한 미국의 물품을 활용한 설득 결과 아프간 주민들이 미군을 지원군으로 인식하게 하였으며, 탈레반 정권에 대한 아프간 주민들의 지원을 약화함으로써 대테러전을 조기에 종결할 수 있는 여건을 만들었다.

제12장

사이버 설득

인터넷은 멀티미디어를 활용한 정보전달 서비스가 가능하며, 상호작용성 및 가상현실 등을 함께 제공하는 매체 특성이 있다. 기존의 물리적인 공간의 개념과는 전혀 다른 새로운 공간, 즉 가상공간(cyberspace)[1]을 활용하는 특성으로 인해 인터넷은 최근 들어 가장 대중적인 미디어로 급성장하였다.

인터넷으로 인한 정보 환경의 변화는 대북 설득 환경에도 변화를 가져왔다. 방송이나 인쇄물 등 전통적 미디어에 의존하여 설득을 전개하던 기존의 설득 환경이 인터넷이라는 새로운 매체가 중요한 정보 유통 채널로 급부상함으로써 이제는 인터넷 공간에서 전개해야 할 설득에 대하여 논의해야 할 시점에 도달해 있다.

인터넷이 제공하는 가상공간에서 이루어지는 온라인 토론을 중심으로 인터넷 매체를 이용하는 개인들이 어떻게 자신의 의사를 표현하고 이를 바탕으로 여론이 형성되는가, 그리고 그와 같은 과정을 통해 토론에 직접 참여하지 않는 비참여자들은 어떤 영향을 받는가 등을 제시하고자 한다. 이는 인터넷을 통한 개인들 간의 의견 교환과 정보 제공이 인터넷 토론에 참여하지 않은 대다수의 단순 노출자들에게 잠재적으로 영향을 미쳐 이들의 의견과 태도에 직접적이고 간접적인 효과를 가져올

1) 1984년 윌리엄 깁슨(Willian Gibson)의 공상과학소설인 『뉴로맨서(Neuromancer)』에서 처음 사용하였다.

수 있음을 지적하는 것으로, 이와 같은 과정은 전형적으로 인터넷 설득에서 전개될 수 있는 양상이다. 이 부분에서는 인터넷 활동 중에서도 주로 토론이나 의견 게시와 같은 능동적이고 참여적인 활동을 중심으로 인터넷의 매체 특성과 인터넷 이용자의 특성, 인터넷 공간상에서 전개되는 여론 형성의 효과 그리고 사이버 전쟁에 관하여 조명할 것이다.

1. 온라인 토론이 이루어지는 인터넷의 매체적 특성

1) 익명성

익명성(anonymity)이란 용어에 나타난 의미 그대로 개인이 자신의 의지에 따라 자신의 신분(모습, 실명, 나이, 성별, 학력 등)을 숨길 수 있는 것을 말한다. 즉, 신분의 노출이 자연적으로 이루어지는 것이 아니라 개인이 자유롭게 선택하여 자신의 실제 신분을 노출하는 것을 조절할 수 있는 특성이다.

이러한 특성으로 인해 온라인 미디어를 통한 토론이 현실 공간에서의 대면 토론과 비교해 볼 때 나타나는 가장 큰 차이점은 온라인 미디어상에서의 토론이 더욱 활발하고 직설적인 의견 표출이 이루어진다는 것이다.

대부분의 온라인 미디어에서 제공되는 토론 공간에서는 이용자의 신분에 관한 정보가 단지 ID, 닉네임 또는 성명으로 제한되어 있다. 때에 따라서는 이용자의 신분에 관한 정보를 요구하지 않는 절대적 익명성이 보장되기도 한다. 이렇게 인터넷 이용자의 신분 노출이 강제되는 것이 아니라 자유롭게 자신의 신분을 숨기거나 변조할 수 있으므로 익명성은 인터넷의 매체 특성으로 매우 중요한 요인이 된다.

시겔 등(Siegel, Dubrovsky, Kiesler, & McGuire, 1986)은 익명성이 커뮤니케이션 효과에 미치는 영향에 대해 다음과 같이 지적하였다. 커뮤니케이션에서 개인의 신상정보(personal information)가 부족할 때 사람들은 사람보다 메시지에 주의를 기울이게 된다. 즉, 커뮤니케이션 당사자가 상대방에 대해 익명성을 느낄수록 전화나 대인 커뮤니케이션을 할 때보다 개인성(individuality)을 덜 느끼게 되므로 그 결과 다른 사람과 비교되는 것에 신경을 덜 쓰게 되고 규범에 영향을 덜 받게 되어 적극적으로 토론에 참여하고 비판적인 의견을 제시하게 되며 죄책감도 덜 느끼게 된다고 설명하였다. 즉, 온라인 미디어에서의 익명성 보장은 의견의 다양성과 비판성을 확대해 주는 기제로 사용될 수 있다는 것이다.

반면에, 이러한 익명성이 가지는 부정적인 효과도 있다. 현실 세계에서의 정체성이 노출되지 않기 때문에 아무런 책임의식이나 사회적 윤리 의식 없이 즉흥적인 욕구 표출 형태로 온라인 미디어의 토론 공간을 이용할 수 있으며, 정보 제공자에 대한 정보를 다른 참여자들이 아는 것이 힘들다. 따라서 사실에 근거하지 않은 왜곡된 정보를 유포할 가능성이 크다. 또한 이용자가 자신의 모든 취향과 의사를 작성하여 불특정 다수에게 공급할 수 있으므로 정보로서 가치가 극히 낮은 게시물들이 대량으로 유통될 수 있다. 이로 인해 정보 분별을 위한 부담이 증가하며 시스템 자원도 낭비된다. 또한 토론 공간에서의 익명성은 의견을 게시한 이용자의 신분이 명확하지 않기 때문에 의견의 신뢰성을 담보할 수 없다는 단점이 있다.

2) 상호작용성

기존의 방송이나 신문 등의 매체는 일방적으로 정보를 보내는 송신자 중심의 커뮤니케이션이었다. 그러나 인터넷은 누구나 송신자이며, 동시에 수신자가 될 수 있는 상호작용적 특성이 있다. 즉, 수용자는 자신이 받은 정보나 메시지에 대해 같은 미디어를 이용해서 곧바로 자신의 의견을 상대방에게 보내는 반응을 할 수 있게 된 것이다. 로저스(Rogers, 1986)는 **온라인 공간에서의 상호작용성**(interactivity)이란 컴퓨터가 면대면(face to face) 대화에 참여한 참여자처럼 커뮤니케이션 이용자에게 반응하는 능력(talk back)이라고 정의하였다. 뉴미디어는 면대면 커뮤니케이션과는 달리 대중매체처럼 동시에 수많은 개인과 상호작용을 할 수 있다는 점에서 면대면 의사소통의 요소와 대중매체의 요소를 동시에 내포하고 있다는 점이 가장 특징적인 인터넷 매체의 특성이라고 지적하였다. 따라서 온라인 토론의 상호작용성은 온라인 토론 참여자가 이미 표명한 의견을 기초로 하여 그 의견에 대하여 평가가 들어 있는 답변(댓글)을 개진하는 것으로 볼 수 있으며, 그것은 내용으로 긍정적인 상호작용과 부정적인 상호작용으로 나눌 수 있다.

긍정적인 상호작용이란 온라인상에 나타나 있는 어떤 의견에 대해 타인이 동의를 표현하는 것을 의미하고, 부정적인 상호작용이란 어떤 의견에 대해 타인이 반대 의견을 표현하는 것을 말한다. 예를 들면, 댓글의 상호작용성은 약한 지지에서 강한 지지까지 혹은 논리적 반대에서부터 감정적 반대에 이르기까지 그 강도와 내용이 다양할 수 있다는 것이다. 여기서 가장 문제가 되는 것은 강한 감정적 반대인데, 이는 글의 제목에 반대 의견을 표명하고 본문에서도 논리적인 반대 의견을 표명하며, 더불어 비웃음이나 험담 등 감정적인 의견을 표명하며 반대하는 경우이다. 이런 경우 의견을 처음 제시한 사람은 물론이거니와 이 의견과 비슷한 견해를 가지고 있는 사람들에게도 감정적으로 불쾌감을 유발하고, 결과적으로는 반대 의견에 대한 논리적인 반론보다는 감정적인 반박이나 비방으로 이어질 수 있다.

상호작용적 토론이 전개될 때, 사이버 공간에서의 자유로운 토론은 사실상 익명성이라는 조건과 함께 난폭한 언어 공격이 일어날 가능성을 배제하기 어렵고, 실제로 많은 온라인 토론의 장이 이와 같은 사례를 보여 주고 있다.

3) 표적 집단에 대한 접근 용이성

인터넷은 기존의 매체와는 달리 특정 소수, 개인을 대상으로 한 메시지 전달이 가능하다. 예를 들어, 여성 전용 사이트에 여성을 대상으로 하는 홍보 메시지를 싣는다든지, 스포츠 정보 서비스에 스포츠와 관련된 홍보 메시지를 올릴 때 수용자들의 반응, 즉 질문이나 댓글 등 게시판에 올리는 내용을 파악하여 표적 시장의 목표를 확실히 알 수 있다. 웹 사이트 운영 관리자들은 이용자들의 속성을 파악하여 그들이 어떠한 정보와 내용에 관심이 있으며, 자신의 잠재적 고객 또는 공중(公衆)인지 아닌지를 알 수 있다. 그리하여 자신이 소속된 기업이나 조직과의 커뮤니케이션이 필요한 사람만을 선별적으로 찾아내어 포인트 투 포인트(point to point) 커뮤니케이션이 가능하게 되는 것이다.

4) 정보 지향적 이성적 매체

인터넷은 방송 등 기존의 전파 매체와는 달리 정보 수용 속도를 수용자가 조절할 수 있고 반복 수용이 가능하다. 내용이 복잡하고 어려운 것은 천천히 읽을 수도 있고 이해가 안 되는 부분은 되풀이해서 볼 수도 있다. 따라서 복잡하고 이성적인 정보 제공에 적합한 매체라고 볼 수 있다. 이런 점에서 인터넷은 방송 매체보다 인쇄매체에 가까운 커뮤니케이션 특성을 가졌다고 하겠다. 하지만 기존의 인쇄 매체와 차이점이라면 멀티미디어의 구현이 가능하므로 인쇄 매체와 비교할 때 다양한 방식으로 정보를 제공하는 것이 가능하고, 따라서 문자 이외에도 사진, 그림, 동영상 등의 영상 요소와 음악, 효과음 등의 청각 요소 등 다양한 방식의 메시지를 통해 인지적인 관여뿐만 아니라 정서적인 관여를 함께 유발할 수 있다는 점이다.

5) 수용자의 능동성과 선택성

인터넷에서는 언제, 어느 시기에, 어느 정도 시간을 방문하여 어떤 정보를 얻을 것인가를 선택하는 결정권이 전적으로 이용자에게 달려 있다. 수용자가 적극적으로 선택하지 않는데 특정 사이트에 노출되는 경우는 거의 없다. 지금까지의 홍보 메시지가 공중에게 노출되는 개념이었다면 이제는 공중이 홍보 메시지에 능동적으로 접근하는 방문개념으로 획기적인 변화가 일어나게 된 것이다. 이것은 수용자들의 미디어 접촉과 선택의 유형이 변하게 된 것으로 홍보에 대한 새로운 패러다임이 도래한 것으로 볼 수 있다.

2. 온라인 토론에 참여하는 인터넷 이용자의 심리적 특성

1) 이슈 관여도

인터넷을 이용한 온라인 토론에서는 특히 참여자의 이슈에 대한 관여도가 중요한 변인으로 생각된다. **이슈에 대한 관여도**(issue involvement)란 온라인 토론에 참여하고자 하는 인터넷 이용자의 쟁점이 되는 이슈의 관심 정도 및 관련성의 정도 그리고 중요성의 정도라고 할 수 있다.

관심의 정도란 쟁점 이슈에 대해 깊이 생각해 보고 싶다거나 찬성이든 반대든 관계없이 강력한 입장의 의견을 가지고 있는 경우를 의미하고, 관련성의 정도란 쟁점 이슈가 개인의 삶이나 상황과 연관된 정도를 말하며, 중요도란 쟁점 이슈의 중요성에 대해 개인이 평가하는 정도라고 할 수 있다.

세리프와 세리프(Sherif & Sherif, 1964)는 어떤 이슈가 개인에게 중요한 정도에 따라서 그 사람의 기존 태도는 커뮤니케이션의 지각과 판단의 심리적인 과정에서 준거점(anchor point)으로 작용한다고 보았는데, 이를 **자아 관여도**(ego involvement)라고 명명하였다. 즉, 자아 관여란 어떤 사물에 대한 사람들의 태도가 자아 개념에 영향을 미치는 정도로 어떤 이슈가 자신에게 얼마나 중요한가를 판단하는 것이라고 할 수 있다. 결국 이슈에 대한 관여가 얼마나 되는가에 따라서 그 이슈에 대한 커뮤니케이션 메시지나 커뮤니케이션 상황에 대해 서로 다르게 반응할 수 있다고 주장하였다.

온라인 토론 참여자의 이슈에 대한 관여도는 여론 형성 과정에서 자신의 의견에 대한 항상성을 유지하고자 하는 욕구로 나타날 것으로 예측된다. 의견에 대한 항상성(homeostasis)의 욕구란 개인이 가지고 있는 의견의 방향을 바꾸기를 원하지 않는 욕구인데, 이는 자신의 의견을 고수하고자 하는 경향성으로 나타난다. 이 욕구로 인해 온라인 토론 참여자는 타인의 의견을 지각하는 데에 있어서 배타적으로 될 수 있다. 따라서 이슈에 대한 관여도가 높은 온라인 토론 참여자일수록 자신이 가지고 있는 의견이 옳다고 확신하며 의견의 방향을 바꾸지 않으려는 경향성이 강하며, 온라인 토론에서의 환경에 대한 타인의 영향력을 배타적으로 지각하기 때문에 고립에 대한 두려움이 희석되어 약하게 느끼고 결과적으로 자기 의견을 보다 적극적으로 표명하게 된다.

2) 메시지 관여도

메시지 관여도(message involvement)란 광고 또는 비주얼 등의 광고 메시지의 성격에 관한 것이다. 페티와 카치오포, 슈만(Petty, Caccioppo, & Schumann, 1983)은 광고물에 실려 있는 동안 피실험자들이 반박 주장을 포함하는 메시지와 지지적 주장을 포함하는 메시지에 대해 갖게 되는 메시지 관여의 효과를 조사하였는데, 결과를 보면 메시지 관여가 높을수록 약한 주장에 대해서는 반박 인지 반응이 증가하였고 강한 주장에 대해서는 지지(support) 반응이 증가했음을 발견하였다. 이와 같은 차이가 발생하는 이유에 대해 페티 등은 저관여 상태일 때에는 고관여 상태일 때보다 메시지 처리에 대해 덜 적극적이기 때문이라고 설명하였다.

이와 같은 결과를 바탕으로 이들이 제안한 정교화 가능성 이론(Elaboration Likelihood theory)은 메시지에 노출된 개인이 고관여 상태일 때에는 메시지 관련 정보를 깊이 있게 처리하는 중심 경로(central route)를 통해 태도 형성이 이루어지는

데, 이는 메시지의 내용에 대해 인지적인 처리 과정을 거쳐 설득이 일어나는 것을 의미한다. 따라서 이렇게 중심 경로를 통해 형성된 태도는 새로운 메시지에 대한 설득 저항이 강하기 때문에 태도를 계속 유지하게 된다. 이에 반해 저관여 상태에서는 메시지 내용에 대해 인지적으로 덜 집중된 상태에서 설득 메시지에 노출되므로 깊이 있는 의미 처리가 이루어지지 않아 메시지 내용에는 크게 주의를 기울이지 않는 상태이다. 따라서 이와 같은 노출 상황에서는 메시지와는 별 관계가 없는 주변 단서들, 예컨대 메시지를 전하는 정보원의 매력도, 배경 음악, 메시지 제공자에 대한 호감 등의 요소들에 의해 태도가 일시적으로 변화되기도 한다. 이와 같은 과정을 주변 경로(peripheral route)를 통한 태도 변화라고 하는데, 이 경우는 새로운 설득 단서나 메시지에 대한 저항이 약해서 쉽게 태도가 변화하게 된다.

3) 몰입 경험과 온라인 미디어 이용 행태

심리학자 칙센트미하이(Csikszentmihalyi, 2000)는 몰입이론(theory of flow)을 제시하면서, 몰입은 고도의 도전(과제)과 기술(실력)이 결합하여 균형을 이룰 때 나타나며 집중력을 끌어내어 배움과 창조성의 원동력이 된다는 것이다.

몰입 경험은 일이든 여가활동이든 참여자가 직접 활동하는 데에서 느낄 수 있는 정신과 신체의 합일 상태이므로 능동적인 활동 속에서 경험할 수 있는 것이다. 그는 몰입 경험(flow experience)이란 어떤 활동을 하는 그 상태에 완전히 몰두한 최적의 경험 상태(state of optimal experience)로 정의하였는데, 이는 행위자 스스로 '내적인 즐거움'에 의해 유도된 행위일 때 그리고 행위와 행위자의 완전한 관여가 이루어질 때, 행위자에게 과제의 난이도가 '도전해 볼 만한 것'이며 그것을 수행할 만한 적정한 수준의 '기술'을 가지고 있을 때, 즉 도전과 기술의 균형된 비율일 때 얻을 수 있는 경험 상태라고 하였다. 인터넷 이용자에게 흔히 몰입 경험을 인터넷 이용 만족도의 지표로 삼기도 하는데, 이때 인터넷 이용자가 느끼는 심리적 최적 상태로 즐거움, 원격 실재감, 주의 집중된 상태를 말한다. 즉, 몰입은 '인터넷을 사용하는 행위가 도전으로 느껴지고 그것을 할 수 있는 기술을 지녔을 때 인터넷 이용자가 도달되는 정신적 상태'로서 재미와 즐거움, 기쁨을 느낌과 동시에 시간 왜곡, 탐색적 행동이 일어난다. 여기서 중요한 것은 몰입을 경험함으로써 수반하게 되는 탐색적 행동인데, 이는 몰입을 높게 경험하는 사람은 탐색적, 실험적 행동을 높게 보이게 되고 몰입을 낮게 경험하는 사람은 목표 지향적인 행동을 보이게 된다는 점이다(Hoffman & Novak, 1996). 또한 몰입이 높은 사람은 쾌락적 가치(hedonic value)를 추구하게 되며, 몰입이 낮은 사람은 실용적 가치(utilitarian value)를 추구한다는 것이다.

이를 종합해 보면 인터넷에서 메시지나 이슈에 대한 관여도가 높은 이용자는 메시지의 내용에 관해 중심 경로를 통해 정보처리가 일어나고, 이에 기반하여 적극적이고 능동적인 참여 행동이 일어나므로 인터넷 토론 활동 중에 몰입을 경험할 확률이 높으므로 자발적인 탐색적 행동이 증가한다. 따라서 의견 개진이나 표명이 더욱 강화된다.

반면, 인터넷에서 메시지나 이슈에 대한 관여도가 낮은 이용자는 메시지나 이슈에 대한 관여보다는 인터넷 이용 행위 그 자체(즉, 주변 단서들)에서 경험하는 즐거움이 인터넷 이용 동기로 작용하므로 메시지 그 자체에 대해서는 깊은 정보처리가 일어나지 않고 단순히 인터넷 사이트의 재미 요소나 오락적인 요소에 주의를 집중할 확률이 높다. 또한 게시된 글을 보면서도 내용 그 자체를 주의 집중해서 읽기보다는 조회 수나 댓글이 올라와 있는 양 등 주변적인 요소들에 대한 정보처리가 이루어져서 (주변 경로를 통해) 태도를 형성할 확률이 높다.

4) 고립에 대한 두려움

고립에 대한 두려움(fear of isolation)이란 어떤 사람이 가지고 있는 의견이 그가 속해 있는 집단이나 사회에서 받아들여지지 않거나 지지받지 못할 것이라는 두려움을 말한다. 즉, 소속되어 있는 집단이나 사회의 의견을 지각하고 자신의 의견에 대한 지지 가능성을 판단함으로써 고립의 두려움이 발생한다.

사회적 존재로서 인간은 그 자신만의 특정한 신념이나 태도를 지님으로써 다른 사람들이나 사회로부터 고립되는 것을 두려워하며, 존경받고 인기 있는 존재가 되기를 원한다. 매슬로(Maslow)의 욕구 5단계 이론에서 소속과 존경심의 욕구가 이를 대변해 준다.

대부분의 개인은 자신의 의견이 속해 있는 집단 또는 사회의 의견 분위기와 같다는 생각, 다시 말해 타인이 자신의 의견에 동조한다는 느낌을 받으면 고립의 위험을 느끼지 않고 자신감이 생겨서 의견을 적극적으로 표명하고, 반대로 자신의 의견이 속해 있는 집단 또는 사회적으로 배경을 잃어 가고 있다고 생각되면 점점 확신을 잃고 의견 표명 의지가 위축되어서 침묵 속으로 빠져들어 간다는 것이다. 즉, 타인의 의견을 지각하고 자신의 의견이 소수에 속해 있는가, 다수에 속해 있는가를 판단하고 고립에 대한 두려움이 없는 경우에만 공개적으로 의견을 표명한다는 것을 주장한다(Glynn & McLeod, 1984; Noelle-Neumann, 1977; Taylor, 1982).

기존의 여론 형성 과정에서 개인은 이와 같은 판단의 근거를 대중매체에서 찾는 경향이 강했다. 즉, 사회의 전반적인 의견이나 분위기를 지각하는 데에 대중매체를 통해 제시되는 의견을 참조하였고, 개인적인 접촉을 통해서도 타인의 의견을 관찰함으로써 자신의 의견이 일탈적인가 동조적인가를 판단한다. 그러므로 개인이 대중매체 접촉과 대인 접촉을 통해 자신의 의견이 얼마나 고립될 위험성이 있는가를 판단하는 것이었다면, 온라인 공간은 기존의 대중매체와는 달리 양방향적인 의견 제시가 이루어지므로 의제 설정 기능이 기존의 매체에 비해 상당히 약화했다는 차이점이 있다. 즉, 인터넷이라는 가상공간을 통해 형성되는 집단은 가입과 탈퇴가 자유로우며, 지속적이지는 않고 일시적이므로 익명성이 보장될 수 있다. 그러므로 온라인 토론 참여자가 느끼게 되는 고립에 대한 두려움의 정도는 대인 또는 집단 커뮤니케이션에서 느끼는 고립에 대한 두려움의 정도와는 다를 것이다. 즉, 상호작용성과 익명성에 따라서 온라인 토론에 참여하는 사람들의 고립에 대한 두려움의 수준은 결정될 것이다. 따라서 온라인 토론의 장에서 우세한 의견은 더욱 크게 말해지고 열세한 의견은 침묵한다. 사람들이 의견에 있어서 이런 변화를 지각하고 그에 동조하려 하며, 결국 하나의 의견이 지배적인 것으로서 정착될 때까지 나선형 과정(spiral process)이 진행된다.

여론(public opinion)이란 특정 사회의 구성원이 그 사회 전체의 이해에 관계되는 문제에 관하여 가지는 공통적인 의견의 통합이라 할 수 있다. 이런 관점을 인터넷 공간으로 적용해 보면, 온라인 여론(on-line public opinion)이란 온라인 공간에서 게시판 등을 통해 공개적으로 표명된 의견들의 집합이라 할 수 있다. 그런데 전통적 의미에서의 여론이란 일반 대중이 가지고 있는 의견의 집합체이지만, 온라인 공간에서 형성된 여론은 각 개인의 쟁점 이슈에 대한 사고의 집합체가 아니라 개인들이 공개적으로 표명한 의견들을 모아 놓은 것에 그 기반을 두고 있다. 즉, 온라인 공간에서의 여론은 참여자들 개인이 의견을 표명하는가 아니면 침묵하는가 하는 개인의 의사 표현 행위와 밀접한 관련이 있다. 이와 같은 관점을 가장 잘 대표하는 것이 노엘레 노이만(Noelle-Neumann, 1977)의 침묵의 나선(Spiral of Silence) 이론이다.

침묵의 나선 이론은 여론의 분포에 대한 개인의 지각은 개인이 정치적인 의견 표현의 동기가 된다고 주장한다. 그리고 이러한 자기표현의 행위는 전체적인 의견 환경을 변화시키고 타인의 의견에 대한 지각을 바꾸며, 나아가 궁극적으로 개인이 의견을 기꺼이 표명하고자 하는 행위에 영향을 미치게 된다. 즉, 개인이 자신의 개인적인 의견이 널리 퍼져 있다고 생각하면 이러한 자신의 의견을 자신 있게 대중 앞에 표명하지만, 자신의 의견이 소수의 견해로서 대중 앞에 지지받지 못한다고 지각하게 되면 내성적인 태도로 변하여 침묵하게 된다는 것이다. 이렇게 되는 이유는 앞서 언급한 고립에 대한 두려움에서 기원하는 것으로, 타인의 의견이 손쉽게 확인 가능한 인터넷 공간에서는 어떤 의견이 다수의 의견이고 어떤 견해가 소수의 의견인지에 대해 쉽게 정보를 얻을 수 있다. 물론 그것은 표현된 견해만이 나타난 것이지만, 결과적으로는 의견을 표명한 사람들의 주장이 대중에게 드러나고 반대 의견을 가지거나 다른 주장은 대중 앞에 드러나지 않게 됨으로써 그 이슈에 대한 대중의 인식은 표명되어 드러난 의견이나 주장을 중심적인 것으로 생각하게 되며, 그것은 다수의 의견인 것으로 비치게 된다. 즉, 침묵하는 다수의 의견은 표명된 소수의 의견에 파묻혀 버리고, 여론은 표명된 의견을 중심으로 형성되는 것이다. 이를 정리하면 다음과 같은 과정을 거쳐 여론이 형성된다.

첫째, 한 사회에서 대두되는 어떤 이슈에 대한 당시의 지배적 여론에 반대 의견을 가진 성원들은 그 이슈에 대해 침묵을 지키려는 경향이 있다.

둘째, 지배적인 여론의 견해는 더욱 강화되어 실제로 지배적인 여론으로 나타난다.

셋째, 이러한 여론의 형성 과정에서 주어진 이슈에 대한 어떤 견해를 지배적인 것으로 보이게 만드는 것은 주로 대중매체이기 때문이다.

넷째, 결과적으로 대중매체는 여론과 그 형성에 강력한 효과를 가진다.

여기서 기존의 대중매체 자리에 온라인 커뮤니케이션 공간을 대체하면 온라인 공간에서의 의견 표명이 어떻게 여론으로 형성되는가에 관해 이해할 수 있다.

노엘레 노이만이 침묵의 나선 이론에서 주장하는 것은 개인이 의견을 표명하거나 침묵하는 것을 결정하는 것은 자신의 의견이 받아들여질 것인가 아니면 무시될 것인가에 대해 심리적인 구속감을 느끼는 데에서 비롯된다는 점이다. 즉, 온라인상에서 형성되는 여론은 정적(static)인 것이 아니라 매우 동적(dynamic)인 것으로서 사회심리학적 기제에 의한 현상이다.

3. 온라인 토론 공간에서 설득

설득이란 상대방의 견해, 태도, 행동 등을 자기 측에 유리하도록 유도하는 설득 수단의 계획적 사용이라는 광의적 의미로부터 특정 대상에 특정 목표를 두고 자기에게 유리한 상황으로 만드는 협의적 의미까지 포함된다.

고전적 의미의 설득은 현재 사회주의 국가에서 사용하는 선전, 선동, 유언비어 등이며, 현대적 의미의 설득은 홍보, 계몽, 객관적 비판, 고차원적 심리적 태도 변화 등을 목표로 하는 설득 커뮤니케이션 활동으로서, 대표적인 것으로 현대사회에서의 광고 유형이 포함되며 분단국가의 평상시 설득 수단으로 활용된다. 또한 이는 물리적 힘의 대결에서 심리적 역량까지 포함된 총력전이라는 확대 개념이 포함되어 남한의 우월성을 북한 주민들에게 알림으로써 이들을 심리적으로 무력화 또는 마비시키는 것을 목표로 하는 활동까지 포함한다. 따라서 설득의 기본 요건은 진실성, 반복성, 인내성으로 진실성이란 객관적 사실을 상대에게 제공하는 정보와 같은 개념이 주가 되는데, 특히 단기, 중기, 장기적 계획과 실행이 정보에 대한 신뢰성을 축적하는 데 있어서의 기본 요건이 된다. 반복성이란 계획한 주체, 정보의 전달을 시간・공간적으로 함께 묶어서 무관심으로 놓쳐 버린 정보 수신자에 대해 정보 수용과 기억을 장기화시키기 위한 요건이다. 인내성이란 설득의 특성이 즉각적인 효과를 가시화하기 어렵고, 계획한 목표를 달성했는지 그 효과를 확인하기도 어려우며, 근본적으로 인간의 마음이 자신의 존재 기반인 생활 터전의 문화적 영향력에서 형성된 태도와 신념, 가치관을 변화시키는 것이 매우 어려운 일이라는 점이다. 따라서 진실성에 기초하여 계속 정보를 반복하여 제공하여 상대국 주민들의 사상과 의식, 태도와 신념을 바꾸는 것을 목표로 하는 활동을 말한다(심진섭, 2012).

그런데 최근 설득을 수행하는 환경이 디지털 기술 발전에 힘입어 급속도로 변화됨으로써 과거와는 다른 양상으로 전개되고 있음을 앞서 살펴보았다. 즉, 사이버 공간에서 이루어지는 토론의 장에는 정보 제공자와 수용자라는 구분이 없어지고, 능동적 참여자와 수동적 방관자의 이중적 관계로 재편되어 있다고 볼 수 있다. 여기서 사이버 공간에서의 토론 문화 혹은 여론 형성 과정에서의 핵심적인 특징을 지적할 수 있다. 즉, 능동적으로 자신의 의견을 개진하는 참여자는 자신의 견해에 대한 관여도 수준이 매우 높으므로 적극적으로 자신의 주장을 강하게 전개하고, 이 주장에 대해 관여도가 높은 다른 참여자는 그 글에 대한 댓글로 자신의 의견을 표현함으로써 적극적인 토론의 장 혹은 격론의 장이 펼쳐지기도 한다. 그런데 이런 활동에 참여하지 않는 수동적 방관자는 인지적으로는 고몰입되어 있지 않기 때문에 메시지 내용에 대해서는 정보처리가 일어나지 않고, 다만 많은 댓글이 올라와서 중요한 것으로 보이는 이슈 혹은 조회 수가 많은 글에 대해서 단순히 동조하게 되는 효과가 수반된다. 또한 적극적으로 자기 의견을 표명하는 온라인 토론의 참여자는 자신의 의견에 대한 지지자들의 수를 실제보다 과장하여 지각하게 된다. 이 두 가지 현상 모두 앞서 이론적으로 살펴본 침묵의 나선 효과라고 할 수 있는데, 이것은 온라인상의 토론자들뿐만 아니라 단순한 메시지 노출자들에게 현실을 잘못 지각하게 만든다. 이것이 온라인 미디어에서 일어나는 여론 형성 과정의 특징이다. 따라서 온라인 토론을 통하여 다양한 의견을 얻고, 활발한 토론이 이루어지며, 현실을 왜곡하여 지각하지 않도록 하기 위해서는 익명으로 이루어지는 토론방에서 토론 이슈에 많은 사람의 참여로 관여도를 높여 주는 것이 중요하다. 특히 상반되는 관련 토론이 활발히 일어나는 수많은 온라인 사이트에 대해 대북 심리전과 같은 설득을 온라인상에서 수행해야 하는 관련 요원들이 적극적으로 온라인 참여자들에게 토론 이슈에 대해 많은 정보를 제공해 주고, 상호작용을 적극적으로 장려하며, 실제 토론에도 직접 참여하여 특정한 주장 쪽으로 의견이 휩쓸리는 것을 방지하고 긍정적인 토론의 장이 마련되도록 하는 것 등의 적극적인 의견 게시 및 관리가 필요하다.

온라인 토론 공간은 합의를 지향하는 것보다는 개인의 다양한 의견이 표명되는 민주적이고 개인의 차별성을 강조하는 사이버 공간이다. 그동안 인터넷의 토론 공간으로의 역할을 낙관적으로 전망하는 학자들은 인터넷의 상호작용적인 특성이 온라인 이용자의 행태에 변화가 있었으며, 그중에서도 수용자의 태도에 큰 변화가 일어나게 되었음을 지적하면서 이것이 민주적인 토론이 가능하게 된 획기적인 변화라고 기대를 보았다. 하지만 현상적으로 드러나는 온라인 토론 공간의 역할은 상당한 문제들을 안고 있는 것을 다음과 같이 지적하지 않을 수 없다. 인터넷 이용에서 나타나는 오락적 이용의 편중 현상은 인터넷이 의사 표명, 의견 개진의 장으로서보다는 단순히 놀이 미디어로서 기능하고 있다는 것이다. 또 온라인 토론에 참여하는 이용자는 대부분 일회성으로 의견을 게시한 단발성 이용자가 대부분이고, 이들은 논리적인 의견 표명보다는 감정적인 의견 표명이 잦으며, 심지어 인신공격으로 발전하기까지 한다.

현재 인터넷은 그 확산 속도를 정확히 측정할 수 없을 만큼 빠르게 전 세계적으로 이용자 수가 증가하고 있으며, 우리나라의 경우 초고속 인터넷 보급률이 세계에서 정상 수준이다. 인터넷이 점차 주요한 커뮤니케이션으로서의 위상을 확보하게 되면서 의견 표명 채널로, 여론 형성의 장(場)으로 인터넷의 역할이 간과될 수 없다. 특히 우리나라와 같이 남북이 이념적으로 대치한 특수 환경에서 인터넷이라는 가상의 공간이 확대됨으로써 설득을 담당해야 하는 영역은 크게 확대되었다. 그리고 전 국민의 75%가 인터넷 이용자라는 사실을 놓고 볼 때, 사이버 공간의 중요성을 재삼 인식할 필요가 있다.

인터넷의 커뮤니케이션 장으로서의 가치에 주목하여 대부분의 정부 부처가 인터넷 홈페이지를 구축해 운영하고 있지만, 인터넷은 구축 못지않게 운영과 관리가 중요하다. 따라서 많은 인터넷 홈페이지 운영자들은 초기 구축의 열정에 비해 운영과 관리에는 상대적으로 소홀한 경향이 강하다. 인터넷은 상호작용성이라는 매체 특성상 사후 관리를 소홀히 하면 이용자, 즉 커뮤니케이션 참여자들로부터 외면을 당하게 된다는 점을 간과해서는 안 된다.

4. 사이버 전쟁

최근에 미국 위성통신 감청망 '에셜론'이 유럽 기업의 산업정보를 도청한 것으로 드러나 세계를 놀라게 한 바 있다. 유럽 의회에 제출된 보고서에 의하면 에셜론은 전화통화와 팩스, 이메일 등을 시간당 최고 수십억 건씩 도청했다는 것이다. 이렇게 얻은 정보는 유럽 기업과 입찰 경쟁을 벌이는 미국 기업이나 통상 협상에 나선 관료들에게 제공하는 것으로 알려졌다. 우리나라에서도 2011년 북한의 디도스 공격에 의한 농협 전산망 혼란 사건은 상상을 초월한 파장을 불러일으켰다. 이제 사이버 공간은 상상할 수 없는 위력으로 우리를 위협하고 있다.

1) 사이버 전쟁의 개념

미래 전쟁에서 가장 새롭게 등장할 전략은 싸우지 않고 이기는 '사이버 전쟁'이다. 미래학자 앨빈 토플러(Alvin Toffler)는 그의 저서 『전쟁과 반전쟁(War and Antiwar)』

에서 농경사회의 백병전과 산업사회의 대량 파괴 살육전에 이어 제3의 물결 시대의 전쟁은 "하이테크 전쟁이 될 것이다."라고 전망하였다. 이 전쟁의 핵심은 무기의 첨단화를 지나 궁극적으로 '사이버 전쟁'이라는 것이다. 미국 국방부도 2000년 1월 5일 적의 컴퓨터망에 침투하여 지휘 통제 및 방공 능력을 무력화시키는 '사이버 전쟁'을 21세기의 새로운 전술로서 본격적으로 검토할 것을 발표한 바 있다. 대륙 간 탄도 미사일(ICBM)이나 첨단 전투기, 레이더 방공망 등은 정교한 컴퓨터의 조작 없이는 이제 위력을 발휘할 수 없게 된 것이다. 이들 무기와 장비는 컴퓨터라는 '두뇌'만 교란되면 고철 덩어리에 불과할 뿐이다. 따라서 사이버 전쟁의 핵심 전사(戰士)는 '컴퓨터 바이러스'나 '전파장애' 또는 '통신망 파괴' 등의 담당자가 될 것이다. 새 해커들이 등장할 때마다 가장 긴장하는 사람이 각국의 군 관계자들인 것도 바로 이 때문이다. 사이버 전쟁은 아군이나 적군 모두 인명 피해가 발생하기 전에 적을 굴복시키는 '무혈전쟁'을 가능하게 한 것이다. 일단 개발되면 유지비용도 별로 들지 않고 그 효과를 발휘하게 된다. 그러나 사이버 전쟁은 전자화되지 않은 무기와 장비 등을 동원한 '재래식 전술'에 취약하다는 것이 약점이다. 냉전 이후 지구촌 곳곳에 나타나고 있는 인종, 종교, 민족갈등 등에 의한 전쟁도 사이버 영역 밖의 전쟁들이다. 이런 점에서 가장 전자화된 최첨단 컴퓨터 시설을 갖추고 있는 선진국의 사이버 전력은 역으로 적의 재래식 사이버 공격에 가장 취약한 역설적 전력(paradoxical fighting power)을 보유하고 있는 셈이다.

2) 사이버 전쟁의 개념, 사이버 군

(1) 미국의 사이버 군(軍)

오늘날 전쟁의 개념과 병사들의 모습은 몇 년 전만 해도 상상하기 어려운 속도로 변화되고 있다. 레이저에 의해 유도되는 미사일과 장거리 무기들로 인해 먼 거리에서 훨씬 월등한 화력으로 전쟁을 수행하는 것이 가능해지면서 대규모의 군대가 적과 마주 보고 전열을 가다듬는 모습은 사실상 볼 수 없게 되었다. 대부분의 군사 전략가들은 걸프 전쟁이 마지막 구식 전쟁이었다고 생각하고 있다. 걸프 전쟁에서는 세계인들이 한 번도 보지 못한 첨단무기들이 사용되기도 했지만, 동시에 병사들도 50만 명이나 전장에 투입되었다. 반면, 지난 수년간 클린턴 행정부는 미군 병사를 단 한 명도 지상(地上)으로 투입하지 않은 채 수단과 아프가니스탄을 공격하고, 이라크를 습격하고, 코소보에서 전쟁을 수행하였다.

자신이 속해 있는 대열의 측면을 보호하고, 고지를 선점하며, 나아가 지형지물을 잘 이용하는 재래식 전술 개념은 미래에는 전혀 쓸모가 없는 것이 되어 버릴 가능성이 있다. 최전선이란 것이 아예 존재하지 않을 것이며, 위성이 순식간에 정보를 전달해 주고, 먼 거리에서도 폭탄과 미사일을 이용한 공격이 가능한 시대에 병사들을 한곳에 집결시키거나 고도가 높은 곳을 사수하려고 노력한다면 몇 Km 상공의 폭격기, 인공위성, 정찰기의 손쉬운 표적이 될 뿐이다(동아일보, 2000).

이제 신기술은 공군력의 승리 이상의 것을 의미하는 것 같다. 미래에는 지상전의 양상도 바뀌게 될 것이기 때문이다. 『뉴욕 타임스』는 미국 국방부가 3,500만 달러를 들여 앞으로 3년 이내에 무게 100g, 길이 15cm 크기의 초소형 정찰비행 로봇(Micro Air Vehicles: MAV) 개발을 추진 중이라고 보도하였다.

이 MAV는 시속 60km로 공중에서 60분간 활동할 수 있으며, 디지털카메라와 소음 탐지 센서 등이 장착되어 산 너머 적군의 동태를 살피거나 포격지점의 피해 상황을 파악하고 탱크 등 중장비의 이동을 감시하는 데 활용될 계획이다. 미군은 이미 MAV와 비슷한 무인 정찰기를 걸프 전쟁과 보스니아 내전에 실전 배치한 바 있다. 그러나 당시 투입된 무인 정찰기는 무게가 4.5kg, 길이 1.2m 정도로 쉽게 눈에 띄는 것이 단점이었다. 이에 따라 미국 국방부는 기존 무인 정찰기와는 전혀 다른 개념의 더 작은 MAV 개발을 추진하기 시작한 것이다. 매사추세츠공과대학교의 데이비스(Davis) 박사는 크기와 무게가 작아지면 기존 비행체 설계와 기술의 필요성을 강조하고 있다.

미군이 개발할 MAV가 상황을 스스로 판단할 수 있도록 인공지능도 부착해 가시거리 밖에서도 활동할 수 있게 한다는 것이다. 이러한 연구계획에 따라 2000년대 들어 미국 해병대는 보통의 정찰대처럼 위험을 무릅쓰지 않고도 적지 깊숙한 곳까지 정찰할 수 있는 작은 곤충처럼 생긴 로봇을 이미 개발하여 시험하고 있는 것으로 알려졌다. 미국 육군은 또한 앞으로 몇십 년에 걸쳐 위성과 지상의 무인 장치 및 탐지기를 이용해 세계적인 통신 네트워크와 연결된 디지털 부대를 만들 계획을 세우고 있다. 이 계획은 이미 완성되어 운용되고 있다.

(2) 중국의 사이버 군(軍)

중국도 육군 · 해군 · 공군에 이어 '제4군'인 사이버 군 창설에 나섰다. 중국 인민

해방군 기관지 『해방군보(解放軍報)』는 최근 사이버 전쟁 특집을 게재하면서 인터넷 전쟁은 육군 · 해군 · 공군의 실전 작전과 똑같이 간주되어야 한다고 역설하고 있다. 이 신문은 사이버 전쟁 상황으로 적의 군사 및 민간 사이버 공간에 자유자재로 출몰하면서 전자공황 상태를 초래하고 적의 시스템을 파괴하여 적의 인터넷 정보와 명령권을 탈취하는 전술 등을 소개하고 있다. 『해방군보』의 이런 보도는 중국이 공격적인 사이버 전쟁 수행 능력을 보유했음을 암시하는 것으로 이미 사이버 전쟁에 대비한 훈련에 돌입한 상태라고 알려져 있다.

5. 사이버 전쟁 테러

1999년 4월 26일 사상 최악의 컴퓨터 바이러스라는 CIH(일명 체르노빌 바이러스)는 전 세계에서 발생해 국내에만 1천억 원 이상 피해를 주었다. 이에 앞서 3월 말에는 전자우편을 통해 전염되는 멜리사 바이러스가 세계 전산망을 마비시킨 바 있다. 심지어 코소보 사태의 와중에서 세르비아 해커들이 북대서양조약기구(NATO)와 관에 있는 미군 기지의 전산망에 침투하여 바이러스를 뿌리고 스팸 메일을 보내 사태를 더욱 악화시켰음은 앞에서도 이미 언급하였다. 미군은 이러한 사이버 테러에 대응하는 사이버 특수부대를 창설하였고, 우리 정부도 범부처 차원에서 해커 대응팀과 함께 컴퓨터 바이러스만 전문적으로 다루는 전담조직을 가동하고 있지만 날로 발전하는 기술 수준을 두고 볼 때 더욱 노력해야 할 것이다.

1) 사이버 테러리스트

사이버 테러리스트란 첨단 정보통신기술을 이용해 전산망을 침투하는 해커나 불순한 목적을 갖고 컴퓨터 바이러스를 만들어 전파하는 집단을 말한다. 여기에는 크게 세 가지 부류가 있다. 첫째, 혼자 활동하는 10대 부류로서 컴퓨터에 탐닉해 사회적으로 소외된 자신의 존재를 알리기 위해 각종 불법행위를 저지르는 경우다. 전문가들은 이 부류가 가장 많다고 지적하고 있다. 둘째, 범죄 조직화한 엘리트 집단으로 스웨덴의 '국제해적단', 네덜란드의 '트라이턴트', 러시아의 '지하해킹 마피아'가 대표적 예들이다. 이들은 새로운 기법을 개발해 불법 지하조직들에 판매하기도 하므로 극히 위험한 집단으로 분류할 필요가 있다. 셋째, 정치적인 목적을 가지고 움직이는 집단으로 이 집단은 좀처럼 정체가 드러나지 않고 있다. 공격대상도 종전에는 대학이나 연구소의 전산시스템이었다. 그러나 최근 들어 국가안보와 일상생활과 직결되는 군사기지, 식량 관련 시설, 발전소, 제약회사 등도 공격대상으로 삼고 있다.

2) 사이버 테러 수법

최근 들어 해킹 수법은 멀리 떨어진 곳에서 사용자 ID나 비밀번호를 알아내는 스누핑, 전산시스템의 운영권을 완전히 장악하는 스푸핑 등과 같이 고도화되어 가는 추세이다. 통신 케이블에서 흘러나오는 전자파를 잡아내 그 안으로 전송되는 정보를 빼내는 '벤엑크' 방법도 사이버 스파이들이 자주 사용하는 수법 중의 하나이며, 강력한 전파를 발사, 전산망을 정지시키는 전파무기도 실용화되는 상태다. 얼마 전 아일랜드 반군이 이 무기로 런던 금융가에 공격을 가할 계획을 수립한 적이 있다고 보도된 적이 있다. 전자기(電磁氣) 폭탄도 위험한 무기다. 강한 전자기를 내뿜는 이 폭탄은 국가통신 시스템 · 전력 · 물류 · 에너지 등의 사회 인프라를 일순간에 무력화시킬 수 있다. 컴퓨터 바이러스도 나날이 위력을 더해 가고 있다. 바이러스는 지난 1990년 2백 종에 불과했으나 지금은 3만 6천 종이 넘고, 지금도 매일 10여 종 이상의 바이러스가 새로이 전파되는 실정이다. 최근 개발된 컬리귤러, 코드 파괴자와 같은 악성 바이러스는 전산망에 들어가 중요한 정보를 외부로 유출하면서 해당 전산망을 무력화하고 있다.

6. 변화하는 전쟁의 모습

현재 미국, 러시아, 프랑스, 영국, 인도 등이 보유 중인 것으로 추정되는 전략 및 전술 핵무기 수는 약 26,600여 개다. 반세기여 전인 1945년 8월 미국의 '맨해튼 프로젝트'에 따라 개발되어 일본 히로시마와 나가사키에 투하된 두 개의 원폭으로 인한 희생자는 10만여 명이었다.

현존의 핵무기는 60억이 넘는 인류 전체를 수차례 전멸시키고도 남을 정도의 무서운 위력을 가지고 있다. 이 같은 핵무기의 파괴력을 역설적으로 보면, 냉전 시대에는 '공포의 균형'을 불러와 핵전쟁뿐만 아니라 재래식 전쟁의 일부도 억제해 온 것이 사실이다. 핵무기가 보유국의 국제적 위상 강화에 큰 역할을 하는 것은 분명하지만 실전에 사용될 것으로 보는 전문가는 거의 없다. 실제 코소보 전쟁과 체첸 전쟁 등 재래식 무기를 동원한 국지적인 전쟁이 계속되고 있다. 카슈미르를 둘러싼 핵보유국 인도와 파키스탄 간의 분쟁도 화약고로 남아 있다. 그러나 핵무기, 생물·화학무기 등과 같은 무서운 살상 무기의 확산으로 이 같은 국지적 재래전이 자칫하면 대량 인명 살상이 가능한 '큰 전쟁'으로 비화할 가능성이 그 어느 때보다 높다는 것이 전문가의 지적이다.

미국 국방부는 현재 세계 25개국 이상이 핵탄두를 운반할 수 있는 대륙 간 탄도미사일을 보유하고 있으며, 앞으로 30여 개국이 화학 무기를, 10여 개국이 생물학무기를 갖게 되는 등 새로운 무기의 위협이 늘 것으로 추정하고 있다. 여기에 덧붙여 냉전 종식 이후 민족 또는 종족 간의 갈등은 고삐 풀린 양상으로 증폭되고 있다. 대량 살상 무기의 발달과 민족 갈등, 이 두 가지 요소가 '최후의 전쟁'을 그 어느 때보다 부추기고 있는 게 사실이다.

와인버거(Weinberger) 미국 전 국방부 장관과 피터 시바이처(Peter Schweizer) 스탠퍼드대학교 연구원이 함께 쓴 『넥스트 워(The Next War)』(1996)는 '2차 한국 전쟁' 등 미국 국방부가 가상 적국을 상대로 프로그램화한 다섯 가지의 전쟁게임 시나리오를 소개하고 있다. 사실 이 책에 소개된 이들 '전쟁게임'은 현실성과는 다소 거리가 멀다. 이에 대해 와인버거 자신은 1991년 걸프 전쟁 승리 이후 미군 전력이 급격히 약화하는 것에 비해 점차 증가하는 국제 안보의 불안에 대한 경각심 차원에서 쓴 것이라고 강조한다.

새뮤얼 헌팅턴(Samuel Huntington) 하버드대학교 교수는 『문명의 충돌(The Clash of Civilizations)』(1996)에서 문명이 서로 만나는 단층선상에서 국가를 포함한 대규모 집단 간의 무력충돌이 빈발할 것이라며, 특히 21세기에는 이 같은 문명충돌 전쟁의 이면에 이슬람 문명이 관여된 경우가 압도적으로 많아 '피 묻은 경계선'을 이루고 있다고 경계했다. 2011년 10월 말 70억 명을 돌파한 세계 인구폭발의 상당 부분은 이슬람 인구의 증가에 따른 것이다. 이러한 이슬람 인구 증가가 인근 집단들에 정치·경제·사회적 압력을 가해 반작용을 불러일으키며 충돌이 발생한다는 주장이다.

한편, 중국의 부상으로 인한 아시아의 긴장 고조 가능성도 대표적인 분쟁 요인으로 지적된다. 물론 세계 경제의 통합과 글로벌해지는 추세에 따라 경제적 이익을 추구하는 경제 전쟁이 치열해지면서 무력충돌 가능성은 상대적으로 줄어들 것이라는 전망도 만만치 않다. 그러나 21세기의 인류가 이 같은 번영의 뒤안길에서 구시대의 유산을 안고 전쟁의 임계점에 선 것만은 부인할 수 없다.

7. 사이버 설득

현대 과학기술의 급격한 발전 추세에 따라 21세기의 인류 문명사회는 산업사회에서 지식 · 정보화 사회로 급속한 질적 대변혁이 이루어졌으며, 정치 · 사회구조, 생활 양식, 가치체계에서부터 경제, 기술 환경의 변화에 이르기까지 각 분야에서 발달하고 있다. 또한 21세기 군사 과학 기술 및 정보 기술의 가속적 발달은 전쟁 영역이 과거 지상, 해상, 공중에서 우주 및 사이버 공간이 추가되고, 범위도 무한정 신장함에 따라 전장 운영 개념에 새로운 변혁이 진행되고 있다.

정보 기술의 혁신적인 발달은 인터넷이라는 새로운 개념의 통신매체를 탄생시켰다. 이제는 여론의 핵으로서 TV 시청 인구와 신문 인구에 이어 세 번째로 많은 네티즌을 보유하는 중요한 매체가 되었다.

인터넷은 쌍방향성, 신속성, 참여성, 다양성, 정보력 등 이루 말할 수 없는 고유하고 다양한 특징을 가지고 있으며 그 위력은 대단하다고 할 수 있다. 최근에는 오히려 인터넷이 여론을 앞지르거나 선도하는 역할까지 한다.

인터넷은 최근 이라크 전쟁에서 이라크의 고위 지도자와 군 고급 지휘관들에게 투항을 권유하는 이메일을 발송하는 등 설득의 중요한 매체로 부상하였으며, 장차 전쟁에 있어서 가장 효과적인 설득 매체가 될 것이다.

이라크 전쟁에서 사이버 설득

○ 주요 내용
전쟁 이전, 이라크 공격 개시 전에 미국은 수천 통의 회유성 이메일을 비밀리에 이라크 지도부에 보냈으며, 그 내용은 "후세인에게 반발할 의향이 있는지, 만약 있으면 망명을 보장해 주겠다."라는 내용과 "미국이 이라크와의 전쟁을 개시할 경우 이라크는 승리할 수 없다."라는 내용이었다. 또한 미국에 대한 협조를 권유한 뒤 협조가 이루어지지 않으면 이라크와의 전쟁이 불가피하다고 경고하는 한편, 망명을 희망한다면 유엔을 접촉하는 구체적 방법을 포함하였다.

○ 성과
휴대전화 문자 메시지 및 인터넷 이메일의 효과는 확인되지 않았다. (미군 미공개)

1) 인터넷 설득의 장단점

(1) 장점

첫째, 목표대상에 대한 동영상이나 사진을 통한 정확한 정보를 실시간 제공할 수 있다.

둘째, 인터넷 공간에서 채팅, 이메일 송수신 등 가상 접촉을 통하여 자기 측이 의도하는 메시지를 전파할 수 있다.

셋째, 설득 전달자를 은폐 또는 위장하고 흑색 및 회색 설득을 자유자재로 구사할 수 있다.

넷째, 자국 내 여론 결집 또는 우방국 및 국제 사회의 지지 확산과 지원 획득이 쉽다.

다섯째, 다양한 주제를 가지고 무차별적 확산이 가능하다.

여섯째, 컴퓨터 그래픽을 통한 조작된 가상현실을 제작하여 목표대상에게 전파할 수 있다.

(2) 단점

첫째, 인터넷이 설치되지 않거나 통제된 집단에 대하여는 전파되지 않는다.

둘째, 목표대상에 의한 반박, 여론 조작 등 역대책에 취약하다.

셋째, 치명적인 바이러스 유포, 해킹 등 컴퓨터 네트워크에 대한 공격 시 운용이 불가능하다.

넷째, 인터넷은 주로 전략설득 수행에 운용되며, 전술적 설득 수행에는 어려움이 있다.

2) 인터넷을 이용한 설득 방법

첫째, 상대방의 선전에 대하여 이메일, 해킹, 바이러스 유포 등 공세적으로 선전 효과를 최소화하거나 못하도록 방해할 수 있다.

둘째, 정확한 정보를 바탕으로 신속하게 다수의 인원에게 선전 메시지(이메일, 게시판 등)를 전파할 수 있다.

셋째, 컴퓨터 합성이나 TV 방송의 화면을 조작하여 가상현실을 전파할 수 있다.

넷째, 타인의 이메일 계정을 도용하거나 다른 시스템의 이메일 계정을 도용 또는 다른 시스템의 이메일 게이트웨이를 불법으로 이용하여 다수의 사용자에게 원하지 않는 선전 메시지를 보낼 수 있다.

다섯째, 국민 여론 결집을 위한 다양한 선전방송과 메시지를 게재할 수 있다.

제13장

설득 분석

1. 개요

설득 분석이란 설득 주체가 목표대상에 대하여 무엇을 기대하고 설득을 수행하였으며 효과는 얼마만큼 나타났는가를 분석하는 것이다.

설득 분석은 전 · 평시 설득 운용에 있어서 대단히 중요한 분야라고 할 수 있다.

설득 후 목표대상의 마음이 어떻게 변했느냐를 확인하는 방법은 극히 제한된다. 그러나 분석을 통하여 차후 설득 방향을 결정하게 되고 설득 방향에 의하여 설득 주제와 매체가 결정되며, 이러한 과정이 수정 보완하여 순환되면서 설득의 효과는 달성될 수 있는 것이다.

2. 목적

설득 분석을 하는 목적은 설득 수행을 위한 상황판단과 피 · 아 설득의 효과 측정, 각종 설득 정보 획득, 설득 기술 및 방법을 개발하고 설득 주제와 매체를 결정함으로써 차후 설득 수행 시 효과를 극대화하기 위해서이다.

3. 분석 요소

1) SCAME 공식에 의한 요소

일반적으로 많이 사용되고 있는 설득 분석 방법으로 분석 요소는 다음과 같다.

누가	근원(Source)	S
무엇을	내용(Content)	C
누구에게	대상(Audience)	A
어떻게	매체(Media)	M
어떤 효과	효과(Effect)	E

5개 요소에 대한 분석은 각각 독립적으로 수행될 수 있다. 왜냐하면 한 요소의 분석은 다른 요소에 직접적인 관계가 있기 때문이다. 따라서 상기 5개 요소를 동시에 분석, 검토하지 않으면 설득 분석의 결과는 비효과적이거나 그릇된 분석이 될 수 있다.

2) STASM 공식에 의한 요소

일반적으로 많이 사용되고 있는 분석방법의 분석 요소는 다음과 같다.

누가	출처 및 수단(Source)	S
무엇을	시기(Time)	T
누구에게	대상(Audience)	A
무엇을	주제(Subject)	S
어떤 효과	목적(Mission)	M

STASM 공식은 군사 사항이나 비군사 사항 또는 어떤 청각적, 시각적 등 어떠한 형태의 선전이든지 그 분석에 적용될 수 있는 것이 특징이며, 분석방법으로서 더욱 발전시킬 가치가 있다.

4. 분석 방법

1) 근원(출처) 분석

근원 분석은 설득을 준비하고 전달하는 출처에 대한 분석이며, 설득 내용의 신뢰도 분석 등에 도움이 된다. 출처의 종류로는 진 출처, 허위 출처, 인용 출처 등이 있으며, 출처에 따라 효과도 달라진다. 따라서 설득 관계 요원, 설득 기구 및 기관이 분석의 대상이 된다.

(1) 근원 분석의 가치

설득 출처를 밝혀냄으로써 선전내용의 권위 및 선전목적을 규명할 수 있고, 대상 지역에 이용되고 있는 여러 가지 매체와 출처와의 상호관계를 명확하게 할 수 있으며, 출처에 대한 대상 집단의 신뢰도를 표시하는 출처와 대상의 상호관계를 알 수 있다. 또 설득 목표나 기술을 출처별로 알아낼 수 있고 그들의 설득 내용을 토대로 역선전에 활용할 수 있다.

(2) 분석 방법

설득 내용이 나오게 된 경로와 내용의 의도를 분석하는 것으로 방송의 경우 주파수, 출력, 프로그램 형태 및 방법 그리고 어느 방송국인가를 확인해야 하며, 전단의 경우 지질, 형태, 색채, 문장, 활자체, 편집방법 등을 분석하여 출처를 확인하는 것이다.

2) 내용 분석

(1) 무엇의 분석

내용 분석은 전달자가 설득 내용을 분석하는 것으로서 전달자의 선전 동기와 전달자가 기대하고 있는 목적 및 효과를 알아내기 위하여 내용을 분석하고 평가하는 것이다. 이는 분석 요소 중 가장 중요한 핵심이며 '무엇을' 분석하는 것이다.

(2) 내용 분석의 구분

양적 분석은 조직적 분석법으로 선전 횟수(빈도)를 기본으로 하여 어떤 기간을 분석하는 것으로서 주로 내용의 방향과 변화 과정을 정확히 분석할 때 많이 사용된다. 설득 주제, 프로그램 수(방송), 글자 수(전단), 폭(전단) 등을 단위로 매주, 매월, 계절별 주기로 선전 횟수(빈도)에 따라 도표를 그려 발전과 경과 그리고 전망을 분석, 판단하는 것으로 기록에 의거하여 모든 것을 확정하며 그 결과도 숫자로 표시된다. 이 분석은 장기간이 소요되며, 충분한 자료가 확보되어야 효과적이다.

질적 분석은 최근 자료와 인간 심리 등에 기초를 두고 분석하는 것으로서 그 내용의 경향, 강도, 정도 등이 어떻게 변하고 있는가를 분석하는 것이다. 이러한 질적 분석은 설득 선전이 나오게 된 동기와 원인을 찾아내기 위하여 계통적인 순서와 절차를 거쳐 분석하여야 하며, 그 내용이 미치는 영향을 판단하고 가능한 행동방책을 예견해야 한다. 따라서 이 분석은 소수 인원에 의해 단시간 내에 비교적 정확한 판단을 해야 하므로 분석관의 풍부한 지식과 경험을 토대로 분석되어야 한다.

(3) 분석 과정

제1단계 가설 설정

내용 분석에 있어 우선적인 것은 분석으로 해답을 얻고자 하는 가설을 설정하는 것이며, 여기에서 가설이란 어떤 변수와 변수 간의 관계를 확실히 알아보기 위하여 실증해 보기 이전의 잠정적 설명 혹은 진술이다. 아직 사실이 증명된 것은 아니지만, 추구할 가치가 있는 조건을 가진 추측이다. 특히 설득 분석에 있어서 가정을 설정하고 분석할 경우 분석자의 편견이 개입되지 않아야 신뢰할 수 있다.

제2단계 표본 추출

분석하는 이는 가설에 따라 어떤 선전항목을 분석할 것인가 하는 문제에 직면하게 되는데 전반적인 선정항목을 분석하는 경우는 극히 드물며, 주어지고 설정된 선전항목에 대한 표본을 추출해야 한다.

표본은 전체를 대표하고 실현할 수 있는 것으로 추출되어야 하며, 표본 추출은 다음과 같다.

- **표제 표집**: 전체 선전범위에 대하여 어느 항목을 선택할 것인가를 결정하는 것으로서, 예를 들면 어느 방송 또는 어떤 전단을 분석할 것인가 하는 것이다.
- **호수 표집**: 표제 표집이 결정된 후에 어느 부분을 분석해야 할 것인가를 결정하는 것으로서, 예를 들면 어느 기간의 방송(또는 전단)을 분석할 것인가 하는 것이다.
- **내용 선택**: 표제의 호수가 결정된 후에는 어느 부분을 분석해야 할 것인가를 결정하는 것으로서, 예를 들면 분석관이 방송(또는 전단) 내용 중 군 대상 내용을 분석할 것인가 하는 것이다.

제3단계 내용 분석 범주 결정

내용 분석 범주는 조사에 따른 가설에 기초를 두고 분류한 것이며, 양적 또는 질적 분석 모두 다음 범주를 사용한다. 그러나 질적 분석은 제목이나 빈도에 치중하지 않기 때문에 양적 분석과 같이 세분화할 필요가 없으며, 이러한 범주는 때에 따라 추가, 수정되기도 하지만 일반적으로 사용되고 있는 범주는 다음과 같다.

종류	내용
제목	의사전달의 경향을 알고자 할 때
방법	선전목적 달성의 유도 수단
방향	선전자의 태도
근원	선전 출처의 권위성
대상	누구에게
내용구성	용어 논조
강도	중점적 요인, 효과적 요인

제4단계 내용 분석 측정단위 설정

분석의 대상이 되는 측정단위로서 각 범주의 크기, 수, 규모, 경향, 강도 등을 측정하기 위하여 설정하는데 내용분석에는 여러 가지 측정단위가 있고, 어떤 문제에 어떤 단위를 택하느냐 하는 문제는 가설에 따라 다른 것이며, 통상 사용되는 측정단위는 다음과 같다.

종류	내용
단어 및 술어	사용된 낱말의 내용과 빈도
명제	주장, 논점, 사상 등
항목	항목(신문, 방송, 전단, 대면) 간의 변화
인물	주인공의 성격, 언행, 사상 등
지면	난의 크기, 페이지 수, 활자의 크기 등
횟수	빈도, 반복, 강조
시간	프로그램별 방송시간, 대면 활동시간, 전단 작전 시간

제5단계 신뢰도 확보

신뢰도를 향상하기 위해서 분석관과 분석시간이 다르더라도 분석내용이 같은 결과가 나올 수 있도록 객관적이고 과학적으로 같은 내용에 같은 범주를 적용해야 한다.

현재까지 알려진 내용 분석의 신뢰도에는 기호에 관한 분석의 신뢰도는 높고, 복잡한 의미를 대상으로 하는 분석의 신뢰도는 비교적 낮으며, 보고하기 위해서 분석의 신뢰도를 낮추는 것은 곤란하다.

제6단계 실제 분석 및 결과 제시

실제 분석 및 결과는 앞과 같은 과정의 통계 처리된 수치이다. 표본 내에 포함한 개개의 측정단위를 하나의 범주로 하여 집계하여야 하고, 통계 처리된 결과의 수치는 제표, 비율, 숫자, 도해, 그래프 등으로 표시하면 이해하기가 쉽다.

제7단계 결과 분석 및 결론

기간 중 실시된 설득 내용, 제시된 숫자, 그래프에 의하여 최종적인 분석을 하게 된다. 가설에 따라 검토하고 기본 정보 및 타 정보와의 비교평가를 통하여 그 이유와 원인을 규명하고 전반적인 추세와 경향을 결정하며, 미래에 대한 예언, 목표대상의 가능한 행동방책을 판단하게 되는 것이다.

<표 13-1> 대상 분석 과정

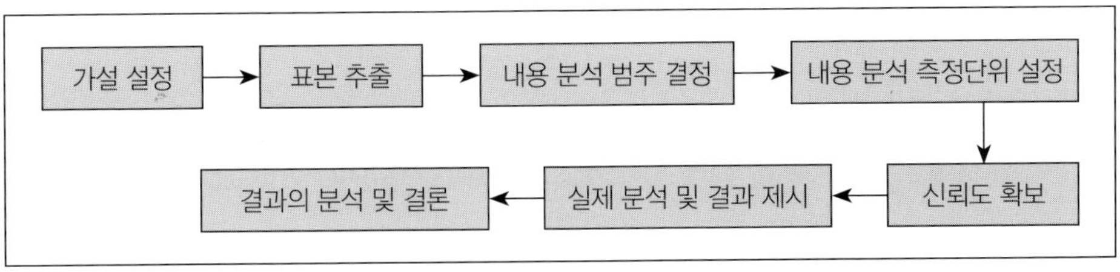

3) 대상 분석

(1) 누구 분석

대상 분석은 누구를 대상으로 설득을 시행하였는가를 분석하는 것으로서 설득 내용이 매체를 통하여 목표대상에게 전달되거나 전달이 추구하는 목표대상에 대한 분석이다. 설득 분석대상은 설득 목표 이외의 개인들도 포함되며, 다음과 같은 사실들을 결정하기 위하여 분석하는 것이다.

- 목표대상이 어디에 있는 누구인가?
- 효과에 대한 유리한 조건 및 불리한 조건은?
- 대상에 영향을 미치는 조건과 태도는?
- 적의 설득에 대한 단서 포착은?
- 설득 출처가 이용하고 있는 전략, 전술은?
- 활용할 수 있는 상대의 설득 취약점은?

(2) 설득 대상

설득 대상은 일반 주민 집단, 특수집단(권력층, 군 등), 경제적 집단 등이 있으며 다음과 같이 대상을 구분할 수 있다.

대상	내용
기본 대상	실제적이고 궁극적인 대상
간접 대상	기본 대상에게 전파할 수 있는 중간 대상
가능 대상	기본 대상에게 향한 설득을 자연히 받게 될 가능성이 있다고 추정되는 대상
비대상	고려대상은 아니나 의식 또는 무의식적으로 설득 매체의 전달을 받게 되는 대상

(3) 분석 과정

제1단계 대상 선택

설득 매체를 수신하게 될 대상을 선택, 분석하는 것이며, 이때 대상은 가정된 대상이 되는 것이다.

제2단계 조건 결정

목표대상에 영향을 미치는 조건을 결정하는 것이며, 이러한 조건들은 대상에 영향을 미치는 외부환경 요인이다.

제3단계 태도 분석

긍정적이거나 부정적인 의견, 감정, 행동 경향의 지속적인 체계로 규정할 수 있으며, 대상의 태도는 심리적 취약점과 관련이 있다.

제4단계 감수성 측정

목표대상이 전달자의 매체에 어느 정도 설득될 수 있느냐 하는 것이다.

제5단계 목적의 공식화

설득의 목적을 공식화하여야 하며, 전달자가 목표대상에게 바라는 목적이 무엇이고 어떤 행동이 나타나고 있는가를 분석하는 것이다.

제6단계 효과 결정

전달자의 설득이 목표대상 집단에 어떠한 효과를 나타나게 했는지를 분석하는 것이다.

제7단계 영향지표 결정

목표대상이 전달자의 설득에 어떤 영향을 받는가 하는 자료를 결정하는 것이며, 이 지표는 설득 목적과 관련되어 있고, 설득 활동의 성패를 좌우하는 정보를 제공하는 것이다.

〈표 13-2〉 대상 분석 과정

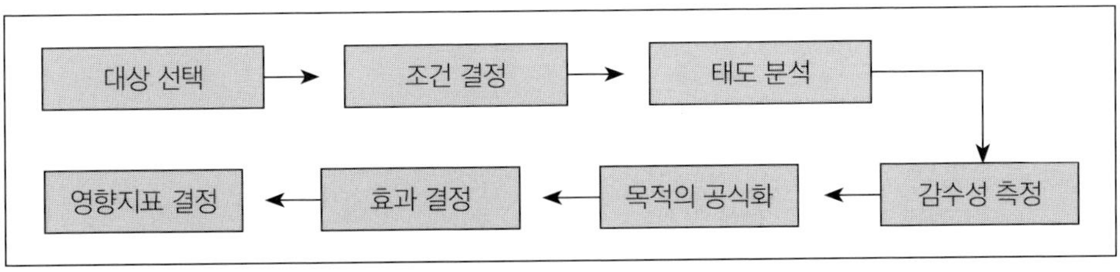

4) 매체 분석

(1) 매체 분석의 목적

좋은 설득 내용을 가졌다 하더라도 전달하는 매체가 적합하지 않으면 목표대상에게 전달되기도 어려울 뿐만 아니라 전달자가 기대하는 설득 효과를 달성하기도 곤란하다. 그러므로 매체 효과의 기본은 목표대상 집단에 의하여 그것이 잘 이해되어 수용하는 것이다. 따라서 전달자가 어떠한 효과를 기대하고, 왜 그 매체를 사용했는가를 분석해야 한다. 매체를 지속하여 분석할 때 출처를 식별해 낼 수 있고, 설득 매체의 효과도 측정할 수 있다.

(2) 분석 방법

각 매체에 사용된 자료, 자재의 종류 및 목표대상에게 제시된 방법을 분석하는데, 제한된 시간에 많은 매체를 동시에 검토하기가 곤란하므로 사용된 매체 중 대표적인 것을 골라 분석한다. 분석내용은 다음과 같다.

- 인간 정보 수단(공작원, 귀순자, 투항인, 탈북자, 포로, 피난민 등)을 활용하여 측정한다.
- 목표대상 집단의 통제사항(설득 오염 방지대책)을 측정한다.

5) 효과 분석

(1) 효과 분석의 목적

효과 분석은 작전 효과의 기대, 실시한 결과를 측정하고 평가하는 것이다.

효과 측정은 설득 선전내용이 매체를 통하여 목표대상에게 전해졌을 때 목표대상의 의견, 감정, 태도, 행동의 변화를 어느 정도 일으켰는가? 즉, 자극에 대한 반응 정도를 판단하는 것으로서 설득 계획과 작전에 절대적인 역할을 한다.

(2) 분석형태 및 방법

설득 효과 분석은 여러 가지 형태와 방법으로 실시되나 가장 정확하고 신뢰성이 있는 측정은 무엇보다도 현지 측정이다. 그러나 전·평시에 이러한 현지 측정은 대단히 곤란하다. 따라서 가용한 측정 방법을 선택해서 효과를 측정해야 한다. 일반적인 효과 측정은 다음과 같다.

형태	방법
대응 행동	귀순, 투항, 폭동 등 즉각적인 행동의 표면화
직접 측정	공작원, 협조자 보고, 개인 서신 및 노획 문서 분석, 대면 및 신문(귀순자, 포로, 피난민 등)
간접 측정	여론, 사기, 적 설득 분석, 관련인의 논평 및 증언

(3) 효과 측정의 구분

측정에는 사전·사후 측정으로 구분되며, 사전 측정은 설득하기 전에 목표대상 집단 일부에게 먼저 설득 반응을 알기 위해 실시하는 것이며, 설득 수행 후의 사후 측정은 설득 방법을 개선하고 성공률을 높여 설득 효과를 감소시킨 원인을 제거하기 위한 것이다. 측정 시 언어의 오용, 감응 등 효과에 대한 부정확한 평가, 그릇된 설명과 인지된 사실의 잘못된 표현 등이 포함되며, 다음과 같은 방법으로 효과를 측정하는 것이다.

① 목표대상 일부에 의한 측정

목표대상 집단 '일부'와 면담을 통하여 실시하는 것으로서 귀순자, 포로, 피난민 등을 통하여 원인을 조사하는 것이다.

② 전문가 선정에 의한 측정

목표대상 집단 '일부'를 통한 조사내용의 유용성이 있다는 것을 발견했을 때에는 전문가를 선정하여야 효과적이다.

③ 측정 표본 선택

효과를 측정할 때 어느 부분을 선택, 원인을 규명할 것인지 측정 표본을 선택하여야 쉽게 할 수 있다.

6) 설득 시행 순환체계

다음 [그림 13-1]은 설득의 시행 순환체계를 행동 모형과 시행 과정을 대입하여 표현한 것이다. [그림 13-1]에서 보는 것과 같이 설득은 인간의 마음을 다루는 경우의 수가 이루 말할 수 없이 다양하다. 따라서 설득은 계획 과정으로부터 설득 효과 분석 과정에 이르기까지 환류 과정을 거쳐 순환되는 것이다. 순환 과정에서는 효과 분석의 결과가 반영되어 이전 단계보다 향상된 내용과 방법으로 상향 발전되어야 효과적이다.

설득에서 가장 중요한 것은 설득력이다. 이 설득력은 진실성, 반복성, 인내성의 조건이 성숙해야 상대의 마음을 움직이는 인본주의가 실현되는 충분조건이 성립될 것이다(심진섭, 2012).

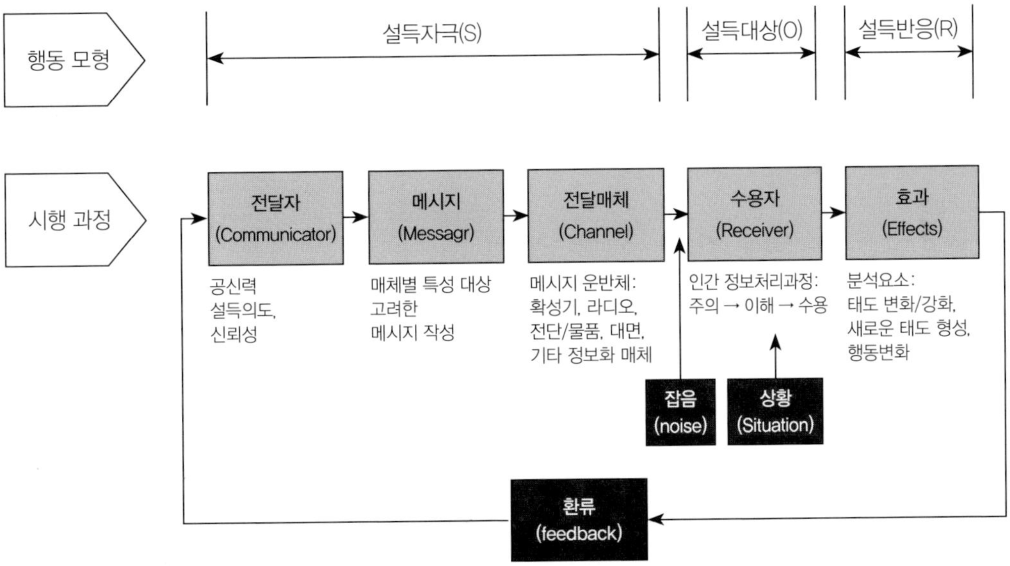

설득 효과(R)는 설득 자극(S)과 설득 대상(O)과의 상호작용에 의해 발생 →
모든 요소를 체계적으로 통제해야 계획된 성과 달성 가능

[그림 13-1] 설득 시행 순환체계

/ 참고문헌 /

고유한(1998). 북한식 사회주의 체제의 지속과 변화, East Asian Review, Vol. 2.

공군본부(1999). 유고슬라비아에 대한 NATO의 항공 전역 분석.

국방부(1999). 국방 정신교육 지침.

군사영어편찬위원회(1976). **군사영어사전**. 서울: 병학사.

권태환 · 조형제(1997). **정보사회의 이해**. 서울: 미래미디어.

기다 히데도(2002). **걸프전쟁**(The Gulf War). (오정석 역). 서울: 연경문화사.

김규(1988). **비교 방송론**. 서울: 나남.

김혜숙(1999). 집단범주에 관한 고정관념, 감정과 편견. **한국심리학회지: 사회 및 성격. 13**(1), 1-34.

동아일보(2000. 1. 5.) 23면.

박영학(1987). **이데올로기 개조와 중공 언론**. 전북: 원광대학교출판부.

북한총람(1994). 공산권문제연구소.

성영신 · 서정희 · 심진섭(1995). **남북한의 경제 심리 비교, 남북의 장벽을 넘어서**. 한국심리학회 통일문제 학술 심포지움 논문집.

심진섭(1995). 남북통일, 남북한 주민들에 대한 이미지. 고려대학교 박사학위 청구논문.

심진섭(1996). 북한 주민들의 사회심리분석. 합참 민심부.

심진섭(1999). 걸프전에서 심리전 분석. 합참 민심부.

심진섭(1999). 코소보 사태와 설득. 합참 민심부. 심리전 정책서.

심진섭(2000). 심리전실무참고. 합참 민심부.

심진섭(2001). 국방설득 실무지침서. 합참 민심부.

심진섭(2001). 심리작전의 이해와 실제. 합참 민심부.

심진섭(2002). 통일심리학. 고려대학교 교육대학원 상담심리 교재.

심진섭(2003). 남북한 심리적 통합은 가능한가. 합참지 20호.

심진섭(2004). 이라크전 심리전 분석. 이라크 전쟁 종합 분석. 합참 민심부.

심진섭(2004). 이라크 한국군 파병과 성공적 설득. 합참지 23호.

심진섭(2005). 북한 이탈주민의 한국 사회 적응과정에서 나타나는 행동성향 분석. 국방정책 연구서.

심진섭(2009). 효과적인 설득을 위한 기초자료. 합참 민사심리전 참모부 집체교육 교재.

심진섭(2009). 멀티미디어 콘텐츠 최적화를 통한 효과적인 심리전 방안연구. 합참 군사학술 연구보고서.

심진섭(2009). Cyber 전력지수 평가 방안. 합참 민사심리전 참모부.

심진섭(2011). 설득, 현실적 최상의 비대칭 무기. 합참지 47호.

심진섭(2011). "김정일 콤플렉스" 이용 땐 북 체제 치명타 줄 수 있다. 주간동아 798호.

심진섭(2011). 멈출 줄 모르는 북한의 도발. 자유마당 11월호.

심진섭(2012). 심리적 통일 문화적 통일. 경기: 히즈드림.

심진섭(2012). **심리전: 이론과 실제**. 서울: 학지사.

심진섭(2016). 대북 심리전 자원 운영체계 정립을 위한 기초 연구(충성대 연구소).

심진섭(2017). A Study on the actual condition and development plan of psychological warfare in North Korea (international journal of military affairs 2(2).(2017.12.)/http://www.j-institute.jp/military-affairs-22/

안병직 등(2011). 한국 민주주의의 기원과 미래. 시대정신.

안찬일(1997). 남북한 사회 이질화 현상 극복에 관한 소고. 남북사회문화연구소.

북한 이탈주민 한국 사회적응에 관한 정책세미나 발표논문.

안찬일(1998). 주체사상의 실체와 허구성, East Asian Review, Vol. 1.

왕승(1967). **자유중국 정치작전**. 서울: 국제홍보사.

원우현(1987). **여론선전론**. 서울. 법문사.

유진용(2000). 통일 한국의 문화정책 모색. **민족학 연구 제4집**.

육군 교육사령부(1999). 나토의 유고 공습 분석.

육군본부(1988). 심리작전(야교 33-5).

육군본부(1997). 심리작전(야교 33-1).

육군본부(2004). 심리작전(야교 2-12).

이광헌(1993). **현대사회와 설득전략**. 서울: 파일사.

이장호(2000). 통일의 심리학 서설. http://gamja.jungto.org/gf/kor/dae31.htm

이정훈(2003). 공작(한국의 스파이 전쟁 50년). 동아일보사.

이재윤(1997). **초급장교 리더십 향상을 위한 군사 심리학**. 서울: 집문당.

이재윤(1998). 전시 수도권 대공황에 따른 민심 혼란 양상. 전시 수도권 대공황 현상과 효율적인 통제방안, 3-49. 국무총리 비상기획위원회.

임현진(2000). **남북한 통합의 사회 문화적 접근**: 의의, 현실 및 모색, 21세기 민족통일에 대한 사회과학적 접근. 서울: 서울대학교출판부.

전석호(1993). **정보사회론**. 서울: 나남.

전우택(2000). 통일 이후 우리는 어떻게 하나가 될까? - 남북한 사회 통합 방안, 한국 사회문화연구원 심포지움 "남북한 사람들이 하나 되는 길- 탈북자들의 사회적응을 중심으로" 2000년 5월 10일.

조영갑(1998). **韓國 心理戰略論**. 서울: 팔복원.

조재관(1987). **선전여론**. 서울: 박영사.

한미연합사(1990). 심리작전(미 육군 FM33-1).

한성열(2000). 남북한의 심리적 통합. **2000년도 한국심리학회 춘계 심포지움 논문집, 민족학 연구 제4집**.

합동참모본부(2002). 대면, 전광판 요원 집체교육 교재. 합동참모본부.

현성일(2000). 남북한 이질성의 실태와 극복 가능성, East Asian Review, Vol.1.

홍대식(2011). **성공적 인간관계**. 서울: 박영사.

岩島久夫(1969). **心理戰爭**. 東京: 講談社.

清水幾太郎(1937). **流言蜚語**. 東京: 岩波書店.

Abcarian, G., & Palmer, M. (1974). *Society in Conflict*. An Introduction to Social Science. San Francisco: Canfield Press.

Allport, G. W., & Postman, L. (1947). *The Psychology of Rumor*. New York: Holt.

Allport, G. W., & Lepkin, M. (1945). Wartime Rumours of Waste and Special Privilege: Why some People Believe Them. *Journal of Abnormal and Social Psycholgy, 15,* 3-36.

Applegate, R. (1969). *Riot Control-Materiel and Techniques*. Stackpole Books.

Apsler, R., & Sears, D. O. (1968). Warning, personal involvement, and attitude change. *Journal of Personality and Social Psychology, 9,* 162-166.

Bandura, A. (1976). Social learning analysis of aggression. In E. Ribes Inesta & A. Bandura (Eds.), *Analysis of delinquency and aggression*. Hillsadale, N. J.: Erlbaum.

Bandura, A., Underwood, B., & Fromson, M. E. (1975). Disinhibition of aggression through diffusion of responsibility and dehumanization of victims. *Journal of Research in Personality and Social Psychology, 9,* 253-269.

Barker, R. G., Dembo, T., & Lewin, K. (1941). Frustration and regression: A study of young children. *University of Iowa Studies in child Welfare, 18*, 1-314.

Baron, R. A. (1974). The aggression-inhibiting influence of heightened sexual.

Baron, R. A. (1977). *Human Aggression*. New York: Plenum.

Bauer, R. A. (1957). Brainwashing: Psychology or demonology. *Joural of Social Issues, 13*, 41-47.

Beck, R. C. (1974). Some determinants of impulsive aggression: the role of mediated association with reinforcements for aggression. *Psychological Bulletin, 81*, 165-176.

Beck, R. C. (1978). Whatever Happeneded to the frustration-aggression hypothesis? *American Behavioral Scientist, 32*, 691-708.

Beranard, J. (1957). Parties and issues in cinflict. *Journal of Conflict Resolution, 1*, 111-121.

Berkowitz, L. (1969). *Roots of aggression: A re-examination of the frustration hypothesis*. New York: Atherton.

Berkowitz, L. (1974). Some determinants of impulsive aggression: The role of mediated associations with reinforcements for aggression. *Psychological Bulletin, 81*, 165-176.

Berkowitz, L. (1978). Whatever Happeneded to the frustration-aggression hypothesis? *American Behavioral Scientist, 32*, 691-708.

Bery, J.W. (1990). Psychology of acculturation. In J. Berman (Ed.), *Cross-cultural perspectives: Nebraska symposium on Motivation* (pp. 201-234). Lincoln: University of Nebraska Press.

Biderman, A. D. (1960). Sociopsychological neeed and involuntary behavior as illustrated by compliance in interrogation. *Sociometry, 23*, 120-217.

Biestek, F. P. (1957). *The Casework Relationship*. Loyola University Press.

Bloom, R. W. (1991). Propaganda and Active Measures. In R. Gal & A. D. Mangelsdorff (Eds.), *Handbook of Military Psychology*. New York: John Wiley & Sons.

Bogart, L. (1976). *Premises for Propaganda*. New York: Free Press.

Bojnic, D.(1995). Disparity and Disintegration: the Economic Dimension Yugoslavia's Demise in: Yugoslavia-the Former and Future, Washington, Geneve.

Brehm, J. W. (1966). *A theory psychological reactance*. New York: Academic Press.

Brett, J. M., Goldberg, S. B., & Ury, W. L. (1990). Designing systems for ressolving disputes in organizations. *American Psychologist, 45, 2*, 162-170.

Bridges, K. M. B. (1932). Emotional development in early infancy. *Child Development, 3*, 324-341.

Buss, A. H. (1961). *The psychology of aggression*. New York: Wiley.

Campbell, D. T. (1965). Ethnocentric and altruistic motives. In D. Levine (Ed.), *Nebraska Symposium on motivation* (Vol.13). Lincoln: University of Nebraska press.

Canetti, E. (1962). *Crowds and power*. London: Gollancz.

Carlsmith, J. M., & Anderson, C. A. (1979). Ambient temperature and the occurrence of collective violence: A new analysis. *Journal of Personality and Social Psychology, 37*, 337-344.

Cialdini, R. B., Vincent, J. E., Lewis, S. K., Catalan, J., Wheeler, D., & Darby, B. L. (1975). Reciprocal consessions procedure for inducing compliance: The door-in-the-face technique. *Journal of Personality and Social Psychology, 31*, 206-215.

Cirino, R. (1972). Propaganda in the united States. In Allan Wells (Eds.), *Mass Media and Society*. Palo Alto, Calif.: National Press Books.

Clark, G. (1969). *What happens when the police strike?* New York Times Magazine, November, 45.

Coates, J. F. (1972). Wit and humour: a neglected aid in crowd and mob control. Crime and Delinquency, Vol. 18, No. 2, 184-191.

Csikszentmihalyi, M. (2000). *The contribution of flow to positive psychology. In J. E. Gillham* (Ed.), Laws of life symposia series. The science of optimism and hope: Research essays in honor of Martin E. P. Seligman (pp. 387-395). Templeton Foundation Press.

Cunningham, C. (1970, Oct.). Korean war studies in forensic psychology. *Bulletin of the British Psychological Society, 23*, No. 81, 309-312.

Darwin, D. (1872). The expression of the emotions in man and animal London: John Murray.

Debon, A. (1974). *Information Science, Search for Identity*. New York: Marcel Dekker.

Deeley, P. (1971). *Beyond Breaking Pont: A study of the techniques of interrigation*. Arthur Baker.

Dement, W. C. (1974). *Some must watch while some must sleep*. San Francisco: Freeman.

Deutsch, M., & Krauss, R. M. (1960). The effect of thereat on inter personal bargaining. *Journal of Abnormal and Social Psychology, 12*, 136-143.

Doise, W. (1969). Intergroup relations and polarization of individal and collective judgments. *Journal of personality and social psychology, 12*, 136-143.

Dollard, J. (1944). Fear in battle. Washington, DC: The infantry Journal.

Dollard, J., & Horton, D. (1977). *Fear in battle*. Westport: greenwood Press.

Dollard, J., Doob, L. W., Miller, N. B., Mowrer, O. H., & Sears, R. R. (1939). *Frustration and aggression*. New Haven, Connecticut: Yale University Press.

Donald L., Harter, John Sullivan (1953). Propaganda handbook. 20th Century publishing company.

Donnerstein, E., Donnerstein, M., & Evans, R. (1975). Eritic stimuli and aggression: Facilitation or inhibition? *Journal of Personality and Social Psychology, 32*, 237-244.

Doob, L. W. (1935). *Propaganda: Its Psychology and Technique*. New York: Henry Holt.

Doob, L. W. (1986). *Public Opinion and Propaganda*. New York: Henry Holt and Co.

Driscoll, R., Davis, L., & Lipetz, M. (1972). Parental interference and romantic love: The Romeo and Juliet effect. *Journal of Personality and Social Psychology, 24*, 1-10.

Dyck, R. J., & Rule, B. G. (1978). Effect on retaliation of causal attributions concerning attack. *Journal of Personality and Social Psychology, 36*, 521-529.

Edwards, E. A., & Acker, L. E. (1972). A demonstration of long retention of a conditional GSR. *Psybosomatic science, 26*, 27-28.

Ellul, J. (1965). *Propaganda: The Formation of Men's Attitues*. Translated by Konrad Kellen and Jean Lerner. New York: Knopf.

Fenyvesi, C. (1977, October). Six Months later: Living with a fearful memory. *Psychology Today, 11*, 115-116.

Fenyvesi, C. (1980, August). The hostages: Re-entry problems ahead Psychology Today, 14, 9-10.

Ferguson, T. J., Rule, B. G., & Lindsay, R. C. L. (1982). The effcets of caffeine and provocation on aggression. *Journal of Research in Personality, 16*, 60-71.

Feshbach, S. (1970). Aggression. In P. H. Mussen (Ed.), *Carmichael's manual of child psychology*. New York: Wiley.

Feshbach, S., & Singer, R. (1971). *Television and aggression*. San Francisco: Jossey-Bass.

Festinger, L. (1957). *A theory of cognitive dissonance*. Evanston, IL: Row, Peterson.

Festinger, L., Riecken, H. W., Jr., & Schachter, S. (1956). *When prophecy fails*. Mineeapolis: University of Minnesota Press.

Fontana, V. J. (1971). *The maltreated child*. Springfield, Ill.: Charles C. Thomas. Paper given to Nato Conference on Dimensions of Stress and Anxiety, Oslo, July.

Forsyth, D. R. (1983). *An introduction to group dynamics*. Monterey, CA: Brooks/Cole.

Fox, C. J. (1983). Information and Misinformation, Westport, Conn.: Greenwood Press.

Freedman, J. L., & Fraser, S. C. (1966). Compliance without pressure The foot-in-the-door technique. *Journal of Personality and Social Psychology, 4*, 195-202.

Freedman, J. L., & Sears, D. O. (1965). Warning, distraction and resistance to influence. *Journal of Personality and Social Psychology, 1*, 262-266.

Freud, S. (1922). *Group psychology and the analysis of the ego*. London: Hogarth.

Freud, S. (1959). *Beyond the pleasure principle*. New York: Bantam Books.

Fuselier, G. D. (1981b). A practical overyiew of hostage negotiation (Conclusion). *FBI Law Enforcement Bulletin, 50*(7), 10-15.

Fuselier, G. D. (1988). Hostage negotiation consultant: emerging role for the clinical psychologiest. *Professional Psycholgy: Research and practice, 19*(2), 175-179.

Fuselier, G. D. (1991). Hostage Negotiation: Issues and Application. In R. Gal & A. D. Mangelsdorff (Eds.), *Handbook of Military Psychology*. New York: John Wiley & Sons.

Geen, R. G. (1975). The meaning of observed violence: Real vs. fictional violence and consequent effects on aggression and emotional arousal. *Journal of Research in Personality, 9*, 270-281.

Gelbart, M. (1979). Psychological, personality and biographical variables related to success as a hostage negotiator (Doctoral dissertation University of Southem California, 1979). dissertation Abstracts International, 39, 4558-B.

Gettys, V. S. (1983, August). National survey-negotiator selection and hostage negotiation activity. Paper presented at the American Psychological Association Converntion, Anageim, Ca.

Gil, D. G. (1973). *Violence against chileren: Physical abise in the United States*. Cambridge, Mass.: Havard University Press.

Gist, R. M., & Perry, J. D. (1985). Perspectives on negotiation in local jurisdiction-Part 1: A differecnt typology of situation. *FBI Law Enforcement Bulletin, 54*(11), 10-15.

Glynn, C. J., & McLeod, J. M. (1984). Public opinion du jour: An examination of the spiral of silence. *Public Opinion Quarterly, 48*(4), 731-740.

Gorn, G. H. (1982). The effects of music in advertizing on choice behavior: A classical conditioning approach. *Journal of Marketing, 46*, 94-101.

Griffitt, W., & Veitch, R. (1971). Hot and Crowded: Influences of population density and temperature on interpersonal affective behavior. *Journal of Personality and Social Psychology, 17*, 92-98.

Hebb, D. O. (1961). Distinctive features of learning in the higher animal. In J. Dalafresnaye

(Ed.), *Brain mechanisms and learning*. London & New York: Oxford University. Press.

Heiman, J. R. (1977). A Psychophysiological exploration of sexual arousal pattems in females and males. *Psychophysiology, 14*, 266-274.

Heider, F. (1946). Attitudes and cognitive organization. *Journal of Psychology, 21*, 107-112.

Hillman, R. (1981). The psychopathology of being held hostage. *American Journal of Psychiatry, 138*, 1193-1197.

Hoffman, D. L., & Novak, T. P. (1996). Marketing in hypermedia computer-mediated environments: Conceptual foundations. *Journal of Marketing, 60*(3), 50-68.

Horney, K. (1945). *Our inner conflicts*. New York: Norton.

Horsvath, F. S. (1973). Verbal and non-verbal clues to truth and deception during polygraph examination. *Journal of Police Science and Adminstration, 1*(2), 138-152.

Hovland, C. J., Lumsdaine, A. A., & Sheffield, F. D. (1949). *Experiments on mass communication*. Princeton, N. J.: Princeton University Press.

Howard, S., & Hitt, W. D. (1966). Intercultural differences in olfaction. Battelle Memorial Institute APRA/Project AGILE Report, 2, May.

Hunter, E. (1951). *Brainwashing in Red China*. New York: Vanguard.

Hurlock, E. B. (1953). *Developmental Psychology*. New York: McGraw-Hill.

Hyde, J. S. (1982). *Understanding human sexuality* (2nd ed.). New York: McGraw-Hill.

Jacobs, T. O. (1985). The AirLand battle and leadership requirements. In J. G. Hunt & J. D. Blair (Eds.), *Leadership on the future battlefield*. Washington, DC: Pergamon Brassey's.

Janjic, D. (1994). Conflict or Dialogue. Serbian-Albanian Relations and Integration of the Balkans, Subotica.

Jarvik, L. F., Klodin, V., & Matsuyama, S. S. (1973). Human aggression and the extra Y chromosome: Fact or fantasy? *American Psychologist, 28*, 674-682.

Johnson, L. C. (1969). Physiological and Psychological changes following total sleep deprivation In A. kales (Ed.), *Sleep Physiology & pathology*. Philadelphia: Lippincott.

Jones, M. C. (1924). The elimination of children's fears. *Journal of Experimental Psychology, 7*, 383-390.

Jones, E. E., & Harris, V. A. (1967). The attribution of attitude. *Journal of Experimental Social Psychology, 3*, 1-24.

Jowett, G. S., & O'Donnell, V. (1986). *Propaganda Persuasion*. Beverly Hills: Sage Publishing, Inc.

Jung, C. G. (1910). The association method. American. *Journal of Psychology, 21*, 219-269.

Kessler, S. (1975). Extra chromosomes and criminality. In R. R. Fieve, D. Rosenthal, & H. Brill (Eds.), *Genetic resarch in psychiatry*. Baltimore, Md: Johns Hopkins University Press.

Kiesler, C. A., Nisbett, R. E., & Zanna, M. P. (1969). On inferring one's beliefs from one's behavior. *Journal of Personality and Social Psychology, 11*, 321-327.

Kitson, F. (1971). Low Intensity Operations. Faber & Faber.

Kubis, J. (1957). Instrumental, Chemical and psychological aids in the interrogation of witnesses. *Journal of social Issues, 13*, 40.

Lakin, F. H. (1965). Psychological warfare research in Malaya 1952-1955 Army Operational Research Establishment, UK, Ministry of Defence, Paper to the 11th Annual US army Human Factors Research and Development. Conference, October.

Lasswell, H. (1934). *"propaganda," in Encyclopedia of the Social Sience*, Vol. 12. New York: Mac Millan.

Lawler, E. E., III. (1973). *Motivation in organization*. Monterry, Calif: Brooks/Cole.

Le Bon, G. (1895/1960). The crowd(translation of psychologie des foules). New York: The Viking Press.

Lepper, M. R., Greene, D., & Nisbett, R. E. (1973). Undermining children's intrinsic interest with extrinsic rewards: A test of the overjustification hypothesis. *Journal of Personality and Social Psychology, 28*, 129-137.

Lerner, D. (1949). *Sykewar: Psychological Warfare Against Germany, D-Day to V-E Day*. New York: Stewart.

Liddell, H. (1950). Some specigic factors that modify tolerance for envirionmental stress. In H. G. Wolff & C. C. Hare (Eds.), *Life stress and bodily disease*. Balimore: Williams & Wilkins.

Linebarger, P. M. A. (1954). *Psychological Warfare* (2nd ed.). New York: Duell Sloan and Pearce.

Lindzey, G., & Aronson, E. (1969). *Handbook of Social Psychology*. Reading, MA: Addison Wesley.

Lorenz, K. (1974). *The eight deadly sins of civilized man*. New York: Harcourt Brace Javanovich.

Lumley, F. L. (1933). *Propaganda Menace*. New York: Appleton Century.

Machlup, F. (1962). The Production and Distribution of Knowledge in the United States. Princeton, N. J.: Princeton University Press.

Maslow, A. H. (1970). *Motivation and Personality* (2nd ed.). New York: Harper & Row.

Masters, W. H., Johnson, V. E., & Kolodny, R. C. (1982). Human sexuality. Boston: Little. Brown.

Matthes, E. W., & Kahn, A. (1975). Diffusion of responsibility and extreme behavior. *Journal of Personality and Social Psychology, 31*, 881-886.

May, R. (1950). *The meaning of anxiety.* New York: Ronald.

Mayer, W. E. (1956). Why did many GI captuves in? *US News and World Report, 24*, February.

Maxwell, B. W. (1936). Political Propaganda in Soviet Russia. In H. L. Childs (Ed.), *Propaganda and Dictatorship*. Princeton, N. J.: Princenton University Press.

McClelland, D. C. (1956). N-achievement and entrepreneurship: A longitudinal study. *Journal of Personality and Social Psycholgy, 1*, 389-392.

McClelland, D. C. (1958). The use if measures of human mitivation in the study of society. In J. W. Atkinson (Ed.), *Motives in fantasy, action and society*. Princeton, N. J.: Van Nostrand.

McClelland, D. C. (1975). *Power: The inner experience*. New York: Irvington.

McGuire, W. J., & Papageorgis, D. (1961). The relative efficacy of various types of prior belief defense in producing immunity against persuasion. *Journal of Abnormal and Social Psycholgy, 62*, 327-337.

McKenzie, I. K. (1984). Hostage-captor relationships: some behavioural and environmental determinants. *Police Studies, 7*(4), 219-223.

Meerloo, J. A. (1950). *Pattern of panic*. New York: International Universities Press.

Milgram, S. (1963). Issues in the study of obedience: A reply to Baumrind. *American Psychologist, 19*, 848-852.

Milgram, S. (1974). *Obedience to Authority*. New York: Harper & Row.

Milgram, S., Bickman, L., & Berkowitz, L. (1969). Note on the drawing power of crowds of different size. *Journal of Personality and Social Psycholgy, 13*, 79-82.

Milgram, S., & Toch, H. (1963). Collective behavior: Crowds and social movement In G. Lindzey & E. Aronson (Eds.), *Handbook of Social Psychology* (Vol. 4, 2nd ed.). Reading, MA: Addison Wesley.

Miller, N. E. (1941). The frustration-aggression hypothesis. *Psychological Review, 48*, 337-342.

Mitchell, E. J. (1968). Inequality and insurgency: astatistical study of South Vietnam. Rand paper published in 1968. Social Problems.

Molnar, A. R., Tinkler, J., & Leitoir, J. (1966). Human factors considerations of undergrounds in insurgencies. CRESS, The American Unversity, December.

Moment, D., & Zaleznik, A. (1963). *Role development and interpersonal competence*. Boston: Havard Unversity, Graduate School of Business Adminstration.

Moreland, R. L., & Levine, J. M. (1982). Socialization in small groups: Temporal changes in individual-group relations. In L. Berkowitz (Ed.), *Advances in experimental social psychology* (Vol. 15, 137-192). New York: Academic Press.

Murray, E. J. (1964). *Motivation and emotion*. Englewood Cliffs, N. J.: Prentice-Hall.

Myers, H. (1971). Human reaction to monotony. Paper presented at a Symposium on the Effect of Reduced Sensory Stimulation at the American Association for the Advancement.

Nardini, J. E. (1952). Survival factors in American POWs of Japanese. *The American Journal of Psychiatry, 109*, 241-248.

National Research Council. (1946). In E. G. Boring (Ed.), *Psychology for the Armed Services Washington*, Infantry Journal Press.

Needham, J. (1977). Neutralization of a prison hostage situation. *Criminal Justice Monograph, 8*(1), 1-48.

New Webster's Dictionary. (1984). Delair Publis Publishing Co.

Niehoff, A., & Anderson, J. C. (1967). Peasant fatalism and socioeconormic innovation. HumRRO Professional Paper, May: 14-70.

Nilsson, P. (1990). The Distortion of Information. In J. Berleur. et al (Eds.), *The Information Society: Evolving Landscapes*. Springer Verlay: Captus University publications.

Nimmo, D. (1978). Political Communication and Public Opinion in America Santa Monica: Goodyear Publishment Co.

Noelle-Neumann, E. (1977). Turbulences in the Climate of Opinion: Methodological Applications of the Spiral of Silence Theory. *Public Opinion Quarterly, 41*(2), 143-158.

O'brien, E. (1971). Defection: A military strategy for wars of liberation(an individual research report) Military Intelligence, USAWC Reserach Paper. USAWC, Carlisle Barracks, Pa, 6 February.

Ochberg, F. (1980a). Victims of terroism. *Journal of Clinical Psychiatry, 41*(3), 73-74.

Ochberg, F. (1980b). What is happening to the hostages in Teheran? *Psychiatric Annals, 10*(5), 186-189.

Olin, W. R., & Born, D. G. (1983). *Abehavioal approach to hostage situation FBI Law Enforcemnt Bulletin, 52*(1), 19-24.

Oxford English Dictionary (1933). London: Oxford University Press.

Parlee, M. B. (1979, October). The friendship bond. *Psychology Today, 113*, 43-54.

Peplau, L. A., & Perlman, D. (1982). *Loneliness: A sourcebook of current theory, research and therapy*. New York: Wiley.

Petty, R. E., & Cacioppo, J. T. (1977). Forewarning, cognitive responding and resistance to persuasion. *Jornal of Personality and Social Psychology, 35*, 645-655.

Petty, R. E., & Cacioppo, J. T. (1979). Effects of forewarning of persuasive intent and involvement on cognitive responses and persuasion. *Personality and Social Psychology Bulletin, 5*, 173-176.

Petty, R. E., Cacioppo, J. T., & Schumann, D. (1983). Central and Peripheral Routes to Advertising Effectiveness: The Moderating Role of Involvement. *Journal of Consumer Research, 10*(2), 135-146.

Phares, E. J. (1984). *Introduction to Personality*. Columbus, Ohio: Charles E. Merrill.

Plomin, R., & Foch, T. T. (1981). A twin study of objectively assessed personality in childhood. *Journal of personality and Social Psychology, 39*, 680-688.

Powitzky, R. J. (1979). The use and misuse of psychologist in a hostage situation. *Police Chief, 47*(8), 30-32.

Poythress, N. G., Jr. (1980). Optimizing the use of psychological data: assessment and prediction on the hostage situation. *Police Chief, 47*(8), 34-36.

Price, J., & Jureidini P. (1964). Witchcraft, sorcery, magic and other psychological phenomena and their implication on military and paramilitary operations in the Congo, SORO/CINFAC/6-64, 8 August.

Pruitt, D. G., & Rubin, J. Z. (1986). Social Conflict: Escalation. Salemate and settlement. New York: Random House.

Qualter, T. H. (1962). *Propganda and Psychological Warfare*. New York: Random House.

Rapaport, A. (1960). *Fights, games, and debates*. Ann Arbor: University of Michigan Press.

Rapaport, A. (1970). *N-person game theory*. Ann Arbor: University of Michigan Press.

Reiser, M. (1982). Crime specific psychological consultation. *Police Chief, 49*(3), 53-56.

Revell, O. B. (1988). Terroism: A Law Enforcement Perspective. US Department of Justice, Federal Bureau of Investigation, Washington, DC.

Rogers, E. M. (1986). *Communication Technology: The New Media in Society*. New York: Free Press.

Rosnow, R. L. (1980). Psychology of rumor reconsidered. *Psychological Bulletin, 87*, 578-591.

Rosnow, R. L., Yost, J. H., & Esposito, J. L. (1986). Belief in rumor and likeliood of rumor transmisson. *Language and Communication, 6*, 189-194.

Rubenstein, C., & Shaver, P. (1982). The experience of loneliness. In L. A. Peplau & D. Perlaman (Eds.), *Loneliness: Asourcebook of current theory, research and therapy*. New York: Wiley.

Russo, A. (1972). Economic and social correlates of government cotrol in South Vietnam. Ramparts.

Salancik, G. R., & Conway, M. (1975). Attitude inferences from salient and relevant cognitive content about behavior. *Journal of Personality and Social Psychology, 32*, 829-840.

Sargant, W. H. (1957). Battle for the mind: A physiology of converson and brainwashing. Doubleday.

Sarnoff, I., & Zimbardo, P. G. (1959). The psychology of affiliation. Stanfor, CA: Stanford University Press.

Sarnoff, I., & Zimbardo, P. G. (1961). *Anxiety, fear and social affiliation of Abnormal and Social Psycholgy, 46*, 190-207.

Schachter, S. (1959). *The psychology of affiliation*. Stanford. CA: Stanford University Press.

Schein, E. H. (1958). The Chinese indoctrination program for prisoners of war: A study of attempted "brainwashing". In E. E. Maccoby, T. M. Newcomb, & E. L. Hartley (Eds.), *Reading in Social Psychology* (3rd ed.). New York: Holt.

Sears, R. R., Maccoby, E. E., & Levin, H. (1957). *Pattern of child rearing*. Evanston Ill: Row Peterson.

Segal, H. A. (1954). Initial psychiartry findings of recently repatriated prisoner of war. *The American Journal of Psychiatry, 111*, 358-363.

Seligman, M. E. P. (1975). *Helplessness: On depression, development, and death*. San Franciso: W. H. Freeman.

Shallice, T. (1973). The use of sensory deprovation in deth interrogation. paper 2 in reference Lecturs presented at the Conference at Lysebu, near Oslo Amnesty International, 5-7 October.

Shellow, R. (1965). Reinforcing police neutrality in civil rights confrontations. *Journal of Applied Behavioral Science, 1*, 243.

Sherif, M., & Sherit, C. W. (1953). Groups in harmony and tension; an integration of study of intergroup relations. Harper & Brothers.

Sherif, M., & Sherif, C. W. (1964). Reference groups: Exploration into conformity and deviation of adolescents. Chicago: Henry Regnery.

Siegel, J., Dubrovsky, V., Kiesler, S., & McGuire, T. W.(1986). Organizational Behavior and Human Decision Processes Group processes in computer-mediated communication. *Organizational Behavior and Human Decision Processes, 37*(2), 157-187.

Smith, W. P., & Anderson, A. J. (1975). Threats, communication and bargarning. *Journal of Personality and Social Psychology, 32*, 76-82.

Straton, J. (1977). The department psychologist: Is there any value? *Police Chief, 44*(5), 70-74.

Straton, J. (1978). The terroris act of hostage taking: A view of viloence and the prepetrators. *Police Science and administration, 6*(1), 1-9.

Strentz, T. (1979). Law enforcement policeis and ego defenses of the hostage. *FBI Law Enforcement Bulletin, 48*(4), 1-12.

Straton, J. (1987). A hostage Psychological survival guide. *FBI Law Enforcement Bulletin, 56*(11), 1-8.

Straton, J. (1988). A terroist psychological profile: past and present. *FBI Law Enforcement Bulletin, 57*(4), 13-19.

Swap, W. C., & Rubin, Z. G. (1983). Measurement of interpersoal orientation. *Journal of personality and Social Psychology, 44*, 208-219.

Symonds, M. (1983). Victimization and rehavilitative treatment. In B. Eichelman, D. Soskis, & W. Reid (Eds.), *Terrosim: Interdisciplonary perspective*, 69-81. Washington, DC: American Psychiatric Association.

Tanter, R. (1971). Review of Conflict of interest by Robert Axelrod. *Administrative Science Quarterly, Septemver, 16*, 356-366.

Taylor, D. G. (1982). Pluralistic Ignorance and the Spiral of Silence: A Formal Analysis. *Public Opinion Quarterly, 46*(3), 311-335.

Taylor, S. P., Vardaris, R. M., Rawitch, A. B., Gammon, C. B., Cranston, J. W., & Lubetkin, A. I. (1976). The effects of alcohol and delta-9-tetrahydrocannabinol on human physical aggression. *Aggressive Behavior, 2*, 153-161.

Tedeschi, J. T., Schlenker, B. R., & Bonoma, T. V. (1971). Cognitive dissonance: Private ratiocination or public spectacle. *American psychologist, 26*(8), 685-695.

Thomas, K. W. (1976). Conflict and cinflict management. In M. Dunnett (Ed.), *Handbook of industrial and organization psychlogy*. Chicago: Rand McNally.

Thompson, L., & Hastie, R. (1990). Social perception in negotiation. *Organizational Behavior and Human Decision Processes, 47*, 98-123.

Tilley, A. J., & Empson, J. A. C. (1978). REM sleep and memory consolidation. *Biological Psychology, 6*, 293-300.

Tjosvold, D. (1986). *Working together to get things done*. Lexington, MA: Lexington Books.

Turner, R. H., & Surace, S. J. (1956). Zootsuiters and Mexicans: Symbols in crowd behavior. *The American Journal of Sociology, 62*, 14-20.

U. S. AirForce. (1975). Military Psychology: A Soviet View.

U. S. Army War College. (1993). U.S. Army Psychological Operations into the year 2000.
Vickers. M.(1998). Between Serb and Albanian, London.

Vroom, V. H. (1964). *Work and motivation*. New York: John Wiley & Sons.

Walker, C. J., & Berkerlem, C. A. (1987). The effect of state anxiety on rumor transmission. *Journal of Social Behavior and Personality, 2*, 353-360.

Walton, R. E. M., & Mckersie, R. B. (1965). *A Behavioral theory of labor relations*. New York: McGraw-Hill.

Wardlaw, G. (1984). The psychologists' role in hostage negotiations. *Police Chief, 51*(5), 56-58.

Watson, J. B. (1924). *Behaviourism*. Chicago, Illinois: University of Chicago Press.

Watson, J. B., & Rayner, R. (1920). Conditioned emotional reaction. *Journal of Experimental Psychology, 3*, 1-14.

Watson, P. (1978). War on the mind: the military uses and abuses of Psychology. London: Hutchinson.

Watson, R. I., Jr. (1973). Investigation into deindividuation using a cross-cultural survey technique. *Journal of personality and Social Psychology, 25*, 342-345.

Webb, W. B., & Cartwright, R. D. (1978). Sleep and dreams. *Annual Review of Psychology, 29*, 223-252.

Weiner, B. (1972). *Theories of Motivation: From Mechanism to Cognition*, Chicago: Rand McNally.

Weiss, R. S. (1973). *Loneliness: the experience of emotional and social isoluation*. Cambridege, MA: MIT Press.

West, L. J. (1958). Psychiatric aspect of training for honorable survival as a prisoner of war. *American Journal of Psychiatry, 115*, 320-336.

White, L. A. (1979). Erotica and aggression: The influence of sexual ariusal, positive affect, and negative affect on aggressive behavior. *Journal of Personality and Social Psychology, 37*, 591-601.

Wilkers, J. (1992). The Illyrians, Oxford.

Wilson, E. D. (1975). Sociobiolgy: the new synthesis. Cambridge, Mass : harvard University Press.

Wolf, S., & Ripley, H. (1947). Reactions amoing allied prisoners subject to three years of imprisonment and torture by Japanese. *The American Journal of Psychiatry, 104*, 180-193.

Wolk, R. (1981). Group psychotherapy process in the treatment of hostages taken in prison. *Group, 5*(2), 31-36.

Worchel, S. (1974). The effect of three types of arbitrary thwarting on the instigation of aggression. *Journal Personality 42*, 300-318.

Worchel, S., Andreoli, V. A., & Folger, R. (1977). Intergroup cooperatuon and intergroup attraction: The effect of previous interaction and outcome of combined effort. *Journal of Experimental Social Psychology, 13*, 131-140.

Worchel, S., Arnold, S., & Baker, M. (1975). The effect of censorship on attitude change: The Influecnce of censor and communication characteristics. *Journal of Applied Social Psychology, 5*, 227-239.

Zillmann, D. (1978). *Hostilty and aggression.* Hillsdale, N. J.: Erlbaum.

Zillmann, D., Bryant, J., & Sapolsky, B. S. (1978). The enjoyment of watching sport contests. In H. Goldstein (Ed.), *Sports, games, and play*. Hillsdale, N. J.: Erlbaum.

Zillmann, D., & Cantor, J. R. (1976). Effect of timing of information about mitigating circumstances on emotional responses to provocation and retaliatory behavior. *Journal of Experimental Social Psychology, 12*, 38-55.

Zimbardo, P. G. (1969). The human choice: Individuation, reason and order, versus deindividuation, impulse, and chaos. In W. Arnold & D. Levine (Eds.), *Nebraska Symposium on Motivation* (Vol. 17). Lincoln: University of Nebraska Press.

Zimbardo, P. G., Haney, C., & Banks, C.(1969). A study of prisoners and guards in simulated prison. *Naval Research Review 26*, No. 9, 1-17.

Zuckerman, M., Lazzano, M. A., & Waldgeir, D. (1979). Underming effects of the foot-in-the-door technique with extrinsic reward. *Journal of Applied Social Psychology, 9*, 292-296.

/ 찾아보기 /

인명

내용

저자 소개

송지희(Jeehee Song)

한양대학교 교육학 박사(상담심리 전공)

한양사이버대학교 군경상담학과 외래교수

한양사이버대학교 대학원 상담 및 임상심리 전공 외래교수

한양대학교 미래인재교육원 심리학 전공 겸임교수

상담심리사(한국심리학회 산하 한국상담심리학회)

학교심리사(한국심리학회 산하 한국학교심리학회)

부모교육 교류 분석(TA) 지도자

전) 한양사이버대학교 상담센터 인턴상담원

여성가족부 건강가정지원센터 전문상담원

구리시 육아종합지원센터 전문상담원

현) 교육부, 여성가족부 부모교육 전문강사

김윤주(Yoonjoo Kim)

고려대학교 심리학 박사(임상 · 상담심리학)

고려대학교 심리학 박사 후 과정(문화와 상담)

단기해결중심치료 전문가

부모교육 교류 분석(TA) 지도자

한양사이버대학교 상담심리학과 학과장/대학원 전공 주임

한양사이버대학교 카운슬링 서비스 센터장 및 심리상담실장

한양사이버대학교 상담심리학과 정교수

전) 한양사이버대학교 대학원 부원장

한양사이버대학교 학생처장

한양사이버대학교 대학원 대학원장

University of Missouri-Kansas City, Visiting Scholar at Dept.of Psychology and Lab. for Affective Neuroscience & Neuroeconomics

현) 한양사이버대학교 군경상담학과 정교수 및 학과장

김소희(Sohee Kim)
전) 한국교통대학교 교양학부 학부장
프랑스 소르본 5 대학 교환교수(2011)
경희대학교 후마니타스 교환교수(2015)
현) 한국교통대학교 교양학부 교수 [교육인류학(문화심리학) 박사]
대한민국 학술원 우수학술도서 선정(2011)
교육부 장관상 연구부문 수상(2015, 2017)

심진섭(Jinsub Shim)
고려대학교 심리학 박사(산업 · 조직심리학)
합참 민사심리전 참모부 심리전 계획담당
국방심리전 정책 요원/국방심리전 전문요원 역임(1994~2005)
합동참모본부 군사학술 연구관
사이버심리전 사령부 자문교수
고려대학교 교육대학원 상담심리 전공 통일심리학 겸임교수
현) 한국심리상담협회 자문교수
한국교통대학교 교양학부 심리학 외래교수
한양사이버대학교 군경상담학과 외래교수
문화적 심리적 통일연구소 소장

심리전을 위한
설득의 심리학
Psychology Persuasion for
Psychological Warfare

2021년 1월 20일 1판 1쇄 인쇄
2021년 1월 25일 1판 1쇄 발행

지은이 • 송지희 · 김윤주 · 김소희 · 심진섭
펴낸이 • 김진환
펴낸곳 • ㈜ 학지사
04031 서울특별시 마포구 양화로 15길 20 마인드월드빌딩
대표전화 • 02-330-5114 팩스 • 02-324-2345
등록번호 • 제313-2006-000265호

홈페이지 • http://www.hakjisa.co.kr
페이스북 • https://www.facebook.com/hakjisa

ISBN 978-89-997-2299-8 93180

정가 22,000원